교감국역 송남잡지 08

An Encyclopedia of Songnam

지은이 조재삼(趙在三)은 1808년에 태어나서 1866년까지 생존하였다. 본관은 임천(林川)이고 호는 송남(松南)이며 자는 중기(仲璣)이다. 졸수재(拙修齋) 조성기(趙聖期)의 5대손이다. 저서로 『송남잡지』 외에도 유고 2권이 있다고 한다.

옮긴이 강민구(姜玟求)는 성균관대학교를 졸업(문학박사)하고 민족문화추진회 국역연수원을 졸업하였으며 연청(硏靑) 오호영(吳虎泳) 선생을 사사하였다. 현재 경북대학교 교수이다. 논문으로 「영조대 문학론과 비평에 대한 연구」, 역서로 『국역 낙재선생문집』 외 다수가 있다.

교감국역校勘國譯 **송남잡지**松南雜識 **08**

1판 1쇄 인쇄 2008년 10월 5일
1판 1쇄 발행 2008년 10월 10일

지은이 / 조재삼
옮긴이 / 강민구
펴낸이 / 박성모
펴낸곳 / 소명출판
등록 / 제13-522호
주소 / 137-878 서울시 서초구 서초동 1621-18 (란빌딩 1층)
대표전화 / (02) 585-7840
팩시밀리 / (02) 585-7848
somyong@korea.com / www.somyong.co.kr

값 27,000원

ISBN 978-89-5626-327-4 94810
ISBN 978-89-5626-319-9 (전13권)

교감국역 송남잡지 08

松南雜識

조재삼 지음
강민구 옮김

일러두기

1. 저본(底本)

이 책은 1987년 동서문화원에서 영인 출판한 『송남잡지』를 저본으로 삼아 역주하되, 1986년 아세아문화사에서 영인 출판한 『송남잡지』와 규장각 소장본 『송남잡지』를 참고하였다.

2. 교감(校勘)

『송남잡지』의 모든 내용을 교감하였다.
인용 원문과 『송남잡지』의 내용을 대조하여 상호 출입을 모두 표시하였다. 인용 원문과 『송남잡지』 사이에 또 다른 전적이 개재되었을 경우, 즉 재인용의 경우에는 그들 간의 변형 과정과 양태를 제시하였다.
『송남잡지』에 인용되지 않은 부분이라도 원문의 이해를 위해 필요할 경우 전후를 제시하였다.
인용 원문을 왼쪽에 두고 『송남잡지』를 오른쪽에 두었으며, 화살표(→)로 변형된 것임을 표시하였다.

3. 역문(譯文)

역문은 쉬운 우리말로 옮기는 것을 원칙으로 하였다. 교감을 거친 번역이므로 원문과 차이가 있는 것이 많다. 그러한 경우 반드시 각주의 형식으로 교감기를 제시하였다.
시(詩)는 역문을 왼쪽에 두고 원문을 오른쪽에 배치하였다.

4. 주석(註釋)

주석은 내용이 간단하고 짧은 경우에는 간주(間註)로 처리하고, 내용이 긴 경우에는 각주로 처리하였다.
각주는 해당 항목을 제시하고 주석하였으며, 긴 항목은 앞뒤의 어구만 제시하고 중간에 …… 부호를 넣어 중략하였음을 표시하였다.

5. 맞춤법

맞춤법과 띄어쓰기는 한글맞춤법과 표준어규정을 따르는 것을 원칙으로 하였다. 단 필요한 경우 두음법칙 등을 적용하지 아니하고 원음을 그대로 제시하였다.

6. 부호

이 책에 사용한 부호는 다음과 같다.
(　) : 번역문과 음이 같은 한자를 묶는다.
[　] : 번역문과 뜻은 같으나 음이 다른 한자를 묶는다.
“　” : 대화 등의 인용문을 묶는다.
‘　’ : “　” 안의 재인용, 또는 강조 부분을 묶는다.
「　」 : 편명을 묶는다.
『　』 : 책명을 묶는다.
〈　〉 : 인용된 주석을 묶는다.

해제

『송남잡지(松南雜識)』는 조재삼(趙在三 : 1808~1866)이 1855년(哲宗 6년)에 저술한 백과전서적 성격의 유서(類書)이다. 조재삼은 재야의 사인(士人)으로 호가 송남(松南)이고 자는 중기(仲璣)이며 졸수재(拙修齋) 조성기(趙聖期)의 5대손이다.

현재 『송남잡지』는 세 가지 종류가 전해진다. 하나는 임기중(林基中) 교수가 편의상 '임씨본(林氏本)'으로 칭하는 것이고 하나는 규장각 소장본이고 나머지 하나는 청주에서 프린트본으로 발간된 것이다.

임씨본은 총 7책으로 비·파·귤·율·도·매·리(枇·杷·橘·栗·桃·梅·李)로 차례가 정해져 있다. 임기중 교수는 이 책만이 『임천조씨가보(林川趙氏家譜)』에서 "송남잡지 7권을 저술하여 세상에 행(行)하고 있다[著雜識七卷印行于世]"라고 한 기록에 부합되는 유일한 현존본이며 기타 두 종과 대조한 결과 임씨본이 초고본이라는 견해를 제시하였다. 즉 규장각본과 유인본(油印本)은 각각 임씨본을 필사하고 유인(油印)했다는 것이다. 그리고 그 근거로 후자의 두 책과 전자의 편차를 비교해 보면 권차(卷次)가 흐트러져 있는데, 제책(製冊) 후에도 보충이 계속되었다는 점을 제시하였다.

규장각본(奎章閣本)은 총 14권으로 되어 있는데, 비(枇)를 1・2로, 파(杷)를 11・12로, 귤(橘)을 3・4로, 률(栗)을 10・13으로, 도(桃)를 7・8로, 리(李)를 5・6으로 편차하였으니 이는 나무의 이름으로 편차를 정하는 방법이 일반적이지 않기 때문에 생긴 오류로 보인다.

청주의 유인본은 임형택(林熒澤) 교수가 조재삼의 방손(傍孫)인 조남식(趙南植) 옹으로부터 입수하여 아세아 문화사에서 1986년에 영인하였다. 이것은 해방 후 청주 지방에서 이광(李光 : 1887~1966)씨의 주선에 의해 상・중・하 세 책으로 약간부가 유인(油印)되었다고 한다.

유인본은 필경(筆耕)하여 유인(油印)한 것으로 임씨본과 큰 차이는 없다. 단 필경(筆耕)하는 과정에서 자구(字句)의 첨삭을 가하는 교정이 이루어졌을 가능성이 있다. 그러나 규장각본은 임씨본과 제책상(製冊上) 편차에서 차이를 보일 뿐만 아니라 항목의 구성에도 다소간의 차이를 보이고 있다. 규장각본은 임씨본에 있는 항목이 다수 누락되어 있다. 그런데 제책 후 누락된 내용은 원본을 보고 항목간의 빈 공간에 채워 넣은 것으로 보인다. 이는 마치 간주(間注)의 형식처럼 보이는데 사실은 누락된 항목의 보충에 불과하다. 그것의 글씨는 알아보기 어려울 정도로 조악한 것도 있다.

임씨본 역시 결락(缺落)된 글자가 어떤 이에 의하여 가필(加筆)된 흔적이 있다. 그런데 그것은 문맹자의 소위(所爲)로 보이는 바, 전혀 문리가 닿지 않는 글자뿐만 아니라 존재하지도 않는 글자를 그려 넣었기 때문이다.

『송남잡지』는 1,743장으로 이루어진 거질로 '백과전서적 유서'라고 할 만한데, 그 구성을 살펴보면 다음과 같다.

천문류(天文類) 70항목, 세시류(歲時類) 153항목, 지리류(地理類) 189항목, 국호류(國號類) 35항목, 역년류(歷年類), 외국류(外國類) 117항목, 인사류(人事類) 40항목, 가취류(嫁娶類) 75항목, 상제류(喪祭類) 139항목, 성명류(姓名類) 71항목, 과거류(科擧類) 41항목, 문방류(文房類) 85항목, 무비류(武備類) 114항목, 농정류(農政類) 64항목, 어렵류(漁獵類) 16항목, 실옥류(室屋類) 121항목, 의식류(衣食類) 244항목, 재보류(財寶類) 77항목, 집물류(什物類) 90항목, 음악류(音樂類) 94항목, 기술류(技術類) 151항목, 구기류(拘忌類) 80항목, 선불류(仙佛類) 117항목, 상이류(祥異類) 118항목, 계고류(稽古類) 407항목, 이기설(理氣說) 33항목, 인물류(人物類), 조시류(朝市類) 119항목, 방언류(方言類) 816항목, 화약류(花藥類) 180항목, 초목류(草木類) 179항목, 충수류(蟲獸類) 207항목, 어조류(魚鳥類) 187항목으로 상위 범주가 33류이고 하위 항목이 4432항이다.

위와 같이 『송남잡지』는 한문학 · 국문학 · 국어학 · 역사학 · 철학 · 민속학 · 종교학 · 천문학 · 지리학 · 농학 · 병학 · 건축학 · 동물학 · 식물학 · 한의학 · 복식사 · 음악사 · 과학사 · 외교사 · 제도사 등 다양한 분야의 지식을 담고 있다.

『송남잡지』의 '잡지(雜識)'라는 서명은 『성호사설(星湖僿說)』의 '사설(僿說)'이나 『반계수록(磻溪隨錄)』의 '수록(隨錄)'과 같은 의미이다. 이 책은 형식적 측면에서 유서의 전통적 양식을 충실히 계승하고 있을 뿐만 아니라 작가의 선명한 의식을 드러내고 있다.

조재삼은 『송남잡지』 자서에서 저작 동기와 저술 의식을 명확히 제시하고 있으니, 그는 추상물인 '태평(太平)'의 기록과 구체적 형상을 지니고 있는 '만물(萬物)'의 문자화를 자신의 책무로 자임하였다. 그 두 가지 중에서 조재삼의 주된 서술 의식은 전자에 맞춰져 있다. 즉 조재삼은 자서에서 "『송남잡지』는 태평(太平)의 기록으로 시작하여 태평(太平)의 기록으로 끝을 맺은 책"이라고 언명하고 있다. 과연 조재삼의 말대로 『송남잡지』의 첫 항목명은 '동방왈태평(東方曰太平)'이고 마지막 항목명은 '태평봉(太平鳳)'인데다가 '태평(太平)' 두 글자로 끝을 맺고 있다. 그런데 흥미로운 점은 조재삼의 강한 민족적 의식의 자각이다. 즉 '태평'은 우리나라의 태평에 다름 아니고 만물은 우리나라에 존재하는 만물에 다름 아니다. 조재삼은 우리나라를 '태평지역(太平之域)'이라고 명명하고 있으며, 우리나라가 천하에 존재하는 만물 가운데 절반을 보유하고 있다고 말하였다. 그러므로 『송남잡지』는 외우내환으로 나라가 병들어 가던 시기에 민족적 자존과 문화적 긍지를 고양하기 위한 의식의 소산이라고 할 수 있다. 그와 같이 선명한 의식이 백과전서적 형식 속에서 증명 분석되고 있다는 점이 기존의 유서와 다른 점이라고 할 수 있다.

그렇다면 『송남잡지』의 출현 동인은 무엇인가?

임형택(林熒澤) 교수는 『송남잡지』의 출현 동인으로, "새로운 지식에 대하여 경시하는 등 고루(固陋)와 고식(姑息)에 빠진 당대의 학풍을 반성하고 진작하려는 움직임"으로 파악하였다.

지금도 백과사전은 그것을 발행한 사회나 국가의 문화적·학술적 수준을 평가하는 하나의 척도가 될 수 있다. 『송남잡지』를 비록 '백과전서'라고 표현하고 있기는 하지만, 현대적 용어로 달리 대체할 만한 것이 없기 때문에 편의상 사용할 뿐이다. 현대적 의미의 백과사전은 중세의 유서들이 취하고 있는 분류 체계와는 전혀 다르기 때문이다. 즉 백과사전이 글자의 배열 순서에 입각해서 편찬된다면 유서는 작가의 가치관에 의해 차서(次序)가 정해진다. 그러므로 유서로서 『송남잡지』는 현재의 백과사전과 같이 다양한 정보를 제공하는 기능을 지니고 있는 동시에 당대인들의 가치관을 명확하게 볼 수 있는 유용한 자료라고 할 수 있다.

무엇보다 간과할 수 없는 점은 『송남잡지』가 문예미학적 특성을 갖추고 있다는 점이다. 이는 중국의 『운부군옥(韻府群玉)』·『사문류취(事文類聚)』 등이 문학 창작의 중요한 공구서(工具書)로 활용된 전통을 계승한 것이다. 그리고 또 하나의 중요한 사실은 『송남잡지』가 우리나라에서 발행된 『대동운부군옥(大東韻府群玉)』과 같은 운서류와 『지봉유설(芝峯類說)』·『성호사설(星湖僿說)』·『반계수록(磻溪隨錄)』과 같은 유서류의 전통을 충실히 계승하고 있다는 점이다. 조재삼은 중세의 막바지에서 유서라는 형식을 통하여 이전의 문화적 축적을 체계적으로 정리하려고 한 것이다.

참고문헌

임형택, 「송남잡지 해제」, 『松南雜識』, 아세아문화사, 1986.
임기중, 「송남잡지 해제」, 『松南雜識』, 동서문화원, 1987.

25. 계고류 稽古類

26. 이기설 理氣說

松南雜識 전체 차례

松南雜識 06

松南雜識 07

松南雜識 08

松南雜識 09

松南雜識 10

松南雜識 11

松南雜識 12

松南雜識 찾아보기

25. 계고류(稽古類)

매화원소
梅花怨騷

「이소경(離騷經)」에서,

주왕(紂王)이 절인 채소와 젓갈로 만드니	后辛之菹醢兮
은나라 종실이 그때문에 장구하지 못하였다	殷宗用而不長

라고 하였는데, 그 주석에서 "비간(比干)[1]을 살해하고 매백(梅伯)[2]을 소금에 절여 젓갈로 만들었다"라고 하였다. '梅'자를 쓰지 않고 다만 '菹醢'이라고만 하니, 서천(西川)에서 두보(杜甫)가 해당화가 아름다운데도

---

1) 비간(比干) : 은나라의 충신. 주왕(紂王)의 숙부로, 주왕의 음란함을 간하다가 심장이 찢겨 죽었다.

2) 매백(梅伯) : 은나라의 제후. 주왕의 악정을 충성스럽게 간하다가 죽음을 당하여 젓갈로 담구어졌다고 한다.

시를 남기지 않은 것과 흡사하다. 『사류비요(事類備要)』에서 "두보의 어머니 이름이 해당(海棠)이다"[3]라고 하였다.

파는 초사의 어조사
楚些

『집운(集韻)』에서 "些의 음은 파이니 만가(挽歌) 소리이다"라고 하였다. 『초사(楚辭), 초혼(招魂)』에서 "어째서 영혼을 사방으로 멀리 없애는가?[何爲四方些]"라고 하였는데, 심괄(沈括)[4]의 『몽계필담(夢溪筆談)』[5]에서 "기협(夔峽)・호상(湖上) 사람들은 모든 주문(呪文) 끝에 '살파가(娑婆訶)'라고 하는데, 세 자를 합하여 만든 어조사가 사(些)이다"[6]라고 하였다.

제규가 장차 울려고 하다
鶗鴂之將鳴

「이소경(離騷經)」에서,

접동새가 춘분 전에 울어서　　恐鵜鴂之先鳴兮
그때문에 모든 꽃이 시들까 두렵다　　使夫百草爲之不芳

3) 杜子美母名海棠, 所以集中無海棠詩. 詩話.(『事類備要, 花卉部, 海棠』)
4) 심괄(沈括) : 북송의 학자・정치가(1031～1093). 자는 존중(存中). 호는 몽계옹(夢溪翁). 사천감이 되어 천체 관측법・역법 따위를 창안하였으며, 요나라와의 국경선 설정에 공을 세웠다. 저서에 『몽계필담(夢溪筆談)』・『장흥집(長興集)』 등이 있다.
5) 몽계필담(夢溪筆談) : 심괄(沈括)이 지은 필기(筆記). 필담(筆談) 26권, 보필담(補筆談) 2권, 속필담(續筆談) 1권 등이 있다.
6) **今**夔峽・湖湘**及南北江僚**人, 凡禁呪**句尾**, **皆稱些**, **此乃楚人舊俗**, **卽梵語薩**嚩**訶也**. 三**字**合**言之**, **卽**些**字**也.(『夢溪筆談, 卷三, 辨證』)→夔峽・湖湘人, 凡禁呪**語末云婆娑訶**, 三合**而爲**些也.(『松南雜識』).

라고 하였는데, 「반소(反騷)」에서,

접동새가 먼저 울려고 하니	恐鵜鴂之將鳴兮
일부러 꽃보다 먼저 울어 모든 꽃이 질까 두렵다	故先百草爲之不芳

라고 하였다. 제규(鶗鴂)는 일명 자규(子規)이니 항상 입하(立夏) 때 운다. 자규가 울면 모든 꽃이 시들고 농사일이 시작된다.

뛰어난 사람은 일흔 두 사람
達者七十二人

『산중일석화(山中一夕話)』에서 말하였다.

북제(北齊) 때 석동통(石動筩)이 일찍이 국학(國學)에서 박사(博士)를 만났는데, 박사가 "공자의 제자 중에 뛰어난 사람이 일흔 두 사람입니다"라고 하였다. 석동통이 그 말을 받아서 질문하였다.

"뛰어난 사람 일흔 두 사람 중에 몇 명이 관을 썼고 몇 명이 관을 쓰지 않았습니까?"

박사가 말하였다.

"경전에 없는 내용입니다."

석동통이 말하였다.

"선생님께서는 책을 읽을 때 합당하게 해석하지 않습니까? 공자의 제자 중에서 관을 쓴 사람은 서른 명이고 관을 쓰지 않은 사람은 마흔 두 사람입니다."

박사가 말하였다.

"어떤 문헌을 근거로 변석(辨釋)한 말입니까?"

"『논어(論語)』에서 '관을 끈 사람 오륙 인'이라고 하였으니 오륙(五

六)은 삼십입니다. 또 '동자 육칠 인'[7]이라고 하였으니 육칠(六七)은 사십 이입니다. 그러니 어찌 일흔 두 사람이 아닙니까?"[8]

홀아비 · 과부 · 고아 · 독거노인
鰥寡孤獨

지봉 이수광이 말하였다.

환과고독(鰥寡孤獨) 중에서 홀아비가 제일 앞에 있는 이유는 과부 · 고아 · 독거노인은 남편이 없고 아버지가 없고 자식이 없더라도 부양해 주는 사람이 있는데 오직 아내가 없는 사람은 부양해 주는 사람이 없다. 그런 까닭에 그 순서가 이와 같다. 『풍속통의(風俗通義)』에서 "아내가 죽으면 배가 비통(悲痛)하다[婦死腹悲]"[9]라고 하였으니 식사 공급을 주로 하는 사람이 없어졌다는 의미이다.[10]

---

7) 『논어(論語), 선진(先進)』에서 "莫春者, 春服旣成, 冠者五六人, 童子六七人, 浴乎沂, 風乎舞雩, 詠而歸[늦봄에 봄옷이 이미 이루어지면 관을 쓴 어른 대여섯 명, 동자 예닐곱 명과 함께 기수에서 목욕하고 무우에서 바람 쐬고 노래하면서 돌아오겠습니다]"라고 하였다.

8) 嘗於國學**中**, 看博士, 孔子弟子達者七十二人, 動箭因問曰, 達者七十二人, 幾人已着冠, 幾人未着冠. 博士曰, 經傳無文. 動箭曰, 先生讀書, 豈合不解. 孔子弟子已着冠有三十人, 未着冠有四十二人. 博士曰, 據何文以辨之. 曰論語云, 冠者五六人, 五六三十人也. 童子六七人, 六七四十二也, 豈非七十二人.(『山中一夕話, 石動箭機辨』) →**北齊時**, **石動箭**, 嘗於國學, 看博士, 孔子弟子達者七十二人. 動箭因問曰, 達者七十二人, 幾人已着冠, 幾人未着冠. 博士曰, 經傳無文. 動箭曰, 先生讀書, 豈合不解. 孔子弟子已着冠有三十人, 未着冠有四十二人. 博士曰, 據何文以辨之. 曰論語云, 冠者五六人, 五六三十人也. 童子六七人, 六七四十二也, 豈非七十二人.(『松南雜識』)

9) 『風俗通義, 愆禮』.

10) **鰥寡孤獨**四者, **宜無先後**, **而**鰥居其首, **蓋女之**無夫**者**, **猶足自養**, **幼**無父**老**無子**者**, **有母有妻則**亦有養焉, **唯**無妻者, 不能爲養, 故其序如此. 風俗通曰, 婦死腹悲, **亦以**主饋無人.(『芝峯類說, 卷七, 文字部, 文義』) → 四者, 鰥居其首**者**, 無夫無父無子, 亦有養焉, **惟**無妻者, 不能爲養, 故其序如此. 風俗通曰, 婦死腹悲, **言**主饋無人**也**.(『松南雜識』)

음양
陰陽

지봉 이수광이 말하였다.

양(陽)이 음(陰)보다 우선인데 반드시 '음양(陰陽)'이라고 말하는 것은 '자웅(雌雄)'·'빈모(牝牡)'라고 말하는 것과 같다. 대개 왕래교합(往來交合)의 의미이다.[11]

원지소초
遠志小草

『옥편(玉篇)』에서 "소초(苶草)는 원지(遠志)이다"[12]라고 하였다. 『본초강목(本草綱目)』에서 "원지(遠志)는 약의 이름이니 소초(小草)이다"[13]라고 하였다. 『세설신어(世說新語)』에서 "사안(謝安)은 세상에 나오지 않으면 원지가 되고 세상에 나오면 소초(小草)가 된다"[14]라고 한 말이 이것이다.

신광취도
晨光趣塗

지봉 이수광이 말하였다.

---

11) 陽先於陰, 而**不曰陽陰**, 必曰陰陽者, **蓋往來交合之義**, **如雌雄牝牡云耳**.(『芝峯類說, 卷七, 文字部, 文義』) → 陽先於陰, 而必曰陰陽者, **如雌雄牝牡**, **蓋往來交合之義**.(『松南雜識』)

12) 苶草, 遠志也.(『玉篇, 苶』).

13) 遠志, **釋名**, 苗名, 小草.(『本草綱目, 遠志』) → 本草, 遠志, 苗名, 小草.(『松南雜識』)

14) 處則爲遠志, 出則爲小草.(『世說新語, 排調, 第二十五』) → **謝安**, 處則爲遠志, 出則爲小草.(『松南雜識』)

「귀거래사(歸去來辭)」에서 “새벽빛 희미해지는 것이 한스럽다[恨晨光之熹微]”라고 하였는데, 그 주석에서 “새벽에 날마다 정원을 거닐어 길이 되었다”라고 하였고 『이아(爾雅)』에서 “당(堂) 밖의 길을 추(趨)라고 한다”라고 하였다.15)

노도

老饕16)

옛말에 “긴 눈썹[壽毫]17)이 귀에 난 털[耳毫]만 못하고 귀에 난 털이 식탐보다 못하다”라고 하였다. 그래서 소식(蘇軾)의 「노도부(老饕賦)」가 있다.

서신부침

書信浮沈

진(晉)나라 은호(殷浩)18)의 아버지 은선(殷羨)의 자는 홍교(洪喬)다. 그는 친구가 붙인 편지를 강물에 던지면 “빠질 것은 빠지고 뜰 것은 뜨려무

15) **歸去來辭曰**, 恨晨光之熹微, …… **又**園日涉而成趣, **按**爾雅**云**, **堂外塗謂之趨**.(『芝峯類說, 卷七, 文字部, 文義』) → 恨晨光之熹微. **註**, **晨日**園**月**涉而成趣. 爾雅**趨堂之外塗**.(『松南雜識』)

16) 노도(老饕) : 식욕이 많은 늙은이를 이름. 도(饕)는 식탐(食貪)이 많은 것.

17) 수호(壽毫) : 수미(壽眉). 남달리 긴 눈썹. 장수하는 사람의 특징.

18) 은호(殷浩) : 진(晉)나라 장평(長平) 출신. 자는 심원(深源). 식견과 도량이 청원(淸遠)하였고 약관에 명성을 얻었다. 『노자』와 『주역』을 좋아하여 풍류담론가(風流談論家)의 추앙을 받았다. 양(揚)·예(預)·서(徐)·청(靑)·곤(袞) 등 다섯 주(州)의 군사(軍師)가 되어 중원을 안정시키는 것을 소임으로 삼았다. 요양(姚襄)을 정벌하다 패배하여 서인(庶人)이 되었다. 이후 종일 하늘에 ‘돌돌괴사(咄咄怪事)’라는 네 글자를 썼다. 얼마 뒤에 환온(桓溫)이 상서령(尙書令)으로 삼고자 편지를 보냈는데 잘못하여 빈 봉투를 보냈기에, 마침내 그와 관계를 끊었다. 영화(永和) 연간에 죽었다.

나"라고 하였다. 은홍교는 편지를 붙이지 않았다. 지금 '홍교부침(洪喬浮沈)'이라는 말은 여기에서 나왔다.

수필
手畢[19]

『산곡집(山谷集)』에서 "송자경(宋子京)의 별지(別紙)에 '엎드려 서신을 받듭니다[伏奉手畢]'라고 한 곳이 많다. 남방 사람들은 '筆'을 일러 '畢'이라고 한다"라고 하였으니,[20] '점필시간(佔畢視簡)'[21]과는 다르다.

도필
刀筆

「고공기(考工記)」에서 "축씨(築氏)가 도필을 사용한다[築氏爲削]"[22]라고 하였다. 그 주석에서 "바로 지금의 서도(書刀)이다"[23]라고 하였다. 옛날에는 죽간(竹簡)에 붓을 사용하였는데 잘못 쓰면 칼로 깎았다. 그래서 그 칼을 '삭(削)'이라고 한다. 지금의 '도필(刀筆)'이라는 말이 이것이다.

---

19) 수필(手畢) : 수간(手簡). 서신.

20) **宋子京**別紙, 多云, 伏奉手畢, 南人謂**筆**爲**畢**.(『山谷別集, 卷六, 雜著, 雜論』) → **仙谷集**別紙, 多云, 伏奉手畢, 南人謂**畢**爲**筆**.(『松南雜識』)

21) 점필시간(佔畢視簡) : '점(佔)'은 본다는 뜻이고 '필(畢)'은 책이라는 뜻. 『禮記, 學記』의 "今之敎者, 呻其佔畢, 畢多其訊"에 대하여 정현(鄭玄)이 "佔視也, 簡謂之畢"이라고 주석하였다. 점필(佔畢)은 경사(經師)가 경전의 뜻은 알지 못하고 책 위의 문자만 보고 외어서 남을 가르치는 것을 의미한다. 뒤에 송독(誦讀)을 범칭하였음.

22) 『周禮注疏, 卷四十』.

23) 今之書刀.(『周禮注疏, 卷四十』)

별지
別紙

『운부군옥(韻府群玉)』에서 "노광계(盧光啓)[24]가 편지를 붙일 때마다 한 가지 일은 한 장의 편지로 별도로 만들었는데 조정의 선비들이 그것을 본떴다. 별지(別紙)를 중첩(重疊)하는 것은 노광계에서 시작되었다"[25]라고 하였다.

편지 머리에 '죽을 죄'라고 쓰다
書首死罪

왕희지(王羲之)[26]의 척독(尺牘) 앞머리에 '죽을 죄[死罪]'라고 썼으니 대개 당시에 법을 어긴 일이 있었던가 보다.

소신능긍
蕭晨凌兢

『문선(文選)』에서 "현철(賢哲)한 사람이 쓸쓸한 가을 새벽 감상에 젖고[哲匠感蕭晨]"[27]라고 하였다. '소신(蕭晨)'은 '쓸쓸한 가을 새벽'이라는 말이니 선비가 서글프게 생각한다는 뜻이다. 「감천부(甘泉賦)」[28]에서 "하

---

24) 노광계(盧光啓) : 당나라의 문인. 자는 자충(子忠).

25) 盧光啓, 每致書, 一事別爲一紙, 朝士效之, 重疊別紙, 自光始.(『韻府群玉, 致書別紙』)
→ 盧光啓, 每致書, 一事別爲一紙, 朝士效之, 重疊別紙, 自光**啓**始**也**.(『松南雜識』)

26) 왕희지(王羲之) : 진(晉)나라의 서예가(307~365). 자는 일소(逸少). 우군장군(右軍將軍)을 지냈으며 해서 · 행서 · 초서의 3체를 예술적 완성의 영역까지 끌어올려 서성(書聖)이라고 불린다. 작품에 「난정서(蘭亭序)」 · 「상란첩(喪亂帖)」 · 「황정경(黃庭經) · 「악의론(樂毅論)」 등이 있다.

27) 은중문(殷仲文)의 「남주환공구정작 일수(南州桓公九井作一首)」.

28) 감천부(甘泉賦) : 양웅(揚雄)의 작품.

늘의 문으로 달려가 서늘하고 떨리는 곳으로 들어간다[馳閶闔而入凌兢]" 라고 하였다. 능긍(凌兢)은 서늘하고 떨리는 곳이다. 지금 편지의 문안에 항상 쓰면서도 그 의미를 모른다.

소식(蘇軾)의 시에,

옥루 얼어붙으니 소름이 돋고	凍合玉樓寒氣栗
은해에 빛이 일렁이니 아찔하여 꽃이 핀다[29]	光搖銀海眩生花[30]

라고 하였으니 또한 '능긍(凌兢)'이다.

한사
寒事

두보(杜甫)의 시에 "동리 사람에게 겨울에 할 일[寒事]을 묻는다[問俗營寒事]"[31]라고 하였다. 지금은 겨울의 문후(問候)에 항상 이 말을 사용한다.

승상
勝常[32]

지봉 이수광이 말하였다.

왕애(王涯)[33]의 시에서,

---

29) 도가(道家)에서는 항견골(項肩骨)을 '옥루(玉樓)'라고 하고 눈을 '은해(銀海)'라고 한다.
30) 「설후서북대벽 이수(雪後書北臺壁二首)」.
31) 「소원(小園)」.
32) 승상(勝常) : 평상보다 뛰어남. 문후(問候)에 사용하는 말.
33) 왕애(王涯) : 당나라 후기 사람. 자는 광진(廣津). 덕종(德宗) 때에 출신(出身)하기 시작하여 헌종(憲宗)·목종(穆宗)을 거쳐 문종(文宗)이 즉위하자 이부 상서(吏部尙書)로

새로 자다가 일어나서 옛 꿈을 생각하고	新睡起來思舊夢
사람을 만나서는 문안드리는 것도 잊었네	見人忘却道勝常[34]

라고 하였다. 육유(陸游)[35]가 말하기를 "승(勝)은 평성이다. 지금 부인들이 말하는 만복(萬福)의 의미이며 척독(尺牘)의 존후승상(尊候勝常)이라는 말과 같으니 대개 속어이다"[36]라고 하였다.[37]

무양무타
無恙無他

『풍속통의(風俗通義)』에서 "양(恙)은 독충이니 사람을 물 수 있다. 옛날 사람들은 풀에서 살고 한데서 잠을 잤기 때문에 '무양(無𧌒)'이라고 서로 위문하였다"[38]라고 하였다.

『이아(爾雅)』와 『설문해자(說文解字)』에서는 양(恙)을 모두 '우환'으로 풀이하였다. 『신이경(神異經)』[39]에서 "북방에 '양(㺊)'라는 짐승이 있는데

염철(鹽鐵)과 차(茶) 전매업을 총관(總管)할 때 취렴이 심했다는 평이 있었고, 70이 넘어 이훈(李訓) 등과 환관을 주멸하려다가 일이 누설되어 피살되었다.

34) 「궁사 삼십수(宮詞三十首)」.

35) 육유(陸游) : 남송의 시인(1125~1209). 자는 무관(務觀). 호는 방옹(放翁). 남송 제일의 시인으로, 나라의 상황을 개탄한 시나 전원의 한적한 생활을 주제로 한 시가 많다. 글씨도 뛰어났다. 시집 『검남시고(劍南詩稿)』와 기행문 「입촉기(入蜀記)」, 사서 『남당서(南唐書)』 등이 있다.

36) 勝常, 猶今婦人言萬福也, 前輩尺牘, 有云尊候勝常者, 勝字當讀平聲.(『老學庵筆記, 卷五』)

37) 王涯**宮詞曰**, 新睡起來思舊夢, 見人忘却道勝常, **陸**放翁云, 勝**常**, **猶**今婦人言萬福**也**, 如簡牘**云**尊候勝常, 蓋俗語也, **勝當作平聲**.(『芝峯類說, 卷十一, 文章部, 四, 唐詩』) → 王涯**詩**, 新睡起來思舊夢, 見人忘却道勝常, 放翁云, 勝**平聲**, 今婦人言萬福, 如簡牘尊候勝常, 蓋俗語也.(『松南雜識』)

38) 恙毒蟲**也**, **喜傷**人. 古人草居露宿, 故相勞問**必曰**無**恙**.(『類說, 風俗通, 無恙』) → 恙毒蟲, 能噬人. 古人草居露宿, 故相勞問**云**無**𧌒**.(『松南雜識』)

39) 신이경(神異經) : 한나라 동방삭(東方朔)이 편찬한 책. 1권. 진(晉)나라 장화(張華) 주석을 달았다. 『수서(隋書)』에 실린 것과 서로 일치한다. 신이기(神異記).

황제가 죽였다. 이로부터 우환이 없어졌다"[40]라고 하였다. 대개 '양(恙)'자는 '충(虫)'자와 구성되면 벌레이고 견(犬/犭)자와 구성되면 짐승이다.

'타(他)'는 『설문해자』에서 "뱀이다. 옛날에는 뱀이 걱정거리가 되었기에 서로 물을 때 '뱀은 없었습니까?'라고 말하였다"[41]라고 하였다. 소식(蘇軾)의 "해가 저물도록 탈이 없어 기쁘다[歲晩喜無他]"[42]라고 한 시가 이것이다. 요즘 문권(文券)의 첫머리에 '무타(無他)'라고 쓰는 것도 위문(慰問)하는 말이다.

시전

視篆

『직관분기(職官分紀)』[43]에서 "篆(전)은 도장이다. 절도사가 사무를 보고 사흘마다 도장을 세척해 그것의 마손(磨損)을 살폈다. 또 '척전(滌篆)'이라고도 한다"[44]라고 하였다. 지금 직무를 수행하는 관장(官長)에게 안부를 물을 때 '시전(視篆)'이라고 하는 말이 이것이다.

---

40) 神異經, **去北大荒中**, 有獸咋**人則病**, **名**曰猛, **猛恙也**. **常入人室屋**, 黃帝殺之. **北人**無憂**病**, **謂無恙**.(『說郛, 無恙』) → 神異經曰, 北方有獸, 曰猛, 黃帝殺之 由是無憂.(『松南雜識』)

41) 上古, **艸居**患**它**, 故相問無**它**乎.(『說文繫傳, 虫』) → 上古, **爲**患, 相問**得**無**蛇**乎.(『松南雜識』)

42) 「답자면 삼수(答子勉三首)」.

43) 직관분기(職官分紀) : 송나라 손봉길(孫逢吉)이 편찬한 책. 50권.
* 『松南雜識』에는 '職方分紀'로 오기되어 있음

44) 職**官**分紀, 節度使, 視事三日洗印, 視其刓缺. 又曰滌篆.(『韻府群玉, 滌篆』) → 職**方**分紀**曰**, **篆印也**. 節度使, 視事三日洗印, 視其刓缺. 又曰滌篆.(『松南雜識』)

서제소
書題所

『고려사』에 최우(崔瑀[45])가 사가(私家)에 정방(政房)을 설치하였는데 여기에서 붓을 잡고 비답하는 사람을 '정색서제(政色書題)'라고 하였다는 기록이 있다. 그래서 지금 대신의 집무실을 '서제소(書題所)'라고 하니 '집사(執事)'·'장명자(將命者)'라고 하는 말과 같다.

물건을 선물하고 '제'라고 쓰다
餽物書際

『장자(莊子), 서무귀(徐無鬼)』에 "인의(仁義)의 선비는 예로 서로 접하는 것을 소중하게 여긴다[仁義之士貴際]"라고 하였는데. 그 주석에서 "예로 서로 접하는 것을 '제(際)'라고 한다"라고 하였다. 지금 관장(官長)이 토산물(土産物)을 선사하고 편지 아래쪽에 물품의 종류를 열거하고는 반드시 '제(際)' 한 글자를 쓰니 대개 옛 제도이다.

물건을 봉하고 도장을 찍다
封物打印

『석명(釋名)』[46]에서 "'인(印)'은 '신(信)'이라고 하였으니 물건을 봉하여 증거로 삼는 것이다. 또 '인(因)'의 의미이니 물건을 봉하고 인편(因便)으

45) 최우(崔瑀): 고려 시대 무신 정권기의 집권자(?~1249). 시호는 광렬(匡烈). 최충헌의 아들로 전대의 부패를 없애기 위하여 노력하였으며 이름난 유학자를 등용하는 한편, 몽고의 침입에 대비하여 강화로 천도하고 대장경판(大藏經板) 재조(再雕)를 완성하였다.
46) 석명(釋名): 한나라 유희(劉熙)가 편찬한 책. 총 8권. 훈고자서(訓詁字書)의 하나로, 『일아(逸雅)』라고도 한다. 석천(釋天)·석지(釋地) 등 27류(類)로 나누어 기술하였다.

로 전해 주는 것이다"[47]라고 하였다. 지금 물건을 봉하고 도장을 찍는 일이 이것이다.

비답
批答

선종(禪宗)에 "가볍게 명월을 치고 세세히 청풍을 지운다[薄批明月, 細抹淸風]"라는 말이 있다. 또 이번(李藩)[48]이 칙령을 만들 때 불가한 사안은 노란 종이 뒤에 비답을 하였으니 비평(批評)은 유독 왕의 답만을 의미하는 것이 아니다. 왕의 비답은 '정건삼절(鄭虔三絶)'[49]이 이것이다.

아정(雅亭) 이덕무(李德懋[50])가 말하였다.

지금은 편지 끝에 쓰는 '경공(敬空)'·'근공(謹空)'의 의미를 알지 못한다.

황정견(黃庭堅)[51]이 "태축(太祝)은 아홉 번 절하는 것을 분변하는데,

47) 劉熙釋名曰, 印信也, 所以封物爲驗也, 亦言因也, 封物相因付也.(『太平御覽, 卷六百八十三, 儀式部, 四, 印』) → 釋名曰, 印信也, 所以封物爲驗也, 亦言因也, 封物相因付也.(『松南雜識』)

48) 이번(李藩) : 당나라의 재상. 자는 숙한(叔翰).

49) 정건삼절(鄭虔三絶) : 정건(鄭虔)은 당나라의 문사로 시서화(詩書畵)에 뛰어났다. 정건이 직접 지은 시와 직접 그린 그림을 황제에게 바치자, 황제가 큰 글씨로 '정건삼절(鄭虔三絶)'이라고 비(批)하였다.

50) 이덕무(李德懋) : 조선 후기의 학자(1741～1793). 자는 무관(懋官). 호는 형암(炯庵)·아정(雅亭)·청장관(靑莊館). 박학다식하였으며 개성이 뚜렷한 문장으로 이름을 떨쳤으나, 서출이라서 크게 등용되지 못하였다. 청나라에 건너가 학문을 닦고 돌아와 북학 발전의 기초를 마련하였다. 박제가·이서구·유득공과 함께 사가(四家)라 이른다. 저서에 『청장관전서(靑莊館全書)』가 있다.

51) 황정견(黃庭堅) : 북송의 시인·서예가(1045～1105). 자는 노직(魯直). 호는 산곡(山谷). 기이하고 파격적인 시를 써 송시(宋詩)에 새로운 바람을 일으켰다. 강서시파의 원조이며, 서예가로서 뛰어나 송대 사대가의 한 사람으로 꼽힌다. 시집으로 『산곡시내외집(山谷詩內外集)』이 있다.

그 세 번 째 절이 공수배(空手拜)로 머리를 손에 이르게 하니 이른바 배수(拜手)이다. 당나라 사람들은 편지 끝에 '근공(謹空)'이라고 쓰니 공수(空手)를 이른다"라고 하였다.

심괄(沈括)은 "옛날 풍속(風俗)에 신분이 낮은 자가 신분이 높은 사람에게 편지를 보내면 신분이 높은 사람은 다만 편지 끝에 '반(反)'이라고만 비답을 한다. 그래서 사람들이 그것을 '비반(批反)'이라고 말하니 관사(官司)의 '비장(批狀)'이나 조서(詔書)의 '비답(批答)' 따위와 같다. 그래서 편지 말미에 '경공(敬空)'이라고 쓰는 것은 감히 신분이 높은 사람에게 대적하지 않고 다만 종이 말미를 비워 비반(批反)을 기다릴 따름이라고 스스로 말하는 것이다. 또 옛날의 글은 매우 간결하였고 또 종이 폭을 연결한 것도 적었는데 후대에는 허황한 문장이 점점 번다해져서 옛사람의 간곡한 정이 없어졌다"[52]라고 하였다.[53]

52) 前世風俗, 卑者致書於所尊**敬**, 尊者但批紙尾答之曰反, 故人爲之批反. 如官司批狀**召**書批答之類, 故**書批多**作敬空字, 自謂不敢抗敵, 但空紙尾, 以待批反耳 …… 書啓甚簡, 亦少用聯幅者, 後世虛文寖繁, 無**古**人款款之情.(『補筆談卷下, 補第二十八卷後八事』)

53) **世人**不識書**末**敬空謹空之義. **今得三條**, 黃魯直云, 太祝辨九**擽**. **擽卽拜也**, 三曰空手拜, 頭至手, 所謂拜手也, 唐人書末云謹**空**, 謂空手也. 沈存中云, 前世風俗, 卑者致書於所尊, 尊者但批紙尾答之曰反, 故人謂之批反, 如官司批狀詔書批答之類, 故紙尾**多**作敬空字, 自謂不敢抗敵, 但空紙尾, 以待批反耳, **尊者亦自處不疑**, **不務過敬**, **前世**, 書契甚簡, 亦少**用**聯幅者, 後世虛文漫繁, 無昔人款款之情.(『靑莊館全書, 卷五十五, 盎葉記, 二』) → **今**不識書**空**敬空謹空之義. 黃魯直云, 太祝辨九**擽**, 三曰空手拜, 頭至手, 所謂拜手也, 唐人書末云謹**空**, 謂空手也. 沈存中云, 前世風俗, 卑者致書於所尊, 尊者但批紙尾答之曰反, 故人謂之批反, 如官司批狀詔書批答之類, 故紙尾爲作敬空字, 自謂不敢抗敵, 但空紙尾, 以待批反耳, **又**書契甚簡, 亦少聯幅者, 後世虛文漫繁, 無昔人款款之情.(『松南雜識』)

소지좌촌
所志左寸

『논어(論語)』에서 “각각 너희 뜻을 말하라[各言爾志]”[54]라고 하였다. 또 “마음이 가는 바를 지(志)라고 한다[心之所之曰志]”라고 하였다. 그래서 지금 민장(民狀)[55]을 ‘소지(所志)’라고 한다. 지금 우리나라의 풍속에 문권(文券)에 손마디를 그리고, 부녀자는 손가락과 손바닥을 모사(摹寫)하니 모두 근본한 바가 있다.

『단연록(丹鉛錄)』에서 말하였다.

> 『주례(周禮)』에 “사시(司示)가 질제(質劑)로 신의를 맺어 송사를 그치게 한다”[56]라고 하였는데 정현(鄭玄)이 “긴 권계(券契)를 ‘질(質)’[57]이라고 하고 짧은 권계를 제(劑)[58]라고 하니 마치 지금의 하수서(下手書)[59]와 같다”라고 하였다. 가공언(賈公彦)[60]은 “한나라 때의 하수서(下手書)는 지금의 손가락을 그린 문권[畫指券]과 같다”라고 하였다. 산곡(山谷) 황정견(黃庭堅)이 “어찌 지금의 백성늘이 아내를 버릴 때 손을 모사하는 것이랴. 그렇지 않으니, 지금 글씨를 쓰지 못하는 하녀가 문권에 손가락 마디를 그리고 강남에서 밭과 집의 문계(文契)에도 손을 모사한다”라고 한 말이 이것이다.[61]

---

54) 『論語, 公冶』.

55) 민장(民狀) : 백성의 송사 · 청원에 관한 서류.

56) 司市 …… 以質劑**結**信而止訟.(『周禮注疏, 卷十四』) → 司市, 以質劑**法**信而止訟.(『松南雜識』)

57) 질(質) : 소나 말 등속을 구입할 때 사용한다.

58) 제(劑) : 병기나 진귀한 물건 등을 구매할 때 사용한다.

59) 하수서(下手書) : 지장을 찍어서 증명하는 문서.

60) 가공언(賈公彦) : 당나라의 학자. 하북성(河北城) 영년(永年) 출신. 고종(高宗 : 650~665) 연간에 태학박사 · 홍문관학사를 지냈고 예학(禮學)에 정통하여 공영달(孔穎達) 등과 『예기정의(禮記正義)』 편찬에 참여하였다. 그가 간행한 『주례소(周禮疏)』와 『의례소(儀禮疏)』는 십삼경주소(十三經注疏)에 들어가며, 『주례소』는 주자(朱子)가 “오경소(五經疏) 중 가장 좋은 것”이라고 평가하였다.

길협무개인
吉挾無改印

『어우야담(於于野談)』[62]에서 말하였다.

우리나라의 서울 아전 주협(周挾)이라는 사람은 호수(戶數)를 아주 잘 기억하였다. 당시에 주협에게 조사를 받은 자들은 신표의 자취로 삼고 고치지 않았다. 지금 서울이나 지방이나 호적을 상준(相準)[63]한 말미에 '길협무개인(吉挾無改印)'을 먹물로 찍어서 신표로 삼는데 '周' 자의 '冂'을 길게 늘여 다섯 자를 외곽처럼 감쌌기 때문에 '길협(吉挾)'이라고 잘못 이르게 되었다.

불토무언
不土無言

지봉 이수광이 말하였다.

소식(蘇軾)의 「추양부(秋陽賦)」에서 "현명한 공자(公子)가 흙이 아닌 마을에 집을 짓고 말이 없는 시를 읊조린다[有賢公子宅於不土之里, 而詠無言

61) 周禮司市**云**, 以質劑**結**信, 而止訟. 鄭康成云, 長曰質, 短曰劑, 若今下手書. 賈公彦云, 漢時下手書, 若今畫指券, **黃**山谷云, 豈今細民棄妻手摹者乎. **不然則**今婢券不能書者, 畫指節及今江南田宅契, 亦用手摹也.(『丹鉛餘錄』) → 周禮司市, 以質劑**法**信, 而止訟. 鄭康成云, 長曰質, 短曰劑, 若今下手書. 賈公彦云, 漢時下手書, 若今畫指券, 山谷云, 豈今細民棄妻手摹者乎. 今婢券不能書者, 畫指節及今江南田宅契, 亦用手摹也.(『松南雜識』)

62) 어우야담(於于野談) : 조선 광해군 13년(1621)에 어우당 유몽인(柳夢寅)이 지은 야담집. 풍자적인 설화와 기지에 찬 야담들로서, 조선 중기 설화 문학의 좋은 자료이다. 원문은 한문이나 나중에 한글로 번역되어 널리 퍼졌다. 2책의 사본.

63) 상준(相準) : 서로 맞추어 봄.

之詩]"라고 하였는데, 주석에서 "공자(公子)는 조치(趙時)이니 송나라의 왕족이다. 이름인 '치(時)'를 '不土之里(불토지리)'로 파자하였다"라고 하였다.[64)]

이는 마치 김(金)·강(姜) 두 성에 대해서 "점 하나[丶]가 옥인(玉人)으로부터 떠나가고 두 갈래 쪽진 머리, 공주가 온다"라고 하는 것과 같다. 『박이지(博異志)』에서 말하였다.

최경성(崔慶成)이 황화역(皇華驛)에 이르니 여자 귀신이 편지를 던졌는데, 여기에서

냇물 속의 개는 백성의 눈이고	川中狗百姓眼
말이 안은 애는 궁중 주방의 밥이다	馬撲兒御廚飯

라고 하니, 정위(丁謂)[65)]가 '獨眠孤館[외로운 여관에서 홀로 잔다]'으로 풀이하였다. 당나라 「소정전(蘇頲傳)」에 "소[丑]가 비록 발이 있어도 갑옷[甲]으로도 몸을 온전하게 못한다. 임금[君]을 보니 입[口]이 없고 그대[伊]에게 사람이 적은 것을 알겠다"[66)]라고 하였으니 '尹' 한 자를 풀이한 것이다.

또 여안(呂安)이 혜강(嵇康)의 형 혜희(嵇喜)를 '凡鳥[범상한 새]'라고 놀리려고 혜강(嵇康)의 문에 '鳳'이라고 썼다.[67)]

---

64) **蘇子瞻**秋陽賦曰, 有賢公子宅於不土之里, 而詠無言之詩. 公子指趙令時, **卽**宋宗室也, **以其**名時, 破字**而言**.(『芝峯類說, 卷八, 文章部一, 辭賦』) → **東坡**秋陽賦曰, 有賢公子宅於不土之里, 而詠無言之詩. 公子指趙**令**時, 宋宗室也, 名時破字.(『松南雜識』)

65) 정위(丁謂) : 송나라 장주(長州) 출신. 진국공(晉國公)에 봉해졌음. 도서(圖書)·박혁(博奕)·음률(音律)에 정통하였다.

66) 丑**雖**有**足**, 甲不全身, 見君無口, 知伊**少**人.(『類說, 卷十六』) → 丑**則**有**尾**, 甲不全身, 見君無口, 知伊**小**人.(『松南雜識』)
* 당나라의 소정(蘇頲)이 윤(尹)씨 성을 가진 사람을 조롱한 시.

67) 진(晉)나라 때에 혜강(嵇康)과 여안(呂安)은 절친한 사이였다. 하루는 여안이 혜강을

약천 남구만의 도서
藥泉圖書

호미를 휘둘러 쇠를 버리고[揮鉏擲金⇒且] 뚜껑을 인(寅)에서 취한다[盖取諸寅⇒宀][68] 갓을 쓰고[戴冠⇒宀] 마음을 작게 하며[小心] 눈을 가로[橫目⇒罒]로 하고 정(丁)을 밟는다[履丁].[69] 하나는 곧고 하나는 평평하며[一直一平⇒十] 입을 열고 오(午)를 삼킨다[開口呑午⇒南－十].[70] 선(先)자에서 삐침을 날려 보내고[先撇爲颺] 갈고리를 뒤로 하여 을(乙)을 만든다[後鉤成乙].[71] 기(夔)의 머리와 우(禹)의 다리에[夔首⇒艹, 禹股⇒冂＋厶] 가슴에는 갑(甲)을 간직했다[當胸藏甲].[72] 천둥이 치니 비를 얻고[震來得雨] 사람이 가고 해(亥)에 앉는다[人往坐亥⇒云].[73] 발꿈치를 세우고 간(艮)을 등지며[立跟背艮⇒跟－艮] 타락을 마시고 유(酉)를 피한다[飮酪避酉⇒各].[74] 왼쪽에서 해성(諧聲)의 운을 따르고[左從諧韻⇒言, 音] 오른쪽에서 창을 쓴다[右乃用戊⇒戈].[75]

이는 육갑(六甲)을 사용하여 '의령남구만운로지(宜寧南九萬雲路識)'[76]라

찾아갔는데 혜강은 출타 중이고 그의 형 혜희(嵇喜)가 나와 맞이했다. 여안은 들어가지 않고 문 위에다 봉(鳳) 자를 써 놓고 가 버렸다. 혜희는 무슨 뜻인지 모르고 기뻐했을 뿐이다. 그러나 봉자를 파자하면, 범조(凡鳥)이다. 실은 혜희가 평범한 새에 불과하다고 우롱한 것이었다.(『世說新語, 簡傲』)

*『松南雜識』에는 혜강(嵇康)이 여안(呂安)의 집을 찾아가서 그의 문에 '범조(凡鳥)'라고 써서 놀렸다고 오기되어 있음.

68) 宀＋且＝宜.

69) 宀＋心＋罒＋丁＝寧.

70) 十＋南－十＝南.

71) 九.

72) 艹＋冂＋厶＋甲＝萬.

73) 雨＋云＝雲.

74) 足＋各＝路.

75) 言＋音＋戈＝識.

76) 의령남구만운로지(宜寧南九萬雲路識) : '의령 남구만 운로는 기록한다'는 의미
남구만(南九萬) : 조선 시대의 문신(1629~1711). 본관은 의령(宜寧). 자는 운로(雲路). 호는 약천(藥泉). 효종 7년(1656) 문과에 급제하고 우의정, 좌의정, 영의정을 지냈으며 소론(少論)의 거두로 활약하였다. 문사(文詞)와 서화(書畵)에도 뛰어났으며 저서에 『약

는 말을 풀이한 것이다.

근세에 윤치린(尹致麟)이 말하기를 "물결을 보고 물을 취하며[觀瀾取水⇒氵] 매화를 쳐서 나무를 떨어뜨린다[摽梅落木⇒毎].[77] 부자는 들을 독차지하고[富子專坪] 한 자의 땅에도 계단을 만들지 않는다[不階尺土].[78] 저 옥 같은 죽순을 보라[瞻彼玉笋]. 어찌 대나무를 묻겠는가?[何須問竹][79] 단단하고 빽빽하여 정치하게 만들었는데[堅密爲緻] 어지러운 실을 잘라낸다[剪去棼絲].[80] 사슴을 짝하고[友于麋鹿] 닳아버린 돌을 말하지 않는다[不曰磷石].[81] 이에 향원(鄕愿)에 생각이 미쳐[爰及鄕愿] 그 마음을 변혁한다[厥心乃革].[82] 활고자에서 활을 전대에 넣고[弭是櫜弓][83] 칼을 갈아 쇠를 끊는다[鋥亦斷金].[84] 매운 것을 반쪽 절구에 넣고[受辛半臼] 큰 박에서 이[已]를 늘린다[伸已大匏]."[85]라고 하니 팔음(八音)[86]으로 '해평윤치린원성인(海平尹致麟原聖印)'을 풀이한 것이다. 대개 본래는 "노란 명주옷의 어린 며느리와 외손자가 절구에 양념을 찧는다[黃絹幼婦外孫齏[87]臼]"라고 한 것이 '絶妙好辭[절묘하게 좋은 말]'에서 나왔다.

형식은 참위(讖緯)이고 구절은 수수께끼이다. 또 당나라 노래의 "닭이 살찌지 않고 술이 익지 않는다[鷄未肥酒未熟]"라고 한 것은 '기유(己酉)'를 암시한 것이다.[88] "한사람이 쌍으로 빛난다[一人雙曜]"는 '대명(大明)'이

천집』이 있다.

77) 氵+毎=海.

78) 坪−土=平.

79) 笋−竹=尹.

80) 緻−糸=致.

81) 鹿+(磷−石) = 麟.

82) 愿−心=原.

83) 弭−弓=耳.

84) 鋥−金=呈. 耳+呈=聖.

85) 已→卩. □+卩=印.

86) 팔음(八音) : 악기를 만드는 재료에 따라 나눈, 아악(雅樂)에 쓰는 여덟 가지 악기. 또는 그 각각의 소리. 여덟 악기의 재료는 금(金)·석(石)·사(絲)·죽(竹)·포(匏)·토(土)·혁(革)·목(木) 등이다.

87) 『松南雜識』에는 '杵'로 되어 있음.

라는 말이니, 이와 같은 류(類)가 매우 많다.

화어동대
華語東對

고려 때 중국의 사신이 말하였다.

"장량(張良)과 항우(項羽)가 우산 하나를 두고 싸우는데 장량은 '양산(凉傘)'이라고 하고 항우는 '우산(雨傘)'이라고 하였소[張良項羽爭一傘, 良曰凉傘, 羽曰雨傘]"[89]

관반(館伴)[90]이 말하였다.

"허유(許由)와 조착(晁錯)이 표주박 하나를 두고 싸우는데 허유는 '기름호롱병[油葫蘆]'이라고 하고 조착은 '초호롱병[醋葫蘆]'이라고 하였소[許由晁錯爭一瓢, 由曰油葫蘆, 錯由醋葫蘆]."[91]

또 중국의 사신 당고(唐皐)가 관반에게 대(對)를 짓게 하니 관반이 말하였다.

"금슬비파(琴瑟琵琶)의 대왕 여덟의 머리와 얼굴이 한결같소[琴瑟琵琶八大王, 一般頭面]."[92]

중국 사신이 말하였다.

"이매망량(魑魅魍魎)의 네 가지 작은 귀신이 각각 그 자체로 배에 있소[魑魅魍魎四小鬼, 各自肚腸]."

---

88) 「계비(鷄碑)」조 참조.

89) 장량(張良)의 '량(良)'과 양산(凉傘)의 '량(凉)'의 음이 같고 항우(項羽)의 '우(羽)'와 우산(雨傘)의 '우(雨)'의 음이 같다.

90) 관반(館伴) : 고려 시대에, 서울에 묵고 있는 외국 사신을 접대하기 위하여 임시로 임명하던 정삼품 벼슬. ≒관반사(館伴使).

91) 기름을 의미하는 '유(油)'는 허유의 '유(由)'와 음이 같고 초를 의미하는 '초(醋)'는 조착(晁錯)의 '착(錯)'과 형태가 유사할 뿐만 아니라 중국 발음이 유사하다.

92) 금슬비파(琴瑟琵琶)에 왕(王) 자가 모두 8개 임.

또 중국 사신이 말하였다.

"여자(女子)가 어깨를 나란히 하고 합하여 세상의 좋은 것[好]이 되었소[女子比肩, 合作人間之好]."

관반이 대(對)를 냈다.

"해[日]와 달[月]이 몸을 나란히 하여 떠서 천상의 밝은 것[明]이 되었소[日月齊體麗, 爲天上之明]."

또 중국 사신이 말하였다.

"동방삭(東方朔) · 서문표(西門豹)[93] · 남궁괄(南宮适)[94] · 북궁유(北宮黝)[95]는 동 · 서 · 남 · 북의 사람이요[東方朔西門豹南宮适北宮黝, 東西南北之人]"

관반이 대답하였다.

"좌청룡(左青龍) · 우백호(右白虎) · 전주작(前朱雀) · 후현무(後玄武)는 전 · 후 · 좌 · 우의 산이요[左青龍右白虎前朱雀後玄武, 前後左右之山]."

중국사신이 좋다고 칭송하였다.

목은(牧隱) 이색(李穡)이 중국에서 급제하니 학사(學士) 구양현(歐陽玄)[96]이 변두리 나라에서 온 사람이라고 업신여겨서 말하였다.

"짐승의 발굽과 새의 발자국이 중국에 교차합니다[獸蹄鳥跡之道, 交於中國]."

이색이 말하였다.

"닭의 울음과 개 짖는 소리가 네 국경에까지 들립니다[鷄鳴狗吠之聲, 達于四境]."

---

93) 서문표(西門豹) : 전국 시대 위(魏)나라 사람. 업(鄴) 땅의 태수였는데, 혹세무민하는 무당을 물에 빠뜨려 죽이고 그 제자인 어린 여자들을 모두 홀아비들에게 시집보낸 일로 유명하다.

94) 남궁괄(南宮适) : 춘추 시대의 인물. 공자(孔子)의 제자로 성품이 매우 신중하였다. 공자는 그를 신중한 사람으로 여기어 자기 형의 딸을 그에게 시집보냈다.

95) 북궁유(北宮黝) : 전국 시대의 역사(力士).

96) 구양현(歐陽玄) : 원나라의 문신. 호는 규재(圭齋). 문장에 능했으며, 벼슬은 한림학사승지(翰林學士承旨)에 이르렀다.

구양현이 또 한 구를 읊었다.

"잔을 가지고 바다로 들어와서 바닷물이 많은 줄 압니다[持盃入海, 知多海]."

목은이 말하였다.

"우물에 앉아 하늘을 보고는 하늘이 작다고 하는구려[坐井觀天, 曰小天]."

구양현이 놀라 일어서서 졌다고 시인하였다.

또 목은과 성명이 같은 어떤 자가 그를 욕보여 말하였다.

"인상여(藺相如[97])와 사마상여(司馬相如[98])는 이름은 상여(相如)지만 실제로는 서로 같지 않소이다[藺相如司馬相如, 名相如, 實不相如]."[99]

목은이 말하였다.

"위무기(魏無忌[100])와 장손무기(長孫無忌[101])는 옛날에도 거리낌이 없었고(無忌) 지금도 거리낌이 없소이다[魏無忌長孫無忌, 古無忌, 今亦無忌]."

그 사람이 절을 하며 말하였다.

"동방에는 참으로 문사가 많구려."

이는 대(對)를 잘해서 중국에서 존중받은 경우다.

중국 사신인 고천준(顧天埈)이 "못가의 버들 연기에 잠겼다[烟鎖池塘柳]"라는 구절을 써서 오봉(五峯) 이호민(李好閔)에게 보내어 대를 짓게 하였다. 당시의 종사관인 석주(石洲) 권필(權韠[102])이 사죄하고 돌려보내

---

97) 인상여(藺相如) : 전국 시대 조(趙)나라의 정치가.

98) 사마상여(司馬相如) : 전한(前漢)의 문인(B.C. 179~B.C. 117). 자는 장경(長卿). 그의 사부(辭賦)는 한위육조(漢魏六朝) 문인의 모범이 되었다. 작품에 「자허지부(子虛之賦)」 등이 있다.

99) 藺相如司馬相如, 名相如, **姓**不相如.(『旬五志』) → 藺相如司馬相如, 名相如, **實**不相如.(『松南雜識』)

100) 위무기(魏無忌) : 전국 시대 사군(四君)의 일원. 위나라의 신릉군(信陵君). 병부(兵符)를 훔쳐내 진(秦)나라의 공격으로부터 조나라를 구원한 일로 유명함.

101) 장손기(長孫無忌) : 당나라 초기의 정치가(?~659). 자는 보기(輔機). 태종을 잘 보필하고 천하를 안정시켰으며, 고종이 황후 왕씨(王氏)를 폐하고 무소의(武昭儀)를 들이려는 것을 반대하다가 유배당하여 죽었다. 저서에 『당률소의(唐律疏議)』가 있다.

니 중국 사신이 "동국 사람들은 시를 아니 경시할 수 없다"라고 탄식하였다.

이는 대(對)를 지을 수 없는 경우에 억지로 대를 짓지 않아 중국에서 존중을 받은 경우다. 그런데 후대에 어떤 사람이 "정은 넓은 길의 미인에게 매였다[情纆廣陌姝]"라고 대를 맞추니 저것은 진주를 먼저 탐색한 격이고 이것은 담비 같은 보물이 되기에는 부족하다.

중국 사신 강왈광(姜曰廣)[103]이 대를 내어 말하였다.

"한 개의 거문고 줄 일곱 가닥으로 다섯 가지 음과 여섯 가지 율(律)을 연주해 낸다[一張琴上七條弦, 彈出五音六律]."

접사(接使) 김류(金瑬)[104]가 어려워하자 기옹(畸翁) 정홍명(鄭弘溟)[105]이 사죄하고 돌려 보냈기에 중국사신의 업신여김을 당하였다. 뒤에 홍만종(洪萬宗)[106]이 분하게 여기고 생각을 하여 제 나름대로 대를 맞추었다.

"온갖 꽃무더기 속의 세 봄빛으로 만 개의 자주색, 천 개의 붉은 색을 단장해 냈다[百花叢裏三春色, 粧得萬紫千紅]."[107]

또 당고(唐皐)[108]가 "백악산 푸르니 이름과 실상이 다르다[白岳山青名

---

102) 권필(權韠) : 조선 중기의 문인(1569~1612). 자는 여장(汝章). 호는 석주(石洲). 정철의 문인(門人)으로 시와 문장이 뛰어났으나 광해군 척족(戚族)들의 방종을 비방하였다가 귀양 가는 도중에 죽었다. 저서에 『석주집(石洲集)』과 작품에 「주생전(周生傳)」 등이 있다.

103) 강왈광(姜曰廣) : 명나라의 문인. 자는 거지(居之).

104) 김류(金瑬) : 조선 중기의 문신(1571~1648). 본관은 순천(順天). 자는 관옥(冠玉), 호는 북저(北渚). 저서로는 『북저집(北渚集)』이 있다.

105) 정홍명(鄭弘溟) : 조선 중기의 문신 · 학자(1592~1650). 본관은 연일(延日). 자는 자용(子容), 호는 기암(畸庵) · 삼치(三癡). 아버지는 서인의 거두 우의정 정철(鄭澈)이며, 어머니는 유강항(柳强項)의 딸이다. 송익필(宋翼弼) · 김장생(金長生)에게 수학했다. 저서로 『기암집(畸庵集)』 · 『기옹만필(畸翁漫筆)』이 있다.

106) 홍만종(洪萬宗) : 조선 후기의 문신 · 학자 · 시문 비평가(1643~1725). 본관은 풍산(豊山). 자는 우해(宇海), 호는 현묵자(玄默子) · 몽헌(夢軒) · 장주(長州). 저서로 『순오지(旬五志)』 · 『소화시평(小華詩評)』 등이 있다.

107) 『순오지(旬五志)』에서 인용한 내용임.

108) 당고(唐皐) : 명나라의 한림원 수찬(翰林院修撰)으로 중종 16년(1521) 12월에 명나라의 신황제등극 반조정사(新皇帝登極頒詔正使)로 다녀갔다. 당고는 귀로에 백상루에

實異]"라는 구절을 짓고 대를 짓지 못하였는데, 용재(容齋) 이행(李荇)[109]이 "황하수 푸르니 본 것과 들은 말이 다르구나[黃河水碧見聞異]"라고 하니 중국의 사신이 칭송하였다.

김안국(金安國)이 일본에 사신을 갔을 때의 일이다. 일본의 중이 즉석에서 "얼음에서 한 점이 녹으니 도로 물이 되는구나[氷消一點還成水]"[110]라고 시를 지었는데, 김안국이 "나무 두 그루를 세우니 문득 숲이 되는구나[木立雙株便作林]"[111]라고 대(對)를 맞추자 그중이 놀라 감복하였다.

『사가만록(四佳漫錄)』에 중국의 사신이 연정(蓮亭)에 올라 "우뚝하고 우뚝한 정자로다[亭亭亭]"라고 하니 서거정(徐居正)[112] 대를 내지 못하였다는 기록이 있다. 내가 나름대로 대를 낸다면 의당 "깊고 깊은 연못[淵淵淵]"이라고 하리라. 이는 같은 글자로 구 하나를 만든 것이다.

『둔재한람(遯齋閑覽)』에서 말하였다.

봉주(鳳州)의 기생·버드나무·술은 모두 훌륭하다. 그래서 세상에서 "봉주의 출산물 세 가지[鳳州三出]는 수(手 : 손)[113]·류(柳 : 버들)·주(酒 : 술)를 이른다"라고 하였다. 의성(宜城)의 사인(士人) 이유(李愈)는 "우리 주의 네 가지 출산물은 칠(漆 : 옻)·률(栗 : 밤)·필(筆 : 붓)·밀(蜜 : 꿀)을 이른다"라고 하였다.[114]

들러 시를 지었는데, 그 두 수가 『동국여지승람』에 수록되어 있다.

109) 이행(李荇) : 조선 중종 때의 문신(1478~1534). 자는 택지(擇之). 호는 용재(容齋)·창택어수(滄澤漁水)·청학도인(青鶴道人). 저서에 『용재집(容齋集)』이 있다.

110) 氷 － 丶 ＝ 水.

111) 木 ＋ 木 ＝ 林.

112) 서거정(徐居正) : 조선 전기의 학자(1420~1488). 자는 강중(剛中). 호는 사가정(四佳亭). 성리학을 비롯하여 천문·지리·의약 등에 정통하였고, 문장과 글씨에도 능하여 『경국대전(經國大典)』, 『동국통감(東國通鑑)』 등의 편찬에 참여하였다. 저서에 『동인시화(東人詩話)』·『동문선(東文選)』·『필원잡기(筆苑雜記)』 등이 있다.

113) 기생의 섬섬옥수(纖纖玉手)를 이름.

114) **陝西**鳳州, 妓**女手**, **皆纖白**, **翠**柳**色**, **尤可愛**. **又公庫**酒美, 故世言鳳有三出, 謂手柳酒**也**. 宜城**士人**李愈云, **吾鄉有**四出, 漆栗筆蜜.(『類說, 卷四十七, 遯齋閒覽, 鳳州三

이는 같은 운으로 하나의 구를 만든 것이다.

명나라 영락제(永樂帝)가 "만방의 옥백(玉帛)[115]에 군신이 모였다[116][萬方玉帛風雲會]"[117]라고 시를 짓자 태손(太孫)[118]이 "통일된 산하에 일월이 밝다[一統山河日月明]"라고 대를 맞췄다. 또 대보름날에 "등이 밝고 달이 밝으며 대명이 통일하였다[燈明月明, 大明統一]"고 하니 어떤 신하가 "임금이 즐겁고 신하가 즐거우니 영원한 즐거움이 만년 간다[君樂臣樂, 永樂萬年]"라고 하였다.[119]

『묵장만록(墨莊漫錄)』[120]에서 말하였다.

> 명나라 선덕(宣德) 연간에 다음과 같은 일이 있었다.
>
> 마탁(馬鐸)[121]의 꿈에 신이 "비가 내리쳐도 북꽃[鼓子花]에는 소리가 나지 않는다[雨打無聲鼓子花]"고 말하였는데, 이것으로 훗날 황제가 "바람이 불어도 방울초[鈴兒草]는 울리지 않는다[風吹不響鈴兒草]"라고 한 시에 대를 맞출 수 있었다.[122]

出』) → 鳳州, 妓**與**柳酒**皆**美, 故世言鳳有三出, 謂手柳酒. 宣城李愈云, **君州**四出, 漆栗筆蜜.(『松南雜識』)

115) 옥백(玉帛) : 규장(圭璋)과 속백(束帛). 고대에 제후들이 제사(祭祀) · 회맹(會盟) · 조빙(朝聘) 등에 사용하였음.

116) 風雲會 : 군신이 모이는 것을 비유함.

117) 萬**方**玉帛風雲會.(『皇明通紀法傳全錄, 卷十五, 己丑永樂七年』) → 萬**邦**玉帛風雲會.(『松南雜識』)

118) 태손(太孫) : 황제의 손자. 황태손(皇太孫).

119) 『순오지』에 "이 영락(永樂)이라는 말은 태종의 연호였으므로 태종이 크게 기뻐하여 이 시를 지은 신하에게 한 상을 내렸다"는 내용이 있다.

120) 묵장만록(墨莊漫錄) : 송나라 장방기(張邦基)가 편찬한 책. 총 10권.

121) 마탁(馬鐸) : 명나라 사람. 자는 언성(彥聲).

122) 神語佳對. 泳化編. 永樂時, 馬鐸爲狀元, 林誌居二, 誌每誚鐸無學狀元, 至互爭于庭, 上聞之, 召入曰, 朕試汝一對佳者卽眞狀元. 御題風吹不響鈴兒草, 鐸卽應聲雨打無聲鼓子花, 上大稱許, 誌竟不能對, 蓋鐸幼時夢神語以七字, 至是用之也.(『元明事類鈔, 卷十二, 仕進門』) → 明宣德年, 帝夢神語雨打無聲鼓子花, 帝口占風吹不響鈴兒草.(『松南雜識』)

* 마탁(馬鐸)이 장원급제하자 그보다 실력이 뛰어나다고 자임해온 임지(林誌)가 늘 그에게 시비를 걸었다. 보다 못한 황제가 즉석에서 시를 짓고 그것에 대를 맞추게 하였

또 금수하(金水河)의 옥난간에 절경이 있었는데, 호자기(胡子祺)[123]가 "금수하(金水河) 가의 금실버들. 금실버들로 금붕어의 입을 꿴다[金水河邊金線柳, 金線柳穿金魚口]"라는 구절을 내고 해진(解縉)[124]에게 대를 맞추라고 명하였다. 그러자 해진(解縉)은 "옥난간 밖의 옥잠화. 옥잠화를 옥 같은 사람의 머리에 꽂네[玉闌干外玉簪花, 玉簪花揷玉人頭]"[125]라고 하였다.[126]

조선 성종의 시에 "금은이 보물이 아니고 훌륭한 신하가 보물이로다[金銀不寶良臣寶]"라고 하니, 영남의 선비가 우연히 궁중에 들어 왔다가 "일월이 밝은 것이 아니라 성스러운 임금이 밝네[日月非明聖主明]"라고 하였다.

정조가 "소 입 아래의 백 리[牛口下百里]"[127]라고 대(對)를 내니 어떤 이가 "물고기 배 속의 세 마을 문[魚腹中三閭]"[128]이라고 대를 하였다.

김석주(金錫胄)[129]·홍만종(洪萬宗)·한구(韓構)[130]가 모여서 술을 마실

는데 마탁은 소시에 귀신이 꿈에 알려준 시로 대를 맞출 수 있었다.
*『松南雜識』에는 황제가 꿈을 꾼 것으로 오기되어 있다.

123) 호자기(胡子祺) : 명나라 사람. 자는 수창(壽昌).

124) 해진(解縉) : 명나라 사람. 자는 대신(大紳). 태조 때에 만언소(萬言疏)로 시정(時政)을 지척(指斥)하였다. 시문을 잘 하였다.

125) 해진(解縉)이 8세 때 지은 것이라고 한다.

126) **南京**金水河玉闌干**諸**勝槩處, **解大紳八歲時**, **慨然有觀光之意**, **胡**子祺, 乃命對曰, 金水河邉金線柳, 金線柳穿金魚口. 大紳應云, 玉闌干外玉簪花, 玉簪花揷玉人頭. **衆大奇之**.(淸 褚人穫.『堅瓠集, 解大紳對, 卷一』)→金水河玉闌干**有**勝槩處, 子祺命對曰, 金水河邉金線柳, 金線柳穿金魚口. **解**大紳應**曰**, 玉闌干外玉簪花, 玉簪花揷玉人頭.(『松南雜識』)

127) '백리(百里)'는 춘추 시대의 현신인 백리해(百里奚)를 이름. 백리해는 소를 키우는 등의 천한 일을 하다가 등용된 것으로 유명함.

128) '삼려(三閭)'란 전국 시대의 삼려대부(三閭大夫) 굴원(屈原)을 이른다. 그는 멱라수에 투신자살하였다.

129) 김석주(金錫胄) : 조선 시대의 문신(1634~1684). 자는 사백(斯百). 호는 식암(息庵). 우의정을 지냈다. 서인(西人)으로서 남인(南人)과의 당파 싸움에 앞장섰으나, 같은 서인의 소장파로부터 반감을 샀고, 이것이 노론(老論)·소론(少論) 분열의 원인이 되었다.

130) 한구(韓構) : 조선 중기의 문신·서예가(1636~?). 본관은 청주(淸州). 자는 긍세(肯世), 호는 안소당(安素堂).

때의 일이다.

김석주가 말하였다.

"콩이 마을 속으로 들어가더니 도리어 나무가 되었다[豆入村中還作樹]"131)

홍만종이 화답하였다.

"새가 강가로 오다니 문득 기러기가 되었다[鳥來江畔便成鴻]."132)

또 홍만종이 말하였다.

"사슴은 뿔이 없으면 안되니 도리어 말이 된다[鹿非無角還爲馬]."

김석주가 화답하였다.

"닭은 깃이 화려해서는 안되니 봉황으로 오해할 수 있다[鷄不成章誤認鳳]."

김석주가 또 말하였다.

"눈으로 요대(瑤臺)를 지으니 탕은 치지 않는다[雪作瑤臺湯不伐]."133)

한구가 말하였다.

"물로 은옥(銀屋)을 만들었으니 우가 평정할 수 있다[水成銀屋禹能平]."134)

또 어떤 이가 "구월산 속의 봄풀이 푸르다[九月山中春草綠]"라고 하니 "오경 누각 아래의 석양이 붉다[五更樓下夕陽紅]"라고 대를 하였다.

"영산홍(映山紅)이 석양 속에서 비춘다[映山紅映斜陽裏]"라고 하니 "생지황(生地黃)이 가는 비 속에서 났네[生地黃生細雨中]"라고 대를 하였다.

어떤 사람이 과거장에서 장원을 하였는데 먼저 "황제가 천하에 옷을 드리웠다[黃帝乾坤衣裳垂]"라고 하니 곧 "봄기운 다시 천자를 따라 장안

---

131) 豆 + 村 = 樹.

132) 鳥 + 江 = 鴻.

133) 탕에게 정벌 당한 주(紂)가 화려한 요대(瑤臺)를 지었다고 한다. 눈이 쌓인 대를 '요대'라고 하기도 한다.

134) 『순오지』에는 "水成銀屋禹難平"으로 되어있는데, 이 책에는 "김석주가 '하우씨는 수토(水土)를 평정하였는데 난평(難平)이라고는 못할 것이니, 難자를 能자로 고치는 것이 마땅하다'라고 하였다"는 내용이 있다.

에 들어온다[靑春復隨冠冕入]"[135]라고 대를 하였다.

근래에 어떤 평양 기생이 "두견화 웃으니 두견이 우네[杜鵑花笑杜鵑啼]"라는 시구를 짓고 대를 할 수 있는 사람이 있다면 그의 아내가 되겠다라고 하였다. 어떤 주객(酒客)이 "봉황대 위에 봉황 노네[鳳凰臺上鳳凰遊]"라고 대를 하니 "아닙니다"라고 하였다.

홍만종은 "옛날 사람들은 말을 하는 사이에 대(對)가 많았으니 대가 연구(聯句)에서 근원한 것이다"라고 하였다.

왕안석(王安石)이 "삼대(三代)는 하·상·주[三代夏商周]"라고 하자 유반(劉攽)[136]이 "사시(四詩)는 풍·아·송[四時風雅頌]"이라고 하였다.

요(僚)의 사신이 "삼광(三光)은 일·월·성[三光日月星]"이라는 대구를 찾으니 소식(蘇軾)이 "사덕(四德)은 원·형·리(元·亨·利)[四德元亨利]"라고 답하였다. 어떤 사람이 "정(貞)은 어떻게 합니까?"라고 묻자 "왕의 휘(諱)입니다"라고 답하니 더욱 묘하다.

그밖에도 다음과 같은 대구가 있다.

"오행(五行)은 금·목·수·화·토[五行金木水火土]"에, "사위(四位)는 공·후·백·자·남(公·侯·伯·子·男)[四位公侯伯子男]"으로 대를 하였다.

"기신(紀信)과 한신(韓信)은 가짜 황제, 가짜 왕[紀信韓信假帝假王]"[137]에, "중니(仲尼)와 석가모니는 대성(大聖)·대각(大覺)[仲尼牟尼大聖大覺]"으로 대를 하였다.

"이이(李耳)[138]가 오얏나무를 가리켰기에 그의 성(姓)이 '이(李)'가 되었으니 태어나면서부터 아는 사람이다[李陽指李樹爲姓, 生而知之]"에, "마원

---

135) 乾·坤과 復·隨는 모두 주역의 괘 이름이다.
136) 유반(劉攽) : 송나라의 문신. 자는 공보(貢父).
137) 진나라 말기 초나라의 항우와 한나라의 유방이 세력을 다툴 때였다. 항우가 유방의 군대를 포위하자, 기신은 유방으로 가장하여 초나라를 속였다. 결국 유방은 변장을 한 후, 수레를 몰고 무사히 탈출할 수 있었고, 기신은 화형을 당해 죽었다.
유방의 신하인 한신(韓信)이 제나라를 격파하고 스스로 제나라의 가왕(假王)이 되었다.
138) 『松南雜識』에는 '陽'으로 되어 있다.

(馬援)[139]은 말가죽으로 시체를 싸야 한다고 하더니[140] 죽은 뒤에야 그치네[馬援以馬革裹屍, 死而後已]"로 대를 하였다.

"매미가 날개로 우는 이유는 입으로 소리를 내는 것과 같을 뿐만이 아니기 때문이다. [蟬以翼鳴, 不啻若自其口出]"에, "용이 불로 소리를 듣는 것은 귀로만 듣기에 부족하고 여겨서인가[龍將角聽, 謂其不足於耳歟]"로 대를 하였다.

"추맹자(鄒孟子)[141] · 오맹자(吳孟子)[142] · 내시 맹자(孟子)는 하나는 남자, 하나는 여자이고 하나는 남자 같기도 하고 여자 같기도 하다[鄒孟子 · 吳孟子 · 寺人孟子, 一男一女一似男似[143]女]"는 주선왕(周宣王) · 제선왕(齊宣王) · 사마선왕(司馬宣王)[144]은 하나는 임금, 하나는 신하이고 하나는 임금도 아니고 신하도 아니다[周宣王 · 齊宣王 · 司馬宣王, 一君一臣一不君不臣]로 대를 하였다.

"『역경』의 여섯 자는 간 · 손 · 감 · 태 · 진 · 리(羲經六字, 艮巽坎兌震離)"에, "『주례』 한 책은 천 · 지 · 춘 · 하 · 추 · 동(周禮一書天地春夏秋冬)"로 대를 하였다.

---

139) 마원(馬援) : 처음에는 왕망이 세운 신(新)나라에서 벼슬을 했으나 후에는 후한을 세운 광무제의 신하가 되었다. 35년 화남(華南)지방의 태수(太守)로 임명되어 남쪽으로 북베트남에 이르는 지역까지 중국의 지배권을 확립했다. 45년에는 북방 국경지대로 파견되어 중앙 아시아의 흉노족을 제압하는 데 힘썼다.

140) 마원(馬援)은 "대장부는 마땅히 전장에서 죽어서 말가죽에 송장을 싸 가지고 돌아와야 한다"고 말하였다.

141) 추맹자(鄒孟子) : 맹가(孟軻)가 추(鄒) 출신이므로 '추맹자(鄒孟子)'라고 하였음.

142) 오맹자(吳孟子) : 춘추 시대 노나라 소공(昭公)의 부인.

143) 『제동야언(齊東野言), 기대(奇對)』에는 '似'가 '不'로 되어 있음.

144) 사마의(司馬懿) : 삼국 시대 위(魏)나라의 명장 · 정치가. 자는 중달(仲達). 하내군(河內郡 : 河南省) 온현(溫縣) 출신. 진(晉) 왕조 건국 뒤에 고조선제(高祖宣帝)라고 추존되었으므로, 사마선왕(司馬宣王), 또는 진나라의 고조선제라고도 하였다. 처음에 조조(曹操)의 청으로 그의 부하가 되고, 조조의 아들 조비(曹丕 : 文帝)가 위나라를 세운 뒤에는 명제(明帝) · 제왕(齊王) 등 3대 황제를 섬겼다. 그동안 대도독(大都督)이 되어, 위나라의 군사를 통솔하고 위나라와 진나라 유일의 권신이 되어, 그의 손자 사마염(司馬炎)이 진나라를 일으키는 터전을 닦았다.

"관음대사(觀音大士)[145]의 묘음(妙音)·범음(梵音)[146]·해조음(海潮音)[147][觀音大士, 妙音·梵音·海潮音]"은, "제상여래(諸相如來)의 인상(人相)[148]·아상(我相)[149]·중생상(衆生相)[150][諸相如來, 人相·我相·衆生相]"으로 대를 하였다.

"초승달은 활과 같고 그믐달도 활과 같다. 상현의 활, 하현의 활[初月如弓, 殘月如弓, 上弦弓, 下弦弓]"에 "아침 노을은 비단 같고 저녁 노을도 비단 같다. 동쪽 냇물도 비단, 서쪽 냇물도 비단[朝霞似錦, 晩霞似錦, 東川錦, 西川錦]"으로 대를 하였다.

"갓난 대나무는 명절 만난 촌 할멈인양 분치장 엷게 했네[新竹如村姑遇節略施薄粉]"에 "떨어지는 매화는 늙은 기생마냥 가지 끝에 여전히 잔향(殘香) 띠었네[落梅似老妓下梢猶帶餘香]"로 대를 하였다.

또 고병(高駢)이 한 자로 짓는 주령(酒令)[151]을 하여 "'口'는 자루 없는 말과 같은 데가 있다[口有似沒梁斗]"라고 하니, 설도(薛濤)[152]가 "'川'은 세가닥 서까래와 같은 데가 있다[川有似三條椽]"라고 대를 하였다.[153]

방천리(方千里)가 장경생(張更生)을 놀렸다.

---

145) 관음대사(觀音大士): 관세음(觀世音)의 별칭.

146) 범음(梵音): 대범천왕(大梵天王)이 내는 소리. 또는 부처나 보살의 소리.

147) 해조음(海潮音): 부처나 보살이 하는 설법 소리가 바닷물 소리처럼 굉장함을 비유함.

148) 인상(人相): 사상(四相)의 하나. 오온(五蘊)이 화합하여 생긴 '나'는 사람이니 지옥취나 축생취와 다르다고 집착하는 견해를 이른다.

149) 아상(我相): 사상(四相)의 하나. 오온(五蘊)이 화합하여 생긴 몸과 마음에 참다운 '나'가 있다고 집착하는 일을 이른다. 잘못 깨달은 것에 집착하여 이를 참다운 '나'라고 생각하는 일. 자기의 처지를 자랑하고 남을 업신여기는 마음.

150) 중생상(衆生相): 사상(四相)의 하나. 중생이 자신의 몸을 오온(五蘊)이 화합하여 이루어진 참된 실체라고 고집하는 잘못된 견해를 이른다.

151) 주령(酒令): 연회에서 주흥을 돕기 위한 일종의 유희.

152) 설도(薛濤): 당나라의 기생.

153) 高駢**鎭成都, 命酒佐薛濤爲**一字令曰, **須得一字象形, 又須逐韻, 公曰**, 口有似沒**梁**斗. 濤曰, 川有似三條椽.(『山堂肆考, 爲令象形』)→高駢一字令曰, 口有似沒**斗量**. 濤曰, 川有似三條椽.(『松南雜識』)

옛사람은 유경생(劉更生)[154]이거늘	古人是劉更生
지금 사람은 장경생(張更生)이로구나	今人是張更生
손에는 『금강경(金剛經)』 한 권을 들고 있으니	手內執一卷金剛經
너에게 묻노라. '태생(胎生)인가? 난생(卵生)인가?	問爾是胎生卵生濕生化
습생(濕生)인가?, 화생(化生)인가	

장경생이 답하였다.

옛사람은 마천리(馬千里)였는데	古人是馬千里
지금 사람은 방천리(方千里)구나	今人是方千里
손에는 형법지(刑法志) 한 권을 들고 있으니	手內執一卷刑法志
너에게 묻노라. '오백 리 갈겐가?'	問你要五百里一千里三千里[155]
'일천 리 갈겐가?' '삼천 리 갈겐가?'	

황정견(黃庭堅)과 손신노(孫莘老)가 모여서 술을 마시는데 한 사람이 말하였다.

"창으로 장정이 만든 그릇이 성(盛)입니다[戊丁成皿[156]盛]."[157]

어떤 사람이 말하였다.

"옥은 희고 호박돌은 푸르다[玉白珀石碧]."[158]

어떤 사람이 말하였다.

"마을에서 준 들녘 땅의 농막[里予野土墅]."[159]

---

154) 유경생(劉更生) : 한(漢)나라의 유향(劉向)의 자.

155) **嘉禾**方千里, **一日會相識張更生**, **千里乃作一令**, 戲**之**曰, 古人是劉更生, 今人是張更生, 手**內**執一卷金剛經, 問你是卵生胎生濕生化生. 張**更生還千里令云**, 古人是馬千里, 今人是方千里, 手**內**執一卷刑法志, 問你**要**五**百**里一千里三千里. 聞者, 莫不笑其切當也.(『說郛, 卷二十下, 葦航紀談, 蔣津』)→方千里, 戲**張更生**曰, 古人是劉更生, 今人是張更生, 手執一卷金剛經, 問**爾**是卵生胎生濕生化生. 張**答曰**, 古人是馬千里, 今人是方千里, 手執一卷刑法志, 問**爾**五**千**里三千里一千里.(『松南雜識』)

156)『松南雜識』에는 '血'로 오기되어 있음.

157) 戊 + 丁 = 成, 成 + 皿 = 盛.

158) 玉 + 白 = 珀, 珀 + 石 = 碧.

황정견이 말하였다.

"벼와 여자를 귀신에게 맡긴 것이 위(魏)입니다[禾女委鬼魏]."160)

또 "와서 힘껏 가지런히 바로 잡는다[來力勅正整]"161)라고 하니 조정(趙整)을 놀린 말이다.162)

이상은 여러 글자를 이어 붙여 하나의 글자를 만드는 것이다.

한옹(韓雍)163)이 하훈(夏塤)164)과 술을 마시며 말하여 주령(酒令)을 각자 내기로 하였다.

한옹이 말하였다.

"산(傘) 자에는 다섯 사람이 있습니다. 아래에는 여러 소인들이 줄지어 위의 대인 한 사람을 받들고 있으니 이른바 '복 있는 사람은 남이 복종해 섬기고 복이 없는 사람은 남을 섬긴다'는 것입니다."

그러자 하훈이 말하였다.

"상(爽) 자에는 다섯 사람이 있습니다. 옆으로 여러 소인들이 줄지어 있고 가운데 대인 한 사람이 감춰져 있으니 이른바 '다른 사람 앞에서

---

159) 里 + 予 = 野, 野 + 土 = 墅.

160) 禾 + 女 = 委, 委 + 鬼 = 魏.

161) 來 + 力 = 勑(勅), 勑 + 正 = 整.

162) 이 이야기는 송나라 심작철(沈作喆)의 『우간(寓簡)』과 명나라 팽대익(彭大翼)의 『산당사고(山堂肆考), 신로향음(莘老鄕音)』과 명나라 하량준(何良俊)의 『하씨어림(何氏語林), 배조(排調)』에 보이는데 『松南雜識』의 내용과 상이하다. 그들 자료의 기록은 다음과 같다.

황노직과 유신노는 같은 부서에서 근무하였는데 식사 때마다 황노직은 진미를 찾아 먹었지만 지방 출신으로 후박(厚朴)한 성격의 유신노는 사투리로 "내일은 찐 떡을 먹어야지"라고 늘 말하였다. 황노직은 유신노의 그 말이 몹시 듣기 싫었다. 마침 회식에서 세 글자를 합하여 한 글자를 만드는 놀이를 하였는데 유신노가 하지 못하였다. 이에 황오직이 유신노 대신 "來lái力lì勑chì正zhèng整"이라는 구절을 내었는데 이것은 來lái日rì喫chī蒸zhēng과 음이 흡사하였으니 유신노를 놀리는 말이었다. 그래서 좌중은 모두 웃었고 유신노는 불쾌해 하였다.

163) 한옹(韓雍) : 명나라의 문신(1422～1478). 자는 영희(永熙). 저서에 『양의문집(襄毅文集)』이 있다.

164) 하훈(夏塤) : 명나라의 문신(1426～1479). 자는 종성(宗成). 저서에 『영남고(嶺南稿)』 등이 있다.

남의 장단점을 말하지 마라. 처음에 믿던 사람 속에 또 다른 사람이 있다'는 것입니다."165)

이상은 글자를 해체해서 구(句)를 만든 것이다.

"서예(鉏麑)는 홰나무[槐]에 머리를 부딪혀 죽어서 달갑게 나무 옆의 귀신이 되었고166)[鉏麑觸槐甘作木邊之鬼]"167) "예양(豫讓)은 숯을 삼키고 끝내 산 밑의 재가 되었다168)[豫讓呑炭終爲山下之灰]"169)

"사람이 문 안에서 언뜻 보이고[人從門內閃]"170) "공은 물가를 향하여 따라간다[公向水邊沿]."171)

"한 밤에 아이를 낳으니 해시(亥時)172)인지 자시(子時)173)인지 확정하기가 어렵고[夜半生孩, 子亥二時, 難定]"174) "두 집에서 짝을 고르는데 기(己)와 유(酉)가 궁합이 잘 맞는다[兩家擇配, 己酉二命, 相當]."175)

"사람이 일찍이 중은 될 수 있어도[人曾作僧]"176) "사람이 부처가 될

---

165) 公**與**夏公塤飮, **各出酒令**, **公欲一字內有大人小人**, **復以諺語二句証之**曰, 傘字有五人, 下列衆小人上侍一大人, 所謂有福之人, 人服事, 無福之人, 服事人. 夏云, 爽字有五人, 旁列衆小人, 中藏一大人, 所謂人前莫說人長短, 始信人中更有人.(明 宋嶽의 『書永編』)→**岳正公夏公塤**飮曰, 傘字有五人, 下列衆小人上侍一大人, 所謂有福之人, 人服事, 無福之人, 服事人. 夏云, 爽字有五人, 旁列衆小人, 中藏一大人, 所謂人前莫說人長短, 始信人中更有人.(『松南雜識』)

166) 춘추 시대의 폭군 진(晉) 영공(靈公)은 충신 조돈(趙盾)의 살해를 서예(鉏麑)에게 명한다. 그러나 서예는 조순이 새벽에 일어나 출근 준비하고 단정히 앉아 있는 모습에 감동하여 그를 차마 죽이지 못한다. 그러나 임금의 명을 어길 수도 없기에 옆에 있던 홰나무에 머리를 부딪쳐 자살한다.

167) 木 + 鬼 = 槐.

168) 춘추 시대의 예양(豫讓)은 자신의 주군 지백(智伯)을 죽인 조양자(趙襄子)를 살해하기 위해 몸에 옻을 칠하고 숯을 삼켜 자신의 모습과 목소리를 바꾼다. 그러나 끝내 발각되어 처형당한다.

169) 山 + 灰 = 炭.

170) 門 + 人 = 閃.

171) 水 + 公 = 沿.

172) 해시(亥時) : 밤 9시부터 11시까지.

173) 자시(子時) : 밤 11시부터 오전 1시까지.

174) 子 + 亥 = 孩.

175) 己 + 酉 = 配.

* 『松南雜識』에는 '己酉一日最吉'로 되어 있다.

수는 없다[人弗可作佛]."[177]

"여지가 비천하면 여종이 되고[女卑爲婢]"[178] "여자는 또 종이 될 수도 있다[女[179]又可爲奴]."[180]

이상은 글자를 나누거나 합하는 것이다.

또 "봉상시(奉常寺)[181] 봉사(奉事)[182] 봉일성(奉一誠)이 봉자전(奉慈殿)[183]에 봉심(奉審)[184]하러 간다[奉常, 奉事奉一誠, 奉慈殿奉審去]"는 한 사람이 다섯 개의 '봉(奉)' 자를 겸한 것이다.

또 "나주(羅州)의 나장(羅將)[185] 나만갑(羅萬甲)이 나시포(羅市浦)[186]에서 나팔(羅叭)을 분다[羅州羅將羅萬甲羅市浦羅叭吹]"도 한 사람이 다섯 개의 '라(羅)' 자를 겸한 것이다.

또 병사(兵使) 배인범(裵仁範)의 수하에 감진괴(甘眞瓌)라는 병졸이 있었다. 배인범이 "감을 진 고양이 막관(幕官)"이라고 말하자, 그가 "배를 인 호랑이"라고 대구하였다.

이상은 우리말의 음으로 풀이한 것이다.

또 "매끈매끈[麥根麥根]"을 "동실동실[桐實桐實]"로 대를 한 것도 우리말의 음으로 풀이한 것이다.

세 사람이 각각 『시경(詩經)』과 당시(唐詩)와 약이름으로 시 짓는 주령

---

176) 人 + 曾 = 僧.

177) 人 + 弗 = 佛.

178) 女 + 卑 = 婢.

179) 『松南雜識』에는 '女'가 없다.

180) 女 + 又 = 奴.

181) 봉상시(奉常寺) : 조선조 태조 1년(1392)에 설치한 관청. 제사와 시호(諡號)에 관한 일을 맡아봄.

182) 봉사(奉事) : 조선 시대에, 관상감 · 돈녕부 · 훈련원 및 기타 각 시(寺) · 원(院) · 감(監) · 서(署) · 사(司) · 창(倉) 따위에 둔 종8품 벼슬.

183) 봉자전(奉慈殿) : 광해군 생모 공빈김씨(恭嬪金氏)를 모신 사당.

184) 봉심(奉審) : 임금의 명(命)으로 능이나 묘우(廟宇)를 보살피던 일.

185) 나장(羅將) : 조선 시대에, 의금부에 속하여 죄인을 문초할 때에 매질하는 일과 귀양 가는 죄인을 압송하는 일을 맡아보던 하급 관리. ≒ 금부나장(禁府羅將).

186) 나시포(羅市浦) : 나주포.

(酒令)을 하였다.

"염소 가죽옷이 해가 가고 또 해가 가니 묵은 가죽이 되었네[羔羊之皮[187]經歲又經年[188]陳皮[189]]."

"흰 돌이 가지런한데 강남에 비 갓 그치니 돌이 매끄럽다[白石齒齒[190]江南雨初歇[191] 滑石[192]]."

"따사로운 동풍 부는데 해 저물자 사립문 닫아걸고 바람 막는다[習習谷風[193] 日暮掩柴扉[194]防風[195]]."

또 문구(文句)와 사람의 이름을 연결한 것도 있다.

"좌우를 돌아보고 다른 이야기를 하려고 얼굴을 돌린다[顧左右而言他[196]顔回[197]]."

"태산을 옆에 끼고 북해를 뛰어 넘으려고 말로 건너뛴다[挾泰山以超北海[198]馬超[199]]."

"물 가까운 누대에서 달을 먼저 얻으니 연못이 환하다[近水樓臺先得月[200]淵明[201]]."

---

187) 『詩經, 國風, 召南, 羔羊』.
188) 당나라 유채춘(劉采春)의 「나홍곡(羅嗊曲)」.
189) 진피(陳皮) : 말린 귤의 껍질. 오래 묵을수록 약효가 좋다고 하여 붙여진 이름으로, 위(胃)를 보호하여 소화를 돕고, 담(痰)을 삭이는 데 쓴다. ≒황귤피.
190) 한유(韓愈)의 「유주라지묘비(柳州羅池廟碑)」.
191) 당나라 대유공(戴幼公)의 「유별고명부(留別顧明府)」.
192) 활석(滑石) : 마그네슘으로 이루어진 규산염 광물. 약재로 사용됨.
193) 『詩經, 國風, 邶, 谷風』.
194) 왕유(王維)의 「산중송별(山中送別)」.
195) 방풍(防風) : 산형과의 여러해살이풀. 높이는 1미터 정도이며, 잎은 어긋나고 가지가 많이 갈라진다. 여름에 흰 꽃이 겹산형(繖形) 꽃차례로 피고, 뿌리는 약용한다.
196) 『孟子, 梁惠王』.
197) 안회(顔回) : 춘추 시대의 유학자(B.C. 521～B.C. 490). 자는 자연(子淵). 공자의 수제자로 학덕이 뛰어났다.
198) 『孟子, 梁惠王』.
199) 마초(馬超) : 중국 삼국 시대 촉(蜀)의 장수로 무용(武勇)이 출중하였음.
200) 소린(蘇麟)의 시구.
201) 도연명(陶淵明) : 동진의 시인(365～427). 이름은 잠(潛). 호는 오류선생(五柳先生). 자는 연명(淵明).

"달이 동산 위에 뜨니 왼쪽 언덕이 환하다[月生於東山之上左丘明[202]]."

"동진(東晉)의 사마천(司馬遷)이 패공(沛公)을 죽이니 어찌 패공이 없겠는가[東晉司馬遷殺沛公豈無沛公]."

"유방(劉邦)이 있는 곳 위에는 항상 구름 기운이 있기에 여후가 그것을 바라보았다[劉更生季所居之上常有雲氣呂望]."

이상은 모두 문인들의 주령(酒令)이니 주령은 위문후(魏文侯)의 상정(觴政)이 시초이다.

서유기
西遊記

『순오지(旬五志)』에서 말하였다.

사문(沙門) 종번(宗藩)은 바로 현장(玄藏)인데 불경(佛經)을 가지고 순행을 기록하다가 특별히 수련의 의지를 더하였다.

옛사람들은 이렇게 생각하였다.

원숭이 왕이 좌선하는 것은 연기(煉氣)[203]이고 노조궁(老祖宮)[204]에서 단약(丹藥)을 훔친 것은 칠주(漆珠)를 삼킨 것이다. 천궁(天宮)에서 한바탕 소란을 피운 것은 연념(煉念)이고 대사를 모시고 서쪽으로 간 것은 하차(河車)[205]를 운반한 것이고 화염홍해(火炎紅孩)는 화후(火候)[206]다. 흑수(黑水)가 은하수에 통하는 것은 퇴부후(退符候)이고 서방(西方)에 이르렀다가 동쪽으로 되돌아가는 것은 서쪽의 호랑이가 동

202) 좌구명(左丘明) : 춘추 시대 노나라의 학자. 벼슬은 태사(太史)에 이르렀다.

203) 연기(煉氣) : 도가에서 토납(吐納) · 도인(導引)을 통하여 장생을 추구하는 방법.

204) 노조궁(老祖宮) : 도교의 조사(祖師)의 궁.

205) 하차(河車) : 도사가 연단(煉丹)하는데 사용하는 납.

206) 화후(火候) : 방사(方士)가 연단(煉丹)을 하는 공부의 정도.

쪽의 용과 교접하는 것이다[西虎交東龍]. 하루 만에 서쪽의 천십만로(千十萬路)로 돌아가는 것은 일시에 주천(周天)[207]의 수를 모은 것이다. 비록 지리하고 늘어지고 그 문사(文辭)가 장엄하지 않지만 종종 모두 연단술(煉丹術)을 빌어 입언(立言)하였다.

수호지

水滸志

「장악위담(莊嶽委譚)」[208]에서 말하였다.

세상에 전하는 말이 『수호지』는 원나라 사람으로 무림인 내암(耐菴) 시(施) 아무개가 시장의 저자에 들어가서 고서(古書)를 찬찬히 열람하다가 고서 속에서 장숙야(張叔夜)[209]가 도적을 잡아 공초한 글 한 통을 얻었는데 그 속에는 백팔 인이 봉기한 유래가 모두 기록되어 있었다. 그것을 토대로 윤식하여 이 편을 완성하였다.[210]

그 속의 용의(用意)를 갑자기 엿볼 수는 없지만 옛 사람들은 좌구명(左丘明)과 사마천의 장점과도 가깝다라고 하였다.

허균(許筠)[211]은 『성소부부고(惺所覆瓿稿)』[212]에서 "『수호전(水滸傳)』은

---

207) 주천(周天) : 천구(天球)의 한 바퀴.

208) 장악위담(莊嶽委譚) : 명나라 호응린(胡應麟)이 편찬한 『소실산방필총(少室山房筆叢)』의 편명.

209) 장숙야(張叔夜) : 송나라 때의 사람으로 금(金)나라 군대와 싸워 용맹을 떨쳤다.

210) **今**世傳**街談巷語**, **有所謂演義者**, **蓋尤在傳奇雜劇下**, **然**元人武林施某**所編水滸傳**, **特爲盛行世**, **率以其鑿空無據**, **要不盡爾也**, **余偶閱一小說序**, **稱施某**嘗入市肆, **紬**閱故書於敝楮中, 得**宋**張叔夜**禽**賊招語一通, 備悉其一百八人所由起, 因潤飾**成**此編.(『少室山房筆叢, 胡應麟, 莊嶽委談下』) → 世傳**水滸傳**, 元人武林**耐菴**施某, 嘗入市肆, **細**閱故書於敝楮中, 得張叔夜**擒**賊, 招語一通, 備悉其一百八人所由起, 因潤飾此編(『松南雜識』)

한 사람의 손에서 지어졌다. 의당 나관중(羅貫中)[213]은 삼대 동안 벙어리가 될 것이다"[214]라고 하였다. 옛 일에 박식한 허균도 이렇게 잘못된 인식을 하였다.

삼국지
三國志

유협(劉勰)[215]이 지었다. 조씨(曹氏)를 공격하고 한(漢)을 지지하려고 제갈량의 묘한 계책을 형용하여 하나의 신기하고 요사스런 사람으로 꾸며냈으니 이는 입언(立言)의 도를 알지 못하는 것이다.

서상기
西廂記

문원(文苑)에서 「귤중회진기(橘中會眞記)」를 조사해보니 "서상 아래에서 달이 뜨기를 기다린다[待月西床下]"라는 한 구절은 교묘히 부연하여 완성

---

211) 허균(許筠) : 조선 시대의 문신 · 소설가(1569~1618). 자는 단보(端甫), 호는 교산(蛟山) · 성소(惺所) · 학산(鶴山) · 백월거사(白月居士). 서자를 차별 대우 하는 사회 제도에 반대하였으며, 광해군의 폭정에 항거하기 위하여 서인을 규합하여 반란을 계획하다 발각되어 참형을 당하였다. 우리나라 최초의 국문 소설인 『홍길동전』을 지었으며, 시문집으로 『성소부부고(惺所覆瓿藁)』 등이 있다.

212) 『松南雜識』에는 '四部藁'로 되어 있음.

213) 나관중(羅貫中) : 원나라 말기에서 명나라 초기의 소설가. 본명은 본(本). 작품에 『삼국지연의』 등이 있다.

214) 水許**則姦騙機巧**, **皆不足訓**, **而**著於一人手, 宜羅氏**之**三世瘂也.(『惺所覆瓿稿, 卷之十三, 文部十, 題跋, 西游錄跋』) → 水許**傳**, 著於一人**之**手, 宜羅氏三世**之**瘂也.(『松南雜識』)

215) 유협(劉勰) : 남북조 시대 양나라의 문학자(465~521). 자는 언화(彦和). 뒤에 불교에 귀의하여 혜지(慧地)라고 이름을 고쳤다. 경론에 박식하였다. 저서에 『문심조룡(文心雕龍)』이 있다.

해서 산붕(山棚)의 놀이를 만들었다. 그래서 앵앵(鶯鶯)이 올라갔다는 말이 그것이다. 『금병매(金甁梅)』[216]와 『홍루부몽(紅樓浮夢)』 등의 소설은 새로 배우는 소년이나 자신을 검률(檢律)하는 군자가 읽게 해서는 안된다.

남정기
南征記

전설에 의하면 북헌(北軒) 김춘택(金春澤)[217]이 『구운몽(九雲夢)』[218]·『사씨남정기(謝氏南征記)』[219] 등의 소설을 지어서 궁녀들로 하여금 아침저녁으로 외우게 하여 왕을 감동시켜 깨우치게 하여 인현왕후(仁顯王后)[220]를 복위시키려라고 하였다고 한다. 숙종이 『사씨남정기(謝氏南征記)』를 듣고 깨우쳐 말하기를 "총명한 자식이 없는 사씨(謝氏)를 장차 어디에 쓰겠는가?"라고 하였다.

또 『완월회맹연(玩月會盟宴)』[221]은 안겸제(安兼濟)[222]의 어머니가 지었

216) 금병매(金甁梅) : 명나라 때에 소소생(笑笑生)이 지은 장편 소설. 일설에는 왕세정이 찬(撰)하였다고도 한다. 『수호전』의 서문경(西門慶)과 반금련(潘金蓮)의 일화를 소재로 하여 명대 사회 온갖 계층의 추악하고 음탕한 인간 생태를 그렸다.

217) 김춘택(金春澤) : 조선 중기의 문인(1670~1717). 자는 백우(伯雨). 호는 북헌(北軒). 김만중의 종손(從孫)으로, 시와 글씨에 뛰어났다.

218) 구운몽(九雲夢) : 조선 숙종 때에, 문인 김만중이 지은 장편 소설. 육관대사(六觀大師)의 제자인 성진(性眞)이 양소유(楊少游)로 환생하여 여덟 선녀의 환신인 여덟 여인과 인연을 맺고 입신양명하여 부귀영화를 누리나 깨어 보니 꿈이었다는 내용이다. 인간의 부귀영화가 한낱 꿈에 지나지 않는다는 불교적 인생관을 주제로 하고 있다.

219) 사씨남정기(謝氏南征記) : 조선 숙종 때 김만중이 지은 한글 소설. 유연수(劉延壽)가 첩 교씨(喬氏)의 모함에 속아 착하고 현명한 본처 사씨(謝氏)를 내쳤으나, 끝내 교씨는 그녀의 음모가 발각되어 처형당하고 유연수는 다시 사씨를 맞이하여 행복하게 살았다는 내용의 가정 소설이다. 인현 왕후를 폐하고 장희빈을 왕비로 맞아들인 숙종의 마음을 바로잡아 보려고 지은 것으로, 후에 종손인 김춘택이 한문으로 번역하였다.

220) 인현왕후(仁顯王后) : 조선 숙종의 계비(1667~1701). 민유중의 딸로, 숙종 7년(1681)에 왕비가 되었으나, 장희빈의 농간으로 폐위되었다가 다시 복위되었다.

221) 완월회맹연(玩月會盟宴) : 조선 시대의 장편 소설. 명나라를 배경으로 정한(程翰)과 그의 후손 잠(潛), 인성(仁星), 몽창(夢昌) 등 4대에 걸친 많은 인물이 등장하며 이들의

는데 궁궐로 유입되게 하려고 명성을 넓혔다.

창선감의록
彰善感義錄

나의 선조 졸수공(拙修公) 조성기(趙聖期)[223]의 행장에서 말하였다.

태부인(太夫人)께서 고금의 사적(史籍)과 전기(傳奇)에 대하여 많이 듣고 익숙히 아셨다. 만년에는 또 누워서 소설 듣기를 좋아하셨으니 졸음을 멈추고 근심을 푸는 자료로 삼으셨다. 그래서 공이 손수 옛 설을 부연하여 몇 책으로 엮어서 올렸다.[224]

세상에 전하는 말에 의하면 「창선감의록(彰善感義錄)」[225]·「장승상전(張丞相傳)」 등의 책이 그것이라고 한다.

생활과 갈등을 통하여 충효를 강조한 소설이다. 180권 180책의 국문 필사본.

222) 안겸제(安兼濟) : 조선 후기의 문신(1724~?). 본관은 순흥(順興). 자는 달부(達夫), 호는 팔하(八下).

223) 조성기(趙聖期) : 조선 숙종 때의 학자(1638~1689). 자는 성경(成卿). 호는 졸수재(拙修齋). 평생을 독서와 학문에만 전심하였다. 시문에 능통하고 성리학을 집대성하였으며, 경제학에도 밝았다. 한문 소설 「창선감의록(彰善感義錄)」을 지었으며, 저서에 『졸수재집(拙修齋集)』이 있다

224) 太夫人**聰明睿哲**, 於古今史籍傳奇, 無不博聞慣識, 晩又好臥聽小說, 以爲止睡遣悶之資, **而常患無以繼之, 府君每聞人家有未見之書, 必竭力求之, 得之而後已, 又**自依演古說, 搆出數冊以進.(『拙修齋先生文集, 卷之十二, 附錄, 附行狀』) → 太夫人, 於古今史籍傳奇, 無不博聞慣識, 晩又好臥聽小說, 以爲止睡遣悶之資, **公**自依演古說, 搆出數冊以進.(『松南雜識』)

225) 창선감의록(彰善感義錄) : 조선 숙종 때의 문인 조성기가 지은 소설. 명나라가 그 배경으로, 정부인(鄭夫人)의 소생인 화진(花珍)을 형 화춘(花瑃)이 그의 어머니 심 부인과 함께 모해하지만 실패하고, 후에 온갖 고난을 겪던 화진이 나라에 큰 공을 세워 명성을 떨치면서 모두 용서하여 가족이 함께 모여 행복하게 살았다는 내용으로, 부모에 대한 효도와 형제간의 우애를 유교적 도덕관에 입각하여 그린 작품이다.

전등신화
剪燈新話

패사(稗史)에서 "『전등신화』는 바로 양유정(楊維禎[226])이 지었고 오직 「추향정기(秋香亭記)」만 구우(瞿佑[227])가 지은 것이다"[228]라고 하였다. 다음과 같은 전설이 있다.

원나라 말에 구우(瞿佑)과 증선지(曾先之)는 사이가 좋았는데 10년 동안 떨어져서 각각 책 한 권씩 저술하여 후세에 이름을 남기자고 약속하였다. 그 날이 되자 구우는 배에 『전등신화』 수백 권을 싣고 증선지를 방문하여 자랑하려고 했는데 증선지는 『십팔사략(十八史略)』[229] 여덟 권만 안고 왔다. 구우가 먼저 증선지를 찾아보고 말하였다.

"그대의 책은 장차 천하 만세의 사람들이 읽을 것이고 내 책은 바로 패관소설이니 촌아이들이 등불 아래서 하는 농지거리에 지나지 않을 것일세"

구우는 자신의 책을 모두 강에 던졌다. 증선지가 급하게 움켜잡았으니 겨우 두 권뿐이었다.

『전등신화』는 모든 문체가 구비되어 이문(吏文)[230] 공부에 이롭다. 그

---

226) 양유정(楊維禎) : 원나라의 문인. 자는 염부(廉夫). 호는 철애(鐵厓).

227) 구우(瞿佑) : 명나라의 문인(1347~1433). 자는 종길(宗吉). 호는 존재(存齋). 박학다재하여 주왕부(周王府)의 우장사(右長史)를 지냈으나, 시화(詩禍)로 18년간 유배되었다. 저서에 『전등신화』·『영물시(詠物詩)』·『귀전시화(歸田詩話)』 등이 있다.

228) 剪燈新話, 乃楊廉夫所著, 惟**後**秋香亭記, **乃**瞿宗吉撰**也**.(『七修理類稿, 詩文託名』) → 剪燈新話, 乃楊廉夫所著, 惟秋香亭記, 瞿宗吉撰.(『松南雜識』)

229) 십팔사략(十八史略) : 원나라의 증선지(曾先之)가 '십팔사'를 요약하여 초학자용(初學者用)으로 편찬한 책. 중국 태고(太古)에서 송말(宋末)까지의 사실(史實)을 압축하여 기록하였다. 원간본(原刊本) 2권.

230) 이문(吏文) : 조선 시대에 중국과 주고받던 문서에 쓰던 특수한 관용 공문의 용어나 문체. 자문(咨文)·서계(書契)·관자(關子)·감결(甘結)·보장(報狀)·제사(題辭) 따위와 같은 문서에 썼다.

래서 서리(胥吏)들이 많이 읽는다.

혈결
絜潔

지봉 이수광이 말하였다.

『천자문(千字文)』은 양(梁)나라 주흥사(周興嗣)가 편찬한 것이다. 무제(武帝)가 천 개의 글자를 천 장의 종이에 각각 쓰고 그것을 섞은 뒤에 주흥사에게 운을 맞추게 하였다. 지금 그 문장을 살펴보면 오직 "여자는 정결을 바란다[女慕貞潔]" "비단 부채 둥글고 깨끗하다.[紈扇圓潔]"에서 '潔' 자가 중첩되었을 뿐이다.

어떤 사람이 말하였다.

'貞潔(정결)'의 '潔'은 의당 '絜'이 되어야 한다. 「진기(秦紀)」[231]에도 "남녀가 몸을 깨끗하게 하고 뜻을 정성스럽게 한다[男女絜誠]"라고 하였고 「악의전(樂毅傳)」에서는 "그 이름을 깨끗하게 하지 않는다[不絜其名]"라고 하였고,『장자(莊子)』에서 "나의 행동을 깨끗하게 한다.[以絜吾行]"[232]라고 하였으니 대개 옛날에는 두 자가 통용된 듯하다. 지금 한호(韓濩)[233]가 쓴 천자문에는 '정렬(貞烈)'로 되어 있으니 무엇을 상고한 것인지 모르겠다.[234]

---

231) 원제목은 「진시황본기(秦始皇本紀)」.

232) 「양왕(讓王)」.

233) 한호(韓濩) : 조선 선조 때의 명필(1543~1605). 자는 경홍(景洪). 호는 석봉(石峯)·청사(淸沙). 왕희지와 안진경의 필법을 익혀 해서·행서·초서 등의 각 체에 뛰어났다. 추사 김정희와 함께 조선 서예계의 쌍벽을 이루며, 「석봉천자문(石峯千字文)」·「석봉서법(石峯書法)」 등이 전한다.

234) 千字文, 梁周興嗣所編也. 武帝**取一千字**, 每字片紙雜碎, 命**興嗣**韻之, 今考**其文**, 唯女慕貞潔, 紈扇圓潔, **潔字**重疊. 或曰, 貞潔之潔當作絜, **按**秦**本**記云, 男女絜誠, **樂毅傳云**, **不絜其名**, 莊子**云**, 以絜吾行, **蓋**古二字通用, 今韓濩所書千字文, 作貞烈, 未

생·노·병·사·고
生老病死苦

『보문품경(普門品經)』에서 "태어남·늙음·병듦·죽음·고통으로 점점 모두 사라지게 한다"라고 하였다.

"송나라 희녕(熙寧)[235] 연간에 중서성의 왕안석(王安石)은 살았고[236] 증공량(曾公亮)[237]은 늙었고 부필(富弼)[238]은 병들었고 당개(唐介)[239]는 죽었고 조변(趙抃)[240]은 괴로워한다"[241]라는 말이 여기에서 유래하였는데, 왕안석의 정책을 준수한 한강(韓絳)[242]을 전법사문(傳法沙門)이라고 부르고 여혜경(呂惠卿)[243]을 호법선신(護法善神)이라고 한 말도 불경에서 유래한다.

달마(達磨)가 적멸(寂滅)에 들려고 할 때 "도부(道副)는 나의 살갗을 얻

知**有所**考也.(『芝峯類說, 卷七, 經書部, 三, 書籍』) → 千字文, 梁周興嗣所編也. 武帝, 每字片紙雜碎, 命韻之, 今考**之**, 唯女慕貞潔, 紈扇圓潔, 重疊. 或曰, 貞潔之潔當作絜, 秦記, 男女絜誠, 莊子, 以絜吾行, 古二字通用, 今韓濩所書千字文, 作貞烈, 未知考也.(『松南雜識』)

235) 희녕(熙寧) : 송나라 신종(神宗)의 연호(1068~1077).

236) 왕안석의 변법이 일을 만드는 행위[生事]로 보기도 한다.

237) 증공량(曾公亮) : 송나라의 문신(999~1078). 자는 명중(明仲)·증회자(曾會子). 왕안석을 추천하였으며 그의 신법을 은밀히 도왔다.

238) 부필(富弼) : 송나라의 문신(1004~1083). 자는 언국(彦國)·한국공(韓國公). 왕안석과 정견이 맞지 않았음.

239) 당개(唐介) : 송나라의 문신(1010~1069). 자는 자방(子方). 왕안석의 중용(重用)을 반대하였음.

240) 조변(趙抃) : 송나라의 문신(1008~1084). 자는 열도(閱道). 호는 지비자(知非子). 권신을 거리낌 없이 탄핵하였기에 철면어사(鐵面御使)로 일컬어졌음. 왕안석의 변법에 반대하였음. 시호는 청헌(淸獻).

241) **當時謂**中書**有生老病死苦**, **盖**言**安石**生公亮老**富弼**病唐介死趙抃苦也.(『資治通鑑, 宋紀, 七十六』) → 中書言**介甫**生**曾**公亮老**彦國**病唐介死趙抃苦.(『松南雜識』)

242) 한강(韓絳) : 송나라의 문신(1012~1088). 자는 자화(子華). 왕안석의 변법을 적극 지지하였으며, 왕안석을 대신하여 재상이 되었으나 여혜경(呂惠卿)과 사이가 좋지 못하여 다시 왕안석을 재상으로 추대하였지만 뒤에는 그와도 견해를 달리하였다.

243) 여혜경(呂惠卿) : 송나라의 문신(1032~1112). 자는 길보(吉甫). 왕안석과 경의(經義)에 대한 견해가 같아서 교분을 맺었고 신법 제정에 참여하였으나 후에는 왕안석과 사이가 좋지 않았다.

었고 총지(摠持)는 나의 살을 얻었고 도육(道育)은 나의 뼈를 얻었고 혜가(慧可)는 나의 골수(骨髓)를 얻었다"라고 하였다.[244] 또 성인의 문하의 제자들은 일체(一體)를 얻으니, 서예가들이 서법에서 그 체를 터득한 것을 비유한다.

정뉴 · 방뉴
正紐旁紐

『시원유격(詩苑類格)』[245]에서 말하였다.

시병(詩病)에는 정뉴(正紐)[246]와 방뉴(旁紐)[247]가 있다. 열 글자 안에 두 글자가 쌍성이면 정뉴(正紐)가 되니 예를 들면 류(流)와 륙(六)이 이것이다. 하나의 뉴(紐)가 아닌데 쌍성이 있는 것은 방뉴(旁紐)가 되니 예를 들면 류(流)와 류(柳)가 이것이다.[248]

지금은 범뉴(犯紐)라고 한다.

---

244) **傳燈錄**. 達摩將**沒**, **命門人各言所得**, **達摩**曰, 道副得吾皮, **總**持得吾肉, 道育得吾骨, **最後**慧可**禮拜依位而立師云汝**得吾髓**矣**.(『樊南文集補編, 卷十, 碑銘』) → 達摩將**滅**曰, 道副得吾皮, **摠**持得吾肉, 道育得吾骨, 慧可得吾髓.(『松南雜識』)

245) 시원류격(詩苑類格) : 당나라 이숙(李淑)이 지은 책. 3권.

246) 정뉴(正紐) : 뉴(紐)는 성모(聲母)의 별칭. 사성(四聲)을 상승(相承)하여 성모가 같은 글자. 율시의 팔병(八病) 중 하나.

247) 방뉴(旁紐) : 성모가 서로 같거나 비슷하지만 성조가 동일하지 않은 글자. 율시의 팔병(八病) 중 하나.

248) **梁沈約曰**, 詩病有**八**, …… **七曰**旁紐, **八曰**正紐, 謂十字內兩字雙聲爲正紐, 若不**共**一紐, 而有雙聲爲旁紐, 如流六爲正紐, 流柳爲旁紐.(『類說, 詩苑類格』) → **詩病有正紐旁紐**, 謂十字內兩字雙聲爲正紐, 如流六**是也**. 若不**其**一紐, 而有雙聲爲旁紐, **如**流柳是也.(『松南雜識』)

운균

韻均

『진서(晉書), 율력지(律曆志)』에서 "무릇 음성(音聲)의 체(體)는 힘쓸 일이 화운(和韻)에 있다[凡音聲之體, 務在和韻]"라고 하였다. 육기(陸機)의 부(賦)에서는 "백 세 동안 누락된 글을 수합하고 천 년간 버려진 운을 채집하였다[收百世之闕文, 採千載之遺韻]"[249]라고 하였다.

『강희자전(康熙字典)』에서 말하였다.

문인(文人)이 '운(韻)'이라고 말한 것은 여기에서 시작되었다. 한(漢)·위(魏) 이전의 책에서는 '음(音)'이라고 말하였지 '운(韻)'이라고 말하지 않았는데, 진(晉)나라 이후로는 음이 세분되어 '운(韻)'이 되었다. 가장 오래된 운서(韻書)는 위(魏)나라 이등(李登)의 『성류(聲類)』인데, 진(晉)나라의 여정(呂靜)이 그것을 본받아 『운집(韻集)』를 지었다. 제(齊)나라 주이(周顒)가 『사성절운(四聲切韻)』을 지었고 양(梁)나라 심약(沈約)이 『사성(四聲)』 일 권을 지었고 수(隋)나라 진왕준(秦王俊)은 『운찬(韻纂)』을 지었고 육법언(陸法言)은 『절운(切韻)』을 지었다. 당나라 손면(孫愐)의 『당운(唐韻)』이 나오면서 그들 책은 사라졌다. 송나라 진팽년(陳彭年)이 『광운(廣韻)』을 중수(重修)하였고 정도(丁度)가 『집운(集韻)』을 지었고 금(金)의 한도소(韓道昭)는 『오음집운(五音集韻)』을 지었다. 원(元)의 황공소(黃公紹)는 『운회집요(韻會集要)』를 지었고 명나라 홍무(洪武) 연간에 송렴(宋濂) 등이 『정운(正韻)』을 찬수하였으니 이것이 '운서(韻書)'의 대략이다.

『신당서(新唐書), 양수전(楊收傳)』에서 "대저 선궁(旋宮)은 일곱 가지 소리로 '균(均)'을 만들었다. 균(均)은 '운(韻)'을 말한다. 옛날에는 운(韻) 자가 없었으니 하나의 운으로 소리를 냈다는 의미와 같다"[250]라고 하였

249) 「문부(文賦)」.

250) 夫旋宮, 以七聲爲均, 均言韻也. 古無韻字, 猶言一韻聲也.(『新唐書, 卷一百八十四,

다.[251]

음이 둥근 것이 운
音員爲韻

여정(呂靜)의 『운집(韻集)』에서 "한 가지 소리가 나는 것을 성(聲)이라고 하고 문(文)을 이룬 것을 음(音)이라고 하고 음이 둥근 것이 운[音員爲韻]이다"[252]라고 하였다. 심약(沈約)은 작문(作文)에 궁(宮)과 상(商)을 사용하였으며 평·상·거·입(平上去入)으로 사성(四聲)을 만들고 이것으로 운을 만들었으니, 평두(平頭)[253]·상미(上尾)[254]·봉요(蜂腰)[255]·학슬(鶴膝)[256] 같은 명칭이 있다.

列傳, 第一百九, 馬楊路盧』)

251) 文人言韻, 始**見於**此, 漢魏以上之書, 皆言音, 不言韻, 自晉以後, 音降而爲韻矣. **至**韻書之最古者, 莫如魏李登聲類, 晉呂靜, **倣其法**, **作**韻集, 齊周顒, **始著**四聲切韻, 梁沈約**有**四聲一卷, 隋秦王俊**有**韻纂, 陸法言**有**切韻, 至唐孫愐唐韻出而諸書皆廢. 宋陳彭年**等重**修廣韻, 丁度有集韻, 金韓道昭有五音集韻, 元黃公紹有韻會擧要, 明洪武中宋濂**等**修正韻, 此韻書大略也. **又正韻風度也**. **說文裴光遠云**, **古與均同**. 唐**書**楊收傳, 夫旋宮, 以七聲爲均, 均言韻也. 古無韻字, 猶言一韻聲也. **集韻或作韻**.(『康熙字典, 韻』)→文人言韻, 始此, 漢魏以上之書, 皆言音, 不言韻, 自晉以後, 音降而爲韻矣. 韻書之最古者, 莫如魏李登聲類, 晉呂靜韻集·齊周顒四聲切韻·梁沈約四聲一卷·隋秦王俊韻纂·陸法言切韻, 至唐孫愐唐韻出而諸書皆廢. 宋陳彭年修廣韻, 丁度有集韻, 金韓道昭有五音集韻, 元黃公紹有韻會擧要, 明洪武中宋濂等修正韻, 此韻書大略也. 唐楊收傳, 夫旋宮, 以七聲爲均, 均言韻也. 古無韻字, 猶言一韻聲也, **集韻或作韻**. **韻字**, **古文均**.(『松南雜識』)

252) 音員, 單出爲聲, 成文爲音, 音員爲韻, 呂靜韻集.(『韻府羣玉, 韻』)→呂靜韻集, 單出爲聲, 成文爲音, 音員爲韻.(『松南雜識』)

253) 평두(平頭) : 오언시에서 제1자와 제6자는 동성(同聲)이어서는 안되며 제2자와 제7자가 동성이어서는 안 된다는 율격.

254) 상미(上尾) : 오언시에서 제5자(1구의 끝 자)는 제10자와 동성이어서는 안 된다는 율격.

255) 봉요(蜂腰) : 시율(詩律) 팔병(八病)의 하나. 오언시의 한 구 안에서 제2자는 제5자와 동성이어서는 안 된다는 율격. 이를 위반하면 양쪽의 머리가 조솔(粗率)하고 가운데가 가늘어 마치 벌의 허리와 같다는 데서 유래함.

256) 학슬(鶴膝) : 시율(詩律) 팔병(八病)의 하나. 오언시의 제5자는 제10자와 동성이면 안

또 녹로운(轆轤韻)[257]이 있으니 하나의 운으로 나와서 하나의 운으로 들어가고 두 구가 환운(換韻)하면 단녹로(單轆轤)이고 두 개의 운으로 나와서 두 개의 운으로 들어가고 네 구가 환운하면 쌍녹로(雙轆轤)이다. 앞구에는 운이 적고 뒷구에 운이 많은 것이 호로운(葫蘆韻)[258]이다. 도압운(倒押韻)[259]은 한유의 시 "푸른 물 영롱히 방울진다[碧流滴瓏玲]",[260] "광경이 어찌 그리 신선한가?[光景何鮮新]",[261] "살구 두 그루 참으로 희고 붉다[杏花兩株能白紅]"[262]와 '개강(慨慷)', '망로(莽鹵)'라고 쓴 따위가 매우 많다.

또 관운(寬韻)[263]은 옆의 운으로 범범하게 들어가고 착운(窄韻)[264]은 어렵기 때문에 교묘하게 이것을 쓸수록 기발하다.

당나라 사람들의 갱화(賡和)[265]에는 차운(次韻)·용운(用韻)·의운(依韻)이 있다. 차운은 원시의 운자를 차례대로 따라 쓰는 것이고 의운은 원시와 동일한 운부의 운을 사용하되 동일한 글자를 쓸 필요는 없는 것이며 용운은 원시와 동일한 운자를 사용하되 그 차례는 따르지 않는 것이

된다는 율격. 양쪽 머리가 가늘고 중앙이 조솔하여 학의 다리와 같다는 데서 유래함.

257) 녹로운(轆轤韻) : 율시(律詩)에서 운자를 운용하는 하나의 격식. 제 2, 4구에서 갑운(甲韻)을 사용하면 제 6, 8구에서는 갑운과 통용할 수 있는 을운(乙韻)을 사용하는데, 쌍으로 나왔다가 쌍으로 들어가고 이것이 일어나면 저것이 떨어지는 형상이 마치 도르래와 유사하기에 나온 명칭.

258) 호로운(葫蘆韻) : 두 개의 서로 유사한 운으로 통압(通押)하는 것.

259) 도압운(倒押韻) : 운자를 맞추기 위하여 단어의 글자 순서를 바꾸는 것.
*『松南雜識』에는 '倒抽韻'으로 오기되어 있음.

260) 「답장철(答張徹)」.
*'玲瓏'을 '瓏玲'으로 도치하였음.

261) 「수배십륙공조순부서역도중견기(酬裴十六功曹巡府西驛途中見寄)」.
*'新鮮'을 '鮮新'으로 도치하였음.

262) 「행화(杏花)」.
*'紅白'을 '白紅'으로 도치하였음.

263) 관운(寬韻) : 운서에 글자 수가 비교적 많은 운부(韻部).

264) 착운(窄韻) : 운서에 글자 수가 비교적 적은 운부(韻部).

265) 갱화(賡和) : 다른 사람이 지은 시의 원운(原韻)과 주제를 그대로 사용하여 화창(和唱)하는 것.

니 예를 들면 한유(韓愈)의 「육혼산화(陸渾山火)」[266] 시와 같은 따위이다.

시사(詩詞)에서 운을 중첩하여 사용하는 예는 산곡(山谷)[267] 황정견(黃庭堅)이 「완랑귀사(阮郎歸詞)」에서 네 개의 산(山) 자를 중첩 사용한 것 따위이다.[268] 쌍성첩운(雙聲疊韻)은 예를 들면 '호(互)'·'호(護)'가 쌍성(雙聲)[269]이고 '오(磝)'·'확(碻)'이 첩운(疊韻)[270]이다.

시는 대운(大韻)[271]을 병통으로 생각한다. 예를 들면 '성(聲)'·'명(鳴)'이 운이라면 위의 아홉 자에는 '경(驚)'·'경(傾)'·'평(平)'·'영(榮)' 자를 쓸 수 없다. 소운(小韻)은 본운(本韻) 한 글자를 제외하고 아홉 글자 중에 두 자를 같은 운으로 사용할 수 없다. 예를 들면 '요(遙)'·'조(條)'를 같은 구에 사용하는 것이다.

시에는 중운(重韻)[272]을 사용한다. 예를 들면 「음중팔선가(飮中八仙歌)」[273]의 '선(船)'·'면(眠)'·'천(天)'과 같은 것이다. 전운(前韻)[274]은 한유의 「정추(庭楸)」에서 세 개의 '간(間)' 자로 압운하였고 완적(阮籍)의 「추회(秋懷)」에서 두 개의 '귀(歸)' 자로 압운한 것과 같은 종류이다.

송나라 태종 3년(978)에 처음으로 진사시에서 율부(律賦)를 시험하라고 조령(詔令)하고 아울러 평측(平仄)을 순서에 따라 운으로 쓰게 하니 지금의 응제체(應製體)는 여기에서 유래하였다.

---

266) 원제목은 『육혼산화화황보식용기운(陸渾山火和皇甫湜用其韻)』.
 *『松南雜識』에는 '陸渾山人'으로 오기되어 있음.

267) 『松南雜識』에는 '山山'으로 오기되어 있음.

268) 如山谷阮郎歸詞, 疊用四山字之類.(『韻府羣玉, 詞疊用韻』) → **詞疊用韻**, 如山**山**阮郎歸詞, 疊用四山字之類.(『松南雜識』)

269) 쌍성(雙聲) : 두 글자의 성모(聲母)가 서로 같은 것.

270) 첩운(疊韻) : 두 자의 운모(韻母)가 서로 같은 것.

271) 대운(大韻) : 오언시에서 어떤 글자를 운으로 사용하였다면 앞 두 구에서 운자를 제외한 9자에는 운각(韻脚)과 동일한 운부(韻部)의 글자를 사용할 수 없다는 시율.

272) 중운(重韻) : 한 수의 시에서 어떤 운각을 중복 사용하는 것.

273) 두보(杜甫).

274) 전운(前韻) : 앞뒤로 2수 이상의 시를 짓되 같은 운을 사용하는데, 뒤에 지은 시와 구별하여 첫 번째 수에서 사용한 운을 이름.

명당가

明堂歌[275]

제황제사(祭黃帝辭)를 오언(五言)으로 한 것은 토(土)의 수(數), 청제사(靑帝辭)를 삼언(三言)으로 한 것은 목(木)의 수, 적제사(赤帝辭)를 칠언(七言)으로 한 것은 화(火)의 수, 백제사(白帝辭)를 구언(九言)으로 한 것은 금(金)의 수, 흑제사(黑帝辭)를 육언(六言)으로 한 것은 물[水]의 수를 따른 것이다.

시유육대

詩有六對

『시원유격(詩苑類格)』에서 말하였다.

당나라의 상관의(上官儀)가 "시(詩)에는 육대(六對)가 있으니 정명대(正名對)・동류대(同類對)・연주대(連珠對)・쌍성대(雙聲對)・첩운대(疊韻對)・쌍의대(雙擬對)이다. 또 팔대(八對)가 있다"라고 하였다.[276]

지금의 변대(邊對)・색대(色對)・수대(數對)・괘대(卦對)・숙대(宿對)・육갑대(六甲對)・사방대(四方對)이다.

275) 명당가(明堂歌) : 송 효무(孝武)가 사장(謝莊)에게 만들게 한 노래. 「교사명당가(郊祀明堂歌)」.

276) **唐**上官儀**曰**, **詩有六對**, **一曰**正明對, **天地日月是也**. **二曰**, 同類對, **花葉草芽是也**. **三曰**, 連珠對, **蕭蕭赫赫是也**. **四曰**, 雙聲對, **黃槐綠柳是也**. **五曰**, 疊韻對, **彷徨放曠是也**. **六曰**, 雙擬對, **春樹秋池是也**. 又**曰詩**有八對.(『類說, 詩苑類格, 六對』)→上官儀**云**, 正明對・同類對・連珠對・雙聲對・疊韻對・雙擬對, 又**云**有八對.(『松南雜識』)

삽체
澁體

『조야첨재(朝野僉載)』277)에서 말하였다.

서홍(徐洪)278)이 글을 지을 때 '추구(芻狗)'279)를 '훼견(卉犬)'이라고 하고 대나무 말을 '조참(篠驂)'이라고 하고 '월토(月兎)'280)를 '백토(魄兎)'라고 하고 '풍우(風牛)'281)를 '염독(焱犢)'이라고 하니 후배들이 그것을 본받고 '삽체(澀滯)'라고 하였다.

송나라 유기(劉幾)282)의 부(賦)에 "천지가 도니 만물이 번성한다[天地軋萬物茁]"라고 하였는데 이 또한 난삽하다.

세우첨화
細雨簷花

두보의 시에서 "등불 앞의 가는 비 처마 가에 꽃처럼 떨어진다[燈前細雨簷花落]"283)라고 하였다. 살펴보건대 서지(徐遲)의 「진번에게 보내는

---

277) 조야첨재(朝野僉載) : 당나라 장작(張鷟)이 편찬한 책. 총 6권, 소설가류(小說家類).

278) 서홍(徐洪) : 당나라 사람. 자는 언백(彦伯). 7세에 글을 지을 줄 알았고 대책(對策)에 우수한 성적으로 합격하였음. 하동삼절(河東三絶)의 한 사람으로 벼슬은 태자빈객(太子賓客)에 이르렀음.

279) 추구(芻狗) : 풀로 만든 개. 고대에 제사에 사용하였음.

280) 월토(月兎) : 달 속의 흰 토끼.

281) 풍우(風牛) : 발정이 나서 암내 풍기는 소

282) 유기(劉幾) : 송나라 때의 문인. 본명은 유휘(劉煇). 유기는 본디 험괴한 말을 쓰는 것을 좋아하여 구양수(歐陽脩)가 그를 매우 싫어하였다. 일찍이 구양수가 고시(考試)를 주관했을 때 유휘의 글을 보고는 주필(朱筆)로 마구 뭉개버렸다. 뒤에 유휘가 이름을 고치고 다시 응시했을 때는 구양수가 그를 매우 칭상(稱賞)하여 진사 제일(進士第一)로 발탁하였다.

283) 「취시가(醉時歌)」.

편지[與陳蕃書]」에서 "처마 가의 꽃은 비처럼 떨어지는데 어찌 하룻밤의 가르침을 받들지 않겠습니까?[簷花細雨, 豈不願承一夕教]"라고 하였다.

탐지

探支

소식(蘇軾)의 육언시에서 "팔월의 서늘한 바람을 미리 빌렸다[探支八月凉風][284]"라고 하였는데, 그 주석에서 "미리 빌리는 것을 '탐지(探支)'라고 한다"[285]라고 하였으니 '분지(分支)'와 유사하니 방언이다.

희희우

噫嘻巇[286]

『송경문필기(宋景文筆記)』[287]에서 "촉(蜀)나라 사람들은 물건을 보고 놀라면 문득 '희희희(噫嘻巇)'라고 한다. 이백(李白)은 「촉도난(蜀道難)」에서 이 말을 사용하였다"[288]라고 하였으니 '희희희(噫嘻巇)' 세 자가 좋은 감탄인 줄 알겠다.

---

284) 探支**八**月凉風.(『東坡全集, 和何長官六言次韻』) → 探支**六**月凉風.(『韻府群玉, 探支』) → 探支**六**月凉風.(『松南雜識』)

285) 預借也.(『韻府群玉, 探支』)

286) 『松南雜識』에는 '噫嘻吁'로 되어 있음.

287) 송경문필기(宋景文筆記) : 송나라 송기(宋祁)가 편찬한 책. 총 3책.

288) 蜀人見物驚異, 輒曰噫嘻**巇** 李白**作**蜀道難, **因**用之.(『宋景文筆記, 釋俗』) → 蜀人見物驚異, 輒曰噫嘻**吁**, 李白蜀道難, 用之.(『松南雜識』)

박록
撲漉

『냉재야화(冷齋夜話)』[289]에서 말하였다.

용녀가 지은 노래에서,

두어 점 눈꽃 어지러이 떨어지니	數點雪花亂委
백사장의 기러기 놀라 일어난다	撲漉沙鷗驚起[290]

라고 하였다.

또한 기러기 때가 추위에 놀란다는 의미인데 박록(撲漉)은 혹 용궁(龍宮)의 방언인 듯도 하다.

요서탄반
澆書攤飯

육유(陸游)의 시에,

새벽에 술구더기 뜬 동이에서 실컷 술을 떠 마시고	澆書滿飮浮蛆甕
오후에 호접몽 꿈꾸던 침상에서 편하게 잠잔다	攤飯橫眠夢蝶床[291]

라고 하였다. 그 주석에서 "소식은 새벽에 술 마시는 것을 '요서(澆書)'라 하였고 이백은 낮잠을 '탄반(攤飯)'이라고 하였다"[292]라고 하였다.

289) 냉재야화(冷齋夜話) : 송나라의 중 혜홍(惠洪)이 편찬한 책.
290) 『類說, 冷齋夜話, 吳城龍女』.
291) 「차운범참정서회(次韻范參政書懷)」.

팔꿈치 네 개가 일 궁
四肘一弓

왕안석(王安石)의 시에 "누워서 오백 궁이나 되는 널찍한 자리를 차지하였다[臥占寬閒五百弓]"[293]라고 하였는데, 그 주석에서 "서역에서는 땅을 팔꿈치로 재는데 팔꿈치 네 개가 일 궁(弓)이다. 당척(唐尺)으로 계산하면 '오백 궁(弓)'이 '이 리(里)'가 된다"[294]라고 하였다.

혹이 팔꿈치에 나다
垂楊生肘

『장자(莊子)』에서 "지리숙(支離叔)과 골개숙(滑介叔)이 명백(冥伯)의 언덕에 이르러 곤륜(崑崙)의 황야를 유람하였는데 얼마 뒤에 골개숙의 왼쪽 팔꿈치에 혹이 생겼다"[295]라고 하였다. 소식(蘇軾)의 시에서 "연회 자리에서 혹이 팔꿈치에 났다[宴坐柳生肘]"[296]라고 하였고 장편(長篇)에서 "오늘 팔꿈치에 혹이 났다[今日垂楊生肘]"[297]라고 하였다.

또 소식(蘇軾)의,

물 속의 생황은 개구리 두 떼　　　水底笙簧蛙兩部

---

292) 放翁**作**詩**曰**, 澆書滿飮浮蛆甕, 攤飯橫眠夢蝶床. 注**云**, 東坡以晨飮爲澆書, 太白以午睡爲攤飯.(『淵鑑類函, 卷三百九十三, 食物部六, 酒』) → 放翁詩, 澆書滿飮浮蛆甕. 攤飯橫眠夢蝶床, 註, 東坡以晨飮爲澆書, 太白以午睡爲攤飯.(『松南雜識』)

293) **荊公**詩, 臥占寬閒五百弓.(『歷代詩話』) → **介甫**詩, 臥占寬閒五百弓.(『松南雜識』)

294) 西**天**度地, 以四肘爲一弓, **去村店**五百弓 …… **今以**唐尺計之, **蓋**二里**許也**.(『誠齋集, 卷一百十五, 詩話』) → 註, 西**域**, 度地**以肘**, 以四肘爲一弓. 唐尺計之, 五百弓**爲**二里.(『松南雜識』)

295) 支離叔與滑介**叔**, 觀於冥伯之丘, **崑崙之虛**, **黃帝之所休**, 俄而柳生其左肘.(『莊子, 至樂』) → 支離叔與滑介, 觀於冥伯之丘, 俄而柳生其左肘.(『松南雜識』)

296) 「오자야장출가, 증이선산침병(吳子野將出家, 贈以扇山枕屛)」.

297) 왕유(王維)의 「노장행(老將行)」.

산 속의 노비는 귤 천 그루　　山中奴婢橘千頭[298]

라고 한 시는, '고취(鼓吹)'를 변용하여 '생황(笙簧)'이라고 하고 목노(木奴)[299]를 변용하여 '노비(奴婢)'라고 한 것이다.

촉요홍
燭搖紅

『후촌시화(後村詩話)』[300]에서 말하였다.

가정(嘉定)[301] 연간에 재상이 선비를 좋아하면서도 등용하지 못하니, 객이 "밖에서 「촉영요홍사(燭影搖紅詞)」를 극성스럽게 부르는 격입니다"라고 하고 그 마지막 장을 말하였다. "몇 번이나 만났나? 보고도 도리어 그만두면, 보지 못한 것과 같지."[302]

대개 당나라 두종(杜悰)[303]이 현자를 천거하지 못하는 것을 기롱하여 독각서(禿角犀)[304]라고 하는 의미인 듯하다.

---

298) 「증왕자직수재(贈王子直秀才)」.

299) 목노(木奴) : 귤의 별칭.

300) 후촌시화(後村詩話) : 송나라 유극장(劉克莊)이 편찬한 책. 전집 2권, 후집 2권, 속집 4권, 신집 6권.
*『松南雜識』에는 '後林詩話'로 오기되어 있음.

301) 가정(嘉定) : 송나라 영종(寧宗)의 연호(1208~1224).

302) 嘉定**更化**, **收召故老**, **一名公拜參與**, **雖**好士而**力**不能**援**, **謂客曰**, **執贄而來者**, **吾皆倒屣**, **未嘗敢失一士**, **外議如何**. 客**素滑稽**答曰, **自公大用**, 外間盛唱燭影搖紅之詞, **參與問何故**. **客擧卒章曰**, 幾回見**了**, 見了還休, **爭**如不見, **賓主相視一笑**.(『後村詩話』)
→嘉定**中**, **宰相**好士而不能**用**, 客曰, 外間盛唱燭影搖紅之詞**云**, 幾回**相**見, 見了還休, **曾**如不見.(『松南雜識』)

303) 두종(杜悰) : 당나라 사람. 자는 영유(永裕). 당 헌종(唐憲宗)의 부마(駙馬).

304) 독각서(禿角犀) : 대머리 각서(角犀). 각서(角犀)는 이마의 머리가 난 부분이 엎드린 물소의 모양으로 융기한 상을 이름. 각서는 현달하고 현명한 사람의 상이라고 함. 독

한비자(韓非子)에서 말하였다.

영(郢) 사람이 연(燕)나라 재상에게 보내는 편지를 밤에 쓰게 하는데 촛불을 잡은 사람에게 "초를 더 들거라"라고 말하였다. 글씨를 쓰는 사람은 자신에게 쓰라고 한 말로 착각하고 그대로 받아썼다.

연나라의 재상이 편지를 받아보고 말하였다.

"촛불을 든다는 것은 밝음을 숭상하는 것이다. 밝음의 숭상은 어진 이를 천거하여 임명하는 것이다"[305]

그러므로 영서연설(郢書燕說)이다. 요홍사(搖紅詞)는 여기에서 나온 듯하다.

박박주
薄薄酒

조명숙(趙明叔)이 "심심하고 심심한 술이 찻물보다는 낫고 못나고 못난 아내도 홀아비보다는 낫다[薄薄酒, 勝茶湯, 醜醜婦, 勝空房]"라고 하였는데 소식이 그것을 확장하여 "거칠고 거친 베옷도 옷이 없는 것보다 낫다[麤麤布勝無裳]"[306]라고 하였다.

각서는 털이 나야 할 곳에 털이 없는 대머리이므로 반대의 상을 이름.

305) 郢人**有**遺燕相**國**書**者**, 夜**書火不明**, **因**謂持燭者曰, 擧燭**云**, **而過書擧燭**, **擧燭**, **非書意也**, 燕相受書, **而說之**曰, 擧燭者, **尙**明也, **尙**明**也**者, 擧賢而**任**之.(『韓非子, 外儲說, 左上第三十二』)→郢人遺燕相書, **方**夜, 謂持燭者曰, 擧燭**而書者誤書之**, 燕相受書曰, 擧燭者, **高**明也, **高**明者, 擧賢而**用**之.(『松南雜識』)

306) 「박박주 이수(薄薄酒二首)」.

반조 · 부조
返照復照

왕유(王維)의 「녹채시(鹿柴詩)」에서,

빈 산에 사람은 보이지 않고	空山不見人
사람의 목소리 메아리쳐 들린다	但聞人語響
반경은 깊은 숲으로 들어가고	返景[307]入深林
부조는 푸른 이끼 위로 올라간다	復照青[308]苔上

라고 하였는데 어떤 사람이 "한 살 박이 새끼 사슴을 '반조(返照)'라고 하고 세 살 박이는 '부조(復照)'라고 하는데 사람의 울리는 목소리를 듣고 놀라 달아난다는 의미이지 햇빛이 되돌아와서 비춘다는 것이 아니다. 또 상(上) 자가 아래에서 위로 올라간다는 의미이면 운은 상성이다"라고 하였다.

『이아(爾雅)』의 주석에서 "노루의 새끼를 '麆'라고 하니 음은 '조'이다"라고 하였다. 관중(關中)에서는 어린 아이를 조자(麆子)라고 하니 이 뜻을 취한 것이다.[309]

또 당시(唐詩)에서,

산성엔 별미가 없어서	山城[310]無別味
약초와 어과 뿐이라네	藥草兼魚果[311]

---

307) 『松南雜識』에는 '照'로 되어 있음.

308) 『松南雜識』에는 '莓'로 되어 있음.

309) **音助**. 爾雅**釋獸**, 麕**牡麌**, **牝麜其**, 子麆. **一曰**, 關中謂小兒, 爲麆子, 取此義.(『康熙字典, 麆』) → 爾雅**註**, 麕子麆. 關中謂小兒, 爲麆子, 取此義.(『松南雜識』)

310) 『張司業集』에는 '出城'으로 되어 있으나 『萬首唐人絶句』·『唐音』·『御定全唐詩』 등에는 '山城'으로 되어 있다. 『松南雜識』에는 '山中'으로 되어 있음.

311) 장적(張籍)의 「수의석탑(繡衣石榻)」.

라고 하였는데, 어과(魚果)는 물고기와 과일이 아니라 풀의 이름이다. 이런 까닭에 색다른 음식이 없다는 것이다.

편지를 '두 마리 잉어'라고 하다
書札曰雙鯉

고악부(古樂府)에서,

손님이 먼 지방에서 와서 客從遠方來
내게 두 마리 잉어를 주네 遺我雙鯉魚

라고 하였고, 이상은(李商隱)[312]의 시에,

두 마리 잉어는 머나먼 곳에서 온 한 장의 편지 雙鯉迢迢一紙書[313]

라고 하였는데, 그 주석에서 "옛사람은 명주 한 자를 이어 붙여 잉어 모양을 만드니 바로 편지이다"라고 하였다.[314]

당나라 제도의 어부(魚符)[315]도 잉어 모양을 본뜬 것이다.

312) 이상은(李商隱) : 당나라의 시인(812~858). 자는 의산(義山). 호는 옥계생(玉谿生). 굴절이 많은 화려한 서정시를 썼다. 시집에 『이의산시집(李義山詩集)』이 있다.
313) 「기령호랑중(寄令狐郎中)」.
314) 古樂府, 客從遠方來, 遺我雙鯉魚. **李商隱**詩, 雙鯉迢迢一紙書. 註, 古人, 尺素結爲鯉魚形, 卽緘也.(『康熙字典, 鯉』) → 古樂府**曰**, 客從遠方來, 遺我雙鯉魚. **義山**詩, 雙鯉迢迢一紙書. 註, 古人, 尺素結爲鯉魚形, 卽緘也.(『松南雜識』)
315) 어부(魚符) : 당나라 때에, 발병(發兵), 또는 징발(徵發)을 하거나 주부장관(州部長官)을 교체하는 소명(召命)에 응할 때에 신표로 사용하던 물고기 모양의 부신(符信).

촌서
村墅

『증운(增韻)』에서 "촌서는 취락(聚落)이다"라고 하였다. 경전과 역사서에는 '村' 자가 없다. 도잠(陶潛)의 시에 "흐릿하게 인가는 멀리 있고[曖曖遠人村]"316)라고 하였고 「도화원기(桃花源記)」에는 "마을에서 이런 사람이 있다는 소문을 듣고는 모두 와서 물어 보았다[村中聞有此人, 咸來問訊]"317)라고 한 것이 처음이다.

서(墅)는 농막이다. 진사(晉史)에서 "사안(謝安)이 산음(山陰)의 농막을 걸고 내기 바둑을 두었다[謝安碁賭山陰墅]"라고 한 기록이 처음이다.

향리
鄉里

『남사(南史), 장표전(張彪傳)』에서 "나는 차마 아내를 다른 곳에 떨어뜨릴 수 없다[我不忍令鄉里落它處]"라고 하였다.

심약(沈約)의 시에,

집으로 돌아가 아내에게 묻는다면	還家問鄉里
어떻게 남편노릇 할 수 있겠는가	詎堪持作夫318)

라고 하였는데 그 주석에서 "옛사람은 남편이 아내를 향리(鄉里)라고 칭하였다"라고 하였다.

---

316) 「귀원전거(歸園田居)」.

317) 村中**聞有此人**, 咸來問訊.(『陶淵明集, 卷五, 雜文, 桃花源記』) → 村中咸來問訊(『松南雜識』)

318) 「산음유가녀(山陰柳家女)」.

매근야
梅根冶[319]

유신(庾信)[320]의 「고수부(枯樹賦)」에서 "남릉(南陵)에서는 매근(梅根)의 구리로 동전을 주조한다[南陵以梅根作冶]"라고 하였고 맹호연(孟浩然)[321]은 "매근야에 불길이 치솟고[火熾梅根冶]"[322]라고 하였다. 살펴보건대 여기에 진(晉)나라 때 야관(冶官)이 거주하였다. 양신(楊愼)[323]은 "야(冶)는 야(野)"[324]라고 하니 틀리다.

청평결록
青萍結綠

지봉 이수광이 말하였다.

이백(李白)의 편지[325]에 "청평(青萍)과 결록(結綠)이 설(薛)과 하(卞)의 집에서 더 비싼 값을 받는다[青萍結綠, 長價於薛卞之門]"라고 하였다. 살

319) 매근야(梅根冶) : 진(鎭)의 이름. 안휘(安徽) 귀지현(貴池縣) 매근항(梅根港) 동쪽 5리에 있다. 진(晉)과 육조 이래로 이곳에서 동전을 주조하였다. 당나라 때에는 매근감(梅根監)을 설치하였음.

320) 유신(庾信) : 남북조(南北朝) 시대 신야(新野) 사람. 자는 자산(子山). 여러 책을 두루 보았는데 특히 『좌씨춘추(左氏春秋)』에 정통했다. 문장이 아름다워 서릉(徐陵)과 이름을 나란히 하여 세상에서 서유체(徐庾體)라고 했다. 병려문을 집대성하여 후인들이 추종하였다. 저서로 『유자산집(庾子山集)』이 있다.

321) 맹호연(孟浩然) : 당나라의 시인(689~740). 벼슬에 나아가지 않고 녹문산(鹿門山)에 은거하여 시를 즐겼으며, 특히 오언시에 뛰어났다. 작품에 시집 『맹호연집』이 있다.

322) 「야박선성계(夜泊宣城界)」.

323) 양신(楊愼) : 명나라의 문학가. 자는 용수(用修). 호는 승암(升菴). 경학(經學)과 시문이 탁월하였으며 박학으로 이름 높았다. 저서에 『단연총록(丹鉛總錄)』·『승암집(升菴集)』 등이 있다.

324) 『升菴集, 卷六十四, 冶作野』.

325) 「여한형주서(與韓荊州書)」.

펴보건대 '하(下)'자는 의당 '변(卞)'자가 되어야 한다. '청평(青萍)'은 칼의 이름이고 '결록(結綠)'은 옥의 이름이다. '설(薛)'은 설촉(薛燭)이니 칼을 잘 아는 월나라 사람이고 '변(卞)'은 초나라의 변화(卞和)이다.[326]

금착
金錯

『전한서(前漢書), 식화지(食貨志)』에서 "왕망(王莽)이 대전(大錢)을 만들고 황금으로 문구를 새겨 넣으니 그 문구는 "一刀直五千金[일 도는 오천금에 해당한다]이다"[327]라고 하였다.

두보의 시에 "돈주머니 텅 비어 늘어졌고[金錯囊垂罄]"[328]라고 하였고, 한유의 시에 "어찌 돈을 아끼랴?[何須悋錯刀]"[329]라고 하였으니, 금착(金錯)과 착도(錯刀)는 모두 돈을 의미한다. 『동관기(東觀記)』에서 "등통(鄧通)에게 금착도(金錯刀)를 하사하였다"라고 하였고,

맹호연(孟浩然)의 시에서,

미인은 칼을 놀려	美人騁金錯
섬섬옥수로 붉은 생선회를 친다	纖手膾紅鮮[330]

326) 李白書曰, 青萍結綠, 長價於薛下之門, 按下當作卞, 青萍劍號, 結綠玉名, 薛薛燭, 越之知劍者, 卞楚之卞和也.(『芝峯類說, 卷八, 文章部一, 古文』)

327) 王莽 …… 造大錢 …… 以黃金錯其文, 曰一刀直五千.(『前漢書, 卷二十四下, 食貨志, 第四下』) → 莽, 造大錢, …以黃金錯其文, 曰一刀直五千.(『松南雜識』)

328) 「대설(對雪)」.

329) 「담주박선정제공(潭州泊船呈諸公)」.

330) 「현담작(峴潭作)」.
*『松南雜識』에는 '鮮'이 '鱗'으로 되어 있음.

총소
叢霄

원파(元播)의 「방하표(芳賀表)」에서 "높은 하늘의 상서로운 빛에, 온 지경(地境)의 환호하는 소리[叢霄瑞色, 匝域歡聲]"라고 하였고 장구령(張九齡)[331]의 시에 "상서로운 구름 빽빽이 하늘을 받들고 있다[瑞雲叢捧日]"[332]라고 하였다.

동가왕
東家王

양 무제(梁武帝)의 노래에 "일찍 동가의 왕씨에게 시집가지 못한 것이 한이로구나![恨不早嫁東家王]"[333]라고 하니 대개 왕씨는 왕창(王昌)인데, 언제 사람인지 알 수 없다.

오야제
烏夜啼

송나라의 임천왕(臨川王) 조의경(趙義慶)이 죄를 짓고 파직되었는데 기생첩이 밤에 까마귀 우는 소리를 듣고 "마땅히 사면령이 있을 것입니다"라고 말하고 마침내 거문고 곡을 지었다.

331) 장구령(張九齡) : 당나라의 문신·문학가. 곡강(曲江) 출신. 자는 자수(子壽). 세상에서 곡상공(曲江公)이라고 한다. 문학(文學)으로 당대에 이름이 났다. 현종(玄宗)때 진사(進士)가 되어 좌습유(左拾遺) 등을 역임했다. 졸시(卒諡)는 문헌(文獻)이다. 저서에 『곡강집(曲江集)』이 있다.

332) 「봉화성제합장설호종남출작서곡(奉和聖製盒張說扈從南出雀鼠谷)」.

333) 「하중지수가(河中之水歌)」.

새장의 창　　　　籠窓
창 열리지 않아　　　　窓不開
까마귀 밤에 울며　　　　烏夜啼
밤마다 서방님 오기만 기다리네　　　　夜夜望[334]郎來

고롱호
鼓嚨胡

한나라의 「소맥요(小麥謠)」에서 "청컨대 제군들을 위하여 사사롭게 말을 하지 않고자 하오[請爲諸君鼓嚨胡]"라고 하였다. 그 주석에서 고(鼓)는 움직임이다. 농호(嚨胡)는 인후(咽喉)이니 사사로이 하는 말이다.

임고대
臨高臺

한나라 군악(軍樂)인 요가(鐃歌)의 일종이다. 임금과 신하가 대에 올라가서 내려다 볼 때 신하들이 칭송한 노래이다. 「무산고(巫山高)」도 요가의 일종이다. 한 고조가 촉(蜀)에 들어갔을 때 회수(淮水) 가의 사람이 쓰이지 못하고 돌아가기를 생각한 것이니 회음후(淮陰侯) 한신(韓信)이 길을 잃고 지은 것인가? 「유소사(有所思)」도 요가이니 음탕한 여인이 사통한 남자가 다른 데 마음을 두었다고 의심하고 이 노래를 지어 그와 절교한 것이다.

334) 『松南雜識』에는 '憶'으로 되어 있음.

첩박명
妾薄命

『전한서(前漢書)』에서 허황후(許皇后)가 "내 박명을 어찌하리[奈何妾薄命]"[335]라고 하였다. 조식(曹植[336])의 악부도 그것을 따라서 「첩박명(妾薄命)」으로 편(篇)의 제목을 지었다. 「소군원(昭君怨)」의 "어찌하여 나를 박명케 하여[何須薄命妾]"[337]라고 한 시구는 사실 이를 빌어서 사용한 것이다.

대산 · 소산
大山小山

회남왕(淮南王) 유안(劉安)[338]의 「초은시서(招隱詩序)」에서 "팔공(八公)의 무리가 시부(詩賦)를 나누어 싣고 대산(大山) · 소산(小山)이라고 칭하니 마치 대아(大雅) · 소아(小雅)[339]와 같다"[340]라고 하였다.

---

335) 『前漢書, 卷九十七下, 外戚列傳, 第六十七下』.

336) 조식(曹植) : 삼국 시대 위나라의 시인(192~232). 자는 자건(子建). 위나라 무제 조조의 아들로, 붓만 들면 곧 문장이 되었다는 「칠보시(七步詩)」의 고사는 유명하다. 시문집에 『조자건집』이 있다.

337) 동방규(東方虯)의 작품.

338) 유안(劉安) : 전한(前漢)의 학자. 고조의 손자로, 회남왕에 봉하여졌으며, 많은 문사(文士)를 식객으로 맞아 『회남자(淮南子)』를 편찬하였는데, 그 일부인 「내편(內篇)」 만이 현존한다.

339) 대아(大雅) · 소아(小雅) : 『시경(詩經)』 육시(六詩)의 하나인 아(雅)를 다시 둘로 나눈 것. 대아(大雅)는 큰 정치를 말한 정악(正樂)의 노래이고 소아(小雅)는 작은 정사(政事)에 관한 일을 노래한 정악(正樂)임.

340) **初安好士**, 八公之徒, 咸慕其德, 各竭材智, 著述篇章, 分其辭賦, 以類相次, 或稱大山小山, 猶詩有大雅小雅也.(『文選, 招隱士』) → 八公之徒, 咸慕其德, 各竭材智, 著述篇章, 分其辭賦, 以類相次, 或稱大山小山, 猶詩有大雅小雅也.(『松南雜識』)

녹음방초
綠陰芳草

왕안석(王安石)의 「초하시(初夏詩)」에서,

쾌청하고 따스한 바람 부니 보리 향기 나고　　晴日煖風生麥氣
그윽한 곳에 녹음(綠陰) 진 풀이 꽃보다 뛰어날 때　　綠陰幽草勝花時

라고 하였다.

지봉 이수광은 "우리나라 사람이 '유초(幽草)'를 '방초(芳草)'로 고치니 운(韻)과 의미가 배로 청아하고 아름답다"라고 하였다.[341)]

백운명월
白雲明月

진(晉)나라 사안(謝安)이 기생을 데리고 동산에서 놀았다. 그래서 당시(唐詩)에서,

오랫동안 동산에 가지 않으니　　不向東山久
장미는 몇 번이나 피었나　　薔薇幾度花
흰 구름은 저절로 흩어지니　　白雲還自散
밝은 달은 뉘 집에 지는고　　明月落誰家[342)]

341) 王**半山**初夏詩曰, 晴日暖風生麥氣, 綠陰幽草勝花時. 我**朝富林君湜詩**, **乃曰**, **綠陰**芳草**勝花時 此句全用半山**, **而但改作芳草似勝**.(『芝峯類說, 卷十二, 文章部, 五, 宋詩』) → 王**介甫**初夏詩曰, 晴日暖風生麥氣, 綠陰幽草勝花時. 我**國人**, **改幽草爲**芳草, **韻意倍淸**勝**云**.(『松南雜識』)

342) 이백(李白)의 「억동산 이수(憶東山 二首)」.

라고 하였다. 그 주석에서 "백운(白雲)과 명월(明月)은 두 기생의 이름이다. 사안이 그들의 이름을 딴 누각 두 채를 지었다"라고 하였다. 장미(薔薇)는 동부(洞府)[343]의 꽃이다.

만여
謾與

소식(蘇軾) 시에,

소매에 손을 넣고 붓과 벼루를 태우니	袖手焚筆硯
맑은 시편은 참으로 만여(謾與)로다	淸篇眞謾與[344]

라고 하였는데, 두보의 시에 「만여(謾與)」 아홉 편이 있으니, 대체로 꽃과 버들에 대한 흥을 말하였다. 또 사마상여(司馬相如)의 부에서 "고상용여(翶翔容與)"[345]라고 하였는데 주석에서 "한적한 모습"이라고 하였다.

동정월락고운귀
洞庭月落孤雲歸

당나라의 「비파행(琵琶行)」에서,

곡조 끝나자 홀연히 날아가고	曲終調絶忽飛去
동정호에 달이 지고 외로운 구름 돌아간다.	洞庭月落孤雲歸

343) 동부(洞府) : 도교에서 말하는 신선의 땅.
344) 「차운표형정정보강행견도화(次韻表兄程正輔江行見桃花)」.
345) 「자허부(子虛賦)」.

라고 하였는데, 비록 무명씨(無名氏)의 작품이라고 하지만, 고운(孤雲) 최치원(崔致遠)이 「토황소격문(討黃巢檄文)」을 짓고 고국으로 돌아갈 때인가? 『계원필경집(桂苑筆耕集)』을 살펴 보면 알 수 있다. 또 당나라 장교(張喬)가 신라 빈공진사(賓貢進士) 김이어(金夷魚)[346]를 전송하는 시에,

바다 건너와 진사가 되더니	渡海登仙籍
집으로 돌아 갈 때 중국의 위의(威儀) 갖췄다	還家備漢儀
외로운 배 정박할 곳 없고	孤舟無岸泊
만 리 길에 별만 따르리라	萬里有星隨[347]

라고 하였다. 지금은 우리나라 역사에서 고찰할 수 없다.

난간
闌干

설령지(薛令之)[348]의 시에 "목숙(苜蓿)[349]의 긴 난간[苜蓿長闌干]"[350]이라고 하였다. 운서에서 "란(闌)은 판간(板間)"이라고 하였다.

조식(曹植)의 시에서,

---

346) 김이어(金夷魚) : 신라 후기의 문인. 이오(夷吾)라고도 한다. 9세기 중엽 당나라에 숙위학생으로 가서 빈공과에 급제하고 장교(張喬) 등 당나라 문인들과 널리 교유하였다.

347) 「송김이어봉사귀본국(送金夷魚奉使歸本國)」.

348) 설령지(薛令之) : 당나라 때의 인물. 장계(長溪) 출신. 자는 진군(珍君) 또는 신룡진사(神龍進士)이다. 개원(開元) 초기에 좌보궐겸태자시독(左補闕兼太子侍讀)이 되었으나 병으로 사양하고 귀향하였다. 현종이 그가 가난하다는 것을 듣고 유사에게 명령하여 그해의 조세를 주도록 하였다. 숙종이 즉위하여 태자를 위해 불렀을 때는 설령지가 이미 죽었을 때였다. 숙종은 그의 청렴함을 가상히 여겨 그가 살던 고을에는 '염촌(廉村)'이란 이름을, 물에는 '염계(廉溪)'라는 호칭을 내려주었다.

349) 목숙(苜蓿) : 콩과의 일년초. 우마(牛馬)의 사료로 쓰임.

350) 「자도(自悼)」.

* 원시에서는 나물 투성이인 밥상을 비유하였다.

달이 지니 삼성 비끼고　月沒參橫[351]
북두성 비꼈다　北斗闌干[352]

라고 하였는데, 주석에서 "난간(闌干)은 비낀 모양"이라고 하였다.

왕원경(王元景)이 "이별 후에 그치지 않는 눈물[別後闌干]"이라고 하였는데, 주석에서 "눈물이 그치지 않는 것"이라고 하였다. 운서에서는 '눈자위'라고 하였다.

「서남이전(西南夷傳)」에서는 "모시와 가는 베[闌干細布]"[353]라고 하였는데 주석에서 "난간(闌干)은 요(獠)의 말로 모시이다"[354]라고 하였다. 대개 한 글자에 네 가지의 각기 다른 뜻이 있다.

오애
欸乃

황정견(黃庭堅)의 시에 '오애(欸乃)'[355]라고 하였으니, 배의 노를 저을 때 서로 응하는 소리이다. 그 주석에서 "음은 오애"[356]라고 하였다. 유태(劉蛻)의 「호중애내가(湖中靄乃歌)」가 있고, 유언사(劉言史)의 시에 "깊은 골짜기 안에서 한가히 애내성을 부른다[閑歌曖迺深峽裡]"라고 하였다. 원결(元結)이 「오내곡(欸乃曲)」을 지었고 유종원(柳宗元)의 시에 "'오내' 한

351) 月**沒**參橫北.(『曹子建集, 善哉行』)→月**落**參橫北.(『松南雜識』)
352) 「선재행(善哉行)」.
353) 『後漢書, 卷一百十六, 南蠻西南夷傳, 第七十六』.
354) 闌, 板間. 曰闌干, 又橫斜皃. 曹植詩, 月落參橫, 北斗闌干. 薛令之詩, 苜蓿長闌干. 又眼眶, 謂闌干. 韻會, 王元景曰, 別後闌干. 註, 淚不斷也. 又西南夷傳, 闌干細布. 註, 撩言苧也.(『韻府羣玉, 闌干』)→薛令之詩, 苜蓿長闌干. 韻書, 闌, 板間也. 曹植詩, 月落參橫, 北斗闌干. 註, 橫斜皃. 王元景曰, 別後闌干. 註, 淚不斷. 韻會, 謂眼眶, 又西南夷傳, 闌干細布. 註, 撩言苧也.(『松南雜識』)
355) 「애내가 이장 희왕치천(欸乃歌二章戲王穉川)」.
356) 欸音襖, 乃音藹.(『山谷內集詩注卷一, 欸乃歌二章戲王穉川』)→音襖藹.(『松南雜識』)

소리에 산수가 푸르다[欸乃一聲山水綠]"[357]라고 하였다. 모두 글자는 다르지만 음은 같다.

자야가
子夜歌

진(晉)나라 때 자야(子夜)[358]라는 이름의 여자가 지은 노래라고 한다.

몇 일이나 머리를 빗지 않아	宿昔不梳頭
실 같은 머리 두 어깨를 덮었다	絲髮被兩肩
님의 무릎 위에 은근히 펼친다면	婉伸郎膝上
어딘들 어여쁘지 않으리	何處不可憐[359]

막수가
莫愁歌

악보(樂譜)에서 말하였다.

석성(石城)의 막수(莫愁)라는 이름의 소녀가 노래를 잘 불렀다.

뱃사공이 두 개의 상앗대를 두드리며	艇子打兩槳

---

357) 「어옹(漁翁)」.

358) 『악부시집(樂府詩集)』에 '자야가(子夜歌)'는 진곡(晉曲)이고 자야(子夜)는 진나라 여자라고 되어있지만 『松南雜識』에는 '한 무제(武帝) 때 여자'라고 되어있다.

* 唐書, 樂志曰, 子夜歌者, 晉曲也. 晉有女子名子夜, 造此聲, 聲過哀苦.(『樂府詩集, 卷四十四, 子夜歌』) → 漢武帝時 有女名子夜, 作歌云.(『松南雜識』)

359) 「자야가(子夜歌)」.

막수를 재촉해 보낸다　　催送莫愁來[360]

가 그 노래다.

양백화
楊白花

후위(後魏)의 호 태후(胡太后)가 양백화(楊白花)[361]와 통정을 하였는데, 양백화가 주살될까 두려워서 양(梁)나라에 투항하였다. 호태후가 노래를 짓고 궁인들로 하여금 팔을 맞잡고 함께 부르게 하였다.

이삼월 따사로운 봄에　　陽春二三月
버들이 모두 꽃을 피웠다　　楊柳齊作花
봄바람 하룻밤에 규방문에 드니　　春風一夜入閨闥
바람에 떨어진 버들꽃 남쪽 집에 들어온다　　楊花飄落入南家
정을 품고 문을 나서려니 다리에 힘없어　　含情出戶脚無力
버들꽃 주워드니 눈물이 가슴을 적신다　　拾得楊花淚沾臆
가을 가고 봄이 돌아오니 제비 한 쌍은　　秋去春還雙燕子
버들 꽃 물고 둥지로 들어가려 한다　　願銜楊花入窠裏[362]

유종원(柳宗元)의 시에 "버들 흰 꽃이 바람에 날려 강을 건넌다[楊白花風吹渡江水]"[363]라고 한 말이 이것이다. 장신전(長信殿) 미인의 「금명지사(金明枝詞)」도 이것에 의탁하여 지은 시인 듯하다.

---

360) 石城**有小**女, 名莫愁, 善歌**謠詞云**, **莫愁在何處**, **莫愁石城西**, 艇子打兩槳, 催送莫愁來.(『類說, 卷五十一, 古樂府, 莫愁』) → **樂譜**, 石城女名莫愁, 善歌, **故**艇子打兩槳, 催送莫愁來.(『松南雜識』)
361) 양백화(楊白花) : 위나라의 명장.
362) 『樂府詩集, 卷七十三, 雜曲歌辭, 楊白花』.
363) 「양백화(楊白花)」.

그대의 집은 어디인가
君家阿那邊[364]

이상은(李商隱)의 시에 "금으로 지은 집을 잘 꾸며서 아교(阿嬌)[365]를 살게 할까?[金屋粧成貯阿嬌]"[366]라고 하였다. 운서(韻書)에 "아(阿)는 '누구'이다. 음은 '옥'이다"라고 하였다. 또 "누가 부축해 말에 오르게 하는가?[阿誰扶上馬]"[367]라고 하였다.

환
歡

남제(南齊)[368]의 「양반아곡(楊叛兒曲)」에서,

잠시 백문 앞에 나오니	暫出白門前
버들은 까마귀를 숨길만하다	楊柳可藏烏
님은 침수향(沈水香)[369]을 만들고	歡作沈水香

364) 이백(李白)의 「상봉행(相逢行)」.
365) 아교(阿嬌) : 한나라 무제의 진황후(陳皇后). 다음과 같은 고사가 있다.
무제가 어릴 때 장공주(長公主)가 그를 무릎 위에 그를 앉혀 두고 말하였다.
"아기가 아내를 얻으려나?"
"얻고 싶습니다."
장공주가 여러 궁녀들을 가리켰으나 무제는 모두 싫다라고 하였다. 마지막으로 아교(阿嬌)는 어떤지 물었다.
"만약 아교를 아내로 얻는다면 금으로 집을 짓고 살게 하겠습니다."
* 이 글에서는 阿嬌를 '어떤 미인'으로 풀이하였다.
366) 「무릉(茂陵)」.
367) 「노중도동루취기작(魯中都東樓醉起作)」.
368) 남제(南齊) : 남조(南朝) 시대의 두 번째 왕조. 479년에 송나라의 장군 소도성(蕭道成)이 순제(順帝)에게 왕위를 물려받아 세운 것으로, 남경(南京)에 도읍하였다. 502년에 양(梁)나라의 무제(武帝)에게 망했다.
369) 침수향(沈水香) : 침향(沈香). 향목(香木)의 이름. 아열대에서 생산되며 목재는 단단하고 무겁다. 황색이며 향미(香味)가 있다.

나는 박산로(博山鑪)[370]를 만든다　　　儂作博山鑪

라고 하였다. 대개 환(歡)은 『시경(詩經)』의 "내 아름다운 분은 여기에 없으니[予美亡此]"[371]의 '미(美)'이니 바로 남편이다.

녹포감파
綠蒲堪把

당시(唐詩)에서,

맑고 얕은 백석탄(白石灘)　　　淸淺白石灘
녹포에서 감파로 향한다　　　綠蒲向堪把
물 동쪽과 서쪽에 사는 이　　　家住水東西
밝은 달 아래 비단을 빤다　　　浣紗明月下[372]

라고 하였는데, 주석에서 "녹포(綠蒲)와 감파(堪把)는 두 마을의 이름이다. 동서(東西)는 바로 동쪽의 시씨(施氏)와 서쪽의 시씨(施氏)이다"라고 하였다.

꽃을 바라보는 눈에 눈물이 가득
看花滿眼淚[373]

어떤 이가 "꽃은 식(息)나라 소생의 여자 이름이다. 초왕과 함께 말을

370) 박산로(博山鑪) : 유명한 향로의 이름. 향로의 뚜껑에 전설상의 해중(海中) 명산인 박산(博山)을 새겼기에 붙은 이름. 뒤에는 훌륭한 향로의 대명사로 쓰임.
371) 『詩經, 國風, 唐, 葛生』.
372) 왕유(王維)의 「백석탄(白石灘)」.
373) 왕유(王維)의 「식부인(息夫人)」.

하기 못하기 때문에 눈물을 흘린다"라고 하였다.

고동문행
古東門行

『주자어록(朱子語錄)』에서 말하였다.

유종원(柳宗元)·유우석(劉禹錫)이 왕숙문(王叔文)[374]의 당(黨)으로 무원형(武元衡)[375]에게 배척되었다. 그러므로 유종원의 「고동문행(古東門行)」은 무원형의 죽음을 동정하는듯하지만 실제로는 통쾌하게 생각한 것이다. 유우석의 「현도관도(玄都觀桃)」는 조롱하는듯하지만 실제로는 모욕한 것이다.

유한실탄오
遺恨失呑吳[376]

『동파별집(東坡別集)』에서 말하였다.

꿈에 어떤 사람이 "대개 오나라를 삼키고자 하는 것이 실책이지 오나라를 삼키지 않은 것이 여한은 아니다"라고 하였다.[377]

---

374) 왕숙문(王叔文) : 당나라의 문신(753~806). 유종원, 유우석과 함께 정치 개혁을 주도하였다. 후에 '영정혁신(永貞革新)'으로 칭해졌음.

375) 무원형(武元衡) : 당나라 덕종(唐德宗) 때 사람 덕종이 병사(兵事)를 그에게 전담시켜 채(蔡)를 토벌하였는데, 조회(朝會)에 들어가던 도중 적의 화살을 맞고 죽었다.

376) 두보(杜甫)의 「팔진도(八陣圖)」.

377) 유비가 관우의 원수를 갚기 위하여 제갈량에게 성도를 맡기고 오(吳)를 정벌하려 했으나 오히려 대패하였다. 유비 사후에 제갈량이 중원 회복을 꾀하며 고군분투하였으나 뜻을 이루지 못하였다.

목란사
木蘭辭

「목란시(木蘭詩)」의 주석에 "목란(木蘭)은 주(朱)씨의 딸 이름이다"[378] 라고 하였다.

강풍어화대수면
江楓漁火對愁眠[379]

주석에서 "수면(愁眠)은 산의 이름이다. '한밤의 종소리 객선에 들린다[夜半鐘聲到客船]'는 바로 한산사(寒山寺)의 고사로, 한밤에 치는 종소리이다"라고 하였다.

소별노산원
笑別盧山遠[380]

'원(遠)'은 바로 혜원법사(慧遠法師)다. 그는 노산(盧山)에 거처하면서 호계(虎溪)를 건너지 않기로 맹세하였다. 그런데 육수정(陸修靜)·도잠(陶潛)과 말을 나누다가 이별하는데 자신도 모르게 호계를 건넜기에 서로 바라보고 웃었다. 그래서 「삼소도(三笑圖)」를 만들었다.

---

378) 木蘭, 朱氏女**子代父從征**.(『古樂苑衍錄, 木蘭詩』) → 木蘭, 朱氏女**名也**.(『松南雜識』)

379) 장계(張繼)의 「풍교야박(楓橋夜泊)」.
 * 月落烏啼霜滿天, 江楓漁火對愁眠. 姑蘇城外寒山寺, 夜半鐘聲到客船.

380) 이백(李白)의 「별동림사승(別東林寺僧)」.

불급석우풍
不及石尤風

술 권할 친구도 없고　　無將故人酒
석우풍도 불지 않으리　　不及石尤風[381]

라고 하였는데 『어록(語錄)』에서 "석가(石家)의 여인이 우가(尤家)의 사내와 이별하자 죽어 돌개바람이 되었다"라고 하였다.

하만자
河滿子

백거이(白居易)가 말하였다.

"창주(滄州) 사람으로, 성은 하(河)이고 이름은 만(滿)이다. 개원(開元)[382] 연간에 죄를 짓고 옥에 갇혀서 이 노래를 지었다. 심문하는 자가 불쌍히 여겨 현종에게 주상(奏上)하였지만 용서하지 않았기에 결국 처형되었다."

당시(唐詩)에,

고국은 삼천 리나 떨어졌고　　故國三千里
궁궐에서 이십 년을 살았다네　　深宮二十年
한 소리 「하만자」에　　一聲河滿子
두 줄기 눈물 임금 앞에 떨구네　　雙淚落君前[383]

---

381) 사공서(司空曙)의 「별로진경(別盧秦卿)」.
382) 개원(開元) : 당나라 현종의 연호(713~741).
383) 장우(張祜)의 「궁사(宮詞)」.

라고 하였다. 그 주석에서 "당나라 무종(武宗)이 위독하였는데 노래를 잘 하여 총애 받던 맹재인(孟才人)이라는 사람이 「하만자」 한 곡을 부르겠다고 간청하였다. 그는 노래를 다 부르자 기진(氣盡)하여 즉사하였다. 황제가 의원에게 진료하게 하니 맥은 여전히 따듯하였지만 내장은 이미 끊어진 상태였다"라고 하였다.

살펴보건대 『전등신화(剪燈新話)』에서 김정(金定)이 취취(翠翠)에게 다음과 같은 시를 준 일이 있다.

즐거운 곳에서 어찌 시름겨운 곳의 고통 알까	樂處豈知愁處苦
이별할 때는 비록 쉬우나 볼 때는 어렵다오	別時雖易見時難

취취가 답하였다.

간장은 비록 끊어졌어도 정은 끊기 어려워라	腸雖已斷情難斷
살아서 따르지 못하지만 죽어서는 따르리라	生不相從死亦從[384]

광릉산
廣陵散

「혜강전(嵇康傳)」에서 말하였다.

혜강(嵇康)이 화양정(華陽亭)에서 묵을 때의 일이다. 밤에 거문고를 타고 있는데 어떤 객이 그에게 다가와서 함께 음율에 대해서 말을 하고 거문고를 가져다 광릉산(廣陵散)을 연주하였다. 그것을 혜강에게 전수하고, 다름 사람에게 전하지 말 것을 맹세하라고 하였다.

---

384) 『剪燈新話, 翠翠傳』.

그 후 혜강이 처형될 때 말하였다.

"원효니(袁孝尼)라는 사람이 배우기를 원했는데 내가 아끼고 가르쳐 주지 않았으니 지금 끊어지게 됐구나."[385]

뒤에 한고(韓皐)가 거문고 소리를 듣고 탄식하여 말하였다.

"아름답구나! 혜강이 이 곡을 연주함이여. 그 음악이 위나라와 진(晉)나라 사이에 해당하겠다."

혜강은 광릉(廣陵)의 옛 땅인 양주(揚州)에 왕릉(王陵) · 무구검(毋丘儉)을 지방관으로 삼아 위나라의 부흥을 도모하였다가 죽었다. 그러나 위나라의 멸망은 광릉에서 시작되었다.

망강남
望江南

주애(朱崖)의 태위(太尉) 이덕유(李德裕)[386]가 관서(關西)를 진압하던 날에 죽은 기생 사추낭(謝秋娘)을 추도해서 지은 것으로 뒤에 교방(敎坊)으로 들어갔다.

---

385) 『晉書, 卷四十九, 列傳, 第十九』의 내용을 재구성하였음.

386) 이덕유(李德裕) : 당나라의 인물. 찬황인(贊皇人). 자는 문요(文饒). 어려서부터 학식이 높았고 절개가 있었다. 경종(敬宗) 때 절서관찰사(浙西觀察使)가 되었다. 당시 황제가 소인을 가까이하고 놀기를 좋아하자 「단의육잠(丹扆六箴)」을 올려 건의하였다. 문종(文宗) 때 배도(裵度)가 그에게 재상의 자질이 있다고 천거하였으나, 우승유(牛僧孺) 등이 꺼려하여 막았다. 무종(武宗) 때 회남절도사(淮南節度使)로 들어가 재상이 되었는데, 국정을 맡은 6년 동안 번진(藩鎭)의 침입을 물리쳐 위엄과 권위가 더해졌고 위국공(衛國公)에 봉해졌다. 선종(宣宗)이 즉위하자 그를 꺼려하는 자들의 참소를 입어 폄작되어 죽었다. 저서에 『차유구문(次柳舊聞)』 · 『회창일품집(會昌一品集)』이 있다.

부정농
負情儂

『진서(晉書)』에서 말하였다.

안제(安帝) 때에 오뇌가(懊惱歌)[387]가 있으니

봄풀은 뜯어다 엮을 수 있고	草生可攬結
계집애는 잡아다 취할 수 있다	女兒可攬擷

라고 하였는데 그 주석에서 "환현(桓玄)을 주살하고 환현의 궁녀를 군대의 상으로 만들었으니 오뇌가(懊惱歌)의 시초이다"라고 하였다.[388]

『남제서(南齊書)』에서 왕경칙(王敬則)의 아들 왕중웅(王仲雄)이 "초미금(焦尾琴)[389]을 연주하며"라고 노래하였다.

언제나 변심한 당신 때문에 한숨쉽니다	常歎負情儂
서방님 지금 정녕 가신단 말입니까?	郎今果[390]行許[391]

387) 오뇌가(懊惱歌) : 오뇌(懊惱)는 번뇌라는 뜻이다. 오뇌가는 주로 동진(東晉)·남조의 오나라 지역에서 만들어졌으며 그 원류는 민간의 가요이다. 후에 송나라 소제(少帝)가 신가(新歌) 36곡을 지었으며 14수가 현존한다. 대부분이 정가(情歌)이다. 오농가(懊儂歌).

388) 安帝**隆安中, 百姓忽作**懊儂**之**歌, **其曲曰**, 草生可攬結, 女兒可攬擷, **尋而桓玄簒位義旗, 以三月二日, 埽定京都, 誅之**玄**之**宮女, **及逆黨之家子女妓妾, 悉爲**軍賞, **東及甌越, 北流淮泗, 皆人有所獲, 故言時則草可結事則女可擷也**.(『晉書, 卷二十八, 志, 第十八, 五行中』)→安帝**時, 有**懊**惱**歌, **云**草生可攬結, 女兒可攬擷. 註, **誅桓玄, 收**玄宮女賞軍, **卽懊惱之也**.(『松南雜識』)

389) 초미금(焦尾琴) : 동한(東漢)의 채옹(蔡邕)이 만들었다고 하는 거문고. 채옹은 음악에 밝았다. 그가 오나라를 여행할 때에 우연히 오나라 사람이 오동나무를 때서 밥을 짓는 것을 보았는데 오동나무 타는 소리가 매우 아름다웠다. 그래서 그 오동나무를 꺼내서 거문고를 만들었더니 과연 명기(名器)였다. 그런데 타고 있던 오동나무로 거문고를 만들어서 그 끝이 그을려 있었기에 초미금이라고 명명하였다.

390) 『松南雜識』에는 '何'로 되어 있음.

391) 『南齊書, 卷二十六, 列傳, 第七, 王敬則』.

문원(文苑)에서 부정농(負情儂)으로 편(篇)을 명명하였으니, 이는 박정한 사내를 이른다. 두목(杜牧)의 시에서 "기루(妓樓)에서 박정하다는 이름만 실컷 얻었다[贏得青樓薄倖名]"[392]라고 한 말이 이것이다.[393]

심수원
沁水園

한(漢)나라 역사에 의하면 두헌(竇憲[394])이 심수공주(沁水公主[395])의 정원을 빼앗았다. 그래서 당나라 사람들이 시에 많이 사용하였다.

나공곡
囉嗊曲

『통아(通雅)』에서 "나공(囉嗊)은 내라(來羅[396])와 같다"[397]라고 하였다. 당시집(唐詩集)에서 "금릉(金陵)에 나공루(囉嗊樓)가 있다"[398]라고 하였다. 원진(元稹[399])이 창녀(娼女) 유채춘(劉采春)에게 자신이 지은 나공곡(囉嗊

392) 「견회(遣懷)」.

393) '박행(薄倖)'이 '부정(負情)'과 동일한 의미라는 뜻.

394) 두헌(竇憲) : 후한 장제(章帝)의 황후 두 태후(竇太后)의 오라비로, 장제가 죽은 뒤에 두후가 정치를 하게 되자 시중(侍中)으로 권세를 잡고, 흉노(匈奴)를 토벌하여 공을 세운 뒤에는 천하에 견줄 수 없는 권세가가 되어 황제까지 암살하려다가 발각되어 일족이 멸망하였다.

395) 심수공주(沁水公主) : 후한 명제(明帝)의 딸.

396) 내라(來羅) : 고악부의 이름.

397) **羅**嗊猶來羅也.(『通雅, 樂曲』) → **囉**嗊猶來羅也.(『松南雜識』)

398) 金陵有**羅**嗊樓.(『通雅, 樂曲』) → 金陵有**囉**嗊樓.(『松南雜識』)

399) 원진(元稹) : 당나라의 문학가. 자는 미지(微之). 하남성(河南省) 출신. 어려서 집안이 가난하여 각고의 노력으로 공부하였으며, 일찍이 관직에 나가 15세의 나이로 명경과(明經科)에 급제하여 감찰어사(監察御史)가 되었다. 직간을 잘하여 환관과 수구 관료의 노여움을 사서 귀양을 갔다가, 나중에 구세력과 타협하여 공부시랑(工部侍郎), 동

曲)을 주면서 "또 다시 근심하여 간장이 미어지는 곳이 있으면 가사를 골라 망부가(望夫歌)로 부를 수 있을 것이다"[400]라고 하였다. 지금 망부사(望夫詞)로 나공곡을 만드는 것은 여기에서 유래하였다.

엄관부(嚴灌夫)의 아내 신씨(愼氏)가 쫓겨나면서 지은 시에,

바로 외로운 돛단배 이로부터 떠나니	便是孤帆從此去
차마 망부산을 다시 지날 수 없구나	不堪重過望夫山[401]

라고 하였다.

사랑중(謝郎中)의 딸이 남편을 전송하며 지은 시에,

지금 가시면 속히 속히 돌아오셔야 해요	此去惟宜早早還
망부산이 또 솟지 않도록 말이에요	休敎重起望夫山
당신은 상수 사당 앞의 대나무를 보셨겠죠	君看湘水祠前竹[402]
그 얼룩이 남자의 눈물 자국이던가요	豈是男兒淚染斑

라고 하였다.

평장사(同平章事) 등의 벼슬을 지냈다. 한때 군신과의 갈등으로 유배되기도 하였다. 831년 무창군절도사(武昌軍節度使)로 재임하던 중 병사하였다. 백거이(白居易)와 함께 신악부운동(新樂府運動)을 주도하였다. 백거이보다 나이는 어렸지만 시가 일찍 알려져 원재자(元才子) 또는 원·백(元白)으로 불렸으나, 문학적 재능이 백거이를 능가하지 못한데다가 정치상의 변절 때문에 원진의 명성은 그리 높지 못했다. 『원씨장경집(元氏長慶集)』 60권이 있고, 소설집으로 『앵앵전(鶯鶯傳)』이 있다.

400) 通雅, 囉嗊猶來羅. **雲溪友議**. **元稹**贈劉采春**曰**, 選詞能唱望夫歌, **卽囉嗊曲也**. **又**金陵有囉嗊樓.(『康熙字典, 嗊』) → 通雅**曰**, 囉嗊猶來羅**也**. **唐詩集云**, 金陵有囉嗊樓, **元佑**, 贈**娼女**劉采春**所製囉嗊曲云**, **更有惱心腸斷處**, 選詞能唱望夫歌.(『松南雜誌』)

401) 「신씨시(愼氏詩)」.

402) 순(舜) 임금이 죽자 후비(后妃)인 아황(娥皇)과 여영(女英)이 뒤쫓아가다가 상수(湘水)에 이르러 서로 붙잡고 울었던 눈물이 대나무를 적셔 얼룩졌다고 한다.

합환시
合歡詩

양방(楊方)[403]이 말하였다.

나의 정이 그대와 합하여	我情與子合
그림자가 몸을 따르는 듯	亦如影追身
잘 때는 함께 짠 이불을 덮고	寢共織成被
그 솜은 함께 가꾼 것을 쓴다	絮用同功綿[404]

청옥안
青玉案[405]

장형(張衡)의 시에 "무엇으로 청안옥을 갚을까?[何以報之青玉案]"라고 하였다. 여소위(呂少衛)가 "안(桉)은 바로 완(椀)의 고자(古字)이다. 그러므로 맹광거안제미(孟光擧椀齊眉)[406]의 桉이다"라고 하였다. 「고공기(考工記)」에서 "안(案)이 열두 개[案十有二寸]"[407]라고 하였는데 그 주석에서 "식기가 열두 줄"이라고 하였다.

403) 양방(楊方) : 진(晉)나라의 시인.
404) 「합환시 오수(合歡詩五首)」.
405) 청옥안(青玉案) : 청옥(青玉)으로 만든 식기로, 짧은 다리가 붙어 있다. 장형의 시에서 유래하여 사패(詞牌)의 하나가 되었다.
406) 맹광거안제미(孟光擧椀齊眉) : 후한 시대 양홍(梁鴻)의 아내 맹광(孟光)이 남편을 지극히 공경하여 식사를 올릴 때 식기를 자신의 눈썹과 나란히 하였다는 고사.
407) 案十有二寸.(『周禮, 冬官, 考工記下』) → **有**案十有二寸.(『松南雜識』)

화반
火伴

『통아(通雅), 병정(兵政)』[408]에서 "다섯 사람이 열(烈)이 되고 두 열이 화(火)가 되고 다섯 화가 대(隊)가 된다"[409]라고 하였다.

『사마법(司馬法)』에서 "사람을 사람으로, 정(正)을 정으로, 사(辭)를 사로, 화(火)를 화로 처우한다[人人正正辭辭火火]"[410]라고 하였다. 그 주석에서 "사람마다 다르다[人人殊]고 할 때의 '인인(人人)'[411]과 같으니 바로 화반(火伴)[412]을 말하는 것으로 「목란시(木蘭詩)」[413]에서 '문을 나와서 화반을 보니[出門看火伴]'라고 하였다"[414]라고 한 말이 이것이다.

---

408) 『松南雜識』에는 '通典兵制'로 오기 되어 있음.

409) **伍**人爲烈, **烈有頭**, 二烈爲火, **立火子**, 五火爲隊 (『通典, 兵政』) → **五**人爲烈, 二烈爲火, 五火爲隊.(『松南雜識』)

410) 『司馬法, 定爵, 第三』.

411) 『松南雜識』에는 '人人'이 누락되었음.

412) 화반(火伴) : 북위 때 군인 열 명을 묶은 단위를 화반이라고 하였으니 함께 취사한다는 데서 유래하였다.

413) 목란시(木蘭詩) : 목란(木蘭)이 지은 시. 목란(木蘭)은 옛날 여자 이름으로, 북위(北魏) 사람이라고도 하고 수나라 사람 또는 당나라 사람이라고도 하여 일정치 않음. 그녀는 늙은 아버지를 대신, 종군(從軍)하여 공을 이루었다 함. 그가 지었다는 목란사(木蘭辭)는 당나라 위원보(韋元甫)의 작이라는 설도 있음.

414) 通典兵制, 五人爲烈, **烈有頭目**, 二烈爲火, **立火子**, 五火爲隊, **又**司馬法, 人人正正辭辭火火. 註, **言**一火與一火, 猶人人殊之**人人也**. 卽**俗**謂火伴. **古**木蘭詩, 出門看火伴.(『康熙字典, 火』) → 通典兵制, 五人爲烈, 二烈爲火, 五火爲隊, 司馬法, 人人正正辭辭火火. 註, 一火與一火, 猶人人殊之, 卽謂火伴. 木蘭詩, 出門看火伴.(『松南雜識』)

양관삼첩

陽關三疊[415]

소식(蘇軾)[416]이 "양관삼첩(陽關三疊)은 매 구를 중복하지만 첫 구는 중복하지 않는다. 만약 모든 구를 중복한다면 통틀어 사첩(四疊)이 될 것이다"[417]라고 하였다. 고시(古詩)에서 "양관 제 사성 노래 소리를 듣는다[聽唱陽關第四聲]"[418]라고 하였으니 '제 사성(第四聲)'이란 "그대에게 다시 한 잔 술을 권한다[勸君更盡一杯酒]"이다.

백로가 보낸 술

白鷺送酒

옛 시에 "백로가 안개를 뚫고 술을 보내왔다[白鷺衝烟送酒來]"[419]라고 하였다. 살펴보건대 북위(北魏) 때 각 관청의 관리를 부압(鳧鴨)이라고 하고 사찰관(伺察官)을 백로(白鷺)라고 하였으니 대개 그 의미로 사용한 것이다.

---

415) 양관삼첩(陽關三疊) : 곡명(曲名). 왕유(王維)의 '渭城朝雨浥輕塵, 客舍依依柳色新, 勸君更盡一杯酒, 西出陽關無故人'을 이름. '渭城曲'이라고도 함. 악부로 편입된 뒤로 송별의 노래로 사용되었으며 반복하여 불렀기에 '양관삼첩(陽關三疊)'이라는 명칭이 붙었다.

416) 『松南雜識』에는 '陸游'로 오기되어 있음.

417) **舊傳**, 陽關三疊, **今歌**者, 每句再疊**而已**, …… 每句**皆**再**唱**, 而第一句不疊 (『仇池筆記, 上, 陽關三疊』) → **陸務觀云**, 陽關三疊者, 每句再疊, 而第一句不疊. **若**每句再疊, **則通篇是四疊矣**.(『松南雜識』)

418) 백거이(白居易)의 「대주 오수(對酒五首)」.

419) 송나라 진여의(陳與義)의 「제수서주삼십삼벽 이수(題水西周三十三壁二首)」.

외 기러기 · 두 마리 제비
孤鴈雙燕

『설부(說郛)』에서 말하였다.

기러기는 양(陽)에 속하고 제비는 음(陰)에 속한다. 음은 짝수이고 양은 홀수다. 그렇기 때문에 '두 마리 기러기[雙鴈]'라고 말하지 않고 '한 마리 기러기[孤鴈]'라고 하며 '외로운 제비[孤燕]'라고 하지 않고 '두 마리 제비[雙燕]'라고 한다.

충천 · 효순
忠泉孝笋

유신(庾信)의 글에 "충천(忠泉)이 우물에서 솟고 효순(孝笋)이 뜰에서 났다[忠泉出井, 孝笋生庭]"[420]라고 하니 대개 경공(耿恭)이 우물에 절을 하고[421] 맹종(孟宗)이 겨울에 어머니에게 드릴 죽순 때문에 울었다[422]라는 고사를 사용한 것이다.

또 「애강남부(哀江南賦)」[423]에서,

원한 서린 서리는 한밤에 떨어지고 寃霜夜零
울분 어린 샘물은 가을에 솟구친다 憤泉秋沸

라고 하였으니 대개 추연(鄒衍)[424]과 이광리(李廣利)[425]의 고사를 사용하

---

420) 『庾子山集, 卷十三, 碑文, 周上柱國齊王憲神道碑』.
421) 경공(耿恭)의 성을 흉노가 공격하여 물길을 차단하였다. 그래서 경공이 의복을 단정히 입고 우물에 두 번 절을 하자 물이 솟구쳤다고 한다.
422) 맹종(孟宗)은 진(晉)나라의 효자이다. 그의 어머니가 죽순을 좋아하였는데, 겨울이라서 죽순을 얻을 수 없었기에 대숲에 들어가서 슬피 탄식하니, 죽순이 돋아났다고 한다.
423) 유신(庾信)의 작품.

였다.

망부석
望夫石

정읍현(井邑縣) 사람이 장사하러 가서 오랫동안 돌아오지 않자 그의 아내가 산의 바위에 올라가서 그가 오는지 바라보았다. 그녀는 남편이 밤에 해를 당할까 두려운 마음을 '더러운 진흙을 밟지 말라'는 노래로 지었다. 그 곡의 이름은 「정읍사(井邑詞)」이다. 전설에 의하면 고개에 올라가 보면 망부석의 발자국이 아직도 남아 있다고 한다.

『신이기(神異記)』에서 "무창산(武昌山) 북쪽의 한 정숙한 부인이 전장에 가는 남편을 배웅할 때 이 산에 이르러 서서 남편을 바라보다가 죽어 돌로 변하였다"라고 하였다.

당시(唐詩)에서,

> 남편 바라보던 곳의 강물은 유유히 흐르는데　　望夫處江悠悠
> 돌로 변하여 머리를 돌릴 수도 없구나　　化爲石不回頭[426]

라고 한 말이 이것이다.

『명사(明史)』에 다음과 같은 기록이 있다.

> 반란을 진압하는 과정에서 황관(黃觀)이 죽었다. 그의 아내 옹씨(翁氏)가 물에 투신할 때 바위 위에 토한 피가 조그만 음영(陰影)이 되었

---

424) 추연(鄒衍)이 충성을 다하여 연(燕) 혜왕(惠王)을 섬겼는데, 혜왕은 모함을 믿고 그를 가두었다. 그래서 추연이 하늘을 우러러보고 통곡을 하자 여름 하늘에서 서리가 내렸다고 한다.

425) 전한의 무장인 이광리(李廣利)가 칼을 뽑아 산을 찌르자 물이 솟구쳤다고 한다.

426) 왕건(王建)의 「망부석(望夫石)」.

다. 그것을 물로 씻으면 더욱 선명해지니 '옹부인혈영석(翁夫人血影石)'이라고 이름하였다.[427]

임제(林悌)[428]의 「수성지(愁城誌)」에서 "이별에 대한 시루를 읊고, 하늘 위로 피하고자 하였더니 마침 견우직녀를 만나서 되돌아왔다"[429]라고 하였다.

장간
長干

당시(唐詩)의 주석에 "강동(江東)에서는 산언덕 사이를 '간(干)'이라고 한다. 건강(建康) 지역의 대장간(大長干)과 소장간(小長干) 사이에 장간사(長干寺)가 있다"[430]라고 하였다. 이백(李白)의 「장간행(長干行)」은 어린 나이에 결혼했다는 내용의 노래다.

최호(崔顥)[431]의 시에,

같은 장간 사람인데　　同是長干人

---

427) 『明史, 卷一百四十三, 列傳, 第三十一, 黃觀』의 내용을 축약 인용하였으며, 부분적인 내용의 변경이 있음.

428) 임제(林悌) : 조선 선조 때의 시인(1549~1587). 자는 자순(子順). 호는 백호(白湖)·겸재(謙齋). 당대의 명문장가로 호방하고 쾌활한 시풍을 보였으며, 속리산에서 학문에 몰두하였다. 문집에 『백호집(白湖集)』이 있고, 작품에 「화사(花史)」·「수성지(愁城誌)」·「원생몽유록(元生夢遊錄)」 등이 있다.

429) **乃吟人間足**別離**之句**, 欲避之於天上, 遇牽牛織女而返.(『林白湖集, 卷之四, 誌, 愁城誌』) → 林悌**爲**愁城志, **其**言別離曰, 欲避之於天上, 遇牽牛織女而返.(『芝峯類說. 卷八. 文章部一, 文評』) → 林悌愁城志, 言別離曰, 欲避之於天上, 遇牽牛織女而返.(『松南雜識』)

430) **劉逵吳都賦**註, 建鄴**南五里有山岡**, **其間平**地, **吏民雜居**, **號長干**, **中**有大長干小長干. 江東謂山**壟**之間曰干.(『李太白集注卷四, 長干行二首』) → 江東謂山**隴**之間曰干. **建康**地, 有大長干小長干**中有長干寺**.(『松南雜識』)

431) 최호(崔顥) : 당나라 때의 시인. 사훈원외랑(司勳員外郎)을 지냈다.

어려서부터 서로 몰랐네 生小[432]不相識[433]

라고 하였다.

노로정
勞勞亭[434]

이백의 시에,

천하의 가슴 아픈 곳 天下傷心處
서글피 손님 보내던 정자 勞勞送客亭[435]

라고 하였다. 그 주석에서 “강녕현(康寧縣)에 있으며 옛날에 송별하던 곳”[436]이라고 하였으니, 지금 장안의 소혼교(銷魂橋)와 같다.

핍측
偪仄

반악(潘岳)의 「서정부(西征賦)」에서 “중국과 오랑캐의 사녀(士女)들이 많이 모였다[華夷士女駢闐逼側]”[437]라고 하였다. 두보의 시에 “사는 곳이 가까우면 얼마나 가까운가?[偪仄何偪仄]”[438]라고 한 말이 이것이다. 또

432) 『松南雜識』에는 ‘少’로 되어 있음.
433) 「장간행(長干行)」.
434) 노로정(勞勞亭): 중국 남경시(南京市) 남부 옛 신정(新亭) 남쪽에 있던 정자. 삼국 시대 오(吳)가 지었는데, 이별의 장소로 사용되었다.
435) 「노로정(勞勞亭)」.
436) **在**江寧縣**南十五里**, 古送別之所.(『李太白文集, 卷六, 勞勞亭歌』)→江寧縣, 古送別之所.(『松南雜識』)
437) 『松南雜識』에는 ‘孕不同’이 연문으로 붙어 있음.

사람의 마음이 다른 것은 얼굴이 다른 것과 같다.

자촉
刺促

『진서(晉書)』에서 "왕제(王濟)[439]는 뱃대끈과 같고 배해(裴楷)[440]는 껑거리끈과 같고 화교(和嶠)[441]는 몰아대니 쉴 수가 없다[王濟鞅, 裴楷鞦, 和嶠刺促, 不得休]"[442]라고 하였는데, 그 주석에 '자촉(刺促)'은 세상에 시달린다는 의미이다. 당시(唐詩)에서 "고달프고 고달퍼라[刺促復刺促]"[443]라고 하였는데 '자촉(刺促)'으로 시의 이름을 지었다.

필포
畢逋

한(漢)나라 때 동요에 "성 위의 까마귀 꼬리를 흔든다[城上烏, 尾畢逋]"[444]라고 하였는데, 그 주석에 "까마귀는 탐욕스럽고 잔인한 새다. 필(畢)은 '모두'의 뜻이고 포(逋)는 '없다'라는 뜻이니, 탐욕스런 정치를 한다는 의미이

---

438) 「핍측행(偪仄行)」.
439) 왕제(王濟) : 진 무제(晉武帝)의 사위. 자는 무자(武子).
440) 배해(裵楷) : 진(晉)나라 학자 · 문신. 『주역』에 밝았고 벼슬이 중서령(中書令)에 이름.
441) 화교(和嶠) : 진나라 때 문신. 자는 장흥(長興). 태자소부(太子少傅)와 산기상시(散騎常侍) 등을 지냈다. 재산이 매우 많아서 국왕에 버금갈 정도였으나, 성품이 인색하여 세상의 비난을 받았으며, 두예(杜預)는 그를 두고 '돈을 밝히는 벽[錢癖]'이 있다고 평가하였다.
442) 진(晉)나라 때 상서복야(尙書僕射) 산도(山濤)가 왕제 · 배해 등을 거느리고 황제에게 총애를 받자, 반악(潘岳)이 그들을 비난하여 각도(閣道)에 쓴 노래. "각도의 동쪽에 큰 소가 있으니[閣道東, 有大牛]"가 생략되어 있다.(『晉書, 卷五十五, 列傳, 第二十五, 潘岳』)
443) 「자촉행(刺促行)」.
444) 『後漢書, 卷二十三, 五行志, 第十三, 五行一』.

다"라고 하였다. 소식의 시에서 "돌아와 때때로 깃드는 까마귀가 꼬리를 흔든다[歸時棲鴉正畢逋]"445)라고 하였다.

수전
數錢

「성상오요(城上烏謠)」에서 "하간의 아리따운 여인 솜씨 좋게 돈을 센다[河間姹446)女, 工數錢]"라고 하였는데 그 주석에서 "姹女는 동후(董后)다"라고 하였다. 당시(唐詩)에서 "손님 마주하여 등불 돋우고 자랑삼아 돈을 센다[對客挑燈誇數錢]447)라고 한 말이 이것이다.

백저사
白紵詞

소식의 시에 "백저사를 청아하게 부르고[歌詞白紵淸]"448)라고 하였는데, 그 주석에서 "흰 모시[白紵]는 오나라 지역에서 나니 '백저무(白紵舞)'는 본래 오나라의 춤이다"449)라고 하였다.

당시(唐詩)에서 "그대를 위하여 일어나 백저가를 부르리[爲君起唱白紵歌]"450)라고 한 말이 이것이다. 또,

구슬신 신고451) 구슬자리에 앉아 있다가　　躡珠履步瓊筵

445) 「유령은사득래시복용전운(遊靈隱寺得來詩復用前韻)」.
446) 『松南雜識』에는 '奼'로 되어 있음.
447) 잠삼(岑參)의 「한단객사가(邯鄲客舍歌)」.
448) 「차운경인류별(次韻景仁留別)」.
449) **白**紵, 吳地所出, 白紵舞, 本吳舞也.(『施註蘇詩, 卷十二, 次韻景仁留別』)→紵, 吳地所出, **而**白紵舞, 本吳舞也.(『松南雜識』)
450) 양형(楊衡)의 「백저사 이수(白紵辭二首)」.

일어나 붉은 촛불 앞에서 가볍게 춤춘다. 起身輕舞紅燭前[452]

라고 하였다.

둥근 부채는 수고로움 마다 않으리
團扇不辭勞

「반희가(班姬歌)」에서,

언제나 두려워라. 가을이 오면 常恐秋節至
서늘한 폭풍이 열기를 빼앗기에 凉飈奪火熱
상자 속의 부채 내버려 棄捐篋笥中
은정이 중도에 끊어지진 않을까 恩情中道絶[453]

라고 하였다. 그래서 당시(唐詩)에,

가을 바람이 따듯해질 수 있다면 秋風能再熱
둥근 부채는 수고로움 마다 않으리 團扇不辭勞[454]

라고 하였다.

왕민(王珉)의 하녀 사방자(謝芳姿)[455]의 노래에,

둥근 부채는 누구를 향할까 團扇復向誰

---

451) 전국 시대에 조나라의 평원군(平原君)이 초나라의 기를 죽이기 위하여 사신에게 주옥으로 장식한 칼집을 갖고 가게 하였다. 그런데 그를 맞는 초나라 춘신군(春信君)의 상객(上客) 300명이 모두 구슬신을 신고 있었다.
452) 「백저사(白紵詞)」.
453) 반첩여(班婕妤)의 「원가행(怨歌行)」.
454) 유방평(劉方平)의 「장신궁(長信宮)」.
455) 『松南雜識』에는 '謝芳'으로 되어 있음.

스스로 얼굴이나 가려야지　　持許自障面
초췌해도 다시 꾸미지 않아　　顦頓無復理
임 만나면 부끄럽다오　　羞與郞相見

라고 하였다.

또 최앵앵(崔鶯鶯)의 시에 "임 때문에 초췌한 얼굴이 도리어 임에게 부끄럽다오[爲郞憔悴却羞郞]"[456]라고 하였다.

오리 때리다가 원앙 놀라게 할라
打鴨驚鴛鴦

『위태시화(魏泰詩話)』에서 말하였다.

여사룽(呂士隆)이 선주(宣州)를 다스릴 때 기생을 매질하기를 좋아하였다. 마침 항주(杭州)의 기생 하나가 왔는데 여사룽이 그녀를 좋아하였다. 하루는 군(郡)의 기생을 매질하려고 하니 기생이 말하였다.

"항주에서 온 기생을 놀라게 할까 두렵사옵니다."

매성유(梅聖兪)의 시에 "오리를 때리지 마라. 오리 때리다가 원앙 놀라게 할라[莫打鴨打鴨驚鴛鴦]"[457]라고 하였다.[458]

---

456) 「기시(寄詩)」.

457) 「타압(打鴨)」.

458) 魏泰詩話, **宋**呂士隆知宣州, 好笞**官**妓, **官妓皆欲逃去**, **會**杭州一妓到, **士隆**喜之, **留不使去**, 一日郡妓**復犯小過**, **士隆**欲笞**之**, 妓**訴**曰, **某不敢辭罪**, **但**杭妓**不能安也**, **士隆憨而捨之**, 梅聖兪**聞之**, **作莫打鴨**詩, **以寄意曰**, 莫打鴨, 打鴨驚鴛鴦.(『山堂肆考, 人品, 卷一百十一, 好笞官妓』)→魏泰詩話, 呂士隆知宣州, 好笞妓, **適**杭州一妓到, **喜之**. 一日欲笞郡**妓**, 妓曰, **恐驚**杭妓, 梅聖兪詩, 莫打鴨, 打鴨驚鴛鴦.(『松南雜識』)

백부구
白符鳩

「오가(吳歌)」에서,

훨훨 나는 흰 비둘기　　翩翩白鳩
우리 임금의 덕이 그리워　　懷我君德
우리 뜰에 와서 모이네　　來集我庭[459]

라고 하였다. 그 주석에서 "오나라 사람이 손호(孫皓)[460]의 학정(虐政)을 못 견뎌 진(晉)에 귀속하기를 생각한 것이다"[461]라고 하였다.

가련타! 「백부구」　　可憐白符鳩
단강주(檀江州)[462]를 잘못 죽였구나　　枉殺檀江州[463]

라고 하니, 아마도 모함한 사람이 "단도제(檀道濟)가 남조 송을 배반하였다"라고 하자 이 시를 외어 그의 억울함을 증명한 것이리라.

때때로 줄을 잘못 타다
時時誤拂絃[464]

오나라 말에 "곡을 잘못 연주하면 주유가 돌아본다[曲有誤周郎顧]"라

---

459) 「진불무백구편(晉拂舞白鳩篇)」.
460) 손호(孫皓): 삼국 시대 오(吳)의 손권(孫權)의 손자로 왕위에 올랐으나, 성품이 포악하고 주색을 좋아하다가 진(晉)에게 항복하였다.
461) 吳人患孫皓**虐政**, 思**屬**晉也.(『古樂府, 卷八, 晉拂舞白鳩篇』) → 吳人患孫皓, 思**歸**晉也.(『松南雜識』)
462) 단강주(檀江州): 단도제(檀道濟). 남송(南宋)의 명장. 모함을 받고 죽었다.
463) 「송인가(宋人歌)」.
464) 이단(李端)의 「청쟁(聽箏)」.

고 하였는데, 그 주석에 "주유(周瑜[465])가 음률에 정통하여 잘못 연주하면 반드시 돌아보고 물었다"[466]라고 하였다.

옥저
玉筯

「연가행(燕歌行)」에서 "이별 뒤에 응당 옥젓가락 같은 눈물을 흘리리[玉筯應啼別離後]"[467]라고 하였다.
「성남연구(城南聯句)」에서는,

보물 같은 침 다 수습하지 못하고	寶唾拾[468]未盡[469]
옥같은 눈물 떨구니 소리가 나는 듯하다	玉啼墮猶鎗[470]

라고 하였다. 그 주석에서 "부인의 침은 구슬 같고 눈물은 옥젓가락 같다"라고 하였다. 남제(南齊[471]) 소예명(蕭叡明)은 어머니의 쾌유를 위해 기도를 하였는데 눈물이 옥젓가락처럼 얼었다고 하니 대개 눈물을 옥젓가락이라고 비유하는 것은 부인에게만 한정되지 않는 듯하다.

---

465) 주유(周瑜) : 삼국 시대 오(吳)나라 장수.
466) 吳**志**曰, **周**瑜, **少**精**意**於音**樂**, 三**爵之後**, **其**有**闕**誤, **瑜必知之**, **知之**必顧, **時人謠曰**, 曲有誤周郎顧.(『太平御覽, 卷四百六十五, 人事部, 謠』)→吳**語**曰, 曲有誤周郎顧. **註**, 瑜精於音**律**, 有誤必顧**問也**.(『松南雜識』)
467) 고적(高適)의 시.
468) 『松南雜識』에는 '吐'로 오기되어 있음.
469) 맹교(孟郊)의 시구.
470) 한유(韓愈)의 시구.
471) 『松南雜識』에는 '宋'으로 되어 있음.

습가지
習家池

진(晉)나라의 산간(山簡)[472]이 습씨(習氏)의 못에서 놀다가 문득 취하였는데, 어린아이가 노래를 불렀다.

날 저물어 말을 거꾸로 타고 돌아오는데	日夕倒載歸
백접리(白接䍦)[473] 거꾸로 썼다.	倒著白接䍦
채찍들고 장강에게 향하니	擧鞭向葛彊
병주의 아이를 어이할런가	何如幷州兒[474]

라고 하였는데 그 주석에 "양양(襄陽)의 습욱지(習郁池)는 경치가 뛰어나다. 산간이 장강(將彊)을 사랑하니 장강은 병주(竝州) 사람이다"라고 하였다.

백마 탄 황제의 손자
白馬公孫

「함곡관가(函谷關歌)」[475]에서,

백마 탄 공손은 어디로 가는가[476]	白馬公孫何處去
푸른 소 탄 노인은 다시 돌아오지 않네[477]	靑牛老人更不還

---

472) 산간(山簡) : 진(晉)나라 인물. 하내(河內) 회현(懷縣) 출신. 자는 계륜(季倫). 산도(山濤)의 아들. 그는 정남장군(征南將軍)이 되어 양양(襄陽)을 수비하고 있을 호족(豪族) 습씨들이 소유한 경관 좋은 못가에서 자주 술을 마시며 놀았다고 한다.

473) 백접리(白接䍦) : 백로의 깃으로 장식한 모자.

474) 日夕倒載歸, **酩酊無所知. 時時能騎馬**, 倒著白接**䍦**. 擧鞭**向**葛**彊**, 何如幷州兒.(『晉書, 卷四十三, 列傳, 第十三, 山簡』) → 日夕倒載歸, 倒著白接**罹**. 擧鞭**問**葛**强**, 何如幷州兒.(『松南雜識』)

475) 잠삼(岑參)의 「함곡관가송류평사사관서(函谷關歌送劉評事使關西)」.

476) 한(漢)나라 고조가 함곡관으로 진공하자 왕자 영이 흰말이 끄는 흰수레를 타고 길가에서 항복하였다

라고 하였는데 그 주석에 "백마 탄 공손은 진나라의 영영(嬴嬰)[478]이다"라고 하였다.

개의 달 · 양의 해
犬月羊年

주(周)나라 백양보(伯陽父)가 "양이 귀신에게 잡아먹히고 말이 개에게 쫓기는 것이 미년(未年)이다[羊被鬼呑, 馬逢犬逐, 爲未年]"이라고 하였다.

송나라 「동청행(冬青行)」에서,

개의 해, 양의 해에	犬之年羊之月
벽력 한 소리가 천지를 찢었다	霹靂一聲天地裂[479]

라고 하였다. 본래는 술미(戌未)를 말하는데 지금은 오랑캐 해[胡年]라고 잘못 말한다. 마치 붉은 양 · 흰 말과 같은 기년(紀年)의 표현이다.[480]

양조
兩鳥

한유(韓愈)의 시에,

새 두 마리 끊임없이 우니	不停兩鳥鳴

477) 노자가 푸른 소를 타고 함곡관을 나갔다고 한다.
478) 영영(嬴嬰) : 진시황의 손자.
479) 송나라 당각(唐珏)의 시.
480) 갑을(甲乙)은 청(青), 병정(丙丁)은 적(赤), 무기(戊己)는 황(黃), 경신(庚辛)은 백(白), 임계(壬癸)는 흑(黑)에 해당된다. 따라서 '붉은 양'은 정미(丁未)년을, '흰 말'은 경오(庚午)년을 의미한다.

천지에 큰 법이 사라졌다	大法失九疇[481]

라고 하였는데, 그 주석에서 "새 두 마리란 불교와 도교를 의미한다"라고 하였다.

소식이 이백의 화상에 찬(贊)을 하여,

두 마리 새로 변하여 서로 수작하며 우니	化爲兩鳥鳴相酬
삼천 년 만에 한 번 울고 한 번 그친다오	一鳴一止三千秋[482]

라고 한 말이 이것이다.

달 지고 삼성 비꼈다
月落參橫

『용재수필(容齋隨筆)』[483]에서 말하였다.

매화시(梅花詩)에서 "달이 지고 삼성(參星) 비꼈다[月落參橫]"라는 표현을 많이 쓰니 조사웅(趙師雄)의 "푸른 깃으로 날고 지저귀다 서로 돌아보니 달은 지고 삼성 비꼈다[翠羽刺嘈, 相顧月落參橫]"[484]에서 유래한다. 그런데 동지에는 황혼녘에 삼성이 보이다가 새벽 두 시쯤에 서쪽으로 사라지니 어떻게 아침이 되려고 할 때 비끼겠는가? 소식의 시에 "까막까막 삼성 비낀 밤에 홀로 마주했다[耿耿獨與參橫昏]"[485]라고 한 말이 정밀하고 마땅하다.

481) 「쌍조시(雙鳥詩)」.
482) 「서단원자소시리태백진(書丹元子所示李太白眞)」.
483) 용재수필(容齋隨筆) : 송나라 홍매(洪邁)가 편찬한 책. 16권.
484) 「음매화하(飮梅花下)」.
485) 「재용전운(再用前韻)」.

낙하고목
落霞孤鶩

『운부군옥(韻府羣玉)』에서 "낙하(落霞)는 새의 이름이다"[486]라고 하였다. 「등왕각서(滕王閣書)」에서 "낙하(落霞)와 고목(孤鶩)이 나란히 나니[落霞與孤鶩齊飛]"[487]라고 하였다. 소설에서 "바로 나방이니 따오기가 나방을 좇아가서 먹으려고 하는 것이다"라고 하였다.

수명대반
羞明待伴

『서청시화(西淸詩話)』[488]에서 말하였다.

왕군옥(王君玉)이 "눈이 채 녹지 않은 상태를 민간에서 대반(待伴)이라고 한다"라고 하였다. 시에,

녹다 만 눈은 원앙와(鴛鴦瓦)[489]를 차게 하는데	待伴不禁鴛瓦冷
수명증(羞明症)[490]은 언제나 새 달이 비낄까 두렵다	羞明常怯玉鉤斜

라고 하였다.[491]

486) 或云鳥名.(『韻府羣玉, 落霞』)
487) 당나라 왕발(王勃)의 작품.
488) 서청시화(西淸詩話) : 송나라 채조(蔡絛)가 편찬한 책.
489) 원앙와(鴛鴦瓦) : 암수 짝을 이룬 기와.
490) 수명증(羞明症) : 시신경이 쇠약하여 밝은 빛 보기를 두려워하는 증상.
491) 君玉**嘗曰** ……雪未消者, 俗**謂之**待伴, **如**云待伴不禁鴛瓦冷, 羞明常怯玉鉤斜.(『類說, 卷五十七, 王直方詩話, 王君玉詩』) → **王**君玉**云**, 雪未消者, 俗**曰**待伴, **詩**云待伴不禁鴛瓦冷, 羞明常怯玉鉤斜.(『松南雜識』)

솜이 부러지고 술이 얼다
折綿氷酒[492]

『반자진시화(潘子眞詩話)』[493]에서,

서리의 위세 솜을 꺾었고 霜威能折綿
바람의 힘은 술을 얼렸다 風力欲氷酒[494]

라고 하였다.

유견오(庾肩吾)의 시에,

모진 기운에 바야흐로 술이 얼고 勁氣方凝酒
맑은 위엄에 정히 솜이 꺾인다 清威正折綿[495]

라고 하였다. 이는 본래 완적(阮籍)이 「대인선생가(大人先生歌)」에서,

양기가 미약하고 음기도 고갈되어 陽和微弱陰氣竭
바닷물 얼어 흐르지 않고 솜을 부러지니 海凍不流綿絮折
숨을 쉴 수 없게 추위가 모질다 呼吸不通寒冽冽

라고 한 말이다.

---

492) 절면빙주(折綿氷酒) : 모진 추위를 비유하는 말.
493) 『松南雜識』에는 '話'가 누락되어 있음.
494) 원시는 황정견(黃庭堅)의 「도리부언하자성혜팔자작시증지(桃李不言下自成蹊八字作詩贈之)」.
495) 「절면빙주(折綿氷酒)」.

琵의 음은 필
琵音弼

지봉(芝峯) 이수광(李睟光)이 말하였다.

당나라 선종(宣宗)이 지은 백거이 만시(挽詩)에서,

육십 년 주옥같은 시를 지었는데　　綴玉聯珠六十年
누가 저승길의 시선(詩仙)으로 만들었나　　誰教冥路作詩仙
삼척동자도 「장한가」를 읊을 줄 알고　　童子解吟長恨曲
오랑캐 어린애도 「비파행」을 부를 줄 안다　　胡兒能唱琵琶篇

라고 하였다. 살펴보건대 '琵'의 음은 '필'이다.[496)]
백거이의 「산비파(山枇杷)」시에서,

깊은 산에서 늙어가니 세월이 아깝거늘　　深山老去惜年華
하물며 동쪽 계곡의 들비파를 마주함에랴　　況對東溪野枇杷

라고 하였는데 '枇'의 음이 '필'인 것이 그 예이다.

동풍아! 빨리 불지 말거라
東風莫殺吹

백거이(白居易)의 「반개화(半開花)」[497)] 시에,

496) **白樂天卒**, 宣宗**以詩吊之曰**, 綴玉聯珠六十年, 誰教冥路作詩仙. **第三聯曰**, 童子解吟長恨曲, 胡兒能唱琵琶篇. 按**琵琶本作批把**, 琵音弼.(『芝峯類說, 卷十, 文章部, 三, 御製詩』)→**唐**宣宗**挽樂天詩**, 綴玉聯珠六十年, 誰教冥路作詩仙, 童子解吟長恨曲, 胡兒能唱琵琶篇. 按琵音弼**云**.(『松南雜識』)
497) 원제는「완반개화증황보낭중翫半開花贈皇甫郎中」.

석양 가벼운 햇빛에 기대니　　西日憑輕照
동풍아! 빨리 불지 말거라　　東風莫殺吹

라고 하였는데, 그 주석에서 "殺은 거성(去聲)이니 빠르다는 의미이다"라고 하였다.[498)]

『정자통(正字通)』에서 말하였다.

지금 악부(樂府)에는 원쇄(元殺)와 방쇄(旁殺)의 구별이 있다. 원인전(元人傳)에서 "기백학자(奇白鶴子) 일쇄(一殺)·이쇄(二殺)"라고 하였으니 바로 예부터 전해오는 악곡이지, 생살(生殺)의 살(殺)이 아니다.[499)]

출새대와 망향대
出塞望鄕

지봉 이수광이 말하였다.

왕랑(王朗)의 「회구부(懷舊賦)」에서 "장군이 변방에 수자리 살러 나간 대[將軍出塞之臺]"라고 하였는데, 그 주석에서 "한(漢)나라 성제(成帝) 때에 왕궤(王潰)가 왕망(王莽)과 사이가 좋지 않아서 변경 수비에서 돌아오지 못하였기에 사졸(士卒)들이 대를 쌓았다고 한다"라고 하였다. "공주가 고향을 바라보던 관[公主望鄕臺]"은 진(晉)나라 영가(永嘉)의 난리 때 안양(安陽) 공주와 평성(平城) 공주가 하계(河界)로 달아나 평민의 아내가 되었기에 촌의 백성들이 집을 지어 그녀들을 살게 했

498) 白**樂天**半開花詩, 西日憑輕照, 東風莫殺吹. **自**註, 殺去聲.(『升菴集, 卷六十四, 殺有上音』) → 白**香山**半開花詩, 西日憑輕照, 東風莫殺吹. 註, 殺去聲.(『松南雜識』)
499) 今樂府**家**, 有元殺旁殺之別, 元人傳, 奇白鶴子, 一殺二殺, 卽其遺**啓**也, **俗讀**生殺之殺.(『正字通, 殺』) → 今樂府, 有元殺旁殺之別, 元人傳, 奇白鶴子, 一殺二殺, 卽其遺**聲**也, **非**生殺之殺.(『松南雜識』)

다고 한다.[500]

피채대
避債臺

한나라 제후왕 표주(表周)에게 도책대(逃責臺)가 있었다. 주석에 난왕(赧王)이 책임을 져버리고 이 대로 도피하니 바로 낙양(洛陽) 남궁(南宮)의 이대(誃臺)가 이것이다. 어떤 사람의 시에,

예찬(倪瓚)[501]은 분향실에서 울적하게 지내고	倪迂瑟縮焚香室
주 난왕(赧王)은 피책대에서 방황한다	周赧彷徨避債臺

라고 하였다. 또 육유(陸游)가 취하여 피속대(避俗臺)에 올랐다고 한다.

오랑캐를 평정하여 천산까지 이르다
平胡到天

잠삼(岑參)의 시에 "오랑캐를 평정하여 북쪽으로 천산(天山)까지 이른다[平胡北到天]"[502]라고 하였다. 두보의 시에서 "양관(陽關)이 이미 천산

---

500) **王朗懷舊賦曰**, 將軍出塞之臺, **公主望鄕之館**, **王勃詩云**, **九月九日望鄕臺**, **按述異記曰**, 漢成帝, **遣將軍**王潰**戍邊**, **及王莽簒逆**, 潰與莽, 有隙**不敢歸**, **因逃入胡中**, 士卒**相率**築臺, **爲望鄕之處**. **又**晉永嘉亂, 安陽・平城兩公主, 奔入**兩**河界, 爲民家妻, **常有故鄕之思**, 村民共築**臺**, 以居之, **謂公主望鄕之館**.(『芝峯類說, 卷八, 文章部, 一, 辭賦』)→將軍出塞之臺. **註**, 漢成帝**時**, **王**潰與**王**莽有隙, **戍邊不還**, 士卒築臺**云**. **公主望鄕之臺**, 晉永嘉亂, 安陽・平城兩公主, 奔入河界, 爲民家妻, 村民共築**館**, 以居之**云**.(『松南雜識』)

501) 예찬(倪瓚) : 난찬예오(嬾瓚倪迂). 원나라의 인물. 호는 예우(倪迂). 시화(詩畫)에 능하였다.

502) 「송장도위동귀(送張都尉東歸)」.

에 가깝다[陽關已近天]"[503]라고 하였고 여온(呂溫)[504]의 서(序)에서 "서쪽 끝으로 천산까지 갔다[西窮于天]"[505]라고 하였다. 대개 호(胡)는 하늘을 일러 기련(祈連)이라고 하니 바로 기련산(祈連山)[506]이다.

백룡퇴

白龍堆

「흉노전(匈奴傳)」에서 "백룡퇴(白龍堆)를 넘어 서역을 노략질하였다[踰白龍堆, 而寇西域]"[507]라고 하였는데, 그 주석에서 "용퇴(龍堆)는 토룡(土龍)과 같은데, 몸에 머리가 없고 꼬리가 있다"[508]라고 하였다. 당시(唐詩)에서 "슬픔 머금고 백룡퇴를 향한다[含悲向白龍堆]"[509]라고 하였다.

포독산

抱犢山

「복지기(福地記)」에서 "포독산은 상당(上黨)에 있다. 후위(後魏) 갈영(葛榮)[510]의 난리 때 백성들이 산에서 송아지를 안고 동사(凍死)를 모면하였

503) 「송인종군(送人從軍)」.

504) 여온(呂溫): 당나라의 학자 · 문신. 자는 화숙(和叔) · 화광(化光). 하중(河中) 사람. 저서로 『여형주집집(呂衡州集)』10권이 있다.

505) 「삼수강성비명(三受降城碑銘)」.

506) 기련산(祁連山): 한(漢)나라 때 흉노, 목지국(目支國) 등의 나라와 관계 있는 산. 감숙성(甘肅省)과 청해성(青海省)의 경계에 있으며, 기련 산맥의 주요 봉우리로 주천(酒泉) 남쪽에 있다. 높이는 5,547미터.

507) 『太平寰宇記, 卷一百九十一, 四夷二十, 北狄三, 匈奴下』.

508) **龍**堆, **形**如**土**龍, 身無頭有尾. …… 在西域.(『太平寰宇記, 卷一百九十一, 四夷二十, 北狄三, 匈奴下』) → 在西域, 如上龍, 身無頭有尾.(『松南雜識』)

509) 당나라 동방규(東方虬)의 「소군원(昭君怨)」.
銜悲向白龍**單**.(『全唐詩』) → **含**悲向白**龍**.(『星湖僿說, 第二十九卷, 詩文門, 白龍堆』) → 含悲向白龍.(『松南雜識』)

다. 그래서 포독(抱犢)이 산의 이름이 되었다"[511]라고 하였다. 왕유(王維)의 시에,

운중에 들어가 닭을 기르고　　入雲中兮養鷄[512]
산정에 올라가 송아지를 안는다　　上山頭兮抱犢

라고 한 말이 이것이다.

연지
燕支

한(漢)나라 때 흉노가 노래하기를

우리 연지산을 빼앗겨　　失我燕支山
우리 여인들로 하여금 안색이 없게 했네　　使我婦女無顔色

라고 하였는데, 그 주석에서 "그 산에서 연지가 생산되기 때문이다"라고 하였다. 당시(唐詩)에서 "변경에는 연지 엉겨 밤에도 자줏빛[塞上臙脂凝夜紫]"[513]이라고 한 말이 이것이다. 옛 사람들은 '燕支' 라는 글자를 '臙脂'로 대신 사용하였다.

『정자통(正字通)』에서 "연(燕)나라에서 생산된다"[514]라고 하였다. 습착

---

510) 갈영(葛榮) : 후위 때 사람으로 천자(天子)라고 자칭 하고 국호를 제국(齊國)이라 하다가 이주영(爾朱榮)에게 사로잡혔음.

511) 『太平御覽, 卷四十五, 抱犢山』에서 생략・인용하였음.

512) 축계옹(祝鷄翁)이라는 사람이 시향(尸鄕) 북산(北山) 아래 살면서 닭을 100여 년 길렀더니 1000여 마리로 늘었는데 그는 닭에게 모두 이름을 붙여서 불렀다. 닭은 자신의 이름을 들으면 대답을 했다고 한다.(『열선전(列仙傳)』)

513) 이하(李賀)의 「안문태수행(雁門太守行)」.

514) 燕國所出.(『正字通』)

치(習鑿齒)[515]가 연왕(燕王)에게 보내는 편지에서 "산아래 붉은 쪽풀이 있는데 북방 사람들은 그 꽃을 따다가 붉은 빛과 황색을 염색하고 상단의 싱싱한 꽃은 따서 연지를 만듭니다. 부인들은 그 꽃을 따서 얼굴을 꾸밉니다. 때문에 아내를 알씨(閼氏)[516]라고 합니다"[517]라고 하였다.

용종
龍鍾

『담록(談錄)』에서 말하였다.

배도(裵度)[518]가 "나의 쪼글조글함을 보고 서로 장난했을 뿐이다[見我龍鍾相戲耳]"[519]라고 하였다.

그 주석에서 "용종은 늙고 병든 것이다"라고 하였다.
『광운(廣韻)』에서 "대나무의 이름"[520]이라고 하였다.
늙은 사람은 마치 대나무 잎이 흔들리는 것 같이 스스로 금지(禁持)하

515) 습착치(習鑿齒) : 진(晉)의 문장가. 자는 언위(彦威). 박학다문(博學多聞)하고 『진한춘추(晉漢春秋)』를 지었음.

516) 알씨(閼氏) : 연지처럼 사랑할만하다는 의미.

517) 習鑿齒與燕王書, 山下有紅藍, **足下先知否**. 北方人採取其花, 染緋黃, 挼取其上英鮮者, 作烟脂, 婦人用爲顔色.(『格致鏡原, 卷五十五, 燕脂』) → 習鑿齒與燕王書, 山下有紅藍, 北方人採取其花, 染緋黃, 挼取其上英鮮者, 作烟脂, 婦人用爲顔色, 因名妻作.(『松南雜識』)

518) 배도(裵度) : 당나라의 재상(765~839). 자는 중립(中立). 시호는 문충(文忠). 산서성(山西省) 출생. 815년에 살해된 재상 무원형(武元衡)을 대신하여 중서시랑·동중서문하평장사가 된 뒤 절도사를 억압하고, 환관(宦官)에 대해서도 강경책을 취하여 헌종(憲宗)·목종(穆宗)·경종(敬宗)·문종(文宗)의 4조(朝)에 걸쳐 활약하였다. 백낙천(白樂天)과 자기의 별장인 녹야당(綠野堂)에서 함께 풍류를 즐겼다.

519) 見我龍**鍾**相戲耳.(『太平廣記, 卷一百三十八, 徵應四, 裵度』) → 見我龍**種**相戲耳.(『松南雜識』)

520) **籠䥶**, 竹名也.(『廣韻, 鍾』) → 竹名也.(『松南雜識』)

지 못하는 것이다. 당시(唐詩)에 "두 소매가 번쩍번쩍하니 눈물이 마르지 않기 때문[雙袖龍鍾涙未乾]"이라고 하였으니 용종(龍鐘)은 눈물자국이다. 두필(杜弼)의 격문(檄文)에서 "용종(龍鍾)한 어린애[龍鍾稺子]"라고 하였는데, 그 주석에서 "활개치지 못하니 마치 떠꺼머리나 멍청이 같은 따위이다"라고 하였다. 『순자(荀子)』에서 "유실되어 물러날 뿐[隴種而退]"[521]이라고 하였는데, 그 주석에서 "유실된 모양이니 마치 언덕에 심겨진 식물과 같다"라고 하였다. 『정자통(正字通)』에서 "龍種은 隴種이니 두 글자의 소리가 전성된 것이다. 또 '儱偅'으로 쓰기도 한다. 노동(盧仝)[522]의 시[523]에는 '躘踵'[524]으로 되어 있다"[525]라고 하였다.[526]

격병
隔幷

한(漢)나라 낭의(郎顗)[527]의 상소에서 "올 해 물난리나 가뭄이 없다[歲

---

521) 『荀子, 議兵』.

522) 노동(盧仝) : 당나라의 시인. 호는 옥천자(玉川子) . 제원(濟源) 출신. 박학하고 시를 잘 지었다. 그가 일찍이 월식(月蝕)에 관한 시를 지었는데 한유(韓愈)가 그것을 뛰어나다고 칭찬했다.

523) 「자영(自詠)」.

524) 躘踵 : 행동이 불편한 모양.

525) 龍鍾卽隴種, **二字**聲**之**轉, **或**又**作**儱偅. 盧仝詩, 作躘踵.(『正字通, 鍾』) → 龍鍾卽隴種**之**聲轉**也**. 又儱偅. 盧仝詩, 作躘踵.(『松南雜識』)

526) **丹鉛錄**, **龍鍾**, **似**竹搖**曳**不自持**也**. 杜弼**爲侯景檄梁**文, 龍鍾稚子. **藕氏演義**, **龍鍾**, **謂**不翹擧, 如藍鬖拉搭之類. 荀子**議兵篇**, 隴種而退. 註, 遺**失**貌, 如隴之種物. 正字通, 龍鍾卽隴種, **二字**聲**之**轉, **或**又**作**儱偅. 盧仝詩, 作躘踵.(『康熙字典, 鍾』) → **年老者如**竹**枝葉**搖不自**禁**持. **唐詩雙袖龍鍾涙未乾**, **則涙痕也**. 杜弼**檄**文, 龍鍾稚子. **註**, 不翹擧, 如藍鬖拉搭之類. 荀子, 隴種而退. 註, 遺**失**貌, 如隴之種物. 正字通, 龍鍾卽隴種**之**聲轉**也**. 又儱偅. 盧仝詩, 作躘踵.(『松南雜識』)

527) 낭의(郎顗) : 후한(後漢)의 종자(宗子), 자는 아광(雅光). 풍각(風角)과 성산(星算)을 잘하였고 경전(經典)에도 밝았음. 순제(順帝) 때 재이(災異)가 자주 나므로 공거(公車)로 낭의를 부르니, 그가 상소하여 일곱 가지의 편의(便宜)를 진술하자, 순제는 그를 낭중(郎中)에 임명하였으나 사절했다. 그의 동향에 사는 흉악한 손례(孫禮)가 그의 이름

無隔幷]”[528]라고 하였는데, 그 주석에서 “격병(隔幷)은 물난리와 가뭄을 이른다”라고 하였다.

요류
堯柳

송나라 문제(文帝)의 「수명송(受命頌)」에서 “남쪽으로 순임금의 오동나무 있는 곳까지 통하였고 북쪽으로 요임금의 버드나무 있는 곳까지 평정했다[南通舜梧北平堯柳]”라고 하였다. 살펴보건대 소설에서 요임금과 순임금의 땅이 동쪽 끝은 부상(扶桑)[529]이었고 서쪽으로는 세류(細柳)[530]까지 통하였다고 하니 대개 이것을 차용한 듯하다. 이때 남북이 통일되지 않았기에 “북쪽으로 요의 버드나무 있는 곳까지 평정했다”라고 한 것이다.

고전장문
古戰場文

지봉 이수광이 말하였다.

당시(唐詩)에서,

> 가련타! 무정하(無定河)[531] 가 해골들은 可憐無定河邊骨

을 사모하여 가까이하려 하였으나, 낭의는 본체도 하지 않았다. 낭의는 이때문에 끝내 손례에게 피살되었다.

528) 『後漢書, 卷六十, 列傳, 第二十下, 郎顗傳』.

529) 부상(扶桑) : 전설에서 해가 뜬다는 곳.

530) 세류(細柳) : 전설에서 해가 진다는 곳.

531) 무정하(無定河) : 중국 섬서(陝西) 연안부(延安府) 청간현(靑澗縣) 동쪽 60리에 있다.

여전히 봄 규방의 꿈속 사람들이라오　　　猶是春閨夢裏人[532]

라는 시구의 말은 간단하지만 극진하다.[533]

약삭
掠削

원진(元稹)의 궁사(宮詞)[534]에서,

요염한 미인 붉은 비단 이불에서 자고　　　春嬌滿眼睡紅綃
구름같은 머리 곱게 빗고 단장해 묶네　　　掠削雲鬟旋粧束

라고 하였는데, 술삭(戌削)을 약삭(掠削)이라고 한 듯하다.

술삭
戌削

「자허부(子虛賦)」[535]에서 "소매를 들거나 끄니 몸에 잘 맞는다[揚袘戌削]"라고 하였는데, 그 주석에서 "'양이(揚袘)'는 들거나 끈다는 의미이고 '술(戌)'은 선명하다는 의미이고 '삭(削)'은 옷을 새겨서 잘라낸 것 같은 모양이니, 정나라 여인의 옷이 아름다운 것이다"라고 하였다.

---

532) 진도(陳陶)의 「농서행 이수(隴西行二首)」.

533) **古戰場文, 費許多文字, 而不及**唐詩, 可憐無定河邊骨, 猶是春閨夢裡人一句, 言簡而盡.(『芝峯類說, 卷八, 文章部一, 文評』)→唐詩, 可憐無定河邊骨, 猶是春閨夢裡人一句, 言簡而盡.(『松南雜識』)

534) 「연창궁사(連昌宮辭)」.

535) 사마상여(司馬相如)의 작품.
　* 『松南雜識』에는 '上林賦'로 오기되어 있음.

또 "요염하고 길게 늘어진 옷 몸에 잘 맞는다[眇閻易以衈[536]削]"[537]라고 하였는데 그 주석에서 "술(衈)[538]은 술(戌)과 같다"라고 하였다.

이백(李白)의 시에서,

높고 우뚝한 용모	巉巖容儀
맑고 수척한 풍골	戌削風骨[539]

이라고 하였는데 그 주석에서 "술삭(戌削)은 맑고 수척한 모습"이라고 하였다.[540]

대개 약삭(掠削)·술삭(戌削)·술삭(衈[541]削)은 같은 뜻이지만 풍골(風骨)이 술삭(戌削)하다고 할 때는 다르다.

호목
蒿目

『장자(莊子)』에서 "눈을 크게 뜨고 멀리 보면서 세상의 우환을 근심한다[蒿目而憂世之患]"[542]라고 하였는데, 그 주석에서 "눈을 감고 싶어도 감지 못하는 것이다"라고 하였다.

왕안석의 시에서 "시절에 대한 근심과 후회로 공연히 눈을 크게 뜬다[憂時自悔目空蒿]"[543]라고 한 말이 이것이다.

---

536) 『松南雜識』에는 '恤'로 되어 있음.
537) 사마상여(司馬相如)의 「상림부(上林賦)」.
538) 『松南雜識』에는 '恤'로 되어 있음.
539) 「상운악(上雲樂)」.
540) 揚袘戌削, 上林賦, 揚袘擧曳也, 戌鮮也, 削衣刻除貌, 言鄭女之衣美也. 眇閻易以恤削, **同上**, 戌恤**字異義**同. 巉巖容伐, 戌削風骨. 李淸癯.(『韻府群玉, 戌削』) → 上林賦, 揚袘戌削. **註**, 揚袘擧曳也, 戌鮮也, 削衣刻除貌, 言鄭女之衣美也. **又**眇閻易以恤削, **註**, 戌恤同. **又李**白詩巉巖容伐戌削風骨. 淸癯.(『松南雜識』)
541) 『松南雜識』에는 '恤'로 오기되어 있음.
542) 蒿目而憂世之**患**.(『莊子, 騈拇』) → 蒿目而憂世之**憂**.(『松南雜識』)

철로보
鐵爐步

유종원(柳宗元)의 글에 "영주(永州)에 나루[步]가 있으니 대개 대장장이가 살던 곳이다. 그 사람이 떠나고 화로도 무너졌지만 그것에서 유래한 이름은 남아있다"[544]라고 하였다.

소식의 시에 "쓸쓸한 삼가보에 만 휘[545] 들이 배가 비스듬히 정박해 있다[斛蕭然三家步橫此]"[546]라고 하였는데 그 주석에서 "배가 정박할 수 있는 것을 '보(步)'라고 한다"라고 하였다.

한유(韓愈)의 글에서 "나루에 새 배가 있다[步有新船]"[547]라고 한 말이 이것이다.

한나라 노래의 풍자
漢謠譏諷

그 노래에,

난은 자연향이 나건만	蘭生自然香
큰 길가에 나 있고	生於大道傍
허리의 낫은 팔구월에	腰鎌八九月
묶은 섶단 속에 같이 있다	俱在束薪中[548]

543) 「차운사제상주관사응객(次韻舍弟常州官舍應客)」.
544) 永州**北郭**有步**曰鐵爐步**, …… 蓋**嘗有**鍛者居, 其人去**而**爐毁**者**, **不知年矣**, **獨有其**號冒而存**者**.(『柳河東集, 卷二十八, 永州鐵爐步志』)→永州有步, 盖鍛**鑄**者居, 其人去爐毁, **冒號**而存.(『松南雜識』)
545) 휘[斛] : 10말이 1휘.
546) 「문정보표형장지이시영지(聞正輔表兄將至以詩迎之)」.
547) 「유주나지묘비(柳州羅池廟碑)」.
548) 「고악부(古樂府)」.

라고 하였으니 현명한 사람과 어리석은 사람이 뒤섞인 것을 비유한다.

악기 줄처럼 곧으면 길가에서 죽고	直如絃死道邊
갈고리처럼 굽으면 도리어 제후가 된다	曲如鉤反封侯

라고 하였으니 이고(李固)는 길가에 주검이 버려졌고 호광(胡廣)과 조계(趙戒)는 제후에 봉하여졌다.549)

어찌 효도하고 공경을 하랴	何以孝悌爲
재물이 많은데도 영화로운데	財多而光榮
어찌 예의 바르고 의리 있는 행동을 하랴	何以禮義爲
장부나 잘 만들면서 벼슬을 하는데	史書而仕宦
어찌 조심성 많은 행동을 하랴	何以謹愼爲
모질면서도 벼슬살이 하는데	勇猛而臨官

수재(秀才)로 추천된 이는 까막눈	擧秀才不知書
효렴(孝廉)550)으로 추천된 이는 부모와 별거 중	察孝廉父別居
한소(寒素)551)로 뽑힌 청백리 진흙처럼 탁하고	寒素淸白濁如泥
고제(高第)552) 맞은 명장은 맹꽁이처럼 겁쟁이	高第良將怯如黽553)

549) 후한 순제(順帝) 사후에 대장군 양기(梁冀)는 어린 임금을 옹립하고자 하였고 태위(太尉) 이고(李固)는 청하왕(淸河王)을 추대하고자 하였다. 그러나 이고는 옥사하여 길가에 버려지고 양기를 따르던 호광과 조계는 각각 제후에 봉해졌다.

550) 효렴(孝廉) : 전한 때에 치르던 관리 임용 과목. 또는 그 과(科)에 뽑힌 사람. 무제가 군국에서 매년 부모에 효도하고 형제간에 우애 있는 사람과 청렴한 사람을 각각 한 사람씩 천거하게 한 데서 비롯하였다.

551) 한소(寒素) : 한나라 때 관리를 선발하던 과목의 하나.

552) 고제(高第) : 관리의 고과(考課)에서 우수한 성적을 받음.

553) 한나라 환제(桓帝)때 서로 인재를 마구 추천하던 세태를 풍자한 노래.
*『松南雜識』에는 '高弟良將怯如龜'로 되어 있음.

내가
耐可

이백의 시에,

어떻게 하면 밝은 달을 타고	耐可乘明月
꽃을 보고 술배에 오를까	看花上酒船[554]

라고 하였는데 지봉 이수광은 "耐可는 '어찌 ~할 수 있는가'와 같다"라고 하였다.[555]

차막
遮莫

두보(杜甫)의 시에 "이웃집 닭이 모두 오경에 울게 한다[遮莫隣鷄下五更]"[556]라고 하였는데, 그 주석에서 "遮莫은 '모두 ~하게 한다'는 의미이다"라고 하였다. '노력(努力)'을 '모막(侔莫)'이라고 하고 '후박(厚薄)'을 '적막(適莫)'이라고 하고 '면강(勉强)'을 '문막(文莫)'이라고 하는 종류와 같다. 대개 당시의 방언이다.

554) 「추포가십 칠수(秋浦歌十七首)」.
555) 李**白**詩, 耐可乘明月, 看花上酒船. **又耐可乘流直上天, 耐可. 韻府曰**, 猶言如何可也.(『芝峯類說, 卷十, 文章部, 三, 唐詩』)→李詩, 耐可乘明月, 看花上酒船. **芝峯曰**, 耐可猶如何可也.(『松南雜識』)
556) 『補注杜詩, 書堂飮既夜復邀李尙書下馬月下賦絶句』.

우별

雨別[557)]

독고급(獨孤及)[558)]의 시에 "이럭저럭 이별이 되었다[荏苒成雨別]"[559)]라고 하였다.

지봉 이수광이 말하였다.

진림(陳琳)[560)]의 격문에 "하늘에서 떨어진 비처럼[雨絶于天]"[561)]이라고 하였고, 왕찬(王粲)[562)]의 시에서는 "한 번 이별하니 비와 같다[一別如雨]"[563)]라고 하였으니 비가 내려 다시 구름으로 환원될 수 없다는 의미이다.[564)]

---

557) 우별(雨別) : 이산(離散)을 비유함.

558) 독고급(獨孤及) : 당나라 때의 낙양(洛陽) 출신. 자는 지지(至之). 성품이 효성스럽고 우애가 있었다. 천보(天寶) 말년의 과거에 높은 등수로 합격하였다. 후진 발탁을 즐겼다.

559) 「해상기소오(海上寄蕭五)」.

560) 진림(陳琳) : 후한 말의 인물. 광릉(廣陵) 출신. 자는 공장(孔璋). 문학으로 왕찬(王粲) 등과 이름이 비등하였다. 일찍이 원소(遠紹)를 위해 조조에게 글을 보내어 그의 죄를 꾸짖었는데 원소가 패하자 조조에게로 가니, 조조가 그의 재주를 아껴 죄주지 않고 기실(記室)로 삼았다. 그가 일찍이 격문(檄文)을 지어 조조에게 바치니 두풍(頭風)을 앓아오던 조조는 그 글을 읽고 "이 글이 나의 병을 낫게 했다"라고 하였다.

561) 「격오장교부곡(檄吳將校部曲)」.
'우절(雨絶)'은 하늘에서 땅으로 떨어진 비는 다시 구름이 될 수 없다는 의미에서 사정(事情)을 만회할 수 없음을 비유한다.

562) 왕찬(王粲) : 중국 삼국 시대 위(魏)나라 사람. 자는 중선(仲宣). 건안칠자(建安七子)의 한 사람.

563) 「증채자독시 일수(贈蔡子篤詩一首)」.

564) 陳琳檄**曰**, 雨絶耳天, 王粲詩**曰**, 一別如雨, 言**如**雨之降而不還也. 獨孤及詩**曰**, 荏苒成雨別, 亦此也.(『芝峯類說, 卷十, 文章部, 三, 唐詩』) → 獨孤及詩, 荏苒成雨別, **芝峯曰**, 陳琳檄, 雨絶耳天, 王粲詩, 一別如雨, 言雨之降而不還也.(『松南雜識』)

모
毷

『광운(廣韻)』에서 "비단의 털이 가시처럼 일어난다[絹帛毷起如刺]"라고 하였고 『급취편(急就篇)』[565]에서 "비단과 모포에 구름이 퍼졌다 보이는 모양과 공작을 수 놓았다[錦繡縵毷離雲爵]"라고 한 말이 이것이다. '모(毷)'는 바로 '모(毛)'다.

양관
陽關

왕유(王維)의 송별시(送別詩)[566]에 "서쪽으로 양관을 나가면 친구가 없으니[西出陽關無故人]"라고 하였다. 이로 인하여 '양관삼첩곡(陽關三疊曲)'이 생겨났다.[567] 유우석(劉禹錫)의 시에,

「양관곡」의 뜻밖의 감정을 노래한 사람은	唱得陽關意外情
오로지 옛날의 미가영뿐이었지	舊人唯有米嘉榮[568]

라고 하였는데, 그 주석에 "미가영(米嘉榮)은 원화(元和)[569] 연간의 악사(樂士)이다"라고 하였다.[570]

---

565) 급취편(急就篇) : 한나라 사유(史游)가 편찬한 책. 4권.
566) 원제는 「송원이사안서(送元二使安西)」.
567) 「양관삼첩(陽關三疊)」 조 참조.
568) 「증가자시(贈歌者詩)」.
569) 원화(元和) : 당나라 헌종(憲宗)의 연호(806~820).
570) 西出陽關無故人. 王維送別**詩**. 因此有陽關三疊曲. 唱得陽關意外聲, 舊時惟有米嘉榮. 劉禹錫. 謂元和樂人.(『韻府群玉, 陽關』) → 王維送別**云**, 西出陽關無故人, 因此有陽關三疊曲. 劉禹錫**詩**, 唱得陽關意外聲, 舊時惟有米嘉榮. **註**元和樂人.(『松南雜識』)

장부루
丈夫淚

육구몽(陸龜蒙[571])의 시에,

장부에게 눈물이 없는 것은 아니나	丈夫非無淚
이별할 때는 뿌리지 않는다	不灑離別間[572]

라고 하였다.

원나라 우계지(牛繼志)가 목은(牧隱) 이색(李穡)과 이별하면서 준 시에,

내게도 장부의 눈물이 있지만	我有丈夫淚
울어도 흘리지 않은지 삼십년	泣之不落三十年
오늘 정자 있는 두둑을 떠나며	今日離亭畔
그대 때문에 봄바람 앞에서 한 번 운다	爲君一灑春風前

라고 하였다.

시 · 술 · 꽃
詩酒花

『양서(梁書)』에서 "소침(蕭琛[573])이 "젊었을 때는 세 가지를 좋아하였

571) 육구몽(陸龜蒙) : 만당(晩唐)의 시인 · 학자(?~881). 자는 노망(魯望). 호는 천수자(天隨子) · 보리선생(甫里先生). 소주(蘇州)의 명문 출신. 어렸을 때 이미 육경(六經)에 능통하였으며, 특히 『춘추(春秋)』에 조예가 깊었다. 송강(松江)의 보리(甫里)에 은거하며 농경(農耕)을 장려하고 개간과 농업의 개량사업에 힘쓰는 한편 시서를 즐기며 유유자적한 생활을 보냈다. 저서에 『당보리선생문집(唐甫里先生文集)』 등의 저서가 있다.

572) 「별리(別離)」.

573) 소침(蕭琛) : 양나라의 문신. 자는 언유(彦瑜).

으니 음악과 서적과 술이다. 나이가 들어서는 두 가지는 모두 그만두었지만 오직 서적만은 여전히 좋아한다"[574]라고 하였다.

어떤 사람의 시에 이르기를,

글씨 · 그림 · 거문고 · 바둑 · 시 · 술 · 꽃은	書畵琴碁詩酒花
젊을 때는 하나도 빠짐없이 했건만	少時件件不離他
요즘에는 이 일이 모두 변하여	年來此事都更變
땔감 · 쌀 · 기름 · 소금 · 장 · 초 · 차가 되었네	薪米油鹽醬醋茶

라고 하였다.

화영시
花影詩

두순학(杜荀鶴)[575]의 시에,

바람 따뜻하니 새소리 부서지고	風暖鳥聲碎
해가 높으니 꽃 그림자 무겁다	日高花影重[576]

라고 하였다.

또 당시(唐詩)에서,

꽃그림자 겹겹이 쌓인 곳으로 높은 대에 오르니	重重疊疊上高臺

574) 琛**常**言, 少壯三好, 音律書酒, 年長**以來**, 二事都廢, 惟書**籍**不衰.(『梁書, 卷二十六, 列傳, 第二十, 蕭琛』)→蕭琛言, 少壯三好, 音律書酒, 年長, 二事都廢, 惟書不衰.(『松南雜識』)

575) 두순학(杜荀鶴) : 후량(後梁)의 시인. 두목지(杜牧之)의 아들. 자는 언지(彦之), 호는 구화산인(九華山人). 시를 잘 지었으며 특히 궁사(宮詞)에 능했다.

576) 「춘궁원(春宮怨)」.

거의 잘못하여 하인이 쓸어 놓지 않았구나 幾誤家童掃不開

라고 하니, 대개 겹겹으로 만들어진 그림자를 잘 형용하였다.

인중경
人中景

『사류비요(事類備要)』에서 말하였다.

소식이 항주의 기생 금조(琴操)에게 농담하였다.

"내가 장노(長老)[577]가 되어 너와 선문답(禪問答)을 한 번 해볼까 한다."

소식이 금조에게 물었다.

"무엇을 일러 '호수 속의 경치'라 하는고?"

"지는 노을과 함께 외 따오기 나란히 날고 가을 물은 긴 하늘과 함께 같은 색[[落霞與孤鶩齊飛, 秋水共長天一色]입니다."[578]

"무엇을 일러 '경치 속의 사람'이라고 하는고?"

"치마로 여섯폭 소상강 물을 끌고, 머리털로 무산의 한 조각 구름을 당긴다[裙拖六幅瀟湘水, 鬢挽巫山一片雲][579]입니다."

"무엇을 일러 '사람 속의 생각'라고 하는고?"

"저 학사(學士) 양별(楊鼈)을 따라 포조(鮑照)[580]를 죽이는 것입니다[隨他楊學士鼈殺鮑參軍]. 이와 같다면 그 종말은 어떻겠습니까?"

---

577) 장노(長老) : 석가의 수제자에 대한 존칭.

578) 왕발(王勃)의 「등왕각서(滕王閣序)」.

579) 이빈(李頻)의 「杜丞相悰筵中贈美人」.

580) 포조(鮑照) : 남조(南朝) 송의 시인. 자는 명원(明遠). 참군(參軍) 벼슬을 하였음. 사령운(謝靈運)과 이름을 나란히 하여 포사(鮑謝)로 칭해졌음. 난군(亂軍)에 의하여 살해되었음.

소식이 말하였다.

"문 앞이 영락하여 찾아오는 이가 없고 늘그막에 시집가서 장사치의 아낙이 될 것이다[門前冷落鞍馬稀, 老大嫁作商人婦]."[581]

금조가 즉시 깨닫고 중이 되었다고 한다.[582]

지금 '사람 속의 경치' 중에는 장사치의 아낙이 되거나 비구니가 된 사람이 많다.

과전납리
瓜田納履

안연지(顔延之)[583]의 시에,

외밭에서는 신을 고쳐 신지 말고	瓜田不納履
오얏나무 아래에서는 갓을 바로 잡지 말라	李下不整冠[584]

라고 하였다. 군자가 되려면 의심을 받을 수 있는 상황에서 처신을 잘해야 하니 항상 외우고 잊지 않을 만하다.

---

581) 백거이(白居易)의 「비파인(琵琶引)」.

582) **妓學禪語**. 杭妓琴操, **善應答**. **東**坡**善之**, **後因在西湖**戲琴云, 我作長老爾試叅禪. **問琴云**, **何謂**湖中景. 答云, 落霞與孤鶩齊飛, 秋水共長天一色. 何謂景中人. **答**云, 裙拖六幅湘江水, **髻輓**巫山一叚雲. 何謂人中**意**. 答云, 隨他楊學士鼈殺鮑參軍. 如此究竟如何. 坡云, 門前冷落鞍馬稀, 老大嫁作商人婦. 琴**大**悟卽**削髮**爲尼.(『事類備要, 前集卷五十四人品門, 妓學禪語』) → 坡戲杭妓琴操云, 我作長老爾試叅禪. **琴問**湖中景. **坡**答云, 落霞與孤鶩齊飛, 秋水共長天一色. 何謂景中人. **坡**云, 裙拖六幅湘江水, **鬢歸**巫山一叚雲. 何謂人中**景**. **答曰**, 隨他楊學士鼈殺鮑參軍. 如此究竟如何. 坡云, 門前冷落鞍馬稀, 老大嫁作商人婦. 琴卽悟爲尼**云**.(『松南雜識』)

583) 안연지(顔延之) : 남조 송의 시인(384~456). 자는 연년(延年).

584) 「군자행(君子行)」.

채련가
採蓮歌

『회남자(淮南子)』에서 "채릉가(采菱歌)[585]를 부르고 양아무(陽阿舞)[586]를 춘다[歌采菱, 發陽阿]"[587]라고 하였고 사령운(謝靈運)[588]의 시에서,

채릉가 급하기 쉽고	采菱歌易急
강두가도 느리지 않네	江頭歌不緩

라고 하였으니 바로 '채련곡'의 시초이다.

손곡(蓀谷) 이달(李達)[589]의 시에,

연잎이 들쭉날쭉 연밥도 많은데	蓮葉參差蓮子多
연꽃 저편에서 아가씨가 노래한다	蓮花相間女郎歌
돌아 올 땐 물목에서 벗과 만나자 기약했기에	歸時約伴横塘口
고되게 배 저어 물결 거슬러 올라간다	辛苦移船逆上波[590]

라고 하였으니 의당 "함께 연 캐는 배에 붙었다[竝着采蓮舟]"[591]라는 시구에 합해야 할 것이다.

---

585) 채릉가(采菱歌) : 가곡의 이름.
586) 양아(陽阿) : 악곡의 이름. 춤의 이름.
587) 『회남자(淮南子), 인간훈(人間訓)』.
588) 사령운(謝靈運) : 남조 송(宋)의 문장가. 강락공(康樂公)에 봉해졌기에 사강락(謝康樂)으로 불림.
589) 이달(李達) : 조선 선조 때의 한시의 대가로 자는 익지(益之). 호는 손곡(蓀谷). 최경창·백광훈과 함께 당시(唐詩)에 능하여 '삼당(三唐)'이라 불렸다.
590) 「채련곡(采蓮曲)」.
591) 「최국보(崔國輔), 채련(採蓮)」.

서른 살과 일흔 살
而立者稀

『후청록(侯鯖錄)』[592]에서 말하였다.

소식이 육십 구 세 된 노인과 이웃으로 살았는데 그의 삼십 세 된 아내가 아들을 낳았다. 소식이 그에게 장남 삼아 써 준 시에,

아이의 엄마는 삼십 세인데 聖善方當而立歲
건장한 노인은 이미 칠십 세 頑尊已及者稀年[593]

라고 하였다.[594]

송나라 역사를 읽고
讀宋史

『국조시산(國朝詩刪)』[595]에서 말하였다.

등잔불 돋우고 다 읽고 나선 문득 긴 한숨 짓노니 挑燈輟[596]讀便長吁
천지간에 대장부 하나 없구나 天地間無一丈夫
삼백 년 내려온 중국 땅을 三百年來中國土

---

592) 후청록(侯鯖錄) : 송나라 조령치(趙令畤)가 편찬한 책. 8권.

593) 「이립자희(而立者稀)」.

594) 東坡**再謫惠州日**, 與一老**舉**人**年**六十九爲隣, 其妻三十歲生子, **爲具邀公**, **公欣然而往**, **酒酣乞詩**, **公戲**贈**一聯云**, 聖善方當而立歲, 頑尊已及者稀年.〈侯鯖.〉(『古今事文類聚, 前集, 卷四十六, 而立者稀』)→侯鯖**錄曰**, 東坡與老人六十九**歲**爲隣, 其妻三十歲生子, **坡**贈**詩**, 聖善方當而立歲, 頑尊已及者稀年.(『松南雜識』)

595) 국조시산(國朝詩刪) : 조선 광해군 때 허균이 조선 전기의 한시(漢詩)를 뽑아 엮은 책. 숙종 21년(1695)에 박태순(朴泰淳)에 의하여 간행되었다. 2권 1책.

596) 『松南雜識』에는 '掇'로 오기되어 있음.

어쩌자고 늙은 선우(單于)에게 내주었나 如何付與老單于[597]

병자호란 이후 청나라와 강화하기 이전에 춘추종주(春秋宗周)[598]의 뜻이 있었다고 말할 만하다.

시로 기상을 봄
詩觀氣像

송나라 태조(太祖)의 「초일시(初日詩)」에서,

바다 밑에서 솟지 않았을 때는 모든 산이 어둡더니 未離海底千山暗
하늘 가운데 이르자마자 모든 나라가 밝다 纔到天中萬國明

라고 하였다.

당나라 선종(宣宗)의 「박연시(朴淵詩)」에서,

시냇물이 어찌 한 자리에 고여 있으랴 溪澗豈能留得住
종당엔 큰 바다로 흘러가 파도가 되리 終歸大海作波濤

라고 하였다.

청나라 황제의 시에,

사막에 부는 바람은 산하의 북 風駈大漠山河鼓
부상에 걸린 달은 우주의 등불 月掛扶桑宇宙燈

---

597) 『학산초담(鶴山樵談)』에 최보(崔溥)의 시 「독송사(讀宋史)」로 기록되어 있음. 최보는 연산군 때 처형당하였다.
598) 춘추종주(春秋宗周) : 『춘추』에서 주나라를 종주(宗主)로 하는 관점.

이라고 하였다. 시는 성정(性情)에서 나오는 것이기에, 이와 같이 기상을 숨길 수 없다.

정통
正統

『자치통감(資治通鑑)』에서 말하였다.

천하의 나라를 통합하여 다스리는 것을 '왕(王)'이라고 한다. 왕의 덕이 이미 쇠하고 강대국이 제후들을 거느려 천자를 높이는 것을 '패(霸)'라 한다고 하였다. 한(漢)나라 유학자들이 오덕상승설(五德相勝說)[599]에 근거해서 진(秦)나라를 윤위(閏位)라고 하였으니 목(木)・화(火)의 사이에 있기에 '패(霸)'이고 바르지 않다고 생각하였다. 이에 '정윤론(正閏論)'이 발생하였다.[600]

주자(朱子)는 『자치통감(資治通鑑)』[601]이 조조(曹操)의 위(魏)나라를 황제라고 하고 촉한(蜀漢)을 도적이라고 하며, 오대 주(朱)씨[602]의 양(梁)나

599) 오덕상승(五德相勝) : 오행설에서, 금(金)은 목(木)과, 목은 토(土)와, 토는 수(水)와, 수는 화(火)와, 화는 금(金)과 조화를 이루지 못함을 이르는 말.

600) **有民人社稷者**, **通謂之君**, 合萬國而君之, **立瀍度班號令**, **而天下莫敢違者**, **乃**謂**之**王, 王德旣衰, 彊大之國, **能**帥諸侯, **以**尊天子者, **則**謂**之**霸. **故自古天下無道諸侯力爭**, **或曠世無王者**, **固亦多矣**. **秦焚書坑儒**, 漢**興學者始**推五德生勝, 以秦爲閏位, 在木火之間, 霸而不王, 於是, 正閏之論, 興矣.(『資治通鑑, 卷六十九, 魏紀一, 世祖文皇帝上』) → 合萬國而君之謂王, 王德旣衰, 强大之國, 帥諸侯尊天子者謂霸. **自漢儒**推五德生勝, 以秦爲閏位, 在木火之間, 霸而不王, 於是, 正閏之論, 興矣.(『松南雜識』)

601) 자치통감(資治通鑑) : 송나라의 사마광(司馬光)이 영종의 명에 따라 펴낸 중국의 편년서. 주나라 위열왕으로부터 후주(後周) 세종에 이르기까지의 113왕 1362년간의 역대 군신의 사적(史跡)을 편년체로 엮은 것으로, 정사(正史) 이외의 풍부한 자료와 고증을 첨가하였다. 1065~1084년에 간행되었다. 294권. ≒ 통감(通鑑).

602) 주(朱)씨 : 주전충(朱全忠)을 이름. 후량(後梁)의 제1대 황제(852~912). 이름은 온(溫).

라[603]를 황제라고 하고 하동(河東)을 도적이라고 하며, 무후(武后)[604]의 기년(紀年)을 달아 쓰고 중종(中宗)[605]의 기년은 쓰지 않은 것에 대하여 문제의식을 갖고 『자치통감강목(資治通鑑綱目)』[606]을 지었다.

나는 다음과 같이 생각한다.

천하를 얻어서 바르게 하는 것을 '정(正)'이라고 하고 천하의 나라를 합하여 통일하는 것을 '통(統)'이라고 한다. 촉(蜀)은 진실로 바르지만 통일은 하지 못한 나라이고 진(秦)도 통일은 하였지만 바르지 못한 나라이다. 삼대(三代) 이후로 정통(正統)한 나라는 오직 한(漢)이다. 원(元)나라는 의당 진(秦)의 윤(閏)에 속해야 하고 육조(六朝) 이후로 정통한 나라는 명(明)일 것이다. 당(唐)의 경전(經典)에서 주나라의 통기(統紀)를 어지럽히니 또한 천왕이 정(鄭)나라에 거처한 의미를 모르는 것이다.

사초
廝炒

『왕직방시화(王直方詩話)』에서 "반대림(潘大臨)[607]이 두보의 시를 많이

당나라 말기에 황소의 난을 평정하는 데에 공을 세웠고, 점차 세력을 키워 소선제의 양위를 받아 후량을 세웠다. 재위 기간은 907~912년이다.

603) 양(梁)나라 : 후량(後梁)을 이름. 907년에 당나라의 절도사 주전충이 당을 멸하고 대량(大梁)에 도읍하여 세운 왕조. 923년에 후당(後唐)에 망하였다.

604) 무후(武后) : 측천무후(則天武后). 당나라 고종의 황후. 성은 무(武). 이름은 조(曌). 중국 역사에서 유일한 여제(女帝)로 고종을 대신하여 실권을 쥐고, 두 아들을 차례로 제왕의 자리에 오르게 하였으며, 스스로 제왕의 자리엔 올라 국호를 주(周)로 고치고 성신황제(聖神皇帝)라 칭하였다.

605) 중종(中宗) : 당나라의 제4대 황제(656~710). 본명은 이현(李顯). 즉위한 이후 고종의 황후 측천무후에게 쫓겨난 뒤 복위하였으나, 황후 위씨(韋氏)에게 정권을 빼앗기고 위씨의 딸에 의하여 독살당하였다. 재위 기간은 683~684년, 705~710년이다.

606) 자치통감강목(資治通鑑綱目) : 송나라 때에 주자가 펴낸 사서(史書). 사마광의 『자치통감』을 강목으로 나누어 편집한 것으로, 강(綱)에서는 주자가 사실(史實)을 요약하고, 목(目)에서는 제자인 조사연이 사평(史評)을 하였다. 59권.

607) 반대림(潘大臨) : 북송의 시인. 자는 빈로(邠老). 강서시파의 중요 작가. 저서로 『가산

범하여 두시로 하여금 살아남기 어렵게 만들었다. 만약 두보가 살아난다면 그와 논쟁[廝炒]할 것이다"[608]라고 하였다. 지금 "한 솥에서 섞어서 볶으면 분별할 수 없다"라고 말하는 것과 같다.

속어시구
俗語詩句

김희(金喜)의 시에,

새 지저귀는 소리에서 『대학(大學)』을 듣고	鳥聲聞大學[609]
물고기 뛰는 모습에서 『중용(中庸)』을 본다	魚躍見中庸[610]

라고 하였으니 우스개소리로 만든 시구이다.

검은 괭이는 문에 걸터앉아 있고	黑猫踞門跪
흑묘는 검은 괴	
하얀 쥐는 서까래를 따라 내닫는다	白鼠下椽走
백서는 하얀 쥐	
노한 범은 진실로 범하기 어렵고	怒虎誠難犯
노호는 성난 범	
주린 개는 이웃집으로 달려간다	飢狗走隣家
기주는 주린 개	

우물 속의 물고기 줄지어 가고	井中魚井井

집(柯山集)』이 있다.

608) 邠老**作詩**, 多犯**老**杜, **若或邠老爲之不已**, 老杜亦難爲存活, 使老杜復生, 則須共潘十廝炒.(『王直方詩話』)→**潘**邠老, 多犯杜**詩**, **使**老杜亦難爲存活, 使老杜復生, 則須共潘十廝炒.(『松南雜識』)

609) 『대학(大學)』에 '緡蠻黃鳥[꾀꼴꾀꼴 우는 괴꼬리]'라는 구절이 있다.

610) 『중용(中庸)』에 '魚躍于淵[물고기는 연못에서 뛴다]'는 구절이 있다.

우물 속 물고기 줄지어 가고
다락 위의 새는 드물다 樓上鳥樓樓
다락 위의 새는 드물다
매우 차가운 한 태조와 甚寒漢太祖
심한 추위 속 차가운 방에서[611]
오지 않는 도연명 不來陶淵明
잠이 오지 않는다[612]
진나라 태자를 치고자 하나 欲擊秦太子
부시를 치고자 하나[613]
또 초 패왕이 없도다 又無楚覇王
깃이 없네[614]

내가 서울의 겉모양을 보니 我見京之表
내가 서울 것을 보니
모두 의관을 차려 입었구나 都是衣冠蒙
모두 의관을 차려 입었구나

와 같은 종류가 매우 많다.

김종수(金鍾秀)[615]가 길을 넘어간 나무꾼에게 죄를 주려고 하자 나무꾼이 시로 속죄하고 싶지만 언문만을 안다고 하면서 다음과 같은 시를 지었다.

사람 손에는 ㄱ을 들었고 人手執ㄱ鎌也
사람 손에는 낫을 들었고

611) 한나라 고조의 이름이 '방(邦)'이다.
612) 도연명의 이름이 '잠(潛)'이다.
613) 진나라 태자의 이름이 '부소(扶蘇)'다.
614) 초 패왕의 이름이 항우(項羽)이고 '우(羽)'의 훈이 깃이다.
615) 김종수(金鍾秀) : 조선 정조 때의 문신(1728~1799). 자는 정부(定夫). 호는 몽오(夢梧). 영조 때에 당폐(黨弊)를 일으킨 죄로 기장(機張)에 유배되었으나, 정조 때에 다시 기용되어 병조 판서·좌의정을 지냈다. 저서에 『몽오집』이 있다.

소코에는 ㅇ을 꿰었다　　牛鼻貫ㅇ穿鼻木也
소코에는 뚜레를 꿰었다
세간의 ㅅ을 돌아보니　　回看世間ㅅ
세간의 사람을 돌아보니
모두다 ㅁ이로세　　都是爲ㅁ
모두다 입이로세
ㄷ에 점을 찍고자 한다면　　欲知ㄷ點亡字
도망가려고 한다면
모름지기 ㄹ방향으로 피해야지　　須避ㄹ方巳字
모름지기 동남쪽으로 피해야지

라고 하였다.

지금 시에 사용된 옛 시어
今詩古語

윤효손(尹孝孫)[616]의 아버지가 녹사(錄事)[617]가 되어 새벽에 재상 박원형(朴元亨)[618]의 집에 갔다가 해가 저물도록 통자(通剌)[619]도 하지 못하고 돌아왔다. 어린 윤효손이 명함 끝에,

해가 높이 뜨도록 재상은 잠에 빠져　　相國酣眠日正高
문전에서 기다리는 이의 명함에는 보풀이 인다　　門前剌眉已生毛
꿈에서 만약 주공을 만난다면　　夢中若見周公聖

---

616) 윤효손(尹孝孫) : 조선 전기의 문신(1431~1503). 본관은 남원(南原). 자는 유경(有慶), 호는 추계(楸溪). 지순창군사(知淳昌郡事) 처관(處寬)의 아들이다.

617) 녹사(錄事) : 조선 시대에, 의정부나 중추원에 속한 경아전의 상급 구실아치를 통틀어 이르던 말. 기록을 담당하거나 문서, 전곡(錢穀) 따위를 관장했다.

618) 박원형(朴元亨) : 조선 전기의 문신(1411~1469). 본관은 죽산(竹山). 자는 지구(之衢), 호는 만절당(晩節堂).

619) 통자(通剌) : 명함을 내놓고 면회를 청하던 일.

모름지기 토포악발(吐哺握髮)[620]의 노고를 물어보시오　須問當年吐握勞

라고 썼는데 그 아버지 그것을 채 살펴보지 못하였다. 다음날 아침 명함을 들이니 재상 박원형이 그 시를 보고 "네가 쓴 것인가?"라고 묻기에 놀라고 두려워 그 자획을 보니 바로 아들 효손의 필체였다. 그래서 사실대로 말하자 재상 박원형이 윤효손을 받아들여 사위로 삼았다고 한다.

『요산기(堯山記)』에서 말하였다.

한기(韓琦)[621]가 북도(北都)의 원수로 있을 때 이청신(李淸臣)이 그를 만나려고 하였으나 태축(大祝 = 韓琦)이 잠을 자고 있었기에 통자(通刺)를 하지 못하였다. 그래서 명함에 시를 써서 바쳤다.

공자(公子)께서 여가에 채색한 휘장 속에 누워 계신데　公子乘閒臥彩廚
흰옷 입은 늙은 아전이 빈한한 선비를 모멸하네　白衣老吏慢寒儒
꿈에 주공을 만나시지는 않았던가요　不知夢見周公否
당시 토포악발(吐哺握發)을 말하지 않던가요　曾說當年吐哺無[622]

또 이옥봉(李玉峯)[623]의 시에,

620) 토포악발(吐哺握髮) : 민심을 수람하고 정무를 보살피기에 잠시도 편안함이 없음을 이르는 말. 주공이 식사 때나 목욕할 때 내객이 있으면 먹던 것을 뱉고, 감고 있던 머리를 거머쥐고 영접하였다는 데서 유래한다.

621) 위공(韓琦) : 송나라의 문신. 자는 치규(稚圭). 호는 공수(贛叟). 위국공(魏國公)에 봉해졌기에 한위공(韓魏公)이라고 함.

622) 李淸臣, 北都人, 方束髮時, 才俊, 詞句驚人, 一日薄游鄭州時, 韓公爲帥, 因往見其大祝, 吏報曰; 大祝方寢, 遂求筆, 爲詩一絶, 書于刺, 授其吏曰, 大祝覺, 則投之詩云. 公子乘閒臥彩廚, 白衣老吏慢寒儒, 不知夢見周公否, 曾說當年吐哺無.(『詩話總龜, 聖製門』)→韓魏公帥北都時, 李淸臣以大祝方寢, 不通刺, 乃題詩於刺而獻云, 公子乘閒臥彩廚, 白衣老吏慢寒儒, 不知夢見周公否, 曾說當年吐哺無.(『松南雜識』)

623) 이옥봉(李玉峯) : 조선의 여성 시인. 『가림세고(嘉林世稿)』에 35편의 한시(漢詩)가 전한다.

제가 직녀가 아니라면 妾身非織女
님이 어찌 견우이겠습니까 郎豈是牽牛

라고 하였다.

『개권일소(開卷一笑)』에서 말하였다.

어떤 아낙네가 남편이 소도둑 혐의를 받자 현윤(縣尹)에게 시를 올렸다.

세수할 때는 물동이로 거울을 삼고 洗面盆爲鏡
머리 빗을 때는 물을 기름 삼았다오 梳頭水當油
제가 직녀가 아닌데 妾身非織女
남편이 거꾸로 견우가 되겠습니까 郎倒會牽牛

라고 하였다.[624]

또,

만약 꿈의 혼이 다닐 때 자취가 있다면 若使夢魂行有迹
문 앞의 돌길이 벌써 모래가 됐으리 門前石逕已成沙[625]

라는 시는 바로 윤현(尹鉉)[626]이 청주(淸州)의 기생에게 준 시,

만약 꿈의 혼이 다닐 때 자취가 있다면 若使夢魂行有迹
서원 성 북쪽이 모두 길이 되었으리 西原城北摠成蹊[627]

---

624) 一婦, 以夫盜牛事犯, 上縣尹詩云, 洗麵盆爲鏡, 梳頭水當油, 妾身非織女, **夫**倒會牽牛.(『山中一夕話, 卷九, 犯姦盜牛獲免罪』) → 一婦, 以夫盜牛事犯, 上縣尹詩云, 洗麵盆爲鏡, 梳頭水當油, 妾身非織女, **郎**倒會牽牛.(『松南雜識』)

625) 이옥봉(李玉峯)의 작품.

626) 윤현(尹鉉) : 조선 시대의 문신(1514～1578). 자는 자용(子用). 호는 국간(菊磵). 중종 32년(1537)에 식년 문과에 장원이 되었다. 문집으로 『국간집(菊磵集)』이 있다.

627) 「제증청주인(題贈淸州人)」.

와 관련있다.

고문을 사용하여 금어를 지음
用古文作今語

소식(蘇軾)이 악질(惡疾)을 앓는 사람을 다음과 같이 조롱하였다.

큰바람이니	大風起兮
눈썹이 날리네	眉飛揚
어떻게 하면 용맹한 무사를 얻어	安得猛士兮
콧대를 지키게 할까	守鼻梁[628]

라고 하였다.[629]

근래 민간에 자식도 없이 굶어 죽은 사람의 친구가 그를 위해 다음과 같은 제문(祭文)을 지었다.

큰 풍년에 굶주리다	大豊饑兮

628) 한고조의 대풍가(大風歌)를 패러디한 작품임. 대풍가(大風歌)는 한 고조가 천하를 통일하고 나서 고향인 패(沛) 땅에 들러 부로(父老)와 자제(子弟)들을 패궁(沛宮)으로 초대하여 주연(酒宴)을 크게 베풀고 술이 거나해지자, 스스로 노래를 지어 친히 축(筑)을 치면서 부른 노래인데, 그 노래는 다음과 같다.

큰 바람이 일어나니	大風起兮
구름이 날리도다	雲飛揚
위엄이 천하에 입혀지니	威加海內兮
고향에 돌아왔네	歸故鄕
어떻게 하면 용사들을 얻어서	安得猛士兮
사방을 지킬꼬	守四方

629) 眉飛揚. 劉貢父晩年得惡疾. 鬚屑墜落. 鼻梁斷壞. 苦不可言. 一日, 與東坡會飮心, 各引古人一聯相戱, 子瞻遽言曰, 大風起兮, 眉飛揚. 安得猛士兮. 守鼻梁. 坐中大噱. 貢父默然無言. 但感愴而已. 事林廣記.(『天中記, 卷二十九』)→東坡嘲病風人曰, 大風起兮, 眉飛揚. 安得猛士兮, 守鼻樑.(『松南雜識』)

죽는 것은 걱정거리가 아닐세　　殞非恙
어떻하면 소경 아들이라도 얻어　　安得盲嗣兮
주검을 곁에서 지키게 할까　　守死傍

라고 하였으니 역시 절묘하다.

백구홍진
白鷗紅塵

사암(思庵) 유숙(柳淑)630)의 「벽란도(碧瀾島)」 시에,

강호의 기약을 오랫동안 저버리고　　久負江湖約
홍진에 묻혀 산 지 20년　　紅塵二十年
백구도 비웃으려 하는 듯　　白鷗如欲笑
자꾸자꾸 누(樓) 앞에 다가온다　　故故近樓前

라고 하였다. 이에 추강(秋江) 남효온(南孝溫)631)이 화운하여,

벼슬길은 얼마 안되고　　未幾青雲路
강호에서 40년　　江湖四十年
사암은 도적의 손에 죽고　　思菴終賊手
나는 지금 백구 앞에 서 있다　　余在白鷗前

라고 하였으니 그 역시 홍진(紅塵)의 액운을 면하지 못하였다.

---

630) 유숙(柳淑) : 고려 공민왕 때의 문신(1324~1368). 자는 순부(純夫). 호는 사암(思庵). 홍건적의 난과 홍왕사의 변란 때에 난을 평정하였으며, 신돈의 무고(誣告)로 교살되었다.
631) 남효온(南孝溫) : 조선의 생육신(1454~1492). 자는 백공(伯恭). 호는 최락당(最樂堂)·추강(秋江). 김종직의 문인으로, 세조에 의하여 물가에 이장된 단종의 생모 현덕왕후의 소릉(昭陵)의 복위를 상소하였으나 뜻을 이루지 못하자, 실의에 빠져 각지를 유랑하다 병사하였다. 저서에 『추강냉화(秋江冷話)』·『사우록(師友錄)』 등이 있다.

사양청음
斜陽淸陰

홍주세(洪柱世)[632]가 청음(淸陰) 김상헌(金尙憲)[633]을 위하여 대나무를 읊은 시에,

못가의 대나무 한 그루	澤畔有孤竹
운초(雲梢)[634]처럼 숲 속에서 솟았다	雲梢秀衆林
비록 석양이 수 없이 변하지만	斜陽雖萬變
끝내 청음을 바꿀 수는 없다	終不改淸陰

라고 하였다. 이 시가 중국에 전해지자 중국사람이 우리나라 사람에게 "당신의 나라에 김사양(金斜陽)이라는 이가 있습니까?"라고 물었다. 대개 '상헌(尙憲)'을 '사양(斜陽)'으로 잘못 안 듯하다.

허혼의 시 천 수가 축축하다
許渾千首濕

시화(詩話)에서 말하였다.

허혼(許渾)[635]의 시구에는 '水'자를 많이 사용하기에 속담에 "허혼의

---

632) 홍주세(洪柱世) : 조선의 문신.(1612~1661) 본관은 풍산(豊山). 자는 숙진(叔鎭), 호는 정허당(靜虛堂). 문장이 뛰어났으며, 저서로는 『靜虛堂集(정허당집)』이 있다.

633) 김상헌(金尙憲) : 조선의 문신(1570~1652). 자는 숙도(叔度), 호는 청음(淸陰)·석실산인(石室山人). 저서에 『야인담록(野人談錄)』·『풍악문답(豊岳問答)』 따위가 있다.

634) 운초(雲梢) : 운소(雲旓). 채색된 구름이 그려져 있는 깃발.

635) 허혼(許渾) : 당나라 시인. 윤주(潤州) 단양현(丹陽縣) 출신. 자는 중회(仲晦). 832년 진사에 급제하여 현령이 되었으나 지병으로 파면되었다. 그 뒤 윤주 사마(司馬)가 되었고 자사(刺史)를 지냈다. 말년에는 단도현(丹徒縣)에 있는 정묘교(丁卯橋) 근처 별장에 은거하였다. 그는 은거하며 자연과 벗하는 일반 문인들과는 달리 현실에 비분강개할 줄 아는 시인이었다. 저서로 『정묘집(丁卯集)』이 있음.

시 천 수가 축축하다[許渾千首濕]"라고 하였는데 나은(羅隱)[636]의 시어는 일신(一身)을 떠나지 않기 때문에 "나은의 일생은 몸이다[羅隱一生身]"로 대를 맞추었으니 "두보의 일생은 근심이다[杜甫一生愁]"로 대를 맞추는 것만 못하다.[637]

정곡(鄭谷)[638]이 '승(僧)'자 쓰기를 좋아하는 것과 위야(魏野)[639]의 '학(鶴)'자, 차천로(車天輅)[640]의 '검(劍)'자와 온정균(溫庭筠)[641]의 염체(艶體)[642], 왕건(王建)[643]의 악부(樂府)[644], 이백의 유협시(遊俠詩)는 또한 한유의 비지문(碑誌文), 유종원(柳宗元)의 기문(記文), 소식(蘇軾)의 논(論)과 같은 장기(長技)이다.

『주사(麈史)』[645]에서 말하였다.

---

636) 나은(羅隱) : 당나라 말기 시인(838~909). 자는 소간(昭諫). 문재(文才)가 뛰어나 풍자하는 내용이 많으나, 재주를 믿는 오만한 성격이었다고 한다. 그는 허망하고 이상한 이야기를 많이 썼으므로, 월(越)이나 민 땅의 사람들이 이상하고 허망한 일을 당하면 "이것은 나은이 이미 말했던 일(此羅隱秀才說過)"이라고 말했다 한다. 많은 저작 중 『참서(讒書)』·『참본(讒本)』·『회해우언(淮海寓言)』·『갑을집(甲乙集)』·『양동서(兩同書)』 등이 현존한다.

637) 『어은총화(漁隱叢話)』·『오대시화(五代詩話)』 등에 있는 내용임.

638) 정곡(鄭谷) : 당나라의 시인. 자는 수우(守愚). 그의 시는 경치와 여울을 묘사한 것이 많아 사대부의 한정일치(閑情逸致)를 표현하고 있다.

639) 위야(魏野) : 송나라의 시인(960~1020). 자는 중선(仲先). 호는 초당거사(草堂居士). 벼슬길에 나가지 않고 초당(草堂)을 짓고 그 속에서 거문고 타고 시를 짓는 생활을 즐겼다. 정고(精苦)한 시를 지어 당인(唐人)의 풍격이 있었다. 저서로 『동관집(東觀集)』·『초당집(草堂集)』이 있다.

640) 차천로(車天輅) : 조선의 문신(1556~1615). 자는 복원(復元). 호는 오산(五山)·귤실(橘室)·청묘거사(清妙居士). 제술관으로 이름이 높아 동방 문사로서 명나라에까지 알려졌다. 저서에 『오산집(五山集)』이 있다.

641) 온정균(溫庭筠) : 당나라 말기의 시인. 본명은 기(岐). 자는 비경(飛卿). 염체시(艶體詩)를 많이 지었으며 저서에 『온비경시집(溫飛卿詩集)』 등이 있다.

642) 염체(艶體) : 아름답고 섬세한 여성적인 시체(詩體). 사조(詞藻)가 정서적이다.

643) 왕건(王建) : 당나라의 시인. 자는 중초(仲初). 섬주(陝州)의 사마(司馬)를 지냈기에 왕사마(王司馬)라고 칭한다. 악부를 잘 지어 장적(張籍)과 이름을 나란히 하여 세칭 '장왕악부(張王樂府)'라고 하였다.

644) 악부(樂府) : 한시(漢詩) 형식의 하나. 인정 풍속을 읊은 것으로 글귀에 장단이 있다. ≒ 악부시.

645) 주사(麈史) : 송나라의 왕득신(王得臣)이 편찬한 잡가류 서적. 3권.

형공(荊公) 왕안석(王安石)이 "이백은 재주가 높지만 식견은 천박하여 술과 여색에 대한 이야기가 열에 여덟, 아홉이다"라고 하였다.646)

또 도연명(陶淵明)의 「한정부(閑情賦)」는 대개 여색이 감정을 방탕하게 하여 돌이키기 어렵게 만든다. 그래서 한가한 시간을 때울 수는 있지만 말이 외설(猥褻)스럽기에 양나라의 소명(昭明)이 "백옥(白玉)의 작은 티"라고 하였다.

초에 금을 긋고 시를 짓다
燭刻賦詩

『제서(齊書)』에서 "경릉왕(竟陵王)이 밤에 소문염(蕭文琰)·구령해(丘令楷)·강공(江拱)을 모아놓고 초 한 치에 금을 새기고 그것이 타들어 가기 전에 네 개의 운으로 시를 짓기로 약속하였다"647)라고 하였다. 양나라 왕태(王泰)도 초에 금을 새기고 시를 지었는데 고칠 곳이 없게 완벽하였다. 지금의 '화승작(火繩作)'648)과 '촉각장중(燭刻場中)'649)이 이것이다.

---

646) **王銍性之嘗爲予言曰**, **王荊公嘗集四家詩**, **蔡天啓嘗問何爲下太白**. **安石曰**, 才高而識卑, 其中言酒色, 蓋什八九.(『麈史, 卷中, 詩話』)→荊公**云**, **李白**才高而識卑, 其中言酒色, 蓋十八九.(『松南雜識』)

647) 『南史, 列傳, 第四十九, 王僧孺』의 내용을 축약 인용하였음.

648) 화승작(火繩作) : 일정한 길이의 화승에 불을 붙여서 달아 놓고, 그것이 다 타기 전에 글을 짓던 일.

649) 촉각장중(燭刻場中) : 불을 켠 초에 금을 그어 시간을 한정하고 글을 짓게 하는 과거 시험장 안이라는 뜻. 정한 기한이 바싹 다가옴을 이르는 말.

도도평장아
都都平丈我

조원총(曹元寵)이 「촌학당도(村學堂圖)」에서,

이 늙은이는 막 이를 문질러 죽이니	此老方捫虱
서캐들이 불에 탄다	衆雛爭附火
가르치는 그때를 생각해보니	想當訓誨間
도도평장아!	都都平丈我

라고 썼다.

대개 항주(杭州)의 속담에 "'도도평장아!(都都平丈我)'라고 가르치니 학생들이 학당에 가득하고 '욱욱호문재!(郁郁乎文哉)'[650]라고 가르치니 학생들이 모두 오지 않는다"라고 하였다.[651]

뇌·람
雷覽

지봉 이수광이 "『황화집(皇華集)』[652]에 '뇌람(雷覽)'이라는 두 글자를 많이 쓰고 있는데 雷(뢰)는 電(전)의 오자이다. 중국 사람의 간첩(簡帖)에 그 말이 있으니 대체로 일별(一瞥)한다는 뜻이다"[653]라고 하였다.

---

650) "찬란하다. 그 문(文)이여!"(『論語, 八佾』)

651) 촌 학당의 선생이 학생들에게 『논어(論語)』의 "욱욱호문재(郁郁乎文哉)"를 "도도평장아(都都平丈我)"로 잘못 가르쳤다. 학문이 높은 선비가 이 마을에 와서 제대로 바로 잡아 주었지만 학생들은 도리어 모두 놀라 도망갔다고 한다.

652) 황화집(皇華集) : 조선 영조 49년(1773)에 우리나라에 온 중국 명나라의 사신과 이들의 접대관이 서로 주고받은 시와 문을 모아 엮은 책. 50권 25책.

653) 皇華集中, **遠接使於天使**, 多用雷覽二字, 雷**恐作**電**是**. **電覽**, **本出**華人簡帖, 蓋**謙言**瞥看之義.(『芝峯類說, 卷七, 文字部, 字義』)→皇華集中, 多用雷覽二字, 雷**是**電**之訛**. 華人簡帖**有之**, 蓋瞥看之義**也**.(『松南雜識』)

살펴보건대 魚(어)와 魯(로), 豕(시)와 亥(해), 帝(제)와 虎(호), 芋(우)와 羊(양), 漬(지)와 淸(청), 陶(도)와 陰(음), 杕(체)와 杖(장), 獐(장)과 璋(장), 臘(납)과 獵(렵), 根(근)과 銀(은), 蒐(수)와 菟(토), 饘(전)과 氈(전), 挏(동)과 桐(동), 睢(저)와 睢(휴), 畫(혁)과 盡(진), 綿(면)과 線(선), 禹(우)와 萬(만), 溫(온)과 媼(온), 閨(규)654)와 閏(윤) 따위가 매우 많기에 모두 기록할 수 없다.

삽 · 패

癶𤼲

『강희자전(康熙字典)』에 "癶(삽)은 두 발이 서로 버텨서 가지 못하는 것이다. 止(지)가 위 아래로 있는 회의자(會意字)이다"655)라고 하였다.

『집운(集韻)』에서 "𤼲(패)는 패(誖)의 고자이다"라고 하였다. 『사기(史記)』에서 "학자들은 그 의미에 통달하지 못하고 스승은 미혹을 범하는 현상에 대해 근심스럽게 생각한다[愍學者不達其意而師誖]"656)라고 하였는데, 그 주석에서 "誖는 미혹의 의미이다"라고 하였다.

또 '𠄌'의 음은 조이니 '매달리다'는 의미이다. '𠃑'은 『설문해자(說文解字)』에서 幻(환)의 본자라고 하였다.

훼 · 충

虫蟲

운서(韻書)에서 '虫'의 음을 '훼'라고 하였으니 어패류의 총칭이다. 지

---

654) 『松南雜識』에는 '門'으로 되어 있으나 '閨'과 형태가 유사한 글자가 아니기에 '閨'로 교정하였음.

655) 兩足相距, 不行也. **從兩止**上下, 會意.(『康熙字典, 癶』) → 兩足相距, 不行也. 上下會意.(『松南雜識』)

656) 『史記, 卷一百三十, 太史公自序, 第七十』.

금은 잘못해서 사충(蛇虫)[657]의 '虫'자와 충치(蟲豸)[658]의 '蟲'자를 통용한다. 蚕의 음은 천이니 지렁이다. 그런데 역시 잠견(蠶繭)[659]의 '蠶'자를 천인(蚕蚓)[660]의 '蚕'자로 쓴다.

호·간

好姦

『강희자전(康熙字典)』에서 "고려에서 중국의 책을 쓸 때 유독 '姦'자를 '好'자로 쓰고 '好'자를 '姦'자로 쓴다"[661]라고 하였는데, 이는 '好'자가 '姦'의 반자(半子)인 '奸'자와 비슷해서 생긴 현상이니, 바로 '好'의 오자이다.

丘와 邱, 群와 羣

丘邱群羣

조선의 정조가 공자의 이름인 '丘(구)'자를 기휘(忌諱)하여 '阜'방을 더하였으니 大邱(대구)·平邱(평구)가 이것이다. '君(군)'자의 방에 '羊(양)'자를 붙여 쓰는 것은 예(禮)가 아니다. '體(체)'자의 변에 '骨(골)'자를 쓰면 살지 못한다. 지금 임금에게 상주하는 글에 사용하는 문자로 '羣(군)'자를 써야지 '群'이라고 하면 안 되고 '體'자 대신에 '軆'자를 쓴다.

---

657) 사충(蛇虫) : 뱀.

658) 충치(蟲豸) : 곤충의 통칭.

659) 잠견(蠶繭) : 누에고치.

660) 천인(蚕蚓) : 지렁이.

661) 高麗用中國書, 獨以姦爲好字, 好爲姦字.(『康熙字典, 姦』)

경전에 없는 글자
字不載經

진위(眞僞)의 진(眞)자는 도가서(道家書)의 보진(葆眞)[662]에서 나왔고 연하(蓮荷)의 연(蓮)은 불경의 청련(靑蓮)[663]에서 나왔다. '야(也)'자는 『서경(書經)』에는 없고 '무(无)'자는 모두 『주역』에서 사용하였다. 석가(釋迦)의 '석(釋)'자는 『서경』에 있으니 "석자재자(釋玆在玆)"[664]가 이것이다. 불법(佛法)의 '불(佛)'자는 『시경』에서 노래되었으니, "불시자견(佛時仔肩)"[665]이 이것이다.

자음
字音

지봉 이수광이 말하였다.

> 瀧水의 瀧은 음은 쌍이고 句讀의 讀는 음이 두이고 月氏의 氏는 음이 지이고 先零의 零은 음이 연이고 獻尊의 獻은 음이 하이고 寧馨의 寧은 음이 녕이고 選愞의 愞의 음은 연이고 盟津의 盟은 음이 맹이고 矰繳의 繳은 음이 작이고 枹鼓의 枹는 음이 부이고 綸巾의 綸은 음이 관이고 犧尊의 犧는 음이 사이고 率更의 率은 음이 률이고 落魄의 魄은 음이 척이고 椎結의 結은 음이 계이고 戱下의 戱는 음이 휘이고 受釐의 釐는 음이 희이고, 旁魄의 魄은 음이 박이고 旖旎의 旎는 음이 나이고 玄端의 端은 음이 면이고 皐比의 比는 음이

662) 보진(葆眞) : 순수한 본성을 지킴.
663) 청련(靑蓮) : 청정한 연꽃.
664) "이를 버려도 이에 있으며" (『書經, 虞書, 大禹謨』)
665) "이 맡은 짐을 도와주어서" (『詩經, 頌, 周頌, 敬之』)

피이고 涒漢의 漢은 음이 탄이고 井幹의 幹은 음이 한이고 隆準의 準은 음이 졸이고 袒免의 免은 음이 문이다. 伍員의 員은 음이 운인데, 살펴보건대 『완위여편(宛委餘篇)』에서 員은 거성(去聲)이라고 하였고 『운부군옥』에서는 평성(平聲)이라고 하였다. 또 간지(干支) 중에서 丑 자는 본래 상성(上聲)인데 세간에서는 입성(入聲)으로 쓰고 壬자는 평성(平聲)인데 세간에서는 상성(上聲)으로 쓰니 틀리다. 辰의 음은 신인데 세간에서는 진으로 발음하니 신과 음이 같기 때문이다.[666]

九流의 '流'는 무리이니 제자의 차례를 매기고 나누어 아홉으로 만들었다

九流流輩也, 敍諸子, 分爲九

유가(儒家)의 무리는 대개 사도(司徒)[667]의 관직에서 나왔다. 요임금과 순임금의 치국의 도를 받들어 실행하고 문왕과 무왕이 세운 법제를 규범으로 삼으며 중니(仲尼)를 으뜸 스승으로 삼아서 자신의 학설을 최고의 경지에 도달케 하였다. 그러나 미혹된 사람은 정묘하고 세밀한 곳을

666) 瀧水之瀧音雙, 句讀之讀音豆, 月氏之氏音支, 先零之零音連, 獻尊之獻音莎, 寧馨之寧音寗, 選愞之愞音軟, 盟津之盟音孟, 矰繳之繳音勺, 枹鼓之枹音孚, 綸巾之綸音關, 犧尊之犧音**梭**, 率更之率音律, 落魄之魄音**拓**, 椎結之結音髻, 戲下之戲音麾, 受釐之釐音僖, **旁**魄之魄音薄, 旖旎之旎音儺, 玄端之端音冕, 皐比之比音皮, 涒漢之漢音灘, 井幹之幹音韓, **伍員之員音運**, 隆準之準音拙, 袒免之免音問, 按宛委餘篇, **伍員之**員**字**爲去聲, **而**韻**府群**玉作平聲, **未知孰是**. 干支中丑字本上聲, 而俗作入聲, 壬字乃平聲, 而俗作上聲謬矣, **又**辰音辛, 而俗作眞音, 以與申同音故也.(『芝峯類說, 卷七, 文字部, 字音』)→瀧水之瀧音雙, 句讀之讀音豆, 月氏之氏音支, 先零之零音連, 獻尊之獻音荷, 寧馨之寧音寗, 選愞之愞音軟, 盟津之盟音孟, 矰繳之繳音勺, 枹鼓之枹音孚, 綸巾之綸音關, 犧尊之犧音**莎**, 率更之率音律, 落魄之魄音**朴**, 椎結之結音髻, 戲下之戲音麾, 受釐之釐音僖, **虎**魄之魄音薄, 旖旎之旎音儺, 玄端之端音冕, 皐比之比音皮, 涒漢之漢音灘, 井幹之幹音韓, 隆準之準音拙, 袒免之免音問, **伍員之員音運**, 按宛委餘篇, 員爲去聲, 韻玉作平聲, **又**干支中丑字本上聲, 而俗作入聲, 壬字乃平聲, 而俗作上聲謬矣, 辰音辛, 而俗作眞音, 以與申同音故也.(『松南雜識』)

667) 사도(司徒) : 삼공의 하나. 고대 중국에서 호구(戶口)·전토(田土)·재화(財貨)·교육에 관한 일을 맡아보던 벼슬.

이해하지 못하고 바르지 못한 사람은 도의 근본에서 이탈하여 구차히 대중에게 시끄럽게 떠들어 그들로부터 존경을 받으려 한다.

도가(道家)의 무리는 대개 사관(史官)에서 나왔다. 성공과 실패, 과거와 현재를 일일이 기록하여 요점을 잡고[668] 근본을 장악하여 청허(淸虛)로 스스로를 지킨다. 방탕한 사람이 실행한다면 예악(禮樂)을 없애고 인의(仁義)를 버리려고 한다.

음양가(陰陽家)의 무리는 대개 희화(羲和)[669]의 관직에서 나왔다. 해와 달을 책력으로 기록하고 관상(觀象)하는 기구로 관찰하여 백성의 농사철을 공경히 부여하였다. 융통성 없는 사람이 실행한다면 금기(禁忌)[670]에 구애되고 사소한 숫자에 고착되어 인간의 일을 버리고 귀신에게 의지한다.

법가(法家)의 무리는 대개 이관(理官)[671]에서 나왔다. 상과 벌을 공정하고 엄중하게 시행하여[672] 예제(禮制)를 보완한다. 각박한 사람이 실행한다면 지친(至親)조차 잔인하게 해치고 은혜를 손상시키고 후한 인정을 야박하게 만든다.

명가(名家)의 무리는 대개 예관(禮官)[673]에서 나왔다. 옛날에는 명분과 지위가 같지 않았기 때문에 예의(禮儀)의 등급도 달랐다. 들추어내기 좋아하는 사람이 실행한다면 구차하게 찾아내어 분석하고 쪼개어[674] 어지럽게 할 따름이다.

묵가(墨家)의 무리는 대개 청묘(淸廟)를 지키는 관직[675]에서 나왔다. 지

---

668) 『松南雜識』에서는 '秉要'를 '乘要'로 오기되어 있음.

669) 희화(羲和) : 희씨(羲氏)와 화씨(和氏). 역상(曆象)으로 농사철을 알려주는 것을 맡은 관원.

670) 금기(禁忌) : 길흉과 관련된 기휘.

671) 이관(理官) : 법관(法官).
* 『松南雜識』에서는 '理家'로 오기되어 있음.

672) 『松南雜識』에서는 '任償必罰'로 오기되어 있음.

673) 예관(禮官) : 예의를 당담하는 관직.

674) 『松南雜識』에서는 '析'을 '折'로 오기되어 있음.

붕은 풀로 덮고 서까래는 다듬지 않은 나무를 사용하여 검약과 겸애(兼愛)를 중시한다. 사리에 밝지 못한 사람이 실행한다면 검약의 이로움만 보고 따라서 예악을 반대하고 겸애의 의의를 확장하지만 친소(親疎)의 구별을 모른다.

종횡가(縱橫家)의 무리는 대개 행인(行人)의 관직[676]에서 나왔다. 임기응변하여 적절한 대책을 만들며 명령은 교부(交付)하여도 언사(言辭)는 주지 않는다. 사악한 사람이 실행하면 사기를 숭상하고 신의를 버린다.

잡가(雜家)의 무리는 대개 의관(議官)[677]에서 나왔다. 유가와 묵가를 겸하고 명가와 법가를 합하였다. 학식이 천박한 사람이 실행하면 횡설수설 여기저기서 끌어대기에 무엇을 말하는지 모르게 한다.

농가(農家)의 무리를 대개 농직(農稷)의 관직[678]에서 나왔다. 농사와 잠업(蠶業)을 권면하여 의식을 풍족하게 한다. 비루한 사람이 시행하면 임금과 신하로 하여금 한께 농사짓게 만들고자 하여 위아래의 질서를 파괴하니 바로 『맹자(孟子)』의 이른바 "허행(許行)이 '어진 자는 아침밥 저녁밥을 직접 조달하고 정치를 한다'라고 하였다"[679]라는 말이 이것이다.[680]

---

675) 청묘(淸廟)를 지키는 관직 : 종묘를 관장하는 관직.

676) 행인(行人)의 관직 : 조근(朝覲)과 빙문(聘問)을 관장하는 관직.

677) 의관(議官) : 간언(諫言)하는 관직.

678) 농직(農稷)의 관직 : 농사를 가르치고 독려하는 관직.

679) 陳相見孟子, 道許行之言曰 : 滕君則誠賢君也, 雖然未聞道也. 賢者, 與民竝耕而食饔飧而治.(『孟子, 滕文公上』)

680) 이상의 내용은 『前漢書, 藝文志』를 축약·인용한 것임.

칠략은 유흠[681]이 상주한 것
七畧劉歆所奏

'집략(輯畧)'은 곧 군서(群書)의 총괄이다. '육예략(六藝畧)'은 육경(六經), '제자략(諸子畧)'은 구류(九流), '시부략(詩賦畧)'은 굴원(屈原)·순경(荀卿)·양웅(揚雄)의 작품, '병가략(兵家略)'은 권모(權謀)·기교(技巧)·형세(形勢)·음양(陰陽)의 서적, '술수략(術數略)'은 천문(天文)·역보(曆譜)·오행(五行)·시구(蓍龜)·잡점(雜占)·형법(刑法), '방기략(方技略)'은 의경(醫經)·경방(經方)·방중(房中)·신선(神仙)에 관한 책을 분류한 것이다.

소설
小說

「예문지(藝文志)」에서 "소설가(小說家)는 대개 패관(稗官)[682]에서 나왔다"라고 하였는데, 그 주석에서 "민간에서 만들어지는 이야기로 왕이 백성들의 풍속을 알고자 하는 까닭에 패관(稗官)을 세웠다"[683]라고 하였다. 당나라의 배형(裴鉶)[684]이 소설 『전기(傳奇)』를 저술하였으니 현재 소설의 시초이다.

---

681) 유흠(劉歆) : 전한 말기의 학자. 자는 자준(子駿)·영숙(穎叔). 유향(劉向)의 아들로 아버지와 함께 궁중의 비장서(秘藏書)를 교열하고, 부친의 사후 유업을 계승하였으며, 중국 최초의 분류 도서 목록인 『칠략(七畧)』을 완성하였다.

682) 패관(稗官) : 민간에 유행하는 이야기를 수집하던 관직.

683) 小說家**者流**蓋出於稗官, 街談巷語道聽塗說者之所造也. 〈街談巷說, **其細碎之言也**. 王者, 欲知閭巷風俗, 故立稗官.〉(『前漢書, 卷三十, 藝文志, 第十』)→小說家蓋出於稗官. 街談巷說, 王者, 欲知閭巷風俗, 故立稗官.(『松南雜識』)

684) 배형(裴鉶) : 당나라의 문학가. 저작으로 소설 『傳奇』 3권이 있다.
*『松南雜識』에는 '裴硎'으로 오기되어 있음.

우물저서
寓物著書

육우(陸羽)[685]의 『다경(茶經)』, 왕적(王績)[686]의 『주경(酒經)』, 사광(師曠)[687]의 『금경(禽經)』, 상흠(桑欽)[688]의 『수경(水經)』, 왕적신(王積薪)[689]의 『기경(碁經)』, 범려(范蠡)[690]의 『어경(魚經)』, 영척(甯戚)[691]의 『상우경(相牛經)』, 백락(伯樂)[692]의 『상마경(相馬經)』, 부구백(浮丘伯)[693]의 『상학경(相鶴經)』, 가탐백(賈耽百)의 『화보(花譜)』, 범성대(范成大)[694]의 『매보(梅譜)』·『국보(菊譜)』, 구양수(歐陽修)[695]의 『목단보(牧丹譜)』, 유반(劉攽)[696]의 『작

---

685) 육우(陸羽) : 당나라의 문인(733~약 804). 자는 홍점(鴻漸). 일명 질(疾). 자는 계자(季疵). 호는 자칭 상저(桑苧)라고 하였으며, 경릉자(竟陵子)·동강자(東岡子)라고도 한다. 차를 혹심히 좋아하였기에 다신(茶神)·다성(茶聖)·다선(茶仙)으로 불린다.

686) 왕적(王績) : 수나라 말기, 당나라 초기 시인. 자는 무공(無功), 호는 동고자(東皐子). 산서성(山西省) 하진현(河津縣) 출생. 왕통(王通)의 아우이다. 관직을 그만둔 뒤 술과 『노자(老子)』·『장자(莊子)』의 책을 벗삼아 여생을 보냈다.

687) 사광(師曠) : 춘추 시대 진(陳)나라의 악사. 소리를 잘 구별한 것으로 유명함.

688) 상흠(桑欽) : 서한의 학자. 자는 군평(君平).

689) 왕적신(王積薪) : 당나라의 바둑으로 유명한 사람. 왕적신이 안록산의 난 때 현종을 따라 촉(蜀)으로 가던 도중에 촌가에서 자게 되었는데, 그 옆방에서 시어머니와 며느리간에 바둑에 대하여 이야기 하는 것을 듣고 바둑의 대가가 되었다고 한다.

690) 범려(范蠡) : 춘추 시대 초나라 사람. 월왕 구천(句踐)을 도와 오나라를 멸망시킴.

691) 영척(甯戚) : 춘추 시대 위(衛)나라 사람으로 집이 가난하여 남의 수레를 끌어 주며 겨우 입에 풀칠을 하는 생활 속에서도, 소의 뿔을 두들기며 노래하였다. 환공(桓公)이 이상하게 여겨 관중(管仲)을 시켜 맞아들이도록 하여 대부(大夫)를 시켰다. 나중에 국상(國相)이 되었다.

692) 백락(伯樂) : 주(周)나라의 말 감정을 잘 하던 사람.

693) 부구백(浮丘伯) : 진(秦)나라 말 서한 초의 학자. 순황(荀況)의 문인.

694) 범성대(范成大) : 남송(南宋)의 시인(1126~1193). 자는 치능(致能), 호는 석호거사(石湖居士). 육유(陸游)와 친교를 맺고, 남송사대가(南宋四大家)의 한사람으로 꼽힌다. 소주(蘇州) 교외 석호(石湖)에 별장을 짓고, 말년에 그곳에서 청신한 시를 많이 썼다. 저서에 『석호거사시집(石湖居士詩集)』이 있다.

695) 구양수(歐陽修) : 송나라의 정치가·문인(1007~1072). 자는 영숙(永叔). 호는 취옹(醉翁)·육일거사(六一居士). 송나라 초기의 미문조(美文調) 시문인 서곤체(西崑體)를 개혁하고, 당나라의 한유를 모범으로 하는 시문을 지었다. 시로는 매요신(梅堯臣)과 겨루었고, 문(文)으로는 당송팔대가(唐宋八大家)의 한 사람이다. 시호는 문충(文忠).

696) 유반(劉攽) : 한나라의 역사학자. 자는 공보(貢父). 사마광(司馬光)과 『자치통감』을

약보(芍藥譜)』.

이름을 후세에 전하고 자취를 의탁하다
垂名托蹟

우리나라의 사가(史家)는 김부식(金富軾)[697]의 『삼국사기(三國史記)』, 정가신(鄭可臣)[698]의 『해동강목(海東綱目)』, 정인지(鄭麟趾)[699]의 『고려사(高麗史)』, 유계(兪棨)[700]의 『여사제강(麗史提綱)』, 서거정(徐居正)의 『동국통감(東國通鑑)』, 유성룡(柳誠龍)[701]의 『징비록(懲毖錄)』, 이희조(李喜祚)의 『청야만집(靑野謾輯)』, ○○○의 『조야회통(朝野會通)』[702], 이긍익(李肯益)[703]의 『연려실기술(燃藜室記述)』이다.

산천지(山川志)는 노사신(盧思愼)[704]의 『동국여지승람(東國輿地勝覽)』,

편찬하였음.

697) 김부식(金富軾) : 고려 시대의 학자·정치가(1075~1151). 자는 입지(立之). 호는 뇌천(雷川). 묘청의 난을 평정하여 수충정난정국공신(輸忠定難靖國功臣)의 호를 받았으며 인종 23년(1145)에 『삼국사기』를 편찬하였다.

698) 정가신(鄭可臣) : 고려 충렬왕 때의 문신(?~1298). 초명은 홍(興). 자는 헌지(獻之). 감찰대부, 첨의중찬 등을 지냈다. 전고(典故)에 밝고 문장에 능하여 많은 사명(辭命)을 지었으며, 저서에 『천추금경록(千秋金鏡錄)』 등이 있다.

699) 정인지(鄭麟趾) : 조선 전기의 문신·학자(1396~1478). 자는 백저(伯雎). 호는 학역재(學易齋). 시호는 문성(文成). 대제학, 영의정을 지냈다. 대통력(大統曆)과 역법(曆法)을 개정하였으며 많은 책을 편찬하고, 『고려사』를 찬수하였다. 훈민정음 창제에 크게 공헌하였으며, 안지(安止)·최항(崔恒) 등과 「용비어천가」를 지었다.

700) 유계(兪棨) : 조선의 문신(1607~1664). 자는 무중(武仲). 호는 시남(市南). 병자호란 때 척화를 주장하였으며, 복상(服喪) 문제 때 서인으로서 3년 설을 극구 반대하였다.

701) 유성룡(柳成龍) : 조선 선조 때의 재상(1542~1607). 자는 이견(而見). 호는 서애(西厓). 이황의 문인으로, 대사헌·경상도 관찰사 등을 거쳐 영의정을 지냈다. 저서에 『서애집』 등이 있다.

702) 조야회통(朝野會通) : 저자와 편찬 연대 미상의 조선 시대의 편년사. 28권 18책. 필사본.

703) 이긍익(李肯翊) : 조선 후기의 학자(1736~1806). 자는 장경(長卿), 호는 완산(完山)·연려실(燃藜室). 소론의 한 사람으로, 당론을 강력히 주장하여 노론(老論)이 집권하자 여러 번 귀양을 갔다. 실학을 제창하였고 고증학파 학자로서도 유명하다.

이중환(李重煥)[705]의 『택리지(擇里志)』이다.

병략(兵略)는 김종서(金宗瑞)[706]의 『동국통감(東國通鑑)』, 이순신(李舜臣)의 『충무전서(忠武全書)』이다.

예설(禮說)은 허조(許稠)[707]의 『오례의(五禮儀)』, 박세채(朴世采)[708]의 『남계예설(南溪禮說)』, 이덕무(李德懋)의 『사소절(士小節)』이다.

경제(經濟)는 신숙주(申叔舟)[709]의 『경국대전(經國大典)』, 정도전(鄭道傳)의 『경제육전(經濟六典)』, 유형원(柳馨遠)의 『반계수록(磻溪隧錄)』이다.

시화(詩話)는 권문해(權文海)[710]의 『대동운부군옥(大東韻府群玉)』, 남용익(南龍翼)[711]의 『기아(箕雅)』, 허균(許筠)의 『국조시산(國朝詩刪)』, 조명관(趙明觀)의 『저호시화(樗湖詩話)』이다.

기문(記聞)은 최치원(崔致遠)의 『계원필경집(桂苑筆耕集)』, 서거정(徐居正)

---

704) 노사신(盧思愼) : 조선 시대의 문신 · 학자(1427～1498). 자는 자반(子胖). 호는 보진재(葆眞齋) · 천은당(天隱堂). 지평, 직제학 등을 거쳐 영의정을 지냈다. 세조 때 『경국대전(經國大典)』의 호전(戶典)을 편찬하고, 성종 때 『삼국사절요(三國史節要)』 · 『동국여지승람(東國輿地勝覽)』을 편찬하였다.

705) 이중환(李重煥) : 조선 영조 때의 실학자(1690～1752). 자는 휘조(輝祖). 호는 청담(淸潭) · 청화산인(靑華山人). 벼슬은 병조 좌랑에 이르렀다. 이익(李瀷)의 실사구시(實事求是)의 학풍을 계승하여 전국을 떠돌아다니면서 지리 · 사회 · 경제를 연구하였다.

706) 김종서(金宗瑞) : 조선 전기의 충신(1390～1453). 자는 국경(國卿). 호는 절재(節齋). 태종 5년(1405)에 문과에 급제하고, 함길도 절제사를 거쳐 우의정을 지냈다. 육진(六鎭)을 개척하여 두만강을 경계로 국경을 확정하였다.

707) 허조(許稠) : 고려 말 조선 초의 문신.(1369～1439). 본관은 하양(河陽). 자는 중통(仲通), 호는 경암(敬菴). 권근(權近)의 문인.

708) 박세채(朴世采) : 조선 숙종 때의 문신(1631～1695). 자는 화숙(和叔), 호는 현석(玄石) · 남계(南溪). 성리학자로서 숙종 20년(1694)에 좌의정이 되었고, 황극탕평설(皇極蕩平說)을 주장하였다. 저서에 『심학지결(心學至訣)』 · 『이학통록(理學通錄)』 등이 있다.

709) 신숙주(申叔舟) : 조선 세조 때의 문신(1417～1475). 자는 범옹(泛翁), 호는 보한재(保閑齋) · 희현당(希賢堂). 훈민정음 창제에 공을 세웠으며, 『세조실록』의 편찬에 참여하고 『동국통감(東國通鑑)』 · 『오례의(五禮儀)』를 편찬하였다.

710) 권문해(權文海) : 조선의 학자 · 문신(1534～1591). 자는 호원(灝元), 호는 초간(草澗). 좌부승지와 감사(監司)를 지냈다.

711) 남용익(南龍翼) : 조선 시대의 학자 · 문신(1628～1692). 자는 운경(雲卿), 호는 호곡(壺谷). 대제학, 이조 판서를 지냈으며, 숙종 15년(1689) 기사환국으로 명천(明川)에 유배되어 그 곳에서 죽었다. 저서에 『호곡집(壺谷集)』 · 『부상록(扶桑錄)』 등이 있다.

의 『필원잡기(筆苑雜記)』, 이정(李淨)의 『청파극담(靑坡劇談)』, 김시습(金時習)의 『금오록(金鰲錄)』, 남효온(南孝溫)의 『추강냉화(秋江冷話)』, 유몽인(柳夢寅)의 『어우야담(於于野譚)』, 조위(曺偉)[712]의 『소문쇄록(謏聞瑣錄)』, 성현(成俔)의 『용재총화(慵齋叢話)』, 김정국(金正國)[713]의 『사재척언(思齋摭言)』, 강항(姜沆)[714]의 『간양록(看羊錄)』, 조완벽(趙完璧)[715]의 『안남일기(安南日記)』, 신광한(申光漢)[716]의 『기재기이(企齋記異)』, 어숙권(魚叔權)[717]의 『패관잡기(稗官雜記)』, 이자(李耔)[718]의 『음애일기(陰崖日記)』, 심수경(沈守慶)[719]의 『견한록(遣閒錄)』, 권응인(權應仁)[720]의 『송계만록(松溪謾錄)』[721],

---

712) 조위(曺偉) : 조선 성종 때의 학자(1454~1503). 자는 태허(太虛). 호는 매계(梅溪). 김종직의 문인으로, 도승지를 역임하고 대사성으로 지춘추관사가 되어 『성종실록』을 편찬할 때 김종직의 「조의제문(弔義帝文)」을 실어 무오사화 때 유배되어 죽었다. 저서에 『매계집(梅溪集)』이 있다.

713) 김정국(金正國) : 조선 중기의 학자·문신(1485~1541). 자는 국필(國弼). 호는 사재(思齋). 병조 참의·공조 참의·형조 참판을 지냈다. 김굉필의 문인으로 학문과 시문이 뛰어났다. 저서에 『성리대전절요(性理大全節要)』·『촌가구급방(村家救急方)』 등이 있다.

714) 강항(姜沆) : 조선 선조 때의 문인·학자·의병장(1567~1618). 자는 태초(太初). 호는 수은(睡隱). 정유재란 때에 남원에서 의병을 모집하여 싸웠으며, 경사백가(經史百家)에 통달하고, 포로로 일본에 있으면서 그곳에 성리학을 전하였다. 저서에 『간양록』·『수은집(睡隱集)』이 있다.

715) 조완벽(趙完璧) : 조선 중기의 학자. 본관은 배천(白川). 자는 중국(重國). 진주 출신. 정유재란 때 왜군의 포로가 되어 일본 경도(京都)로 잡혀가 복역하였다. 왜상(倭商)들에게 강제로 이끌려 1604년(선조 37) 이후 세 차례나 안남(安南)에 갔고, 필리핀·유구국(琉球國) 등에도 다녀왔다. 1607년에 회답사(回答使) 여우길(呂祐吉) 등이 일본에 갔을 때 그의 본국송환을 간청하여 10년 만에 돌아왔다.

716) 신광한(申光漢) : 조선 중종 때의 문신(1484~1555). 자는 한지(漢之)·시회(時晦). 호는 기재(企齋)·낙봉(駱峯). 기묘사화 때 조광조 일파로 몰려 여주에 퇴거하였다가 다시 돌아와 대제학·좌찬성·우찬성을 지냈다. 저서에 『기재집(企齋集)』 등이 있다.

717) 『松南雜識』에는 '魚叔倫'으로 되어 있음.

718) 이자(李耔) : 조선 중기의 학자·문신(1480~1533). 본관은 한산(韓山). 자는 차야(次野), 호는 음애(陰崖)·몽옹(夢翁)·계옹(溪翁). 이색(李穡)의 후손.

719) 심수경(沈守慶) : 조선 중기의 문신(1516~1599). 본관은 풍산(豊山). 자는 희안(希顔), 호는 청천당(聽天堂). 저서로 『청천당시집(聽天堂詩集)』·『청천당유한록(聽天堂遺閑錄)』이 있다.

720) 권응인(權應仁) : 조선 중기의 문인. 자는 사원(士元). 호는 송계(松溪). 만당(晩唐)의 시풍을 받아들여 당시 송나라의 시풍이 유행하던 문단에 큰 전환을 가져왔으며, 시평

이응남(李應男)의 『후정쇄어(侯鯖瑣語)』, 허봉(許篈)[722]의 『해동야언(海東野言)』, 이정형(李廷馨)[723]의 『동각잡기(東閣雜記)』·『황토기사(黃兎記事)』, 차천로(車天輅)의 『오산설림(五山說林)』, 이수광(李睟光)의 『지봉유설(芝峯類說)』, 김덕함(金德諴)[724]의 『성옹식소록(醒翁識小錄)』, 허목(許穆)[725]의 『미수기언(眉叟記言)』, 이익(李瀷)의 『성호사설(星湖僿說)』, 남하정(南夏正)[726]의 『동소만록(桐巢謾錄)』, 박지원(朴趾源)의 『열하일기(熱河日記)』, 서명응(徐命膺)[727]의 『고사신서(攷事新書)』이다. 모두 문학 군자와 경륜(經綸) 현사(賢士)가 간책(簡策)에 이름을 드리우고자 한 까닭에 서적에 자취를 의탁하였을 따름이다.

(詩評)에도 많은 업적을 남겼다. 저서에 『송계집(松溪集)』이 있다.

721) 『松南雜識』에는 '松漢謾錄'으로 되어 있음.

722) 허봉(許篈) : 조선 선조 때의 문신(1551~1588). 자는 미숙(美叔), 호는 하곡(荷谷). 서사(書史)에 밝은 문장가로, 저서에 『하곡조천기(荷谷朝天記)』·『이산잡술(伊山雜述)』 등이 있다.

723) 이정형(李廷馨) : 조선 중기의 문신(1549~1607). 본관은 경주(慶州). 자는 덕훈(德薰), 호는 지퇴당(知退堂)·동각(東閣). 성리학에 밝았고, 제자백가서(諸子百家書)·성력(星曆)·복서(卜筮)·술수(術數)에도 통달했다 한다.

724) 김덕함(金德諴) : 조선 중기의 문신(1562~1636). 자는 경화(景和), 호는 성옹(醒翁). 광해군 때 군기시정(軍器寺正)을 지냈으며 폐모론에 반대하다가 유배되었다. 저서에 『성옹유고(醒翁遺稿)』가 있다.

725) 허목(許穆) : 조선 숙종 때의 학자·문신(1595~1682). 자는 문보(文甫)·화보(和甫), 호는 미수(眉叟). 제자백가와 경서 연구에 전념하였으며 특히 예학(禮學)에 밝았다. 저서에 『경설(經說)』·『동사(東事)』 따위가 있다.

726) 남하정(南夏正) : 조선 후기의 학자(1678~1751). 자는 시백(時伯), 호는 동소(桐巢). 경사(經史)와 제자백가에 통달하였고, 문장에도 뛰어났다. 저서에 『사대춘추(四代春秋)』 따위가 있다.

727) 서명응(徐命膺) : 조선 시대의 학자·문신(1716~1787). 자는 군수(君受), 호는 보만재(保晩齋). 정조 때 홍문관 대제학·수어사를 지냈다.

나무 형상을 꾸짖고 차의 신을 헐뜯다
呵木毁茶

왕필(王弼)[728]이 『역경(易經)』에 주석 작업을 할 때 나무로 정현(鄭玄)의 상을 깎아서 만들어 놓고 그의 오류를 볼 때마다 바로 그를 큰 소리로 꾸짖었다.

차를 파는 어떤 사람이 육우(陸羽)의 도자기 상을 만들어 놓고 양돌(煬突)[729]에 안치하고 차의 신으로 받들었다. 그런데 이계경(李季卿)[730]이 육우에게 예하지 않고 또 「훼차론(毁茶論)」을 저술하였다고 한다. 『역경』을 좋아하였기에 후생들이 스승으로 받들었건만 왕필의 질책을 받기도 하고 차를 좋아하였기에 차를 파는 사람이 제사 지내고 받들었건만 이계경의 무례함을 당하였다. 그렇기에 나는 저술하는 사람들이 나무 형상으로 만들어져 꾸짖음을 당하고 차의 신 헐뜯음을 당하는 꼴이 될까 두렵다.

문집간행
文集刊行

지봉 이수광이 말하였다.

중국 사람들은 글을 지으면 바로 간행하여 반포하니 호사(好事)에서 연유한 행동이다. 고서(古書)를 증보하거나 산삭(刪削)하는 경우에는 자신의 이름을 몰래 집어넣어 살아 있는 것으로 만드니 더욱 가

728) 왕필(王弼) : 위(魏)나라의 학자(226~249). 자는 보사(輔嗣). 위진 시대 노장학(老莊學)의 시조로 불리운다. 저서에 『노자주(老子註)』·『주역주(周易註)』가 있다.
729) 양돌(煬突) : 차를 찌는 연돌(煙突).
730) 이계경(李季卿) : 당나라의 문인. 시문에 능하였고 경전에 해박하였음.

소룹다. 고려의 이규보(李奎報)와 조선의 서거정(徐居正)·강희맹(姜希孟)의 문집은 그들이 살아 있을 때 세상에 간행되었다고 한다.[731]

731) 中朝人所爲文章, 輒卽刊布, 蓋出於好事, 而至於增**削**古書, 竄入己名, 以爲生活, 尤可笑. 前朝李奎報, 本朝徐居正, 姜希孟集, 及其生時, 亦卽行于世云.(『芝峯類說, 卷八, 文章部一, 文藝』) → 中朝人所爲文章, 輒卽刊布, 蓋出於好事, 而至於增**刪**古書, 竄入己名, 以爲生活, 尤可笑. 前朝李奎報, 本朝徐居正, 姜希孟集, 及其生時, 亦卽行于世云.(『松南雜識』)

26. 이기설(理氣說)

이발기발
理發氣發

자공(子貢)[1]은 "선생님께서 성(性)과 천도(天道)를 말하는 것은 들을 수가 없다"[2]라고 하였고, 자사(子思)[3]는 "천명을 성이라 이른다[天命之謂性]"[4]라고 하였다. 맹자(孟子)는 인 · 의 · 예 · 지(仁 · 義 · 禮 · 智)를 '사단(四端)'이라 하고 기쁨 · 분노 · 슬픔 · 두려움 · 사랑 · 증오 · 욕망[喜 · 怒 · 愛 · 懼 · 愛 · 惡 · 慾]을 '칠정(七情)'이라고 하였다. 주자는 사단(四端)은 이(理)의

---

1) 자공(子貢) : 춘추 시대 위나라의 유학자. 성은 단목(端木), 이름은 사(賜). 공문십철(孔門十哲)의 한 사람으로 언어에 뛰어났으며, 노나라와 위나라의 재상(宰相)을 지냈다.
2) 夫子之言性與天道, 不可得而聞也.(『論語, 公冶長』) → 夫子之性與天道, 不可得而聞也.(『松南雜識』)
3) 자사(子思) : 전국 시대 노나라의 유학자. 공자의 손자로, 이름은 급(伋). 증자(曾子)의 제자이며 맹자의 스승으로, 성(性)을 천지와 자연의 법칙으로 삼고 천인합일(天人合一)의 철학을 제창하였다.
4) 天命之謂性.(『中庸, 第二章』)

발현(發現)이고 칠정(七情)은 기(氣)의 발현이라고 하였고, 조선의 퇴계(退溪) 이황(李滉)은 '이기호발(理氣互發)'이라고 하였고, 화담(花潭) 서경덕(徐敬德)[5]은 기(氣)를 성(性)으로 인식하였다. 율곡(栗谷) 이이(李珥)는 발현되는 것이 기(氣)이고 발현되게 하는 것이 이(理)라고 하였다. 우리 선조인 졸수재(拙修齋) 조성기(趙聖期)[6]는 이(理)는 '본연명물(本然命物)'·'승기유행(乘氣流行)'·'혼융합일(渾融合一)'·'분개각주장(分開各主張)'이라고 하였다. 율곡의 관점은 유행(流行)에 편중되어 혼융(渾融)일 따름이다.

성선악혼
性善惡渾

『설문해자(說文解字)』에서 "사람의 본성이 선한 것은 양(陽)의 기운에 속하는 것이기에 '심(心)'자를 따르고 '생(生)'자를 따른다"[7]라고 하였다. 『통론(通論)』에서 "사람은 오방(五方)의 바람과 산천의 기운을 인연해서 태어난다. 그러므로 '성(性)'은 '생(生)'이다. 이미 태어나서 품부됨이 있는 것을 '성(性)'이라고 한다. 그러므로 『설문해자』에서 '심(心)'자와 '생(生)'자로 '성(性)'자를 만들었다"[8]라고 하였다. 맹자(孟子)는 성(性)은 선하

---

5) 서경덕(徐敬德) : 조선 중종 때의 학자(1489~1546). 자는 가구(可久), 호는 복재(復齋)·화담(花潭). 이기론(理氣論)의 본질을 연구하여 이기 일원설을 체계화하였으며, 수학·역학도 깊이 연구하였다. 저서에 『화담집』이 있다.

6) 조성기(趙聖期) : 조선 숙종 때의 학자(1638~1689). 자는 성경(成卿). 호는 졸수재(拙修齋). 평생을 독서와 학문에만 전심하였다. 시문에 능통하고 성리학을 집대성하였으며, 경제학에도 밝았다. 한문소설 「창선감의록(彰善感義錄)」을 지었으며, 저서에 『졸수재집』이 있다.

7) 人之陽氣性善者也, 從心生.(『說文解字, 性』) → 人之陽氣性善者也, 從心**從**生.(『松南雜識』)

8) **許氏**說文曰, 人之陽氣, 性善者也, 從心生**聲**. 通論**曰**, 人因五方之風山川之氣以生, 故曰性者, 生也. 旣生有稟曰性, 故於文心生爲性.(『東溪日談錄, 卷二, 性道談, 下』) → 說文曰, 人之陽氣, 性善者也, 從心**從**生. 通論, 人因五方之風山川之氣以生, 故曰性者, 生也. 旣生有稟曰性, 故於文心生爲性.(『松南雜識』)

다 말하고, 순자(荀子)[9]는 성(性)은 악(惡)하다 말하고, 양웅(揚雄)[10]은 선과 악이 섞여 있다고 말한다.

기질지성
氣質之性

장재(張載)[11]가 기질지성에 대하여 처음으로 말하였고 상·중·하(上·中·下)의 삼품(三品)을 한유(韓愈)도 말하였다. 선(善)도 없고 불선(不善)도 없다는 것은 본래 고자(告子)[12]의 말로 소식(蘇軾)과 오봉(五峯) 호굉(胡宏)[13]의 말은 그것을 따른다. 지금 낙론(洛論)의 설(說)에 사람과 물(物)의 성(性)이 동일하다고 하고 호론(湖論)의 설은 사람과 물(物)의 성(性)이 다르다고 한다.[14] 또 '천명(天命)을 성(性)이라고 하니[天命之謂性]', '하

---

9) 순자(荀子) : 전국 시대 조나라의 사상가(B.C. 298~B.C. 238). 이름은 황(況). 예의로써 사람의 성질을 교정할 것을 주장하고 맹자의 성선설에 대하여 성악설을 제창하였다. 저서에 『순자』가 있다. 순경(荀卿).

10) 양웅(揚雄) : 전한의 학자·문인(B.C. 53~A.D. 18). 자는 자운(子雲). 성제(成帝) 때에 궁정 문인이 되어 성제의 사치를 풍자한 문장을 남겼다. 후에 왕망(王莽)의 정권을 찬미하는 글을 써 비난을 받기도 하였다. 작품에 「감천부(甘泉賦)」·「하동부(河東賦)」, 저서에 『법언(法言)』·『태현(太玄)』 등이 있다.

11) 장재(張載) : 중국 북송의 유학자(1020~1077). 자는 자후(子厚). 호는 횡거(橫渠). 유가와 도가의 사상을 조화시켜 우주의 일원적 해석을 설파함으로써 이정(二程)과 주자의 학설에 영향을 끼쳤다.

12) 고자(告子) : 전국 시대 제(齊)나라의 사상가. 성은 고(告), 이름은 불해(不害). 맹자와 같은 시대의 사람이다. 인성(人性)에 관하여 맹자와 논쟁을 벌여, "사람의 본성은 본래 선도 아니고 악도 아니며, 다만 교육하기 나름으로 그 어느 것으로도 될 수 있다"라고 주장하였다. 맹자와의 논의는 『맹자, 고자(告子)』에 수록되어 있다.

13) 호굉(胡宏) : 송나라의 유학자. 자는 인중(仁仲). 아버지 호안국(胡安國)의 학문을 계승하여 정문(程門) 4선생의 일원인 유작(游酢)을 비판하며 '성무선악설(性無善惡說)'을 주장하였다. 그의 문하에서 장식(張栻) 이하 9인이 배출되었다. 오봉(五峯)·호씨(胡氏)·호오봉(胡五峯)으로 칭한다.

14) 조선 후기 성리학에서의 인물성 동이(人物性同異)에 관한 논쟁을 '호락 시비(湖洛是非)' 혹은 '인물성 동이 논쟁'이라고도 한다. 한원진(韓元震)은 인물성(人物性)의 이(異)를 주장하고, 이간(李柬)은 인물성(人物性)의 동(同)을 주장하였다. 이간의 인물성

늘이 명한 바를 성(性)이라고 한다[天所命之謂性]'라는 것과는 다르다.

존덕치지
尊德致知

상산(象山) 육구연(陸九淵)[15]은 '존덕성(尊德性)'[16]이라고 하였고, 왕수인(王守仁)[17]은 '치양지(致良知)'[18]라고 하였다. 또 "선(善)이 없고 악(惡)이 없는 것은 바로 심(心)의 체(體)이고, 선(善)이 있고 악(惡)이 있는 것은 바로 심(心)의 용(用)이다"라고 하였다.

도학
道學

『서경(書經), 대우모(大禹謨)』에서 "도심(道心)은 은미하다[道心惟微]"[19]라고 한 말은 바로 도(道)의 시작이고, 『서경(書經), 열명(說命)』에서 "배움

동론을 지지하는 사람들은 대개 낙하(洛下 : 지금의 서울 지방)에 살고 있었으므로 낙학(洛學) 또는 낙론(洛論)이라 부르고 한원진의 인물성 이론에 찬동하는 사람들은 모두 호서(湖西 : 지금의 충청도 지방)에 살고 있었으므로 호학(湖學) 또는 호론(湖論)이라 칭하였다.

15) 육구연(陸九淵) : 남송의 유학자(1139~1192). 자는 자정(子靜). 호는 상산(象山). 주자의 이기설에 반대하여 우주 안에는 오직 '이(理)'만이 있다고 하는 이일원론(理一元論)을 세웠다. 뒤에 그의 주장은 명나라 왕양명에게 이어졌다. 저서에 『육상산전집』이 있다.

16) 존덕성(尊德性) : 인간이 선천적으로 갖고 있는 선한 덕성을 존숭하여 그것을 보존·확충하는 방법.

17) 왕수인(王守仁) : 명나라의 유학자(1472~1528). 자는 백안(伯安). 호는 양명(陽明). 지행합일론(知行合一論)과 심즉이설(心卽理說) 및 치양지설(致良知說)을 주장하였다. 저서에 『왕문성전서(王文成全書)』·『전습록(傳習錄)』이 있다.

18) 치양지(致良知) : 모든 사람이 가지는 선천적·보편적 마음의 본체인 양지를 실현하는 일.

19) 道心惟微.(『書經, 大禹謨』)

은 뜻을 겸손하게 해야 한다[惟學遜志]"[20]라고 한 말은 바로 학문의 시작이니 후세에 도학(道學)의 연원이 된다. 또 『서경(書經), 탕고(湯誥)』에서 "순하게 하여 떳떳한 성(性)을 소유하였으니[若有恒性]"라고 하였는데, 그 주석에서 신안(新安) 진사개(陳師凱)[21]는 "성인의 학문에서 성(性)을 말한 것이 또한 이로부터 시작되었다"[22]라고 하였다.

불성법성
佛性法性

육기(陸機)[23]가 말하였다.

연기가 불에서 나오지만 불과 화해(和諧)되지 않고 정(情)이 성(性)에서 나오지만 성과 조화되지 않는다. 그러므로 불이 세차게 타오를수록 연기는 줄어들고 성(性)이 충만할수록 정(情)은 감소한다.[24]

『전등록(傳燈錄)』에서 말하였다.

지선사(智禪師)가 "성(性)이 곧 불(佛)이고 불(佛)이 곧 성(性)이다. 그러므로 성(性)을 보고 불(佛)을 이룬다고 한다"라고 하였다.[25]

---

20) 惟學遜志.(『書經, 說命下』)

21) 진사개(陳師凱) : 원나라의 학자. 자는 도용(道勇), 여산(廬山)에 은거(隱居)하여 그곳을 동회택(東匯澤)이라 이름하였다. 저서에 『상서채전방통(尙書蔡傳旁通)』이 있다.

22) 若有恒性. 新安陳氏曰, 〈**六經**言性, **實**始**于**此, **中庸言命性道敎**, **其淵源蓋出於此**.〉(『書經, 湯誥』)→若有恒性. **註**, 新安陳氏曰, **聖學之**言性, **亦自**此始也.(『松南雜識』)

23) 육기(陸機) : 진(晉)나라 오군(吳郡) 출신. 자는 사형(士衡). 『육사형집(陸士衡集)』·『육평원집(陸平原集)』이 있다.

24) **臣聞**, **烟**出**於**火, 非火之和, 情生**於**性, 非性之適, 故火壯則**烟**微, 性充則情約.(『文選, 卷五十五, 演連珠五十首』)→**陸機云**, **煙**出**夫**火, 非火之和, 情生**于**性, 非性之適, 故火壯則**煙**微, 性充則情約.(『松南雜識』)

또 "불(佛)은 성(性)을 깨달음은 있지만 정(情)이 없다[佛有覺性而無情]"[26]라고 하였다.

『북제서(北齊書)』에서 말하였다.

> 위제(魏帝)가 두필(杜弼)[27]에게 물었다.
>
> "말하는 자들이 모두 '법성(法性)은 관대하고 불성(佛性)은 협애하다'고 하니 어찌된 것인가?"
>
> 두필이 말하였다.
>
> "관대한 곳에 있으면 관대해지고 협애한 곳에 있으면 협애해집니다. 만약 성(性)의 체(體)를 논한다면 관대함도 아니고 협애함도 아닙니다."[28]

아! 두필은 이학(理學)으로 유명한 사람이 아닌데도 성(性)의 체(體)를 아니 후대의 명색이 성리학자라고 하는 자들이 두필의 말을 알 수 있을까?

탁수마니
濁水摩尼

『원각경(圓覺經)』에서 "청정(淸淨)한 마니보주(摩尼寶珠)[29]가 오색(五色)을 비추어 방향에 따라 각각 나타난다[淸淨摩尼寶珠, 映於五色, 隨方各現.]"

---

25) **天台雲居**智禪師, **有僧問**, **見性成佛**, **其義云何**. **師曰**, **淸淨之性**, **本來湛然**, **如是明見**, **乃名見性**, 性卽佛, 佛卽性, 故**云**見性成佛.(『類說, 卷二十, 傳燈錄, 見性成佛』)→智禪師**云**, 性卽佛, 佛卽性, 故見性成佛.(『松南雜識』)

26) 『錦繡萬花谷, 前集, 卷二十九, 浮圖名議』.

27) 두필(杜弼) : 북제(北齊) 양곡(陽曲) 출신. 자는 보현(輔玄).

28) 說者, **皆**言法性寬, 佛性狹, **寬狹旣別**, **非二**, 如何. 弼**又**對曰, 在寬成寬, 在狹成狹, 若論性體, 非寬非狹.(『北齊書, 卷二十四, 列傳, 第十六, 杜弼』)→說者, **妄**言法性寬, 佛性狹, 如何. 弼對曰, 在寬成寬, 在狹成狹, 若論性體, 非寬非狹.(『松南雜識』)

29) 마니보주(摩尼寶珠) : 흐린 물 속도 비추어 볼 수 있다는 보물 구슬.

라고 하였는데 그 주석에서 "성(性)의 비춤이 원명(圓明)이다"[30]라고 하였다.

두보의 시에서,

오로지 마니주(摩尼珠)가 있어	唯有摩尼珠
흐린 물의 근원도 비출 수 있네[31]	可照濁水源

라고 하였는데, 산곡(山谷) 황정견(黃庭堅)[32]의 시에서 "흐린 물이 마니주를 얻었다[濁水得摩尼]"[33]라고 한 말이 이것이다. 지금 "성(性)은 흐린 물의 밝은 구슬"이라는 말은 여기에서 유래한다. 또 불경에서 "어떻게 성을 보는가?"라고 하니 선사가 "비유하자면 마치 집에 여섯 개의 창이 있는데 안에 원숭이가 있어서 동쪽에서 산을 부르면 산이 응하고 여섯 개의 창에서 모두 부르면 모두 응하는 것과 같다"[34]라고 하였다. 주자의 '마음은 방과 같다[心如屋子]'라고 하는 비유는 여기에서 유래하였는데 성을 보는 것이 부처만 한 것이 없지만 필경은 적멸(寂滅)하여 수신·제가·치국·평천하(修身·齊家·治國·平天下)의 공(功)이 없기 때문에 취하지 않는다.

---

30) 言性照圓明如摩尼珠. 然雖照濁水而不爲濁水所汚也. 如語云湼而不緇. 杜補遺. 圓覺經譬如淸淨摩尼寶珠, 映于五色, 隨方各現.(『九家集汪杜詩, 卷七, 贈蜀僧閭丘師兄』) → 圓覺經曰, 淸淨摩尼寶珠, 映於五色, 隨方各現. 註, 性照圓明也.(『松南雜識』)

31) 唯有摩尼珠, 可照濁水源.(『九家集汪杜詩, 卷七, 贈蜀僧閭丘師兄』)

32) 황정견(黃庭堅) : 북송의 시인·서예가(1045~1105). 자는 노직(魯直). 호는 산곡(山谷). 기이하고 파격적인 시를 써 송시(宋詩)에 새로운 바람을 일으켰다. 강서 시파의 원조이며, 서예도 뛰어나 송대 사대가의 한 사람으로 꼽힌다. 시집으로 『산곡시내외집(山谷詩內外集)』이 있다.

33) 『山谷集, 卷十一, 陳榮緖惠示之字韻詩, 推奬過實, 非所敢當, 輒次高韻. 三首』.

34) 屋窗獼猴, 仰山問洪恩禪師, 如何得視性. 師曰, 譬如屋有六窗, 內有一獼猴, 東邊呼山, 山應, 如是六窗俱呼, 俱應.(『錦繡萬花谷, 前集, 卷二十八, 佛祖』) → 譬如屋有六窗, 內有一獼猴, 東邊呼山, 山應, 六窗俱呼, 俱應.(『松南雜識』)

의정불근
醫情佛根

의서(醫書)에서 기쁨·분노·근심·생각·슬픔·놀람·공포를 '칠정(七情)'이라고 하였고 불경에서는 눈·귀·코·혀·몸·뜻을 '육근(六根)'이라고 하였는데 '육진(六塵)'이라고 쓰기도 한다. 이식(李栻)[35]이 지은 「실당명(室堂銘)」에서 방으로 마음을 비유하고 신(腎)으로 당(堂)에 비유하니 경박한 사람들이 '신학(腎學)'이라고 비웃었다. 그러나 장재(張載)의 설 중에 사람의 정신이 낮에는 눈에 깃들어 있다가 밤에는 신(腎)으로 돌아온다는 것이 있고 맹자는 "그 눈동자를 보라[觀其眸子]"[36]라고 하였으니 눈동자는 진실로 마음에 속하고 마음도 신(腎)에 속한다. 그러므로 나는 홀로 외암(畏巖) 이식이 신(腎)을 알았으니 바로 마음을 알았다고 말한다.

호랑이 묶듯이 마음을 지키라
守心縛虎

황정견(黃庭堅)이 "호랑이 묶듯이 마음을 지키라[守心如縛虎]"[37]라고 하였고 『설부(說郛)』에서는 "한결같이 착하게 생각하면 상서로운 별과 구름이 이르고 한결같이 악하게 생각을 하면 매서운 바람과 사나운 비가 몰아친다"라고 하였다.

나는 마음을 지키는 것도 내 마음이고 마음을 묶는 것도 내 마음이니

---

35) 이식(李栻) : 조선 후기의 학자(1659~1729). 본관은 연안(延安). 자는 경숙(敬叔), 호는 외암(畏庵). 이천 출신. 15~16세부터 일기를 써 평생 동안 수십권의 기록을 남겼다. 성리학에 있어서 선인들이 미처 발명하지 못한 사단칠정(四端七情)에 대해 연구하여 지론을 확립하고, 이황의 학통을 따라 이기이원론의 입장을 지지하여 『사칠부설(四七附說)』 1권을 저술했다.

36) 『孟子, 離婁上』.

37) 「차운기조이도(次韻寄晁以道)」.

선과 악을 어떻게 할까 생각하는 것 보다는 못하다고 생각한다.

식신엄작
識神掩雀

『선혜록(善惠錄)』에서 말하였다.

국왕(國王) 기유니(機惟尼)의 둘째 딸 수탐마(須耽摩)가 병 사이에서 놀면서 말하였다.

"참새가 병 속에 있기에 그 주둥이를 다시 덮으니 나와서 날 수 없었는데, 지금 병이 깨진 뒤에 참새가 날아 갔습니다"

게(偈)에,

참새가 병 속으로 날아들기에	雀來入甁中
촘촘한 천으로 병 입구를 막았다네	羅縠掩甁口
비단이 뚫어져 참새가 날아가니	縠穿雀飛去
마음도 업을 따라 달아나네	識神隨業走[38]

라고 하니, 불경에서 "외양간 소가 한 번 길을 벗어나 풀 속으로 들어가면 콧구멍을 잡고 끌고 온다"[39]라고 한 말과 『태현경(太玄經)』에서 이른바 "소의 코를 잡지 않고 꼬리를 잡는 것이 고생스럽기만 할 뿐이다"[40]라고 한 말이 삼매(三昧)[41]를 얻으니 범조우(范祖禹)[42]의

---

38) 國王機惟尼**有七女**, 第二女**字**須耽摩, **游**甁間, 言雀在甁中, 復蓋其口, 不能出飛, 今甁已破, 雀飛而去. **七女經**. **又七賢女**偈曰, 雀來入甁中, 羅縠掩甁口, 縠穿雀飛去, 識神隨業走.(『韻府羣玉, 甁雀』)→國王機惟尼第二女須耽摩, **遊**甁間, 言雀在甁中, 復盖其口, 不能出飛, 今甁已破, 雀飛而去. 偈曰, 雀來入甁中, 羅縠掩甁口, 縠穿雀飛去, 識神隨業走.(『松南雜識』)

39) **牿**牛**若落路**入草, 便把鼻孔拽**轉**來.(『五燈會元, 卷四, 南嶽下三世, 百丈海禪師法嗣』)→**牧**牛**語一回**入草**去**, 便把鼻孔拽來.(『松南雜識』)

딸이 맹자를 알지 못하지만 문득 마음은 알았다고 할 만하다.[43]

우리말 경전 풀이
方言解經

신라의 역사에서 말하였다.

신문왕(神文王) 때 설총(薛聰)의 자는 총지(聰智)이니 사문(沙門) 원효(元曉)[44]의 아들로 나면서부터 총명하고 지혜로우며 박학다식하고 글에 능하여 우리나라 말로 구경(九經)[45]의 의미를 풀이하여 후생을 훈도(訓導)하였다.

『경주설씨보(慶州薛氏譜)』를 살펴보니, 원효가 환속하여 이름을 '사례(思禮)'라고 하였다.

---

40) **次七**勞牽不其鼻于尾弊.(『太玄經, 卷六』)→不其鼻于尾勞牽.(『松南雜識』)

41) 삼매(三昧) : 잡념을 떠나서 오직 하나의 대상에만 정신을 집중하는 경지. 이 경지에서 바른 지혜를 얻고 대상을 올바르게 파악하게 된다. ≒삼마제 · 삼마지 · 삼매경.

42) 범조우(范祖禹) : 송나라의 역사가(1041~1099). 자는 순부(淳夫) 또는 몽득(夢得). 저서에 「당감(唐鑑)」·「태사집(太史集)」 등이 있다. 당감공(唐鑑公)이라 칭했다.

43) 범조우의 딸이 맹자의 "나가고 들어옴이 정한 때가 없으며, 그 방향을 알 수 없음은 오직 사람의 마음을 두고 말한 것이다[出入無時, 莫知其鄕, 惟心之謂與]"라고 한 구절을 읽고 "맹자는 마음을 알지 못하는구나. 마음이 어찌 나가고 들어옴이 있겠는가?"라고 하였다. 이천(伊川)이 이 말을 듣고 "그녀는 비록 맹자는 모르지만 마음에 대해서는 잘 안다"라고 하였다.

44) 원효(元曉) : 신라의 승려(617~686). 속성은 설(薛). 신라 십성의 한 사람으로 꼽히며, 해동종(海東宗)을 제창하여 불교의 대중화에 힘썼으며, 불교 사상의 융합과 그 실천에도 노력하였다. 저서로 『금강삼매경논소(金剛三昧經論疏)』·『십문화쟁론(十門和諍論)』·『화엄경소(華嚴經疏)』 등이 있다.

45) 구경(九經) : 유가의 아홉 가지의 경서. 『주례』·『의례』·『예기』·『좌전』·『공양전』·『곡량전』·『주역』·『시경』·『서경』을 이르기도 하고, 『주역』·『시경』·『서경』·『예기』·『춘추』·『효경』·『논어』·『맹자』·『주례』를 이르기도 한다.

회암을 추모하다
景慕晦庵

『고려사』에 "안유(安裕)[46]가 국학을 설치하도록 건의하였으며, 회암(晦菴) 주희(朱熹) 선생의 초상을 걸어놓고 추모하다가 마침내 호를 회헌(晦軒)이라고 하였다"[47]라는 기록이 있으니, 주세붕(周世鵬)[48]이 "안유는 동방 도학의 비조(鼻祖)라 할 만하다"[49]라고 하였다.

사인역학
舍人易學

『고려사』에 "사인(舍人)[50] 우탁(禹倬)[51]이 역학(易學)에 조예가 깊어 호를 역동(易東)이라고 하였다. 정전(程傳)[52]이 처음 우리나라에 전래되었을 때 아는 사람이 없었는데 우탁이 한 달 남짓 칩거하면서 참고하고 연구한 뒤에 해독해 내서 생도를 가르치니 이학(理學)이 다시 행하여졌

---

46) 안유(安裕) : 고려 후기의 명신 · 학자(1243~1306). 본관은 순흥(順興). 초명은 유(裕)였으나 뒤에 향(珦)으로 고쳤다. 그러나 조선 시대에 들어와 문종의 이름이 같은 자였으므로, 이를 피해 초명인 유로 다시 고쳐 부르게 되었다. 자는 사온(士蘊), 호는 회헌(晦軒)인데, 이는 그가 만년에 주자를 추모해 그의 호인 회암(晦庵)을 모방한 것이다.

47) **晩年常**掛晦**庵**先生眞, 以致景慕, 遂號晦軒.(『高麗史, 卷一百五, 列傳, 安珦』) → **安裕議置國學**, 掛晦**菴**先生眞, 以致景慕, 遂號晦軒.(『松南雜識』)

48) 주세붕(周世鵬) : 조선 중종~명종 때의 문신 · 학자(1495~1554). 자는 경유(景游). 호는 신재(愼齋) · 손옹(巽翁) · 남고(南皐). 풍기 군수 때 우리나라 최초의 서원인 백운동 서원을 세웠다. 저서로 『무릉잡고(武陵雜稿)』가 있다.

49) **及其晩年**, **常掛晦庵眞影以致景慕**, **遂號晦軒慕晦翁**, …… **如公者**, **眞**可謂東方道學之祖.(『武陵雜稿, 卷之七, 原集, 竹溪志序』) → 可謂東方道學之祖.(『松南雜識』)

50) 사인(舍人) : 고려 시대 내사문하성의 종4품 벼슬. 문종 때 중서사인으로 이름을 바꾸었다. 내사사인(內史舍人).

51) 우탁(禹倬) : 고려 충선왕 때의 학자(1263~1343). 자는 천장(天章). 호는 역동(易東). 성균관 좨주(祭酒)를 지내고, 경사와 역학에 통달하였으며, 정주학을 처음으로 연구하고 해득하여 후진을 가르쳤다.

52) 정전(程傳) : 정호(程顥)의 『주역(周易)』 풀이.

다"[53]라는 기록이 있다.

퇴계 이황은 "선생의 충의와 큰 절개가 이미 충분히 천하를 움직이고 산악을 흔들만하고, 경학을 밝히신 것이 용문(龍門)의 여운(餘韻)을 발현함이 있다"[54]라고 하였다.

지금 단양(丹陽)의 사인암(舍人巖)이 바로 역동(易東)이 『역경(易經)』을 읽던 곳이라고 한다.

학도들이 모이다
學徒坌集

『고려사』에 "문종(文宗) 때에 최충(崔沖)[55]이 교육을 성실히 하여 학도가 많이 모여들자 마침내 구재(九齋)로 나누니, 악성(樂聖)·대중(大中)·성명(誠明)·경업(敬業)·조도(造道)·솔성(率性)·진덕(進德)·대화(大和)·대빙(待聘)라고 하는데, 이들을 '시중최공도(侍中崔公徒)'라고 하였다"[56]라고 한다.

지금 그 터가 자하동(紫霞洞)에 있다. 매년 음력 유월에 승방(僧房)을

---

53) 倬**通經史**, **尤**深於易學. **卜筮無不中**. 程傳初來東方, 無能知者, 倬**乃**閉門月餘, 叅究乃解, 敎授生徒. 理學**始**行.(『高麗史, 卷一百五九, 列傳, 禹倬』)→**舍人禹**倬, 深於易學, **號易東**. 程傳初來東方, 無能知者, 倬閉門月餘, 叅究乃解, 敎授生徒, 理學**復**行.(『松南雜識』)

54) 先生之忠義大節, 足以動天地撼山岳, 而經學之明, **進退之正**, **有大過人者**.(『退溪集, 易東書院記』)→先生之忠義大節, 足以動天地撼山岳, 而經學之明, **有發龍門之餘韻矣**.(『松南雜識』)

55) 최충(崔沖): 고려 전기의 학자·문신(984~1068). 자는 호연(浩然), 호는 성재(惺齋)·월포(月圃)·방회재(放晦齋). 글씨와 문장에 뛰어났으며 해동공자로 추앙되었다. 문집 『최문헌공유고(崔文憲公遺稿)』가 전한다.

56) 冲, **收召後進**, 敎誨不倦, 學徒坌集, **塡溢街巷**, 遂分九齋, 曰樂聖·大中·誠明·敬業·造道·率性·進德·大和·待聘, 謂之侍中崔公徒.(『高麗史, 卷九十五, 列傳, 崔冲』)→**文宗時**, **崔**冲敎誨不倦, 學徒坌集, 遂分九齋, 曰樂聖·大中·誠明·敬業·造道·率性·進德·大和·待聘, 謂之侍中崔公徒.(『松南雜識』)

빌려 하과(夏課)[57]를 하였으니 지금의 부급산사(負笈山寺)가 이것이다.

우리나라에서 학교가 생긴 것은 최충으로부터 시작하였기에 '해동공자(海東孔子)'라고 한다. 또 유신(儒臣)[58]으로 공도(公徒)를 세운 자가 열한 명이니, 정배걸(鄭倍傑)[59]은 '홍문도(弘文徒)' · 노단 (盧旦)[60]은 '광헌도(匡憲徒)' · 김상빈(金尙賓)[61]은 '남산도(南山徒)'라 일컬어졌다.

살펴보건대 호학(湖學)[62] 등과 같지만 문(文)으로 당(黨)을 세우지 않았으니, 아! 성대하도다.

포은의 논리
圃隱論理

『고려사』에서 말하였다.

정몽주(鄭夢周)가 박사가 되었는데 강설(講說)의 천발(闡發)이 사람들의 생각을 초탈하였기에 듣는 자들이 자못 의심하였더니 운봉(雲峰) 호병문(胡炳文)[63]의 『사서통(四書通)』을 보니 모두 정확하게 일치하였

57) 하과(夏課) : 고려 시대에 사학(私學)의 선비들이 여름에 절에 가서 하던 공부. 오뉴월에 시작하여 50일 동안 고문(古文), 고시(古詩)와 당송(唐宋)의 시를 외며 시부(詩賦)를 지었다. ≒하천도회.

58) 유신(儒臣) : 유학에 조예가 깊은 신하.

59) 정배걸(鄭倍傑) : 고려 시대의 문신 · 학자. 사학십이도(私學十二徒)의 하나인 홍문공도를 열어 교육을 하였다.

60) 노단(盧旦) : 고려 초기의 학자. 벼슬은 상서좌복야, 참지정사에 이르렀고, 개경에 사학(私學)을 열어 후진을 양성하였다. 후에 조선 태조의 이름을 피휘하여 노조(盧朝)로 고쳐 썼다.

61) 『松南雜識』에는 '金尙'으로 되어 있음.

62) 호학(湖學) : 송나라 호원(胡瑗)이 호주(湖州)에서 경의(經義)와 사무(事務) 2과로 나누어 학생들을 교수(敎授)하였는데 제자들이 많을 때는 수천 명에 이르렀기에 당시에 호학(湖學)이라고 불렀다.

63) 호병문(胡炳文) : 원나라의 유학자. 운봉선생(雲峰先生)이라 칭함.

다. 이색(李穡)이 그에 대해서 "종횡무진한 말이 모두 이치에 맞는다"라고 말하고 동방이학(東方理學)의 비조(鼻祖)로 추숭하였다.[64)]

사문연원
師門淵源

우리나라의 도학(道學)은 반드시 정암(靜菴) 조광조(趙光祖)[65)] · 퇴계 이황 · 우계(牛溪) 성혼(成渾)[66)] · 율곡 이이를 말하는데, 남명(南冥) 조식(曺植)의 경의(敬義)는 해와 달 같다. 그의 명(銘)에,

안으로 밝히는 것이 경(敬)이고	內明者敬
밖으로 끊는 것이 의(義)이다	外斷者義[67)]

라고 하였다. 그러나 그의 학문은 조사(祖師)와 같아서 불립문자(不立文字)[68)] 직지인심(直指人心)[69)]의 성향이 있으니 이는 불교이다.

---

64) 鄭夢周 …… **十六年, 以禮曹正郎兼成均**博士, **時經書至東方者, 唯朱子集註耳, 夢周**, 講說發越, 超出人意, 聞者, 頗疑, 及得胡炳文四書**通**, 無不脗合, **諸儒尤加嘆服**, 李穡, **亟**稱之曰, **夢周論理**橫**說**竪**說**, 無**非**當理, 推爲東方理學之祖.(『高麗史, 列傳, 鄭夢周』)→鄭夢周**爲**博士, 講說發越, 超出人意, 聞者, 頗疑, 及得胡炳文四書, 無不脗合, 李穡稱之曰, 橫竪**皆得**, 無**不**當理, 推爲東方理學之祖.(『松南雜識』)

65) 조광조(趙光祖) : 조선 중종 때의 문신 · 성리학자(1482~1519). 자는 효직(孝直). 호는 정암(靜庵). 시호는 문정(文正). 부제학, 대사헌을 지냈다. 김종직의 학통을 이은 사림파의 영수로서, 급진적인 개혁을 추진하다가 훈구파인 남곤 일파가 일으킨 기묘사화 때에 죽임을 당하였다. 저서에 『정암집』이 있다.

66) 성혼(成渾) : 조선 선조 때의 유학자(1535~1598). 자는 호원(浩原). 호는 우계(牛溪) · 묵암(默庵). 성리학의 대가로 기호학파의 이론적 근거를 닦았다. 저서에 『우계집』이 있다.

67) 『南冥先生集, 卷之一, 佩釼銘』.

68) 불립문자(不立文字) : 불도의 깨달음은 마음에서 마음으로 전하는 것이므로 말이나 글에 의지하지 않는다는 말.

69) 직지인심(直指人心) : 교리를 생각하거나 모든 계행(戒行)을 닦지 아니하고, 직접 사람의 마음을 지도하여 불과(佛果)를 이루게 함.

화담(花潭) 서경덕(徐敬德[70])은 이 말을 벽에 붙여 놓고 괴롭게 생각을 하였고 율곡 이이는 "그 자득의 묘리(妙理)는 소옹(邵雍[71])이나 장재(張載)와 유사함이 있다"라고 하였다.

『퇴계집(退溪集)』은 왜인(倭人)도 읽었다.

『화담집(花潭集)』은 연암(燕巖) 박지원(朴趾源)이 "약간의 시문(詩文)이 건륭제의 사고전서(四庫全書[72])에 들어 있다"[73]라고 하였다.

도통을 전하다
傳道統

『순오지(旬五志)』[74]에서 말하였다.

> 포은(圃隱) 정몽주(鄭夢周)로부터 야은(冶隱) 길재(吉再)로 전해지고 야은으로부터 강호(江湖) 김숙자(金淑滋[75])에게 전해지고 강호로부터

70) 서경덕(徐敬德) : 조선 중종 때의 학자(1489~1546). 자는 가구(可久), 호는 복재(復齋)·화담(花潭). 이기론(理氣論)의 본질을 연구하여 이기 일원설을 체계화하였으며, 수학·역학도 깊이 연구하였다. 저서에 『화담집』이 있다.

71) 소옹(邵雍) : 북송의 학자(1011~1077). 자는 요부(堯夫). 호는 안락선생(安樂先生). 시호는 강절(康節). 상수(象數)에 의한 신비적 우주관과 자연 철학을 제창하였다. 저서에 『관물편(觀物篇)』·『이천격양집(伊川擊壤集)』·『황극경세서』 등이 있다.

72) 사고전서(四庫全書) : 청나라 건륭제의 명에 따라 건륭 37년(1772)에 시작하여 1782년에 완성한 중국 최대의 총서(叢書). 궁중에서 소장하고 있던 서적 외에 전국의 민간에 소장된 서적을 골라 모아서 경(經)·사(史)·자(子)·집(集)의 네 부문으로 나누었다. 7부(部)를 작성하여 여러 서고에 나누어 보관하였다.

73) **徐**花潭集, **徐花潭先生敬德數學**, **類康節**, 有詩**若**文若干**篇**, **無可觀而編**入四庫全書**中**.(『燕巖集, 卷之十四, 別集, 熱河日記, 口外異聞』) → 花潭集, 有詩文若干, 入**乾隆**四庫全書.(『松南雜識』)

74) 순오지(旬五志) : 조선 중기에 홍만종(洪萬宗)이 쓴 문학 평론집. 정철과 송순의 시가(詩歌)와 중국의 『서유기』에 대하여 평론하고, 130여 종의 속담(俗談)을 수록하였다. 2권 1책의 사본(寫本).

75) 김숙자(金叔滋) : 조선 시대의 학자(1389~1456). 자는 자배(子培). 호는 강호산인(江湖山人). 사재감 부정·성균관 사예 등을 지냈으며, 길재의 학통을 전승하여 정주학

그 맏아들 점필재(佔畢齋) 김종직(金宗直)[76]에게 전해졌다. 점필재로부터 한훤당(寒暄堂) 김굉필(金宏弼)[77]에게 전해지고 한훤당으로부터 정암(靜菴) 조광조(趙光祖)에게 전해지고 정암으로부터 청송(聽松) 성수침(成守琛)[78]에게 전해졌고 청송으로부터 그 맏아들 우계(牛溪) 성혼(成渾)에게 전해지고 우계로부터 사계(沙溪) 김장생(金長生)[79]에게 전해지니 이것이 서로 계승한 순서이다. 회재(晦齋) 이언적(李彦迪)[80]·퇴계(退溪) 이황(李滉)·율곡(栗谷) 이이(李珥)는 사숙하여 성취한 사람들이다. 내가 감히 참람되게 멋대로 논정(論定)한 것이 아니라, 실로 선배의 말을 따랐을 뿐이다.[81]

(程朱學)을 발전시켰다.

76) 김종직(金宗直) : 조선 시대의 성리학자·문신(1431~1492). 자는 계온(季昷). 호는 점필재(佔畢齋). 세조 5년(1459)에 문과에 급제하고, 형조 판서·지중추부사 등을 지냈다. 문장과 경술이 뛰어나 영남학파의 종조(宗祖)가 되었다. 그의 「조의제문(弔義帝文)」은 뒷날 무오사화의 원인이 되었다. 저서에 『점필재집』·『청구풍아(靑丘風雅)』 등이 있다.

77) 김굉필(金宏弼) : 조선 전기의 성리학자(1454~1504). 자는 대유(大猷). 호는 한훤당(寒暄堂)·사옹(蓑翁). 김종직의 문인으로, 형조좌랑을 지냈고 무오사화 때 유배되었다가 갑자사화 때 사사(賜死)되었다. 저서에 『한훤당집』·『경현록(景賢錄)』 등이 있다.

78) 성수침(成守琛) : 조선 명종 때의 학자(1493~1564). 자는 중옥(仲玉). 호는 죽우당(竹雨堂)·청송(聽松). 1519년 기묘사화 이후 벼슬을 그만두고 학문에 전념했으며, 명필로 이름을 떨쳤다. 저서로는 『청송집(聽松集)』이 있다.

79) 김장생(金長生) : 조선 중기의 학자·문신(1548~1631). 자는 희원(希元). 호는 사계(沙溪). 이이의 제자이자 송시열의 스승으로, 조선 예학(禮學)의 태두이다. 저서에 『의례문해(疑禮問解)』·『근사록석의(近思錄釋疑)』·『경서변의(經書辨疑)』 등이 있다.

80) 이언적(李彦迪) : 조선 중종 때의 성리학자(1491~1553). 자는 복고(復古). 호는 회재(晦齋)·자계옹(紫溪翁). 김안로의 등용을 반대하다가 쫓겨나 경주 자옥산(紫玉山)에 들어가 성리학을 연구했다. 후에 다시 등용되어 좌찬성 겸 원상(院相)까지 지냈으나 윤원형 일당의 모함으로 강계(江界)에 유배되어 그곳에서 죽었다. 저서에 『회재집』이 있다.

81) **若其傳道之統**, 自鄭圃隱, 傳吉冶隱, 冶隱傳金江湖, 江湖傳其胤佔畢, 佔畢傳金寒暄, 寒暄傳趙靜菴, 靜菴傳成聽松, 聽松傳其胤牛溪, 牛溪傳金沙溪, 此其相承之序也. 至於李晦齋李退溪李栗谷, 私淑興起者也. 余非敢僭自論定, 實遵先輩之言耳.(『旬五志, 下』) → 自鄭圃隱**夢周**, 傳吉冶隱**再**, 冶隱傳金江湖**淑滋**, 江湖傳其胤佔畢**宗直**, 佔畢傳金寒暄**宏弼**, 寒暄傳趙靜菴**光祖**, 靜菴傳成聽松**守琛**, 聽松傳其胤牛溪**渾**, 牛溪傳金沙溪**長生**, 此其相承之序也. 至於李晦齋**彦迪**·李退溪**滉**李栗谷**珥**, 私淑興起者也. 余非敢僭自論定, 實遵先輩之言耳.(『松南雜識』)

나는 공자의 도는 하해(河海)의 물과 같아서 있지 아니한 때가 없고 있지 않은 곳이 없었지만 혹 도통이 두세 번 전해지다가 변하니 장자(莊子)[82]가 출현하였고 혹 도(道)가 천여 년 동안 상실되었다가 행해지기도 하니 주돈이(周敦頤)와 주희(朱熹)가 나타났다고 생각한다. 나는 공자의 책을 읽고 공자의 도를 법으로 삼으면 비록 도통을 전수 받지는 못할지라도 도통이 전해질 수 있을 것으로 생각한다.

또 『순오지』에서 말하였다.

> 한훤당(寒暄堂)·정암(靜菴)·율곡(栗谷)은 『소학(小學)』을 덕(德)으로 들어가는 문으로 삼았고 퇴계(退溪)는 『심경(心經)』을 초학(初學)의 종주(宗主)로 삼으니 이는 곧 선배(先輩)의 취한 바가 다른 것이다. 퇴계와 율곡은 매양 거처를 정할 때 반드시 산수의 취향을 중시하니 도산(陶山)과 석담(石潭)이 그곳이다. 우계(牛溪)는 "푸른 산과 흰 돌이 비록 문 앞에서 비추고 빛난다고 한들 나의 심신과 도덕에 무슨 도움이 되겠는가?"라고 하였다. 이 역시 군자의 기호와 숭상함이 다른 것이다.[83]

---

82) 장자(莊子) : 중국 전국 시대의 사상가(B.C. 365~B.C. 270). 이름은 주(周). 도가 사상의 중심인물로, 유교의 인위적인 예교(禮敎)를 부정하고 자연으로 돌아가자는 자연 철학을 제창하였다. '남화진인(南華眞人)'으로 추호(追號)되었다. 저서에 『장자』가 있다.

83) 寒暄靜菴栗谷, 以小學爲入德之門, 退溪以心經爲初學之宗, 此則先輩所取之不同也. 退溪栗谷, 每卜居, 必以山川之趣爲重, **是以** …… **卽**石潭, 是也. …… 牛溪則**深以爲不然**, **其言**曰, 靑山白石, 能照輝於門前, 何益於吾身心道德之上, 君子好尙之果, **此亦可見**.(『旬五志, 下』) → 寒暄靜菴栗谷, 以小學爲入德之門, 退溪以心經爲初學之宗, 此則先輩所取之不同也. 退溪栗谷, 每卜居, 必以山川之趣爲重, **陶山**石潭, 是也. 牛溪曰, 靑山白石, 能照輝於門前, 何益於吾身心道德之上, **此亦**君子好尙之**異也**.(『松南雜識』)

졸수재의 규모
拙修規模

내 선조 졸수재(拙修齋)가 일찍이 규모(規模)에 대한 글을 지었는데 지암(止庵) 김양행(金亮行)[84]이 상소하였다.

조성기가 '나라를 다스리는 요체는 질(質)을 숭상하고 문(文)을 구(救)하는데 있으니, 관대(寬大)와 돈박(敦朴)을 체로 삼고 정심(靜審)과 엄중(嚴重)을 용으로 삼아야 한다'[85]라고 하였으니 이는 실로 시무(時務)를 아는 말로 오늘날 정치의 도에 도움되지 않음이 없습니다.

삼연(三淵) 김창흡(金昌翕)[86]이 두루 뽑은 우리나라 유학자와 퇴계 이황·화담 서경덕에 대해서 졸수재 선생에게 물었더니 선생께서 말씀하셨다.

"화담은 전일(專一)하고 퇴계는 주밀(綢密)하니, 수(數)의 일변에 대해서는 볼 수 있지만 이치의 전체에 대해서는 어두우니 이것이 화담이 퇴계에게 미치지 못하는 곳이다."

"그렇다면 퇴계의 조예(造詣)를 선생께 드린다면 다시 받을 수 있겠습니까?"

선생께서 웃으며 말씀하셨다.

"나는 나와 주선(周旋)한 지 오래되었다."[87]

---

84) 김양행(金亮行) : 조선 후기의 문신(1715~1779). 자는 자정(子靜). 호는 지암(止庵). 성리학·예학·역학에 밝았으며 문집에 『지암집』이 있다.

85) **蓋今日規模之急務**, **莫先於尙質救文**, **而欲**尙質而救文, **又必**以寬大敦朴爲**本**, 靜審嚴重爲用.(『拙修齋先生文集, 卷之三, 答林德涵書) → **治國之要**, **在於**尙質而救文, 以寬大敦朴爲**體**, 靜審嚴重爲用.(『松南雜識』)

86) 김창흡(金昌翕) : 조선 중기의 학자(1653~1722). 자는 자익(子益). 호는 삼연(三淵). 김수항의 셋째 아들로 성리학에 뛰어나 형 김창협과 함께 율곡 이후의 대학자로 이름이 높았다. 저서에 『삼연집』이 있다.

87) **昌翕嘗**歷選海東諸儒, 以及退溪花潭, 而問其如何. 先生曰, 花潭專退溪密, 有見乎

영조 때 서당(西堂) 이덕수(李德壽)[88]가 상소하였다.

그는 "천지 만물의 이치를 궁극히 하고 황왕(皇王)의 제례작악(制禮作樂)의 근원을 통달하여 우주를 포괄하고 고금을 관통(貫通)하여 일용에 조처하고 사업에 발현하는 것이 한결같이 표준이 된다"[89]라고 하였는데, 입에서 나오는 대로 말하고 글로 형용하는 것이 또 도도(滔滔)하고 망망(莽莽)하여 순식간에 천만언으로 우리 조정의 삼백년 이래를 낱낱이 헤아리니 석학(碩學)과 굉유(宏儒)라 할지라도 비할 수 없을 듯 하기에 압록강 동쪽에 이 같은 인물이 태어난다는 것은 생각도 할 수 없는 일입니다.

『홍재전서(弘齋全書)』[90]에서 말하였다.

졸수재는 그대로 기걸(奇傑)한 선비다. 굉장(宏壯)한 담론(談論)과 해박한 변론이 당세(當世)를 압도하였다. 그의 묘지문(墓誌文)에,

---

數一邊而闇乎理之全體, 此花潭不及退溪處, 然則以退溪所造詣歟與, 先生可復受乎. 先生笑曰, 我與我周旋久矣.(『三淵集, 卷之二十七, 墓誌銘, 拙修齋趙公墓誌銘』) → **金三淵**歷選海東諸儒, 以及退溪花潭, 而問其如何. 先生曰, 花潭專退溪密, 有見乎數一邊而闇乎理之全體, 此花潭不及退溪處, 然則以退溪所造詣歟與, 先生可復受乎. 先生笑曰, 我與我周旋久矣.(『松南雜識』)

88) 이덕수(李德壽) : 조선 후기의 문신(1673~1744). 자는 인로(仁老). 호는 서당(西堂)·벽계(蘗溪). 문장이 출중하여 홍문관과 예문관의 관직에 여러 차례 올랐으며 성품이 근후하여 영조의 두터운 신임을 받았다. 『여사서(女四書)』를 언해하였고 『국조오례의』의 수정 작업에도 참여하였다. 저서에 『서당집(西堂集)』 등이 있다.

89) **常以**窮天地萬物之理, 達皇王制作之源, 該括宇宙, 通貫古今, 措之於日用, **發之於**事業, **爲**一生學問之標準.(『拙修齋先生文集, 卷之三, 答林德涵書) → **其**窮天地萬物之理, 達皇王制作之源, 該括宇宙, 通貫古今, 措之於日用, **而諸**事業**者**, **卽其**一生學問之標準.(『松南雜識』)

90) 홍재전서(弘齋全書) : 조선 정조 23년(1799)에 규장각에서 정조의 시문, 윤음, 교지 등을 모아 엮은 전집. 184권 100책.

황왕제백(皇王帝伯)과　　皇王帝伯
일월성신(日月星辰)이　　日月星辰
빼곡히 뱃속에 가득하고　　鬱其滿腹
마음속은 자체로 고대(高大)하건만　　中自輪囷
실천할 여지가 없어서　　無地可布
위로 하늘에 서렸다　　上蟠穹旻[91]

라고 하니, 아깝게도 처사(處士)로 생을 마쳤도다.[92]

문선왕
文宣王

노(魯) 애공(哀公)이 지은 뇌(誄)에서 공자를 '니보(尼父)'라고 하였다. 한(漢)나라 평제(平帝)[93] 때에는 시호를 '포성성선니공(褒成聖宣尼公)'이라고 하였고 후위(後魏)[94] 문제(文帝)는 '문성니보(文聖尼父)'라고 하였고 후주(後周)[95]의 선제(宣帝)는 '추국공(鄒國公)'이라고 하였고 수(隋) 문제(文帝)[96]

---

91) 『三淵集, 卷之二十七, 墓誌銘, 拙修齋趙公墓誌銘』.

92) 拙修齋自是奇傑士, 宏譚博辯, 壓倒當世, **至或以尤翁山峙脚拙叟海騰波竝稱**. **且**其誌文有曰, 皇王帝伯, 日月星辰, 鬱其滿腹, 中自輪囷, 無地可布, 上蟠穹旻, 惜乎其終於匹士也.(『弘齋全書, 卷百七十一, 日得錄十一, 人物, 一』) → 拙修齋自是奇傑士, 宏譚博辯, 壓倒當世, 其誌文有曰, 皇王帝伯, 日月星辰, 鬱其滿腹, 中自輪囷, 無地可布, 上蟠穹旻, 惜乎其終於匹士也.(『松南雜識』)

93) 평제(平帝) : 전한의 제14대 마지막 황제. 성명은 유간(劉衎). 중산효왕의 아들로 9세의 어린 나이에 즉위했는데, 왕망에 의하여 독살되었다. 재위 기간은 B.C. 1~A.D. 5년이다.

94) 후위(後魏) : 남북조 시대의 북조(北朝) 최초의 나라. 386년에 선비족(鮮卑族)의 탁발규(拓跋珪)가 화북(華北)에 세운 나라로, 적극적인 중국 동화 정책을 추진하였으나 반란이 일어나 534년 동위(東魏)와 서위(西魏)로 분열하였다. 북위(北魏).

95) 후주(後周) : 오대의 마지막 왕조. 951년에 곽위(郭威)가 후한을 멸하고 변경(汴京)을 도읍으로 하여 세운 것으로 3대 10년 만에 송나라에 망하였다. 북주(北周).

96) 문제(文帝) : 수나라 제 1대 황제(541~604). 성은 양(楊). 이름은 견(堅). 묘호는 고조(高祖). 589년 남조(南朝)의 진(陳)나라를 멸망시킴으로써 남북으로 분열되었던 중국을

는 '선사니보(先師尼父)'라고 하였다. 당나라 고종(高宗)[97]은 '태사(太師)'라고 하였고 무후(武后)[98]는 '융도공(隆道公)'이라고 하였고 현종(玄宗)[99]은 '문선왕(文宣王)'이라고 하였다. 송나라 진종(眞宗)[100]은 '지성문선왕(至聖文宣王)'이라고 하였고 원나라 무종(武宗)은 '대성지성문선왕(大成至聖文宣王)'이라고 하였다.

살펴보건대 『명사(明史)』에 "장부경(張孚敬)은 즉 장총(張璁)인데 성묘(聖廟)의 사전(祀典)[101]을 개정(改定)하여 소상(塑像)을 목주(木主)[102]로 바꾸었다"[103]라고 하였고, "왕이라는 호칭에서 '지성선사(至聖先師)'로 바꾸었다"[104]라는 기록이 있으니, 비록 이론(異論)이 있기는 하지만 식자(識者)는 그것을 옳게 여겼다.

태학사(太學士) 오침(吳忱)도 「공자봉왕변(孔子封王辯)」을 지으니 내용이

통일하고 중앙 집권제를 확립하였다. 재위 기간은 581~604년이다.

97) 고종(高宗) : 당나라의 제 3대 황제(628~683). 성은 이(李). 이름은 치(治). 동도(東都) 낙양(洛陽)을 건설하고, 국력을 충실히 하였으며, 백제와 고구려를 공략하여 안동도호부를 두었다. 만년에 황후인 측천무후에게 실권을 빼앗겼다. 재위 기간은 649~683년이다.

98) 측천무후(則天武后) : 당나라 고종의 황후. 성은 무(武). 이름은 조(曌). 중국 역사에서 유일한 여제(女帝)로 고종을 대신하여 실권을 쥐고, 두 아들을 차례로 제왕의 자리에 오르게 했으며, 스스로 제왕의 자리에 올라 국호를 주(周)로 고치고 성신황제(聖神皇帝)라 칭했다.

99) 현종(玄宗) : 당나라의 제 6대 황제(685~762). 성은 이(李), 이름은 융기(隆基). 시호는 명황(明皇) · 무황(武皇). 초년에 정사(政事)를 바로잡아 '개원의 치'라고 불리는 성당(盛唐) 시대를 이루었으나, 만년에 양귀비를 총애하고 간신에게 정치를 맡겨 안녹산의 난을 초래했다. 재위 기간은 712~756년이다.

100) 진종(眞宗) : 송나라의 제 3대 황제(968~1022). 이름은 조항(趙恒). 태종의 셋째 아들로, 1004년 요나라가 쳐들어왔을 때에 직접 싸웠으나 굴욕적인 '전주(澶洲)의 맹(盟)'을 맺고 화의하였다. 재위 기간은 997~1022년이다.

101) 사전(祀典) : 제사(祭祀)를 지내는 예전(禮典).

102) 목주(木主) : 단(壇) · 묘(廟) · 원(院) · 절 등에 모시는 신주(神主)의 이름을 적은 나무패. ≒ 위패(位牌) · 위판(位版).

103) 嘉靖九年, 大學士張璁, 言先師祀典, 有當更正者. …… 祀宜用木主, 其塑像宜毁.(『明史, 卷五十, 志第二十六』) → 張孚敬卽璁也 , 改定聖廟祀典, 易塑爲木主.(『松南雜識』)

104) 冬十一月辛丑, 更正孔廟祀典, 定孔子謚號曰至聖先師.(『明史, 卷十七, 本紀, 第十七世宗一』) → 以至聖先師代王號.(『松南雜識』)

상세하다.

『청사(清史)』에 세종(世宗) 옹정(雍正) 계묘년(1723)에 공자의 오 대 조상을 왕으로 추봉(追封)[105]하였다는 기록이 있다.

문묘
文廟

『강희자전(康熙字典)』에서 "금(金)의 월언명(月彦明)이 처음으로 공자의 사당을 건립했다"[106]라고 하니 바로 가숙(家塾)[107]을 사설(私設)한 것이다. 당나라 정관(貞觀)[108] 2년(628)에 방현령(房玄齡)[109]이 건의하였다.

주공(周公)과 중니(仲尼)는 모두 성인입니다. 그러나 학관(學官)에서 석전(釋奠)[110]할 때는 '부자(夫子)'로 하여야 합니다. 수(隋)나라 대업(大業) 이전에는 모두 공자를 '선성(先聖)'이라고 하고 안연(顔淵)을 '선사(先師)'라 하고 주공을 따로 제사하였습니다.

이때 주공을 빼고 공자를 올리고 안연과 배향(配享)하였다. 4년에는 주현(州縣)에 조서를 내려 모두 공자의 묘당을 짓게 하였으니,[111] 지금

---

105) 추봉(追封) : 죽은 뒤에 관위(官位) 등을 내림.

106) 金月彦明首建孔子廟.(『康熙字典, 月』)

107) 가숙(家塾) : 한 개인이나 집안에서 경영하는 글방. ≒ 문숙(門塾).

108) 정관(貞觀) : 당나라 태종 때의 연호(627~649).

109) 방현령(房玄齡) : 당나라의 정치가(578~648). 건국 공신으로서 재상이 되었으며, 『진서』의 편찬에도 관여하였다.

110) 석전(釋奠) : 음력 2월과 8월의 상정일(上丁日)에 문묘(文廟)에서 공자에게 지내는 제사. 석전제.

111) 貞觀**二**年, **左僕射**房玄齡**博士朱子奢建**言, 周公尼**父**, **俱**聖人, 然釋奠於學以夫子也. 大業以前, 皆孔子爲先聖, 顔回爲先師, **乃**罷周公, 升孔子**爲先聖**, 以顔**回**配. 四年, 詔州縣**學**皆作孔子廟.(『唐書, 卷十五, 禮樂志, 第五』) → 貞觀**一**年, 房玄齡言, 周公**仲**尼, **皆**聖人, 然釋奠於學以夫子也. **隋**大業以前, 皆孔子爲先聖, 顔回爲先師, **別**

의 향교(鄕校)다.

소상위판
塑像位版

신라의 역사에 "성덕왕(聖德王)[112] 시절에 태감(太監) 수충(守忠)이 당나라에서 귀국하여 문선왕과 칠십이 제자의 화상을 올리니, 국학에 안치하도록 명하였다"[113]라는 기록이 있다.

『고려사』에 충숙왕이 만인(蠻人) 왕삼석(王三錫)[114]의 요청을 따라 문선왕(文宣王)의 상을 조소(彫塑)로 만들었다는 기록이 있다.[115]

지봉(芝峯) 이수광(李睟光)이 "중국에는 소상(塑像)을 사용하고 우리나라에 위판(位版)을 사용하는데 오로지 개성(開城)과 평양에 안치된 소상은 또한 원나라 때 중국에서 전래된 것이다"[116]라고 하였다.

살펴보건대, 소상은 본래 불가의 법(法)으로 대성(大聖)에게는 합당하지

祠周公, **乃**罷周公, 升孔子, 以顔配. 四年, 詔州縣皆作孔子廟.(『松南雜識』)

112) 성덕왕(聖德王) : 신라 제33대 왕(?~737). 성은 김(金). 이름은 흥광(興光). 본명은 융기(隆起). 당나라 문화를 받아들이는 데 힘썼다. 재위 기간은 702~737년이다.

113) **入唐大**監守忠**廻**, **獻**文宣王**十哲**七十**二弟**子**圖**, **卽**置**於大**學.(『三國史記, 卷第八, 新羅本紀, 第八, 聖德王, 十六年』) → **太**監守忠, **自唐還**, **上**文宣王**及**七十子**畫像**, **命**置**國**學.(『松南雜識』)

114) 왕삼석(王三錫) : 고려 후기의 간신. 본래 남만(南蠻)사람으로 일찍이 상선(商船)을 따라 원나라의 연경에서 살았는데, 원나라에 있던 충숙왕과 친하게 되어 왕이 귀국할 때 따라왔다. 의술에 능하여 왕의 지극한 총애를 받아 사부로 칭하였다. 어진 이를 시기하며 유능한 이를 미워하고, 벼슬을 팔고 형옥(刑獄)을 팔며 심지어는 조정에서 대관(臺官)을 욕하였다.

115) 『고려사, 폐행(嬖幸)』에 "왕삼석이 유학제거(儒學提擧)로 있었을 때에 공자의 상(像)을 만들려 하였으므로 성균관에서 대성전의 문을 닫고 들여놓지 않았는데 왕삼석이 왕에게 참소하여 박사 이훤(李暄), 학록(學錄) 신집(申諿)을 이문소(理問所)에 가두고 그들의 관직을 파면했다"라는 기사가 있는데 『松南雜識』의 내용과 차이가 있다.

116) 中國塑像, 本國則**用**位版, 惟開城平壤**二府之學**, **安**塑像, 亦元時**自中國**來**者**.(『芝峰類說, 人事篇, 論禮類, 墓冢祠碑, 夫子廟墓辨證說』) → 中國塑像, 本國則位版, 惟開城平壤塑像, 亦元時來**云**.(『松南雜識』)

않은 듯하다. 우리나라 정조 때 이문원(李文源)[117]이 중국으로 건너가서 공자의 종손을 만났는데 "부자(夫子)께서 살아 계실 때 그린 화상 세 본이 있었는데 한 본은 궐리(闕里)에 봉안되어 있고 한 본은 북경 태학(太學)에 봉안되어 있습니다. 그대의 나라는 본디 예의지국(禮儀之國)이라 일컫고 성인의 도를 존숭하니 지금 한 본을 그대의 나라로 받들고 돌아가는 것이 옳소"라고 말하고 천자에게 요청을 하여 허락을 받았다. 정조가 "우리나라의 지명 중에 '궐리(闕里)'라는 곳에 봉안하는 것이 좋겠다"라고 하였는데 화성(華城)에 궐리(闕里)가 있는 까닭에 반궁(泮宮)[118]에 봉안하지 않고 화성에 봉안하니 "우리의 도가 동쪽으로 갔다[吾道東矣]"[119]라고 할 만하다.

학교성균
學校成均

순(舜) 임금이 처음으로 학교를 세워 노인을 봉양하였고 삼대(三代)가 태학(太學)을 설치하였으며 위(魏)나라는 사문소학(四門小學)을 세우니 지금의 사학(四學)이 이것이다. 국학(國學)은 『예기(禮記), 악기(樂記)』의 '성균(成均)'이라는 명칭을 취하여 '성균관(成均館)'이라고 하였다. 『운회거요(韻會擧要)』에서 "균(均)은 악기 이름이니 길이가 일곱 자이다. 실을 묶어서 악기 소리를 고른다"[120]라고 하였다. 우리나라는 문성공(文成公) 안

---

117) 이문원(李文源) : 조선 후기의 문신(1740~1794). 본관은 연안(延安). 자는 사질(士質). 할아버지는 옥천군수 이주신(李舟臣)이고, 아버지는 영의정 이천보(李天輔)이며, 어머니는 송상유(宋相維)의 딸이다.

118) 반궁(泮宮) : 성균관과 문묘를 통틀어 이르는 말.

119) 본래는 한(漢)나라의 마융(馬融)이 정현(鄭玄)을 두고 한 말.

120) 樂器名, …… **制**長七尺, 繫**之以**絲以均.(『古今韻會擧要, 卷四, 均』) → 韻會**云**, 均, 樂器名, **制**長七尺, 繫**之以**絲以均**樂音**.(『韻府羣玉, 樂均』) → 韻會, 均, 樂器名, 長七尺, 繫絲以均樂音.(『松南雜識』)

유(安裕)로부터 시작되었다. 안유가 집안의 노비 백 명을 관인(館人)으로 만들었는데 지금까지 그들끼리 서로 혼인을 하고 사용하는 말은 여전히 개성의 사투리를 고치지 않으니 '반촌인(泮村人)'이라고 한다.

상정석채
上丁釋菜

「학기(學記)」에서 "상정일(上丁日)[121]에는 학교에 석전(釋奠)한다"라고 하였고, 『당서(唐書)』에서 "석전(釋奠)은 정일(丁日)을 사용하니 음화문명(陰火文明)의 상(象)을 취한 것이다"라고 하였다. 「월령(月令)」에서 이 월 상정일(上丁日)에 춤을 익히고 나물을 올려 제사지낸다"[122]라고 하였는데, 그 주석에서 "춤을 추는 자들은 모두 향기로운 나물을 손에 소지한다. 나물은 네가래[蘋]·산흰쑥[蘩] 등속이다.[123] 석(釋)은 진설(陳設)의 의미이다"라고 하였다.

『주례(周禮), 대서(大胥)』에서 "나물을 올려 제사 지내고 모여 춤을 춘다[舍菜合舞]"[124]라고 하였는데 그 주석에서 "사(舍)와 석(釋)은 뜻이 같다"라고 하였다.

---

121) 상정일(上丁日) : 음력으로 매달 첫째 드는 정(丁)의 날.

122) 月令, 仲春上丁, **命樂正**習舞釋菜.(『周禮集說, 卷五』)→月令, 仲春上丁, 習舞釋菜.(『松南雜識』)

123) 舞者, 皆持芬香之采. …… 菜蘋蘩之屬.(『康熙字典, 采』)→**註**, 舞者, 皆持芬香之菜, 菜, 蘋蘩之屬.(『松南雜識』)

124) **周**禮大胥, **春入學**舍菜合舞.(『周禮集說, 卷五』)→禮大胥, 舍菜合舞.(『松南雜識』)

행단
杏壇

『공자가어(孔子家語)』에서 "노나라의 모래는 무너지지 않는다"라고 하였는데 그 주석에서 "단(壇)을 쌓을 때 제(齊)나라의 모래를 사용하자 무너졌는데 노(魯)나라의 모래만 무너지지 않았다고 한다"라고 하였다. '명금조(命琴操)'의 주석에서 말하였다.

공자(孔子)가 옛날 행단에 올라 제자를 돌아보고 "이곳은 장문중(藏文仲)[125]이 맹세하였던 단(壇)이다"라고 말하였다.

『사문유취(事文類聚)』에서는 '홍행(紅杏)'이라고 하였다. 그래서 강희맹(姜希孟)[126]의 시에,

단 위의 붉은 살구꽃 반나마 떨어졌네. 壇上杏花紅半落

라고 하였다.

평와(平窩) 윤탁(尹倬)[127]이 중국 궐리(闕里)에 들어가 은행나무 두 뿌리를 얻어왔다고 하니 무엇이 옳은지 알 수 없다. 그러나 지금 명륜당(明倫堂) 앞에 은행나무가 아직도 있는데 꽃이 피지 않는다. 한 차례 꽃이 피고 열매를 맺은 적이 있는데 그 냄새가 고약하기에 글을 지어 제사를 지낸 뒤로는 꽃이 피지 않는다고 한다.

---

125) 장문중(藏文仲) : 춘추 시대 노(魯)나라 대부(大夫).

126) 강희맹(姜希孟) : 조선 세종 때의 문신(1424~1483). 자는 경순(景醇). 호는 사숙재(私淑齋)・운송거사(雲松居士)・국오(菊塢). 이조 판서, 좌찬성 등을 지냈으며, 경사(經史)에 밝고 문장에 뛰어나 『세조실록』・『동국여지승람』 등의 편찬에 참여하였다. 저서에 『사숙재집』이 있다.

127) 윤탁(尹倬) : 조선 중종 때의 학자(1472~1534). 자는 언명(彦明). 호는 평와(平窩). 갑자사화와 기묘사화 때 화를 입었으나 풀려 나와 대사성과 개성부 유수를 지냈다. 당시 새로 등장한 사림파의 거두로 심오한 학문과 연구를 통해 대학자로 존경을 받았다.

명륜당
明倫堂

조선의 헌종(憲宗)이 물었다.

"대성전(大成殿)이 어째서 명륜당 앞에 있는가?"

이익(李翼)이 대답하였다.

"공자의 사당을 지을 때 중국에서 들여와 중국의 공자 사당의 건물 배치를 모방하였는데 중국의 국학(國學)은 땅이 협소하기 때문에 공자의 사당을 앞에 두고 명륜당을 뒤에 두었다고 합니다."

'명륜당(明倫堂)'이라는 제액(題額) 중 안에 걸린 것은 주자의 글씨이고 밖에 걸려 있는 것은 주지번(朱之蕃)[128]의 필적(筆蹟)이라고 한다.

계성사
啓聖祠

숙종 신사년(1701)에 건축하였다. 숙량흘(叔梁紇)[129]을 제사지내는데, 안무요(顔無繇)[130] · 증점(曾點)[131] · 공리(孔鯉)[132] · 맹격(孟激)[133]을 배향하였다.

---

128) 주지번(朱之蕃) : 명나라의 문신 · 문학가 · 서예가. 금릉(金陵) 출신. 자는 원개(元介). 호는 난우(蘭嵎). 서화를 잘하였으며 저서로는 『봉사고(奉使稿)』가 있다.

129) 숙량흘(叔梁紇) : 공자의 부친.

130) 안무요(顔無繇) : 안자의 부친.

131) 증점(曾點) : 증자의 부친.

132) 공리(孔鯉) : 자사(子思)의 부친.

133) 맹격(孟激) : 맹자의 부친. 자는 공의(公宜).

숭절사
崇節祠

영조 을사년(1725)에 진(晉)나라의 동양(董養)·당나라의 하번(何蕃)·송나라의 진동(陳東)·구양철(歐陽澈)을 제사하고 우리나라의 유학자 윤지술(尹志述)[134]을 배향하였다가 정미년(1727)에 배위(配位)를 철거하게 하였다.

벽입재
闢入齋

현종 신축년(1661)에 인수원(仁壽院)·자수원(慈壽院) 두 비구니 사찰을 철거하고 그 자재로 비천당(丕闡堂)[135]과 벽입재(闢入齋)를 세웠다.

양현고
養賢庫

『고려사』에 예종(睿宗) 때 태학(太學)에 양현고(養賢庫)[136]를 설치하고 또 국학(國學) 칠재(七齋)[137]를 세웠다는 기록[138]이 있다.

---

134) 윤지술(尹志述) : 조선 후기의 유생(1697~1721). 본관은 칠원(漆原). 자는 노팽(老彭), 호는 북정(北汀). 신임사화 때 김일경(金一鏡) 등 소론의 탄핵으로 사형되었다.

135) 비천당(丕闡堂) : 성균관의 별당. 재생(齋生)들의 학습장소 또는 임금이 성균관에 친림(親臨)하여 과거를 시행할 때 시험장소로 사용되던 곳이다. 규모는 명륜당(明倫堂)과 같이 남향으로, 중앙에 정청(正廳)이 있고, 좌우에 협실(夾室)이 있는데 모두 25칸이다.

136) 양현고(養賢庫) : 고려 시대에 둔 국학(國學)의 장학 재단. 예종 14년(1119)에 두었다.

137) 칠재(七齋) : 고려 예종 4년(1109) 국학에 설치한 7개의 전문 강좌. 이때 발달하고 있던 최충(崔沖)의 9재를 모방하여 설치했으며, 이에 따라 국자감 학생은 본래부터 있던 국학학생과 재생(齋生)으로 분립되었다. 하나의 재(齋)에서 한 과목을 전문적으로 강의하여 『주역』을 강의하는 곳을 여택재(麗澤齋), 『상서(尙書)』를 강의하는 곳을 대빙재(待聘齋), 『모시(毛詩)』를 강의하는 곳을 경덕재(經德齋), 『주례』를 강의하는 곳을

최치원과 설총을 배향하다
崔薛配享

『고려사』에서 말하였다.

고려 태조가 등극하기 전에 최치원이 편지를 보냈는데, "계림의 낙엽, 곡령의 푸른 솔[鷄林黃葉, 鵠嶺青松]"이라는 말이 있었다. 그래서 문종(文宗)이 태조의 공업을 은밀히 찬양한 최치원을 잊을 수 없다고 하여 배향을 특별히 명하였다.

설총(薛聰)은 우리나라 말로 경전의 의미를 풀이하였다. 우암(尤庵) 송시열(宋時烈)[139]은 춘추대의(春秋大義)에 근거하여 원나라 유학자 노재(魯齋) 허형(許衡)[140]을 축출하였다. 조선의 현석(玄石) 박세채(朴世采)[141]는 탕평책의 주도적 인물이다.

구인재(求仁齋), 『대대례(大戴禮)』를 강의하는 곳을 복응재(服膺齋), 『춘추』를 강의하는 곳을 양정재(養正齋), 무학(武學)을 강의하는 곳을 강예재(講藝齋)라 했다.

138) 睿宗**卽位** …… **四年七月**國學**置**七齋 …… **十四年七月**, **國**學**始立**養賢庫, **以養士**.(『高麗史, 卷七十四, 志二十八, 選擧二, 學校』) → 睿宗**時**, **置**養賢庫**於太**學, **又立**國學七齋.(『松南雜識』)

139) 송시열(宋時烈) : 조선 숙종 때의 문신·학자(1607~1689). 아명은 성뢰(聖賚). 자는 영보(英甫). 호는 우암(尤庵). 효종의 장례 때 대왕대비의 복상(服喪) 문제로 남인과 대립하고, 후에는 노론의 영수(領袖)로서 숙종 15년(1689)에 왕세자의 책봉에 반대하다가 사사(賜死)되었다. 저서에 『송자대전(宋子大全)』 등이 있다.

140) 허형(許衡) : 원나라의 학자(1279~1368). 자는 중평(仲平), 호는 노재(魯齋). 하남성(河南省) 농민 출신으로, 정이(程頤)·주희(朱熹)에게 깊은 영향을 받아 요추(姚樞) 등과 여러 학문을 연구했다. 화북의 주자학이 성행하게 된 것은 그의 공적이다. 특별히 창조적인 견해를 가진 것은 아니었지만, 유학이 침체해 있던 원대에는 두드러진 존재였다. 저서로 『허문정공유서(許文正公遺書)』 12권 등이 있다.

141) 박세채(朴世采) : 조선 숙종 때의 문신(1631~1695). 자는 화숙(和叔). 호는 현석(玄石)·남계(南溪). 성리학자로서 숙종 20년(1694)에 좌의정이 되었고, 황극 탕평설(皇極蕩平說)을 주장하였다. 저서에 『심학지결(心學至訣)』·『이학통록(理學通錄)』 등이 있다.

식당에서의 서열
食堂序齒

야사에서 말하였다.

식당에서의 서열에 대한 구례(舊例)는 합격의 순위를 기준으로 하였기에 비록 덕이 높고 나이가 많은 유학자라도 후학(後學)이나 나이 어린 사람의 뒤에 놓였는데 모당(慕堂) 홍이상(洪履祥)[142]이 나이를 따지는 의리로 처음 차례를 정하니, 바로 『구당서(舊唐書), 본기(本紀), 현종(玄宗)』에서 이른바 '치주입학(齒冑入學)'[143]이다.

서원
書院

지봉 이수광이 "우리나라의 서원은, 주세붕(周世鵬)이 풍기(豊基) 군수가 되어 순흥(順興) 백운동(白雲洞) 안유(安裕)의 옛터에 창건하여 '소수(紹修)'라고 사액(賜額)되니 이것이 사액의 효시이다"[144]라고 하였다.

살펴보건대 중국의 경우 송나라는 백록동(白鹿洞)[145]이 서원의 효시이고 명나라 말년 동림(東林)[146]에 이르러 성행하였다. 우리나라는 성군(聖

---

142) 홍이상(洪履祥) : 조선 중기의 문신(1549~1615). 본관은 풍산(豊山). 초명은 인상(麟祥). 자는 군서(君瑞)・원례(元禮), 호는 모당(慕堂). 저서로 『모당유고』가 있다.

143) 치주입학(齒冑入學) : 태자(太子)가 입학할 때 공경의 자제와 나이에 따져서 서열을 정하는 것을 이름.

144) 東方**舊無**書院, **嘉靖年中**, 周世鵬爲豐基郡守, 於白雲洞安裕舊基, 創**書院**, **爲士子藏修之所**, **仍立祠以祀裕**, 賜號紹修.(『芝峯類說, 卷十九, 宮室部, 學校』) → 東方書院, 周世鵬爲豐基郡守, 於**順興**白雲洞安裕舊基創**焉**, 賜號紹修, **是亦賜額之始也**.(『松南雜識』)

145) 백록동서원(白鹿洞書院) : 송나라의 주희(朱熹)가 강서의 지방관리로 임명되어 재건한 서원으로 송대의 4대 서원 중 하나로 꼽힌다.

146) 동림(東林) : 명대(明代) 붕당(朋黨)의 하나. 신종(神宗) 때 고헌성(顧憲成) 등이 동림

君)이 다스려 문명(文明)하고 군현(群賢)이 배출되는 산수 수려한 지역이며 들판이 비옥하고 사람이 많이 모여 사는 땅이기에 각기 도덕으로 높은 수준을 다투어 마침내 서로 바라 볼 정도로 서원을 많이 건립하였다. 토지는 왕에게 세금을 내지 않은 곳이 없고 인민은 국가의 부역(賦役)에 동원되지 않는 이가 없기에 논자(論者)는 "뇌봉(雷封)[147]에 한정이 있고 생천(牲薦)에 한계가 없는 것이 서울에 묘당을 설치한 것 못지않으니 신판(神版)을 옮겨 제사지내며 봄가을로 향을 내려 성균관의 유생들이 술잔을 올리면 국가에서는 현인(賢人)을 높이는 예가 있고 군읍(郡邑)에 힘을 펴는 도가 많을 것"이라고 하였다.

공암서원
孔巖書院

고청(孤靑) 서기(徐起)[148]의 무리가 중국에 들어가 주자의 화상을 봉안해 와서 아침저녁으로 바라보고 공경하며 봄가을로 제사 드렸다. 그래서 고청(孤靑)이 죽은 뒤에 그만이 주자에 배향되었다. 지금의 공주(公州) 공암서원(孔巖書院)이 이것이다.

서원(東林書院)을 수리하여 학문을 강론하자, 여러 명사들이 이를 따라 동림당이 출현하였다. 의종(毅宗) 때 위충현(魏忠賢) 등이 그들을 꺼려 당옥(黨獄)을 일으켜 주멸(誅滅)하였으나 숭정(崇禎) 초기에 위충현이 주살되자 동림당이 다시 위세를 떨쳤으며 명나라가 멸망할 때까지 환관의 잔당들과 서로 투쟁하였다.

147) 뇌봉(雷封) : 현령(縣令)의 대칭(代稱).

148) 서기(徐起) : 조선 선조 때의 학자(1523~1591). 자는 대가(待可). 호는 이와(頤窩)·고청초로(孤靑樵老). 제자백가와 기술 이론에 통달하고, 각지를 유랑하며 민속을 연구했다. 만년에 계룡산에 들어가 후학 양성에 힘썼다.

27. 인물류(人物類)

인물

人物

김유신(金庾信)은 신라 태종(太宗)을 도와 고구려와 백제를 통합하였다. 그 아들 김원술(金元述)이 평양(平壤) 전투에서 비장(裨將)이 되었는데 신라군이 패전하였다. 이때 원술이 전사하려고 하자 태감(太監) 아진함(阿珍含)이 나이 칠십에 돌진하여 죽었다. 원술의 좌장(佐將) 담릉(淡凌)이 말의 재갈을 잡고 굳게 저지하여, 대장을 따라 돌아오자 김유신이 말하였다.

"원술은 왕명을 욕되게 하였을 뿐만 아니라 집의 가르침도 져버렸으니 목을 베어야 합니다."

왕이 "원술은 비장인데, 그 혼자에게만 중한 형벌을 시행하는 것은 불가하다"라 하고 용서해 주었다.

원술이 부끄러워 감히 아버지를 뵙지 못하고 시골에 숨어 다니다가 아버지가 죽은 뒤에 어머니 뵙기를 청하였다.

어머니가 말하였다.

"너는 이미 선친에게 아들 노릇을 하지 못하였으니, 내가 어찌 네 어머니가 될 수 있겠느냐?"

원술이 통곡하며 태백산(太伯山)으로 들어갔는데, 그 뒤 당나라가 매소성(賣蘇城[1])을 공격하자 지난날의 치욕을 씻고자 힘껏 싸워 공을 세웠다. 그러나 부모에게 용납되지 않았다는 이유로 평생 벼슬길에 나가지 않았다.

양만춘(楊萬春)은 고구려 보장왕(寶藏王[2]) 때 안시성(安市城[3])을 지켰는데 당나라 태종[4]이 60일 동안 함락시키지 못하고 화살이 눈에 박히고서야 군사를 돌리니, 성에 올라가 천자에게 절을 하였다.

목은(牧隱) 이색(李穡)의 시에,

주머니 속의 한 물건일 뿐이라고 말하더니	謂是囊中一物耳[5]
화살이 눈에 꽂힐 줄 어찌 알았으랴	那知白羽落玄花[6]

---

1) 매소성(賣蘇城) : 『삼국사기, 지리지』에 나오는 고구려 매성현(買省縣 : 지금의 경기도 양주)으로 추정하나, 현지에서 실증된 위치는 알 수 없다. 나당전쟁 중인 문무왕 15년(675) 신라가 당나라 군대를 맞아 큰 승리를 거둔 곳이다.

2) 보장왕(寶藏王) : 고구려의 마지막 제28대 왕(?~682). 이름은 장(藏) 또는 보장(寶藏). 연개소문에 의하여 왕위에 올랐으며, 재위 27년(668) 나당(羅唐) 연합군의 침공으로 고구려는 망하고 왕은 당나라로 압송되었다. 재위 기간은 642~668년.

3) 안시성(安市城) : 삼국 시대에 고구려가 요하(遼下) 유역에 설치한 성. 고구려와 당나라의 싸움(645)에서 당군의 침략을 저지한 곳으로 유명하다.

4) 태종(太宗) : 당나라의 제2대 황제(598~649). 성은 이(李). 이름은 세민(世民). 삼성 육부와 조용조 등의 제도를 정비하였고, 외정(外征)을 행하여 나라의 기초를 쌓았다. 재위 기간은 629~649년.

5) 안시성이 주머니 속에 든 물건같이 함락하기 쉽다고 호언장담하였다는 의미.

6) 謂是囊中一物耳, 那知**玄花**落**白羽**.(『牧隱詩藁, 卷之二, 貞觀吟』) → 謂是囊中一物耳, 那知**白羽**落**玄花**.(『松南雜識』)

라고 하였다.

을지문덕(乙支文德)은 수(隋) 양제(煬帝)[7]가 침입하자 거짓으로 항복하였다가 살수(薩水)에서 크게 격파하였으니 살수는 지금의 청천강(淸川江)이다.

신숭겸(申崇謙)[8]은 팔공산(八公山)[9] 전투에서 고려 태조가 견훤(甄萱)에게 거의 붙잡힐 뻔했을 때, 당시 스물 넷의 나이로 용모가 태조와 비슷하다는 이유로 자리를 바꾸어 대신 죽었다. 마치 제나라 경공(頃公)의 봉추보(逢丑父)[10]와 한(漢)나라 고조(高祖)의 기신(紀信)[11]과 같은 듯하다.

최승로(崔承老)[12]는 고려 성종 때 「시무이십팔조(時務二十八條)」를 올렸

7) 양제(煬帝) : 수나라의 제2대 황제(569~618). 성은 양(楊). 이름은 광(廣). 대운하(大運河)를 비롯한 토목 공사를 크게 일으켰고, 대군을 보내어 고구려를 침입하였다가 을지문덕에게 패배하였다. 재위 기간은 604~618년.

8) 신숭겸(申崇謙) : 고려 시대의 개국 공신(?~927). 초명은 능산(能山). 평산(平山) 신씨의 시조로, 왕건을 추대하여 왕으로 세우고 태조 10년, 견훤의 군사와 싸우다 전사하였다.

9) 팔공산(八公山) : 대구광역시와 경상북도 영천시, 군위군 등지에 걸쳐 있는 산.

10) 봉추보(逢丑父) : 춘추 시대 제(齊)나라 사람. 경공이 진(晉)의 난서(欒書)와 안(鞍)에서 싸우다가 패하자 봉추보가 경공과 좌석을 바꾸어 타고 화천(華泉)에 이르렀으나 참마(驂馬)가 나무에 걸려서 진(晉)의 사마(司馬) 한궐(韓厥)에게 잡히게 되었다. 그러자 봉추보는 경공에게 화천(華泉)에 가서 물을 마시라 하니 정주보(鄭周父)가 좌거(佐車)를 몰고 완벌(宛茷)이 우(右)가 되어 경공을 싣고 가서 화를 면하였다. 한궐이 봉추보를 사로잡아 극헌자(郤獻子)에게 바치자 극헌자가 그를 죽이려 하니, 봉추보가 "이제까지 그 임금을 대신하여 환난을 짊어진 자가 없었다가 이제 한 사람이 여기에 있는데 죽이려 하는가"라고 소리치니, 극헌자가 "사람이 죽음을 어렵게 여기지 않고서 임금의 화를 면하게 하였으니, 내가 그를 죽이는 것은 상서롭지 못한 일이다"라고 말하고 놓아주었다.

11) 기신(紀信) : 한(漢)나라 조성(趙城) 출신. 유방(劉邦)의 부장(部長)으로서 항우(項羽)가 형양(滎陽)에서 유방을 포위하여 상황이 위급할 때 유방으로 변장하여 유방을 탈출시키고 자신은 사로잡혀 항우에게 살해되었다.

12) 최승로(崔承老) : 고려 초기의 문신 · 학자(927~989). 수문하시중(守門下侍中)을 지냈다.

다. 금남(錦南) 최부(崔溥)[13]는 "가산(賈山)의 지극한 말[14]과 유분(劉蕡)의 대책(對策)[15]이 최승로의 논(論)만 못하다"[16]라고 하였다.

지채문(智蔡文)[17]은 현종이 거란의 침입 때 피난을 가자 삼궁(三宮)[18]을 보호하였다. 그리고 서울로 돌아오자 능(陵)을 청소하여 구물(舊物)[19]을 잃지 않게 하였다.

사씨(史氏)는 "매서운 바람이 불어야 굳센 풀의 진가를 알고 어지러운 세상이 되어야 충성스러운 신하를 알아본다"라고 하였다.

강감찬(姜邯贊)[20]은 거란이 침입하자 산골짜기에 기병(奇兵)을 매복시키고 새끼줄로 소가죽을 꿰어 냇물을 막고 적이 오기를 기다리다가 적이 오자 막은 냇물을 터트리고 복병을 출동시켜 이겼다. 또 귀주(龜州)에

---

13) 최부(崔溥) : 조선 중기의 문신(1454~1504). 본관은 탐진(耽津). 자는 연연(淵淵), 호는 금남(錦南). 나주 출신. 김종직(金宗直)의 문인. 연산군의 잘못을 극간(極諫)하고 공경대신들을 통렬히 비판하다가 무오사화 때 화를 입어 함경도 단천으로 귀양갔으며 갑자사화 때 처형되었다. 『금남표해록(錦南漂海錄)』 3권이 있다.

14) 가산(賈山) : 한나라 관영(灌嬰)의 기종자(騎從者)로 문제(文帝)에게 간언(諫言)하여 받아들이도록 하였다.

15) 유분(劉蕡) : 당나라 때 인물로 과거에서 만언에 이르는 대책(對策)을 제출하였다. 이 대책은 환관(宦官)의 전횡을 비롯한 당시 정치의 폐해를 적실하게 지적한 것으로 『당서(唐書)』에 전문이 실려 있다.

16) 賈山至言, 劉蕡對策, **時稱直言**, **然**不若承老論**列祖宗行事之美惡**.(『錦南先生集, 卷之二, 東國通鑑論, 成宗時崔承老上書』) → 賈山**之**至言, 劉蕡**之**對策, 不若承老論.(『松南雜識』)

17) 지채문(智蔡文) : 고려 현종 때의 무신(?~1026). 봉주(鳳州) 지씨의 시조로, 벼슬은 상장군 우복야에 이르렀다. 1010년 거란의 침입을 함홍에서 격퇴하고 서경(西京)을 끝까지 지켰으며, 뒤에 남으로 피란하는 왕을 호종하였다.

18) 삼궁(三宮) : 왕 · 대비 · 왕비를 이르는 말.

19) 구물(舊物) : 대대로 전해 내려오는 물건.

20) 강감찬(姜邯贊) : 고려 초기의 명장(948~1031). 현종 9년(1018)에 거란의 장수 소배압(蕭排押)이 쳐들어왔을 때에, 서북면 행영 도통사로서 상원수가 되어 홍화진에서 적군을 대파하였다. 또한 이듬해에는 회군하는 적을 귀주에서 크게 격파하여 '추충협모안국공신'의 호를 받았다.

서 비바람이 남쪽에서 불어와 깃발이 북쪽을 가리키자 힘을 떨쳐 소손녕(蘇遜寧)[21]을 공격하여 격파하고 개선하니 왕이 직접 채붕(彩棚)[22]을 엮고 강감찬의 머리에 금꽃 여덟 가지를 꽂아 주었다.

『고려사』를 살펴보건대 "그가 생전에는 기이한 행적이 있었고 대사(大事)에 임하거나 큰 책략을 결정할 때는 우뚝하게 기둥과 주춧돌이 되었다. 성 남쪽의 별장에 살면서 『낙도교거집(樂道郊居集)』과 『구선집(求善集)』을 저술하였다"[23]라고 하였다.

유하(柳下) 홍세태(洪世泰)[24]의 시에서,

산하의 기를 다하게 한 강감찬과	山河氣盡姜邯贊
일월과 같이 이름 드러난 정몽주	日月名懸鄭夢周[25]

라고 하였다.

『동국여지승람(東國輿地勝覽)』에서 말하였다.

어떤 사신이 시흥군(始興郡)을 지나다가 밤에 큰 별이 떨어져서 인가로 들어가는 것을 보았는데 그 집의 며느리가 사내를 낳았다. 사신

---

21) 소손녕(蕭遜寧) : 거란의 장수・동경유수(東京留守). 993년 거란군의 총사령관이 되어 80만 대군을 이끌고 고려의 서북 국경으로 침입, 봉산(蓬山)을 빼앗고 남침을 기도하였다. 그러나 서희와의 담판에서 기세가 꺾이고 청천강 남쪽의 안융진(安戎鎭) 전투에서 거란군이 패배하여 군대의 사기가 저하되어 강동 6주의 300리 지역을 고려에 넘겨주고 철군하였다. 이때부터 우리의 영토가 압록강변까지 미치게 되었다.

22) 채붕(彩棚) : 나무로 단을 만들고 오색 비단 장막을 늘어뜨린 장식 무대.

23) 臨大事決大策, 屹然爲**邦家**柱石. …… **致仕歸**城南**別**墅, 著樂道郊居**集**, **又著**求善集.(『高麗史, 列傳七, 卷九十四, 姜邯贊』) → **其生也**, **有異**, 臨大事決大策, 屹然爲柱石. **居**城南墅, 著樂道郊居求善集.(『松南雜識』)

24) 홍세태(洪世泰) : 조선 숙종 때의 시인(1653~1725). 자는 도장(道長). 호는 유하(柳下)・창랑(滄浪). 『해동유주(海東遺珠)』를 편찬하였으며, 문집 『유하집』이 있다.

25) 山河氣盡姜邯贊, 日月**名**懸鄭夢周.(『柳下集, 卷之四, 滿月臺歌』) → 山河氣盡姜邯贊, 日月**明**懸鄭夢周.(『松南雜識』)

이 이 아이를 데려다가 키우니 바로 강감찬이다. 뒤에 송나라 사신이 그를 보고는 자신도 모르게 내려와 절을 하고 말하였다.

"문곡성(文曲星)[26]이 중국에서 보이지 않은지 오래더니 지금 여기에 있구나"[27]

조충(趙冲)[28]과 **김취려**(金就礪)[29]가 군대를 인솔하고 몽고·동진(東眞)과 연합하여 거란의 침입을 평정하였다.

사씨(史氏)는 말한다.

문정공(文正公) 조충(趙冲)은 문무를 겸비한 인재로 외방(外方)으로 나가면 장수감이고 도성으로 들어오면 정승감이다. 요(遼)나라 잔당이 들어와 노략질하고 몽고 군대가 국경을 압박하던 날에 위열공(威烈公) 김취려와 마음을 합하여 국가적 수모를 막고 조용히 잔에 술을 붓고 적을 신(神)과 같이 물리쳐서 국가가 그 덕에 편안해 지니 서희(徐熙)[30]와 강감찬도 그들보다 훌륭하다고만 할 수 없다. 어찌 이른바 세상에 드물게

---

26) 문곡성(文曲星) : 술수가들이 점성술로 개인의 운수 등을 점치는 데 이용되는 9개 별 중 네 번째 것. 위치는 녹존성(祿存星)의 다음이고 염정성(廉貞星)의 위에 있음. 주로 글과 관련된 문운(文運)을 관장한다. 문성(文星), 문창성(文昌星).

27) 有一使**臣夜入**始興郡, 見大星隕**于**人家, **遣吏往視之**, **適**其家婦生男, 使**臣心異之**, 取**歸以**養, **是爲姜**邯贊. 後, 宋使見之, 不覺下拜曰, 文曲星不見久矣, 今在此**云**.(『東國輿地勝覽, 京畿, 衿川縣, 人物, 姜邯贊』) → 有一使**過**始興郡, **夜**見大星隕**入**人家, 其家婦生男, 使取養**之**, **卽**邯贊**也**. 後, 宋使見之, 不覺下拜曰, 文曲星不見**於中國**久矣, 今在此**也**.(『松南雜識』)

28) 조충(趙冲) : 고려 중기의 무신(1171~1220). 자는 담약(湛若). 국자감 대사성, 한림학사를 거쳐 문관으로서 상장군이 되었다. 고종 7년(1220)에 몽고·동진(東眞)의 연합군과 함께 거란병을 물리쳤다. 시호는 문정(文正).

29) 김취려(金就礪) : 고려 고종 때의 장군(?~1234). 조상의 공덕으로 벼슬자리에 올라 정위(正尉)에 임명된 뒤 동궁위(東宮衛)를 거쳐 대장군이 되었다. 고종 3년(1216)과 고종 5년(1218) 두 차례에 걸쳐 쳐들어온 거란병을 크게 무찌르고, 한순(韓恂)·다지(多知) 등의 반란을 평정하는 등 공로가 많아 판병부사에 이르렀다. 성미가 곧고 청백하며, 싸움에서는 기발한 계교를 많이 꾸몄다고 한다. 시호는 위열(威烈).

30) 서희(徐熙) : 고려 전기의 외교가(942~998). 자는 염윤(廉允). 성종 12년(993) 거란이 침입하였을 때에, 적장 소손녕과 담판하고 유리한 강화를 맺었으며, 이듬해에는 여진을 몰아내었다.

나타나는 영웅호걸이 아닌가?

박서(朴犀)[31]와 김경손(金慶孫)[32]. 몽고가 귀주(龜州)를 공격하자 박서(朴犀)가 대아포(大牙浦 : 큰 칼)로 그들을 물리쳤다. 몽고의 노장(老將)이 성을 포위할 때 성루(城壘)를 보고 말하였다.

"내가 천하를 행군(行軍)하였는데 이런 공격을 받고도 끝까지 항복하지 않는 자는 보지 못하였다."

사관은 말한다.

고립된 성(城)과 보잘것없는 병졸로 천하의 거친 오랑캐를 막아내니 산악과 같이 우뚝하도다. 우리나라에서 성(城)을 잘 방어한 것으로 안시성(安市城) 대첩 이후 또 귀주(龜州)의 박서(朴犀)와 김경손의 공이 적지 않다.

김방경(金方慶)[33]이 왜구를 일기도(壹岐島)[34]에서 격파하고 홀돈(忽敦)에게 말하였다.

"군대가 천 리나 되는 먼 곳에까지 나아가서 싸우니 곧 백리시(百里視)가 배를 불사르고[35] 회음후(淮陰侯) 한신(韓信)이 강을 등지고 진

31) 박서(朴犀) : 고려 후기의 무신·재상. 본관은 죽주(竹州). 고종 18년(1231)에 서북면병마사(西北面兵馬使)에 재임 중 몽고병을 물리쳤다. 그해 9월 몽고의 장수 살리타(撒禮塔)가 철주(鐵州 : 지금의 鐵山)를 거쳐 귀주(龜州 : 지금의 龜城)를 공격해 왔는데, 이를 격퇴하였다.

32) 김경손(金慶孫) : 고려 고종 때의 장군(?~1251). 정주(靜州)와 귀주(龜州) 등지에서 몽고군의 침입을 격퇴하였고, 이연년 일당을 소탕하였다. 뒤에 최항의 시기로 백령도에 유배되어 바다에 던져져서 죽었다.

33) 김방경(金方慶) : 고려 시대의 명장(1212~1300). 자는 본연(本然). 삼별초의 난을 평정하였고 원나라가 일본을 정벌할 때 고려군 도원수로서 종군하였다.

34) 『松南雜識』에는 '日岐島'로 되어 있음.

35) 백리시(百里視) : 춘추 시대 진(秦)나라 목공의 명신. 자는 맹명(孟明). 백리시가 진(晉)나라를 치러 갈 때에, 황하를 건너고 나서 타고 간 배를 불태우니 싸움에 이기지

을 친[36] 격이다."[37]

정세운(鄭世雲)[38]이 홍두적(紅頭賊)[39]을 격파하고 개성을 수복(收復)하니 공민왕(恭愍王) 때이다. 세상에서 김득배(金得培)[40]·이방실(李芳實)[41]·정세운(鄭世雲)을 '삼원수(三元帥)'라고 하였다. 목은(牧隱) 이색(李穡)[42]이 "정세운은 비상한 사람이다. 개연(慨然)히 가기를 청하여 한 달만에 종묘사직이 다시 안정되니 어찌 우연이겠는가?"[43]라고 하였다.

이제현(李齊賢)[44]의 호는 익재(益齋)이다. 충선왕(忠宣王)이 연경(燕京) 저

못하면 돌아가지 않겠다는 결연한 의지의 표현이었다.

36) 회음후(淮陰侯) : 한(漢)나라 장수 한신(韓信). 조(趙)나라와 싸울 때에 병법과 반대로 강을 뒤에 두고 진을 쳐서 이겼다. 이 역시 뒤로 물러서지 않겠다는 결사항전의 의지를 보인 것이다.

37) 千里**縣**軍, **其鋒不可當**, **我師雖少**, **已入敵境**, **人自爲戰**, 卽孟明之焚舟, 淮陰之背水**也**.(『高麗史, 列傳, 金方慶』) → 千里**懸**軍, 卽孟明之焚舟, 淮陰之背水.(『松南雜識』)

38) 정세운(鄭世雲) : 고려 공민왕 때의 무신(?~1362). 홍건적의 난 때 왕을 모시고 피난하였으며, 또 총병관(摠兵官)으로서 압록강변에서 홍건적을 물리쳐 공을 세웠으나, 이를 시기하던 안우(安祐)에게 살해되었다.

39) 홍두적(紅頭賊) : 원나라 말기에 하북(河北)에서 한산동(韓山童)을 두목으로 하던 도둑의 무리. 머리에 붉은 수건을 쓴 까닭에 이렇게 이르며, 두 차례에 걸쳐 고려에까지 침범했다. 홍건적(紅巾賊).

40) 김득배(金得培) : 고려 말기의 문신(1312~1363). 호는 난계(蘭溪). 1357년과 1359년 홍건적 침입 때 서북면 도순문사가 되어 방어에 힘썼으나, 1363년에 처형되었다.

41) 이방실(李芳實) : 고려 말기의 무신(?~1362). 함안 이씨의 시조로 충목왕이 원나라에 내왕할 때 호종한 공으로 중랑장(中郎將)·호군(護軍)에 올랐다. 여러 차례 홍건적의 침입을 막아내어 왕의 신임을 독차지하다가 이를 시기한 간신 김용(金鏞)의 모략으로 피살되었다.

42) 이색(李穡) : 고려 말기의 문신(1328~1396). 자는 영숙(穎叔). 호는 목은(牧隱). 원나라에 가서 과거에 급제하고, 귀국하여 우대언(右代言)과 대사성 등을 지냈다. 삼은(三隱)의 한 사람으로, 문하에 권근(權近)과 변계량(卞季良) 등을 배출하여 학문에 큰 발자취를 남겼다. 조선 개국 후 태조가 여러 번 불렀으나 절개를 지키고 나가지 않았다. 저서에 『목은시고(牧隱詩藁)』, 『목은문고(牧隱文藁)』 등이 있다.

43) **故知鄭公**非常人也. …… **鄭公**慨然請行, 旬月間, 宗社復安, 豈偶然哉.(『牧隱文藁, 卷之十二, 讚, 贈侍中鄭公畫像讚 幷序』) → **世雲**非常人也. 慨然請行, 旬月**之**間, 宗社復安, 豈偶然哉.(『松南雜識』)

택에 있을 때 요수(姚燧)[45] · 조맹부(趙孟頫)[46] · 우집(虞集)[47]과 이제현(李齊賢)을 맞아들여 서사(書史)로써 스스로 즐기고 『용루집(龍樓集)』을 만들었다. 공민왕(恭愍王)이 원나라에서 즉위하자 정승에 임명하여 국정을 총섭(總攝)하도록 하고 정동행성(征東行省)[48]의 일을 권단(權斷)하게 하였다.

이항복(李恒福).[49] 호는 백사(白沙)로 사적(事跡)이 『임진록(壬辰錄)』에 있다.

유성룡(柳成龍).[50] 성호(星湖) 이익(李瀷)이 "왜(倭)는 고바야가와 다카가케[小早川隆景]를 모신(謀臣)으로 삼았고 우리나라는 유성룡을 모신으로

---

44) 이제현(李齊賢) : 고려 말기의 문신 · 학자(1287~1367). 초명은 지공(之公). 자는 중사(仲思). 호는 역옹(櫟翁) · 익재(益齋). 벼슬은 문하시중에 이르렀으며 당대의 명문장가로 정주학의 기초를 닦았다. 왕명으로 실록을 편찬했고 원나라 조맹부의 서체를 고려에 도입하여 유행시켰다. 저서에 『익재집』 · 『역옹패설(櫟翁稗說)』 · 『익재난고(益齋亂藁)』가 있다.

45) 요수(姚燧) : 원나라의 학자. 자는 단보(端甫), 호는 목암(牧庵). 문장에 능하여 서한의 기풍이 있었다. 저서에 『국통이합표(國統離合表)』 · 『목암집(牧庵集)』이 있다.

46) 조맹부(趙孟頫) : 원나라의 화가 · 서예가 · 문인(1254~1322). 자는 자앙(子昂). 호는 집현(集賢) · 송설도인(松雪道人). 서화와 시문에 뛰어나서 원나라의 사대가(四大家) 가운데 한 사람으로 꼽힌다. 저서에 『상서주(尙書注)』 · 『송설재집(松雪齋集)』 등이 있다.

47) 우집(虞集) : 원나라의 학자(1272~1348). 자는 백생(伯生). 호는 도원(道園) · 소암(邵庵). 인종과 문종을 섬기고, 『경세대전』 · 『조종실록(祖宗實錄)』 등 많은 대전(大典)의 편집을 주재했다. 저서에 『도원학고록(道園學古錄)』 50권이 있다.

48) 정동행성(征東行省) : 고려 후기 원에 의해 고려에 설치되었던 관서로서 일본 원정을 위한 전방사령부이다. 그 뒤로 기능이 전환되어 원나라의 관리를 두어 고려의 내정을 감시하고 간섭하게 했다.

49) 이항복(李恒福) : 조선 선조 때의 문신(1556~1618). 자는 자상(子常). 호는 동강(東岡) · 백사(白沙) · 필운(弼雲). 임진왜란 때 병조판서로 활약했으며, 뒤에 벼슬이 영의정에 이르렀다. 광해군 때에 인목대비 폐모론에 반대하다 북청(北靑)으로 유배되어 죽었다. 저서에 『백사집(白沙集)』 · 『북천일기(北遷日記)』 · 『사례훈몽(四禮訓蒙)』 등이 있다.

50) 유성룡(柳成龍) : 조선 선조 때의 재상(1542~1607). 자는 이현(而見). 호는 서애(西厓). 이황의 문인으로, 대사헌 · 경상도 관찰사 등을 거쳐 영의정을 지냈다. 임진왜란 때 이순신과 권율 같은 명장을 천거했으며, 도학 · 문장 · 덕행 · 서예로 이름을 떨쳤다. 저서에 『서애집』 · 『징비록(懲毖錄)』 · 『신종록(愼終錄)』 등이 있다.

삼았다"라고 말하였다.

이순신(李舜臣)이 거북선을 창제하고 왜구를 섬멸하였다는 승첩(勝捷)을 주달(奏達)하자, 명나라 장군 진린(陳璘)이 명나라 조정에 "이순신은 경천위지(經天緯地)의 재주로 보천욕일(補天浴日)[51]의 공이 있다"라고 보고하였다.

곽재우(郭再祐)[52]의 호는 망우당(忘憂堂)이니 바로 홍의장군(紅衣將軍)이다. 그는 사퇴를 요청하는 상소에서 말하였다.

"성지(城池)[53]와 수군(水軍) 중에서 어느 하나만 내버려두어서는 안되거늘 지금 수군에만 집중하고 성지에는 신경을 쓰지 않으니 신(臣)은 실로 걱정됩니다. 걱정하여도 보탬이 없으니 떠나는 것이 옳은 첫 번째 이유입니다.

적국을 꼼짝 못하게 묶어두는 것으로 강화(講和)보다 나은 게 없고, 분을 풀고 화를 늦추는 것으로 강화보다 나은 게 없고, 적을 태만하게 만들고 도적을 오판하게 만드는 것으로 강화보다 나은 게 없고, 병사와 백성을 쉬게 하는 것으로 강화보다 나은 게 없습니다. 교전(交戰)하면서 사신이 그 사이에 있는데 지금 왜의 사신을 구금하여 왜구의 부아를 돋우고 화를 부르니 신은 실로 통한(痛恨)합니다. 통한하여도 보탬이 없으니 떠나는 것이 옳은 두 번째 이유입니다.

나라가 어지러우면 훌륭한 재상을 생각하는데 재상이 진실로 훌륭하

51) 보천욕일(補天浴日) : 여와(女媧)가 돌을 녹여 하늘을 메우고 희화(羲和)가 태양을 감연(甘淵)에 씻었다는 창세 신화. 세운(世運)을 만회(挽回)할 수 있는 능력이 있고 공훈(功勳)이 탁월하거나 위기국면을 만회함을 비유.

52) 곽재우(郭再祐) : 조선 중기의 의병장(1552~1617). 자는 계수(季綏). 호는 망우당(忘憂堂). 임진왜란 때 의령(宜寧)에서 의병을 일으켜 큰 공을 세웠고, 정유재란 때 다시 의병장으로 출전했다. 그 뒤 진주 목사, 함경도 관찰사 등을 지냈다.

53) 성지(城池) : 성과 그 주위에 파 놓은 못.

다면 화를 전환시켜 치세(治世)로 만들 수 있습니다. 이미 이원익(李元翼)[54]을 영의정으로 삼았는데 얼마 되지 않아 갑자기 경질하여 조정에서 편안하지 못하게 만드니 신은 실로 근심됩니다. 근심하여도 보탬이 없으니 떠나는 것이 옳은 세 번째 이유입니다."[55]

마침내 관직을 버리고 귀향하였다.

박엽(朴燁).[56] 『택리지』에서 말하였다.

박엽은 재주와 지혜가 있어서 평안감사가 되었다. 광해군이 의지하고 중히 여겨 십 년 동안이나 유임시켰는데 재화를 많이 쓰고 간첩을 잘 사용하였다. 박엽이 순시하다 구성(龜城)[57]에 이르렀을 때의 일이다. 마침 청나라 군대가 그를 포위하였는데, 한 밤에 청나라 사람 한 명이 성을 넘어 박엽의 침소로 들어가 귀에 대고 말을 해주고

54) 이원익(李元翼) : 조선 중기의 명신(1547~1634). 자는 공려(公勵). 호는 오리(梧里). 1569년 문과에 급제하여 우의정 · 영의정을 지냈다. 임진왜란 때 대동강 서쪽을 잘 방어하여 호성공신(扈聖功臣)이 되었으며 대동법을 시행하여 공부(貢賦)를 단일화했다. 저서에 『오리집』 · 『오리일기』가 있다.

55) **城池之守**, **烏可已也**. 今**方**專**力於**舟師, 而廢**棄**城守 …… 臣**竊**憂之, 憂之**而**無**益於國**, **此臣之**可**以退**去一也. …… **夫**羈縻敵國, 莫過於和, 舒忿緩禍, 莫過於和, 怠敵誤寇, 莫過於和, 休兵息民, 莫過於和. …… 兵交使在其間, **不留其使可也**, **而聞**倭使**見囚**, **絶不言和**, **臣恐**挑**强**寇**之怒**, 速**危亡之**禍, **而無一人爲殿下言之**, 臣**竊**痛之, 痛之**而**無補**於國**, **此臣之**可**以退**去二也. **臣聞家貧思賢妻**, 國亂思良相, **家雖貧而妻苟賢則移貧爲富**, **國雖亂而**相苟良則轉**亂**爲治 …… **殿下頃者**, 以李元翼爲領相, **一國之人**, **咸嘆殿下之得人**, **而爲相**未幾, 遽遞**其任** …… **使**不得安於朝廷**之上** …… 臣實**悶**之, 悶之**而**無裨**於國**, **此臣之**可**以退**去三也.(『忘憂先生文集, 卷之一, 雜著, 兵使時棄官疏』) → **城池舟師**, **不可偏廢**. 今**欲**專舟師, 而廢城守, 臣**實**憂之, 憂之無**補**, 可去一也. 羈縻敵國, 莫過於和, 舒忿緩禍, 莫過於和, 怠敵誤寇, 莫過於和, 休兵息民, 莫過於和. 兵交**而**使在其間, **今拘囚**倭使, 挑寇速禍, 臣**實**痛之, 痛之無補, 可去二也. 國亂思良相, 相苟良**矣**則**可以轉禍**爲治, **旣**以李元翼爲領相, 未幾遽遞, 不得安於朝廷, 臣**實**憫之, 悶之無裨, 可去三也.(『松南雜識』)

56) 박엽(朴燁) : 조선 중기의 문신(1570~1623). 본관은 반남(潘南). 자는 숙야(叔夜), 호는 약창(葯窓).

57) 구성(龜城) : 평안북도 구성군에 있는 읍.

갔다. 다음날 아침 박엽이 사람을 시켜 청나라 진영에 소고기와 술을 가지고 가서 호궤(犒饋)[58] 하였다. 또 소고기로 기다란 꼬치를 만들어 그 군인들에게 나누어 주었는데 남지도 않고 모자라지도 않고 그 수에 딱 맞았다. 청나라 장군이 크게 놀라며 신(神)이라고 괴이하게 생각하고는 즉시 강화(講和)하고 포위를 풀고 갔다.[59]

또 민간에 다음과 같은 이야기가 전한다.

박엽에게 좋은 화살이 있어서 침소 벽 위에 걸어 두었는데 하루는 아침에 보니 사라졌다. 비장(裨將) 한 명을 불러 물어보니 "이미 알고 있습니다"라고 대답하였다. 그 다음날 아침 청나라 칸이 마래기[60]을 쓰려고 하는데 투구의 깃장식이 없었다. 비장이 벌써 그것을 가져 와서 박엽에게 바쳤기 때문이다. 박엽이 즉시 사자(使者)를 보내 말하였다.

"네 투구의 깃 장식을 보내니 내 좋은 화살을 돌려 달라."

칸이 크게 놀라 박엽이 죽을 때까지 평양을 엿보지 않았다고 한다. 비장(裨將)은 바로 이의만(李宜萬)인데 박엽이 죽자 만주에 투항하여 각노(閣老)가 되었다고 한다.

---

58) 호궤(犒饋) : 군사들에게 음식을 주어 위로함. 호군(犒軍) · 호석(犒錫) · 급호(給犒).

59) **光海以爗爲能**, **擢**爲平安監司, **時**, **値滿洲作梗西路多事**. 爗有才諝, 光海倚以爲重, **凡**十年不遷. **爗**多用貨, 善用間. 巡到龜城, 適淸兵圍**城**, 夜半, **有**一胡**人**踰城入爗寢所, 附耳語而去, 明朝, 爗令人持酒, 往犒, 又以牛肉**作**長串炙, 頒於軍**卒**, 不贏不縮, 恰當**軍**數, 胡將大驚怪以爲神**也**, 卽講和解去.(『擇里志, 平安道』) → 爗有才諝, 爲平安監司, 光海倚以爲重, 十年不遷, 多用貨, 善用間, 巡到龜城, 適淸兵圍**之**, 夜半, 一胡踰城入爗寢所, 附耳語而去, 明朝, 爗令人持**牛**酒, 往犒, 又以牛肉**爲**長串炙, 頒於**其**軍, 不贏不縮, 恰當**其**數, 胡將大驚怪以爲神, 卽講和解去.(『松南雜識』)

60) 마래기 : 중국 청나라 때 관리들이 쓰던 모자의 한 종류. 둘레가 넓고 운두가 낮아 투구와 비슷하다. 말액(抹額).

『회남자(淮南子)』에서 "제나라가 초나라를 정벌하니 시장의 도둑이 장군을 위하여 변변치 않은 재주를 사용하게 해달라고 청하고는 밤에 제나라 임금의 휘장을 풀어 와서 바쳤다"[61]라고 하였다.

임경업(林慶業).[62] 야사(野史)에 다음과 같은 기록이 있다.

병자호란 때 청나라 칸이 남한산성(南漢山城)을 포위하였다. 당시 임경업이 의주부윤(義州府尹)으로 병사(兵使) 유림(柳琳)[63]을 찾아가서 말하였다.

"급히 영고탑(寧固塔)[64]으로 쳐들어가면 남한상성의 포위가 저절로 풀릴 것이니 이는 손빈(孫臏)[65]이 바로 위(魏)나라 수도로 쳐들어 간 계책입니다."

유림(柳琳)이 그의 계책을 들어주지 않으니 지금까지 영웅의 눈물이 옷깃 가득한 한이 된다.

『택리지』에서 "청나라 군대가 의주 길을 피해서 창성(昌城)을 경유하니 임경업이 의주에 있기 때문이다"라고 하였다.

최명길(崔鳴吉).[66] 『택리지』에서 "병자호란 때 병조판서로 소고기와

61) 齊興兵伐楚, 子發將師以當之, 兵三却, 楚賢良大夫, 皆盡其計, 而悉其誠, 齊師愈强, 於是市偸進請曰, 臣有薄技, 願爲君行之. 子發曰, 諾. 不問其辭而遣之偸則夜解齊將軍之幬帳而獻之.(『淮南子, 道應訓』) → 齊伐楚, 市偸請爲君行薄技, 乃夜解齊君之幬而獻之.(『松南雜識』)

62) 임경업(林慶業) : 조선 인조 때의 명장(1594~1646). 자는 영백(英伯). 호는 고송(孤松). 이괄의 난에 공을 세우고, 병자호란 때 명나라와 합세하여 청나라를 치고자 했으나 뜻을 이루지 못하고 김자점의 모함으로 죽었다.

63) 유림(柳琳) : 조선 후기의 무신(1581~1643). 본관은 진주(晉州). 자는 여온(汝溫).

64) 영고탑(寧固塔) : 흑룡강성(黑龍江省) 영안현성(寧安縣城)의 청나라 때 지명.

65) 손빈(孫臏) : 전국 시대 제나라의 무장. 기원전 367년경 위나라 군사와 싸워 크게 이기고, 기원전 353년에 조나라를 도와 위나라 군사를 격파했다.

술을 가지고 가서 군사를 일으킨 연유를 물으니, 그 틈에 어가(御駕)가 남한산성으로 들어가고 세자와 비빈(妃嬪)은 강화도로 들어갔다"라고 하였다.

이인
異人

정렴(鄭磏)[67]의 호는 북창(北窓)이다. 소시(少時)에 중국에 들어가서 해외 열국(列國)의 사신을 만나면 각각 그 나라 언어로 말을 하니 열국의 사신들이 어느 나라 사람인줄 알지 못하였다. 어떤 사람이 밤을 그에게 던지니 모두 보늬[68] 채로 먹었는데 정렴만이 보늬를 벗기고 먹으니 그제야 조선 사람인 줄을 알았다. 대개 천하에서 오로지 조선 사람만이 보늬를 벗기기 때문이다.

안남국(安南國)[69] 사신이 절하고 말하였다.

"지금 와서 이인(異人)을 보리라 점을 쳤더니 정말 그렇군요."

정렴이 임종(臨終)할 때,

안회는 서른에 아성이라 칭해지니	顔回三十稱亞聖
선생의 수명은 어찌 그리도 긴가	先生之壽何其久[70]

---

66) 최명길(崔鳴吉) : 조선 중기의 문신(1586~1647). 자는 자겸(子謙). 호는 지천(遲川)·창랑(滄浪). 병자호란 때에 화평(和平)을 주장했다. 성리학과 문장에 뛰어나고 글씨에도 일가를 이루었다. 저서에 『지천집』·『경서기의(經書記疑)』 등이 있다.

67) 정렴(鄭磏) : 조선 중기의 유의(儒醫)·학자(1505~1549). 자는 사결(士潔), 호는 북창(北窓). 내의원제조(內醫院提調) 정순붕(鄭順鵬)의 아들이다. 천문·지리·의서·복서(卜筮) 등에 두루 능통했다.

68) 보늬 : 밤이나 도토리 등의 속껍질.≒본의(本衣)

69) 안남국(安南國) : '베트남'의 다른 이름. 당나라 때, 지금의 베트남령에 안남 도호부를 둔 데서 유래한다.

70) **深居絶跡, 治鍊丹火候之法, 一日作歌自挽曰, 一生讀罷萬卷書, 一日飮盡千鐘酒, 高談伏羲以上事, 俗說從來不掛口**, 顔回三十稱亞聖, 先生之壽何其久, **乃坐化世傳**

라는 시를 남겼다.

이지함(李之菡)[71]의 호는 토정(土亭)이다. 일찍이 혜성(彗星)이 나타나니 사람들이 모두 흉흉하다 하였는데, 그만이 서성(瑞星)[72]이라고 말하였다.

남사고(南師古)[73]의 호는 격암(格菴)이다. 일찍이 "내년에 동쪽으로 태산(泰山)에 봉(封)하리라"라고 하였는데 과연 태릉(泰陵)[74]에 인산(因山)[75]이 있었다.

그가 죽자 어떤 사람이[76] 만사(輓詞)에서,

문인은 눈물 흘리며 유고를 수습하는데	門人垂淚收遺卷
옥동의 복사꽃 가지마다 봄일세	玉洞桃花萬樹春[77]

라고 하니, 일찍이 신선술을 터득했기 때문이라고 한다.

강서(姜緖)[78]는 조카 강홍립(姜弘立)[79]이 태어나자 그를 보고서 크게

生而能文, **又白日無影云**. **北窓集**.(『燃藜室記述, 卷十一, 明宗朝故事本末, 明宗朝遺逸』) → **臨終有詩云**, 顔回三十稱亞聖, 先生之壽何其久.(『松南雜識』)

71) 이지함(李之菡) : 조선 선조 때의 학자(1517~1578). 자는 형중(馨仲)・형백(馨佰). 호는 토정(土亭)・수산(水山). 포천・아산 현감을 지냈다. 서경덕의 문인으로, 의약・복서・천문・지리・음양에 능통했다. 저서에 『토정비결(土亭秘訣)』 등이 있다.

72) 서성(瑞星) : 상서로운 별. 태평성대에 나타난다고 한다. ≒경성(景星).

73) 남사고(南師古) : 조선 중기의 예언가. 호는 격암(格菴). 역학・풍수・천문・복서・관상 등의 비결에 도통했으며, 예언이 적중했다고 한다.

74) 태릉(泰陵) : 현재 서울특별시 노원구에 있는 조선 중종의 계비 문정왕후(文定王后)의 능.

75) 인산(因山) : 태상황, 임금, 황태자, 황태손과 그 비(妃)들의 장례. ≒국장(國葬)・예장(禮葬)・인봉(因封).

76) 손곡(蓀谷) 이달(李達)을 가리키는 듯함.

77) **床東弟子**收遺**草**, 玉洞桃花萬樹春.(『蓀谷詩集, 卷之六, 挽南格菴師古』) → **門人垂淚**收遺**卷**, 玉洞桃花萬樹春.(『松南雜識』)

78) 강서(姜緖) : 조선 중기의 문신(1538~1589). 본관은 진주(晉州). 자는 원경(遠卿), 호

근심하며 반골(反骨)[80]이 있다고 하였다.

고인
高人

마의왕자(麻衣王子)는 신라 경순왕(敬順王)[81]의 아들이다. 왕이 고려에 항복하자 "어떻게 천 년 간 이어온 사직(社稷)을 하루아침에 가볍게 남에게 주십니까?"라고 간언하였다. 통곡하고 하직 인사한 후 금강산으로 들어가서 바위 곁에 집을 짓고 삼베옷[麻衣]을 만들어 입고 초식(草食)을 하다가 생을 마쳤다.

오운(吳澐)[82]이 "한(漢)나라 북지왕(北地王) 유심(劉諶)[83]과 일월의 빛을 다툰다"라고 하였다.

대개 마의(麻衣)는 바로 지금의 상복(喪服)을 이른다.

는 난곡(蘭谷). 이원익(李元翼)·조충남(趙忠男)과 교분이 좋았고, 지감(知鑑)이 있어 정여립(鄭汝立)의 옥사와 임진왜란이 일어날 것을 예고했다.

79) 강홍립(姜弘立) : 조선 광해군 때의 무신(1560~1627). 자는 군신(君信). 호는 내촌(耐村). 광해군 11년(1619)에 심천(深川) 싸움에 오도도원수(五道都元帥)로 출정하였다가 후금(後金)의 포로가 되어 10년간 그곳에 머물렀다. 그 뒤 정묘호란 때 후금의 사신으로 강화(江華)에 와서 화의를 주선한 후에 국내에 머물렀으나, 역신으로 몰려 단식하다가 죽었다.

80) 반골(反骨) : 어떤 권력이나 권위에 순응하거나 따르지 아니하고 저항하는 기골. 또는 그런 기골을 가진 사람.

81) 경순왕(敬順王) : 신라의 마지막 왕(?~978). 성은 김(金). 이름은 부(傅). 경애왕이 죽은 뒤 견훤에 의해 왕위에 올랐으나, 935년 고려 왕건에게 항복하였다. 재위 기간은 927~935년.

82) 오운(吳澐) : 조선 중기의 문신(1540~1617). 자는 태원(太源). 호는 죽유(竹牖)·죽계(竹溪). 이황의 문인으로, 임진왜란이 일어나자 의병을 일으켜 수병장으로 활약하였으며, 정유재란 때에도 공을 세웠다. 저서에 『죽유문집』이 있다.

83) 유심(劉諶) : 중국 삼국 시대 후주(後主) 유선(劉禪)의 다섯째 아들. 북지왕(北地王)으로 책봉되었다. 위(魏)에 항복하려는 왕의 측근들에게 반대하다 궁중에서 쫓겨났다. 촉(蜀)이 항복한 것을 수치라고 여기고 먼저 처자(妻子)를 죽인 다음 조묘(祖廟)에서 곡한 후 자결하였다.

청평처사(清平處士) **이자현**(李資玄)[84]은 이자연(李子淵[85])의 손자이고 이자겸(李資謙[86])의 종제(從弟)다. 청평산(清平山)에 은거하면서 명산을 두루 유람하였는데, 선(禪)을 즐기고 도교를 좋아하였다. 고려의 예종이 불러들이자 표(表)를 올려 "새의 본성에 따라 새를 기르면 악기 소리를 들려주다가 새를 죽이는 근심이 없고 물고기의 속성을 보고 물고기의 본질을 아나니, 제가 강호(江湖)의 성정을 이루도록 해주십시오"라고 말하였다.

왕이 "도덕 있는 노인을 흠모한지 오래되었소"라 하고 성(性)을 기르는 요체를 물으니, "그 무엇도 욕심을 적게 하는 것보다 좋지 않습니다"라고 대답하고 드디어 『심요(心要)』 한 편을 올렸다.

『택리지(擇里志)』에서 "청평산(清平山) 곡란암(鵠卵庵)에 부도(浮屠)를 세워 태골(蛻骨)[87]을 간직하였는데 지금까지도 있다고 한다"[88]라고 말하였다.

퇴계 이황은 "더러운 세상에서 고결하게 휩쓸리지 않고 만물의 밖으로 높이 벗어났다[蟬蛻於濁穢之中, 鴻冥於萬物之表]"[89]라고 하였는데 나는 그가 당나라 무유서(武攸緒[90])의 무리라고 생각한다.

---

84) 이자현(李資玄) : 고려의 학자(1061~1125). 본관은 인주(仁州). 자는 진정(眞靖), 호는 식암(息庵)·청평거사(清平居士)·희이자(希夷子). 시호는 진락(眞樂).

85) 이자연(李子淵) : 고려 시대의 문신(1003~1061). 자는 약충(若沖). 현종 15년(1024) 문과에 급제하여 벼슬이 태사(太師) 겸 중서령에 이르렀다. 셋째 딸이 문종의 비가 됨으로써 세력을 장악하였다.

86) 이자겸(李資謙) : 고려 시대의 척신(?~1126). 둘째 딸이 예종의 비가 된 후 익성공신(翼聖功臣)이 되고 인종이 즉위하자 셋째와 넷째 딸을 비로 삼게 하여 외척으로서 권세와 부귀를 누리며 전횡을 일삼다가 척준경에게 쫓겨나 귀양 가서 죽었다.

87) 태골(蛻骨) : 도교(道敎)에서 영혼(靈魂)이 승천한 뒤의 해골(骸骨)을 이르는 말.

88) **府治北有**清平山, **山中有寺**, **寺傍有高麗處士李資玄**鵠卵庵, ……**又卒**, **寺僧**建浮屠藏蛻骨, 今尚在 (『擇里志, 江原道』) → 清平山鵠卵庵, 建浮屠藏蛻骨, 今尚在**云**.(『松南雜識』)

89) 蟬蛻於濁穢之中, 鴻冥於萬物之表.(『退溪先生文集, 卷之一, 過清平山有感 并序』) → **能**蟬蛻於濁穢之中, 鴻冥於萬物之表.(『松南雜識』)

90) 무유서(武攸緒) : 당나라 측천무후의 친정 조카인데 성품이 깨끗하고 욕심이 없어 무후가 정권을 잡자 벼슬을 버리고 숭산(嵩山)에 숨어살았다.

동산처사(東山處士) 곽여(郭輿)[91]는 바로 곽상(郭尙)[92]의 아들이다. 항상 궁중에 있으면서 왕에게 '선생'이라고 칭해지고 오건(烏巾)[93]과 학창의(鶴氅衣)[94] 차림으로 왕을 측근에서 모시니 당시의 사람들이 '금문우객(金門羽客)'이라고 불렀다.

살펴보건대 『여산기(廬山記)』[95]에서 "남당(南唐) 보대(保大)[96] 연간에 도사(道士) 담자소(譚紫霄)[97]에게 금문우객(金門羽客)이라는 호가 하사되었다"[98]라고 하였는데, "곽여의 금문(金門)이 담자소의 금문과 같은가?"라고 한 말은 대개 기롱한 것이다.

녹사(錄事)[99] 한유한(韓惟漢)은 고려 신종(神宗) 때에 최충헌(崔忠獻)[100]이 정치를 제멋대로 하자 탄식하며, "난리가 장차 일어날 것이다"라고 하고 마침내 처자를 이끌고 지리산에 은거하였다. 남명(南冥) 조식(曺植)

---

91) 곽여(郭輿) : 고려 예종 때의 문인(1059~1130). 자는 몽득(夢得). 홍주(洪州) 목사(牧使)를 지냈으며, 예종이 즉위한 후 궁중 순복전(純福殿)에 있으면서 왕의 스승으로 담론했다.

92) 곽상(郭尙) : 고려 중기의 문신(1034~1106). 본관은 청주(淸州), 자는 원로(元老).

93) 오건(烏巾) : 고려 시대에 남자들이 많이 쓰던 쓰개의 하나. ≒문라건(文羅巾).

94) 학창의(鶴氅衣) : 소매가 넓고 뒤 솔기가 갈라진 흰옷의 가를 검은 천으로 넓게 댄 웃옷. ≒ 학창(鶴氅).

95) 여산기(廬山記) : 송나라 진순유(陳舜兪)가 편찬한 책. 지리류서(地理類書).

96) 남당(南唐)은 5대 10국의 하나로 서지고(徐知誥)가 937년에 오나라를 멸망시키고 세운 나라. 금릉(金陵)에 도읍하고 국호를 당(唐)이라 하였으며, 수나라와 당나라의 문화를 이어받아 오대 제일의 문화국이 되었으나 975년에 북송에게 망하였다. 보대(保大)는 서지고(徐知誥)가 사용한 연호.

97) 『松南雜識』에는 '韓紫霽'로 되어 있음.

98) 保大中, 道士**譚紫霄來自閩中**, 賜號金門羽客.(『廬山記, 卷三, 叙山南篇, 第三』) → **唐**保大中, 道士**韓紫霽**, 賜號金門羽客.(『松南雜識』)

99) 녹사(錄事) : 고려 시대에 각급 관아에 속하여 기록에 관련된 일을 맡아보던 하급 실무직 벼슬.

100) 최충헌(崔忠獻) : 고려 시대 무신 정권기의 집권자(1149~1219). 초명은 난(鸞). 시호는 경성(景成). 1196년에 동생 최충수와 함께 권신 이의민을 죽이고 정권을 장악하였으며 폐정개혁을 위한 봉사십조(封事十條)를 왕에게 올렸다. 이듬해 왕의 측근을 몰아낸 후 최씨 무단 정권을 확립하였다.

의 「두류산기(頭流山記)」에서 "세 군자를 고산대천(高山大川)에 비유한다면, 또 천겹 산봉우리 꼭대기에 얹힌 하나의 옥(玉)과 같고 만 이랑 수면(水面)에 떠오른 하나의 달과 같다"[101]라고 하니, 세 군자는 일두(一蠹) 정여창(鄭汝昌)[102]과 우리 선조 지족당(知足堂) 조지서(趙之瑞)[103]와 녹사(錄事) 한유한(韓惟漢)이다.

운곡(耘谷) **원천석**(元天錫)은 고려 말 적악(赤岳)[104]에 은거하면서 학생을 가르쳤다. 조선의 태조가 등극하기 이전에 정조가 총각(總角)으로 가서 배웠는데 학문이 성취되어 과거에 합격하였다. 위화도회군(威化島回軍)[105]때에 편지를 써서 간언하였다. 정조가 등극하자 적악에 가서 선생을 방문하였지만 피하고 만나주지 않았다. 다만 지난날 밥 짓던 늙은 하녀만 남겨 두었기에 왕이 선생이 간 곳을 물으니 하녀는 "태백산으로 친구를 찾으러 갔습니다"라고 대답하였다.

사람들은 "그의 고결함은 엄자릉(嚴子陵)[106]보다 뛰어나니 환영(桓榮)[107]과 같이 얕고 얕은 자가 비할 바가 아니다"라고 하였다.

---

101) **比韓鄭趙**三君子於高山大川. 更於**十**層峯頭冠一玉也. **千**頃水面, 生一月也.(『南冥先生集, 卷之二, 遊頭流錄』)→**若**三君子於高山大川, 更於**千**層峯頭冠一玉也. **萬**頃水面, 生一月也.(『松南雜識』)

102) 정여창(鄭汝昌) : 조선 성종 때의 문신 · 학자(1450~1504). 자는 백욱(伯勖). 호는 일두(一蠹). 시호는 문헌(文獻). 성리학의 대가로 경사(經史)에 통달하였다. 무오사화에 연루되어 귀양 가서 죽었다. 정구(鄭逑)의 『문헌공실기(文獻公實記)』에 그 유집이 전한다.

103) 조지서(趙之瑞) : 조선 초기의 문신(1454~1504). 본관은 임천(林川). 자는 백부(伯符), 호는 지족(知足) · 충헌(忠軒). 충효와 시문으로 명망이 높았으며 갑자사화 때 참살되었다.

104) 적악(赤岳) : 치악산(雉岳山)의 옛 이름. 강원도 원주시 횡성군 및 영월군에 걸쳐 있는 산.

105) 위화도회군(威化島回軍) : 우왕 14년(1388) 명나라의 요동(遼東)을 공략하기 위해 출정했던 이성계(李成桂) 등이 위화도에서 회군해 우왕을 폐위시키고 정권을 장악한 사건. 위화도는 의주의 압록강 하류에 있는 섬이다.

106) 엄자릉(嚴子陵) : 후한(後漢) 광무제(光武帝)의 절친한 벗으로 광무제의 권위에 굴하는 빛이 없었던 고절(高節)한 인물로 유명하다.

추강(秋江)과 매월당(梅月堂)은 생육신(生六臣)[108] 중에서도 가장 맑고 향기롭다. 추강(秋江)은 **남효온**(南孝溫)[109]이고 매월당은 **김시습**(金時習)이다.

하서(河西) **김인후**(金麟厚).[110]
어떤 사람이 그를 위하여 써준 시에서,

매년 칠 월이면	每年七月日[111]
첩첩 산중에서 통곡한다	痛哭萬山中

라고 하였다.[112]

노서(魯西) **윤선거**(尹宣擧). 정묘강화(丁卯講和)[113] 때 진사(進士)로 청나라의 사신을 참수하기를 주청하는 상소를 올렸다. 병자호란 후에 여러

---

107) 환영(桓榮) : 후한(後漢)의 저명한 학자로 명제(明帝)의 스승.

108) 생육신(生六臣) : 세조 2년(1456) 단종의 복위를 도모하다가 죽은 사육신(死六臣)에 대칭하여 생육신이라 한다. 김시습(金時習)·원호(元昊)·이맹전(李孟專)·조려(趙旅)·성담수(成聃壽)·남효온(南孝溫).

109) 남효온(南孝溫) : 조선 시대의 생육신(1454~1492). 자는 백공(伯恭). 호는 최락당(最樂堂)·추강(秋江). 김종직의 문인. 세조에 의하여 물가에 이장된 단종의 생모 현덕왕후의 무덤인 소릉(昭陵)의 복위를 상소하였으나 뜻을 이루지 못하자, 실의에 빠져 각지를 유랑하다 병사하였다. 저서에 『추강냉화(秋江冷話)』·『사우록(師友錄)』 등이 있다.

110) 김인후(金麟厚) : 조선 중기의 문신·유학자(1510~1560). 자는 후지(厚之). 호는 하서(河西). 중종 35년(1540)에 문과에 급제하고, 설서부수찬을 거쳐 옥과현령을 지냈으나, 을사사화가 일어나자 낙향하여 성리학 연구에 전념하였다. 저서에 『하서집』·『주역관상편(周易觀象篇)』 등이 있다.

111) 『松南雜識』에는 每年七月七로 되어 있음.

112) 金河西, **淸風異骨**, **夐出流俗**, **少時**, **受知仁廟**, **恩遇異常**, **自乙巳以後**, **絶意人事**, **有同槁木死灰**, **每値七月諱辰**, **輒前期携酒入山**, **號哭無節**, **先子平日**, **嘗所艶慕**, 有詩**云**, **年**年七月日, 痛哭萬山中, **蓋實跡也**. **鄭弘溟畸菴漫述**.(『河西先生全集, 附錄, 卷之二, 敍述』)→河西金**麟厚**, 有**人爲之**詩**曰**, **每**年七月**日**, 痛哭萬山中.(『松南雜識』)

113) 정묘강화(丁卯講和) : 조선 인조 5년(1627)에 후금의 아민(阿敏)이 인조반정의 부당성을 명분으로 내세우고 침입하여 일어난 난리. 인조가 강화(江華)로 피란하였다가 강화조약을 맺었다.

번 조정의 초빙을 받지만 응하지 않았다.

삼연(三淵) 김창흡(金昌翕)[114]은 문곡(文谷) 김수항(金壽恒)이 화(禍)[115]를 당한 뒤로 머리에 삿갓을 쓰고 거사(居士)로 자칭(自稱)하였다. 조선 정조가 교지에서 '고도산림(高蹈山林)'이라고 하였다.

114) 김창흡(金昌翕) : 조선 중기의 학자(1653~1722). 자는 자익(子益). 호는 삼연(三淵). 김수항의 셋째 아들로 성리학에 뛰어나 형 김창협과 함께 율곡 이후의 대학자로 이름이 높았다. 저서에 『삼연집』이 있다.

115) 김수항(金壽恒)이 숙종 15년(1689) 기사환국으로 남인(南人)이 재집권하자 진도(珍島)에 유배되어 사사(賜死)된 일을 말한다.

28. 조시류(朝市類)

관수
官數

반계(磻溪) 유형원(柳馨遠)이 말하였다.

하(夏)나라는 일백 이십 인이고, 은(殷)나라는 이백 사십 인이고, 주(周)나라는 삼천 일백 구십 인이다. 한(漢)나라는 승상(丞相)부터 좌사(佐史)까지 모두 십삼만 이백 팔십 오 인이고 후한(後漢)은 칠천 오백 육십 칠 인이다. 진(晉)은 육천 팔백 삼십 육 인이고 송(宋)[1]은 육천 일백 칠십 이 인이고 후위(後魏)[2]는 칠천 칠백 육십 사 인이고 후주(後

1) 송(宋) : 중국 남북조 시대에, 동진(東晉)의 유유(劉裕)가 자신이 옹립한 공제(恭帝)의 선양을 받아 세운 나라. 420년에 건강에 도읍하고 한때 위세를 떨쳤으나, 478년에 소도성에 의하여 멸망하였다.

2) 후위(後魏) : 중국 남북조 시대의 북조(北朝) 최초의 나라. 386년에 선비족(鮮卑族)의 탁발규가 화북(華北)에 세운 나라로, 적극적인 중국 동화 정책을 추진하였으나 반란이

周)는 이천 구백 팔십 구 인이고 수(隋)는 일만 이천 오백 칠십 육 인이고 당(唐)은 일만 팔천 팔백 오 인이고 송(宋)은 관직의 수가 극도로 많고 명나라는 이만 사백여 인이다.[3]

지금 서울의 관직은 모두 오백 사십 인이니 녹사(錄事)가 사십 오 인이고 서리(書吏)가 사백 팔십 인이고 조예(皂隸)는 이천 구백 오십 오 인이고 소사(小史)는 일천 인이다.

천정대
天政臺

『동국여지승람(東國輿地勝覽)』에서 말하였다.

부여강 북쪽은 절벽으로 물가에 있는 바위가 있으니 전설에 의하면 백제 때 재상(宰相)을 임명하고 싶으면 선발 대상자의 이름을 써서 봉함한 뒤 바위 위에 두었다가 얼마 뒤 이름을 보아 도장 자국이 있으면 재상으로 삼았다. 그래서 이런 이름이 붙었다. 정사암(政事巖)이라고도 한다.[4]

일어나 534년 동위(東魏)와 서위(西魏)로 분열하였다. ≒ 위(魏), 북위(北魏).

3) 夏, 一百二十人, 殷, 二百四十人, 周, 三千一百九十人, 漢, 自丞相, 至佐史, 凡十三萬二百八十五人, 後漢, 七千五百六十七人, 晉, 六千八百三十六人, 宋, 六千一百七十二人, 後魏, 七千七百六十四人, 後周, 二千九百八十九人, 隋, 一萬二千五百七十六人, 唐, 一萬八千八百五人, 宋, **世**官數極繁, **大**明, 二萬四百餘人.(『磻溪隨錄, 卷十八, 職官攷說, 下, 官數』)→夏, 一百二十人, 殷, 二百四十人, 周, 三千一百九十人, 漢, 自丞相, 至佐史, 凡十三萬二百八十五人, 後漢, 七千五百六十七人, 晉, 六千八百三十六人, **劉**宋, 六千一百七十二人, 後魏, 七千七百六十四人, 後周, 二千九百八十九人, 隋, 一萬二千五百七十六人, 唐, 一萬八千八百五人, 宋, 官數極繁, 明, 二萬四百餘人.(『松南雜識』)

4) **縣北十里許**江北絶巘有**巖**, 如臺下臨江水. 諺**六**百濟時, 欲拜宰相, 則書當選者名, 函封置岩上, 須臾**取**看名, **上**有印迹者爲相, 故名, 或稱政事岩.(『新增東國輿地勝覽,

바로 후당(後唐)[5] 때 노문기(盧文紀)[6]의 이름을 유리병에서 젓가락으로 잡아 꺼낸 의의와 같다.[7] 그러나 오히려 꿈에서 본 인재를 부암(傅岩)에서 얻고[8] 문왕(文王)이 점을 치고 인재를 위수(渭水) 가에서 얻은 것[9]만 못하다.

막리지

莫離支[10]

고구려의 역사에 "천개소문(泉蓋蘇文)[11]이 스스로 좌막리지(左莫離支)·우막리지(右莫離支)가 되었다"라고 하였는데 그 주석에서 "지금의 이조판서와 병조판서이다"라고 하였다.

卷十八, 忠清道, 扶餘縣』) → **扶餘**江北絶巘有**岩**, 如臺下臨江水. 諺**傳**, 百濟時, 欲拜宰相, 則書當選者名, 函封置岩上, 須臾看名, 有印迹者爲相, 故名**焉**, 惑稱政事岩.(『松南雜識』)

5) 후당(後唐) : 중국에서, 923년에 이극용의 아들 이존욱(李存勖)이 후량(後梁)을 멸하고 낙양(洛陽)에 도읍하여 세운 나라. 936년에 후진(後晉)의 석경당(石敬塘)에게 망하였다.

6) 노문기(盧文紀) : 후당(後唐)의 관료. 자는 자지(子持).

7) 후주(後周)의 명종(明宗)은 매일 밤 궁중에서 향을 태우고 하늘에 빌었다. 그가 재상을 선발할 때 측근에게 적임자를 묻자 노문기(盧文紀)가 명망 있다고 추천되었다. 명종은 노문기의 이름을 유리병에 넣고 향을 피우며 하늘에 축문을 읽은 뒤 젓가락으로 그의 이름을 집어내고서야 그를 재상에 임명하였다.(『舊五代史, 周書, 第十八, 列傳, 七』)

8) 은(殷)나라의 고종(高宗)이 꿈에 어떤 사람의 꿈을 꾼 뒤 그를 부암(傅岩)에서 찾았다. 이 사람이 부열(傅說)로 고종이 훌륭한 정치를 하도록 도왔다.

9) 주나라의 문왕(文王)이 점을 친 뒤 위수 가에서 낚시를 하고 있던 강태공(姜太公)을 얻었다. 강태공은 문왕이 은나라를 멸망시키고 주나라를 건국하도록 도왔다.

10) 막리지(莫離支) : 고구려 시대의 관직. 6세기 후반경에 국사(國事)를 총괄하는 관직으로 성립되었으나, 연개소문의 집권 이후 고구려의 정치·군사 양권을 장악하고 국정을 전담하는 최고의 관직이 되었다. 즉, 당나라의 중서령(中書令)과 병부상서(兵部尙書)의 직을 겸임한 것과 같은 직책이었다.

11) 연개소문(淵蓋蘇文)의 성씨는 중국측 기록에는 '천(泉)' 또는 '전(錢)'으로 되어 있는데, 이는 '淵'자가 당나라 고조(高祖)의 이름인 이연(李淵)과 같아 바뀐 것으로 보인다. 『삼국사기』에 그의 성이 천(泉)으로 기록된 것은 연개소문에 관한 기사가 모두 중국 기록에 의거했기 때문으로 보인다.

『위지(魏志), 동이전(東夷傳)』에서 "부여국(夫餘國)은 여섯 가축으로 관직명을 삼았으니 그중 하나는 '저가(豬加)'이다"[12]라고 하였다.

발극렬
勃極烈

『금사(金史)』에 그 관직의 장을 모두 발극렬(勃極烈)이라고 하고 그 다음을 국론(國論), 홀로(忽魯)라고 한다. 발극렬(勃極烈)과 국론(國論)은 귀(貴)하다는 의미이고 홀노(忽魯)는 총수(總帥)와 같다.

『요사(遼史)』에 남피실(南皮室)·북피실(北皮室)·좌피실(左皮室)·우피실(右皮室)과 황피실(黃皮室)에 대한 기록이 있으니, 모두 정예병을 관장한다.

『당서(唐書)』에서 "남조(南詔[13])의 걸탁(乞託)은 말을 주관하고 녹탁(祿託)은 소를 주관하고 거탁(巨託)은 곳집[倉廩]을 주관한다"[14]라고 하였다. 거란(契丹)은 집정관(執政官)을 이리필(移離畢)이라고 하니, 조약(刁約)[15]이 시에서 "연(燕)나라의 이리필을 잡았다[押燕移離畢]"[16]라고 하였다.

『위지(魏志)』에서 "왜인(倭人)과 이도국(伊都國)은 관원을 이피(爾皮)라고 하고 부관(副官)을 설모고(泄謨觚)·병거고(柄渠觚)라고 한다. 또 노국(奴國)에서는 관직을 시마고(兕馬觚)라고 한다"[17]라고 하였다.

---

12) 夫餘 …… 以六畜名官, **有馬加牛加**豬加.(『魏志, 卷三十, 東夷』) → 夫餘**國**以六畜名官, **一曰**豬加.(『松南雜識』)

13) 남조(南詔) : 학척(鶴拓)·용미(龍尾)·저미(苴咩)·양검(陽劒)로 불리는 남방 애뢰이(哀牢夷)의 후예.

14) 南詔 …… 乞託主馬, 祿託主牛, 巨託主倉廩.(『唐書, 卷二百二十二, 上, 列傳, 第一百四十七, 上, 南蠻』) → 南詔乞託主馬, 祿託主牛, 巨託主倉廩.(『松南雜識』)

15) 조약(刁約) : 송나라의 관료, 문인.

16) 조약이 거란에 사신으로 가서 지은 시.

17) 伊都國官曰爾支, 副曰泄謨觚柄渠觚 …… 奴國**百里**官曰兕馬觚.(『魏志, 卷三十, 倭人』) → 伊都國官曰爾支, 副曰泄謨觚柄渠觚 …… **又**奴國官曰兕馬觚.(『松南雜識』)

용치탕
龍齒湯

신라의 역사에서 말하였다.

헌덕왕(憲德王)[18] 대에 상대등(上大等)[19] 충공(忠恭)이 정사당(政事堂)[20]에서 집무를 보는데 주의(注擬)[21] 청탁(請托)이 어지러이 이르기에 병에 걸려 퇴근하였다. 의원이 "의당 용치탕(龍齒湯)을 복용해야 합니다"라고 말하자 시랑(侍郞) 녹진(祿眞)이 목수가 집을 짓는 것으로 인재 등용을 비유하면서 "어찌 구구하게 약을 복용할 필요가 있겠습니까?"라고 말을 하니 충공이 입조하여 왕에게 말하였다.

"신(臣)이 녹진의 말을 들어보니 어찌 용치탕을 마시는 데 그칠 따름이겠습니까?"

아! 제비와 참새의 경중(輕重)으로 진실로 현자와 바보의 구분을 제대로 하고 물수리와 봉황의 위덕(威德)으로 간선(揀選)의 임무를 자못 정하니 어찌 치미(鴟尾)를 제목으로 삼을 것이며 어찌 용치탕(龍齒湯)을 논하겠는가?

---

18) 헌덕왕(憲德王) : 신라의 제41대 왕(?~826). 이름은 언승(彦昇). 조카인 애장왕을 죽이고 즉위하여 친당 정책을 폈다. 김헌창과 그 아들 범문(梵文)의 반란을 평정하고, 백영(白永)에게 명하여 패수에 300리나 되는 장성을 쌓게 하였다. 재위 기간은 809~826년.
19) 상대등(上大等) : 신라 때에, 나라의 정권을 맡았던 으뜸 벼슬. 또는 그런 벼슬아치. 법흥왕 18년(531)에 두었고, 화백과 같은 귀족 회의 의장도 겸하였다. ≒상신(上臣).
20) 정사당(政事堂) : 신라 때에, 임금이 정사를 보거나 국가의 중대사를 논의하던 곳.
21) 주의(注擬) : 벼슬아치를 임명할 때 임금에게 후보자 세 사람을 정하여 올리던 일.

정안
政案

『고려사』에서 말하였다.

최우(崔瑀)[22]가 정방(政房)[23]을 자기 집에 두고 여러 관리를 선발하니 '필자치(必者赤)'[24]라고 불렀다. 그 재능의 유무를 평가하여 모두 서면에 기록하니 '정안(政案)'이라고 불렀다. 자기의 당파를 승선(承宣)[25]으로 임명하니 '정색승선(政色承宣)'이라고 불렀으며 보좌관으로 이 직책에 임명된 자 중 삼품은 '정색상서(政色尙書)'라 하고 사품 이상은 '정색소경(政色少卿)'이라 하였고 붓을 잡고 일 처리하는 사람은 '정색서제(政色書題)'라고 불렀다.[26]

지금 대신이 서신을 맡아 놓는 곳을 서제소(書題所)라고 하는 것은 여기에서 유래하였다.

---

22) 최우(崔瑀) : 고려 시대 무신 정권기의 집권자(?~1249). 시호는 광렬(匡烈). 최충헌의 아들로 전대(前代)의 부패를 없애기 위하여 노력하였으며 이름난 유학자를 등용하는 한편, 몽고의 침입에 대비하여 강화로 천도(遷都)하고 대장경판(大藏經板) 재조(再雕)를 완성하였다.

23) 정방(政房) : 고려 시대에, 최우가 자기 집에 설치하였던 사설 정치 기관. 관리의 인사 행정을 다루었는데, 점차 국가 기관으로 되어 창왕 때 상서사로 고쳤다. ≒지인방·차자방·도방(都房).

24) 『松南雜識』에는 '必闍赤'으로 되어 있음.

25) 승선(承宣) : 고려 시대에, 밀직사에 속하여 왕명의 출납을 맡아보던 정3품 벼슬. 충렬왕 2년(1276)에 승지로 고쳤다가 공민왕 18년(1369)에 대언으로 고쳤다.

26) 崔瑀置政房於私第, 擬百官銓注, **選文士屬之**, 號曰必**者**赤. **舊制吏部掌文銓**, **兵部掌武選**, **第其年月**, **分其勞逸**, **摽其功過**, 論其才否, 具載于書, 謂之政案. **中書擬升黜**, **以奏之**, **門下承制勅以行之**. **自崔忠獻擅權置府與僚佐私取政案**, **注擬除授**, **授**其黨與爲承宣, 謂之政色承宣, 僚佐**之**任此者**三品**謂之政色尙書, 四品以**下**謂之政色少卿, 持筆**櫜從事於其下**者, 謂之政色書題.(『高麗史, 卷七十五, 志二十九, 選擧三, 銓注, 選法』)→崔瑀置政房於私第, 擬百官銓注, 號曰必**闍**赤. 論其才否, 具載于書, 謂之政案. **以**其黨爲承宣, 謂之政色承宣, 僚佐任此者謂之政色尙書, 四品以**上**謂之政色少卿, 持筆**批**者, 謂之政色書題.(『松南雜識』)

흑책정사
黑冊政事

『고려사』에서 말하였다.

충숙왕 때 원나라 사신 완자(完者)가 왔을 때 김지경(金之鏡)이 국내에 있는 완자의 일족에게 관직을 주기 위한 전형을 하니 신시용(申時用)이 정방(政房)에 와서,

"오늘의 제수(除授)는 사신을 위한 것이다."

라고 욕을 하였다. 그리고 관직을 잃은 자들을 돌아보고 말하였다.

"너희는 돈이 없으니 또 누구를 원망하겠느냐?"

실권(實權)을 잡은 사람들이 다투어 서로 지우고 주묵(朱墨)과 먹으로 고쳐서 알아 볼 수가 없게 하니 당시의 사람들이 이것을 '흑책정사(黑冊政事)'[27]라고 불렀다.[28]

---

27) 흑책정사(黑冊政事) : 『고려사』의 주석에 "흑책(黑冊)은 아이들이 두터운 종이에 먹칠을 하고 기름을 먹여 습자를 하는 것[黑冊者, 兒輩用厚紙, 黑而油之, 以習寫字]"이라고 하였다.

28) 之鏡亦忠肅嬖臣也. 累遷密直副使. 王幸白州, 元使完者來, 之鏡白王曰, 完者族黨在本國, 完者將欲官之. 王命之鏡及高用賢奉天祐掌銓注, 申時用至政房罵之鏡曰, 今日除授, 爲使臣也. 爾輩鬻官, 何不官吾子孫耶. 時失職者, 皆在庭時用顧曰, 若等無錢, 又誰怨耶.(『高麗史, 卷一百二十四, 列傳三十七, 嬖幸二, 崔安道』)

忠肅王七年, 復政房. 十六年九月, 密直金之鏡, 掌銓注事, 擅除授, 及批目下用事者, 爭相塗抹, 竄定朱與墨, 至不可辨, 時人謂之黑冊政事.(『高麗史, 卷七十五, 志二十九, 選擧三, 銓注, 選法』)

→忠肅王時, 元使完者來, 金之鏡掌銓官完者族, 申時用至政房, 罵之鏡曰, 今日除授, 爲使臣也. 顧諸喪職者曰, 若等無錢, 又誰怨耶.(『松南雜識』)

연호은비
煙戶隱批

고려 공민왕(恭愍王) 때에 이인임(李仁任), 지대윤(池大渝)이 자신의 당여를 관리로 심어서, 시정잡배(市井雜輩)에 장인바치까지도 모두 벼슬을 받았기에 그때 사람들이 이것을 '연호정(烟戶政[29])'이라고 하였다. 또 권신(權臣)이 비답(批答)을 여러 날 숨겨 두었다가 발표하니 이것을 '은비(隱批)'라고 하였다. 대개 충렬왕(忠烈王) 때에 오직 안전(安戩)만이 전형을 하였으니 '무쇠떡[鐵餻]'이라고 칭해졌다.[30]

원부(元傅)가 방우선(方于宣)에게 물었다.

"내가 외람되게도 재상의 우두머리 자리에 오르게 되었는데 세상 사람들이 나를 두고 어떻게 논의하던가?"

방우선(方于宣)이 "사람들이 공(公)의 정치는 공의 성(姓)과 같다고들 말합니다"라고 하니 '모가 없음'을 의미하는 말이다.[31]

원부가 웃으며 말하였다.

"나는 나의 성을 본받아 굴러서 이 지위에까지 이르게 되었다. 그대가 그대의 성을 본받아 일한다면[32] 장차 어떤 지위에까지 이르게 될 것인가?"[33]

---

29) 연호정(烟戶政) : 매년 신분에 따라서 호적을 분류 정리하는 사업을 의미함

30) 관리의 선발, 배치를 맡아 볼 때에 항상 정도(正道)를 지키고 아첨하지 않았다는 의미.

31) '元'과 '圓'의 음이 같은 것에 착안한 말.

32) 방우선의 성(姓)인 '方'이 '모나다'는 의미임.

33) 時, 仁任・渝・堅味, 提調政房, 顓權植黨, 擧國趍附, 銓注之際, 視人賄賂多少, 伺候勤怠, 以爲升黜, 官或不足, 則添設無限, 或累旬不下批, 以待貨賄之來, 一日除官宰樞, 至五十九, 臺諫將帥守令, 皆其親舊, 至於市井工匠, 無不賁緣除拜, 時人謂之烟戶政.(『高麗史, 卷一百二十六, 列傳三十九, 姦臣二, 李仁任』)

權臣弄權, 隱政批, 累日而下, 時謂之隱批.(『高麗史, 卷七十五, 志二十九, 選擧三, 銓注, 選法』)

戩典銓注, 每守正不阿, 時稱鐵餻.(『高麗史, 卷一百六, 列傳十九, 安戩』)

傅嘗退食, 門生四五輩來謁, 命之坐與語曰, 予濫首鈞衡, 才不逮志, 物論何如. 皆莫敢對, 方于宣在下坐對曰, 人謂公之爲政如其姓. 傅大笑曰, 吾法吾姓輪至於此, 汝

도목

都目

지봉 이수광이 "고려 때 반정(頒政)은 정식(定式)이 있었다. 12월에 내는 것을 '대정(大政)'[34]이라고 하고 6월에 내는 것을 '권무정(權務政)'이라고 하였다. 최충헌(崔忠獻)이 나라를 제멋대로 하여 옛 제도를 바꾸어 '정방(政房)'이라고 칭해 지는 것을 두었다. 조선에서는 일 년에 두 번 도목(都目)[35]을 하였다"[36]라고 하였는데, 오로지 최랑(崔亮)[37]의 정년격(停年格)과 배광정(裵光庭)의 순자격(循資格)을 사용하였다.

살펴보건대, 『명사(明史)』에서 말하였다.

> 손비양(孫丕揚)이 관리 전형(銓衡)을 담당할 때 총신(寵臣)들이 청탁을 할까 걱정하여 체첨법(掣籤法)[38]을 처음으로 만들어 선발 후보자로 하여금 그 근무처를 스스로 뽑게 하고 청탁을 받아들이지 않았다. 비록 사심이 개재되지 않았다고 칭송되었지만 전형법은 크게 변하였다.[39]

法汝姓, 將至何地.(『高麗史, 卷一百七, 列傳二十, 元傅』)

→麗恭愍王時李仁任池奫植黨, 市井工匠, 皆得除拜, 時謂烟戶政. 又權臣, 隱批累日, 謂隱批. 盖忠烈王際, 惟安戩銓注, 有鐵餂之稱, 而元傅問方于宣曰, 濫叨首鈞, 物論何如. 于宣曰, 人謂公爲政如其姓. 言無方稜也. 傅大笑曰, 吾法吾姓, 輪至於此, 汝法汝姓, 將至何地.(『松南雜識』)

34) 대정(大政) : 해마다 음력 12월에 행하던 대규모의 인사(人事) 행정.

35) 도목(都目) : 도목정사. 국가 차원에서 벼슬아치의 성적이 좋고 나쁨을 적어 놓은 조목.

36) **高麗**時, 頒政有定**式**, 十二月爲大政, 六月爲權務政, **過此則雖有缺**, **未嘗差授**, **至**崔忠獻專國, 始變舊制, 有政房之稱, 本朝則一年兩都目**外**, **隨闕隨差**.(『芝峯類說, 卷四, 官職部, 除拜』)→麗時, 頒政有定, **或**十二月爲大政, 六月爲權務政, 崔忠獻專國, 始變舊制, 有政房之稱, 本朝則一年兩都目.(『松南雜識』)

37) 최랑(崔亮) : 고려 전기의 관료(?~995). 본관은 경주(慶州). 성품이 너그럽고 글을 잘 지었다. 성종이 즉위하기 전에 사우(師友)관계였으므로 즉위하자 특별히 등용되었고, 또한 인망이 있었다. 시호는 광빈(匡彬).

38) 체첨법(掣籤法) : 제비를 뽑아서 관리를 임용에서 하는 방법, 명대 후기부터 청대까지 사용되었음.

39) 丕揚, **挺勁不撓**, **百僚無敢以私干者**, **獨**患中**官**請謁, 乃創爲掣籤法, **大選急選**, **悉聽其**人自掣, 請寄無所容, **一時選人**, **盛**稱無私, 而銓**政自是無**大**弊**矣.(『明史, 卷二百

반계(磻溪) 유형원이 말하였다.

개정(開政)은 바로 제배(除拜)니, 지금은 정사(政事)라고 일컫는다. 중국 조정에서는 매달 23일에 이부(吏部)에서 회선(會選)하고 그 나머지는 오직 대부분 제배(除拜) 회추(會推)할 뿐이다. 중봉(重峯) 조헌(趙憲)[40]이 "중국 조정에서는 후보자 두 사람만 추천하였었는데 지금은 세 사람을 추천한다[三望]"라고 하였다.[41]

정승대광
政丞大匡

『고려사』에 의하면, 신라왕 김부(金傅)가 항복하자 정승으로 삼았고 또 유금필(庾黔弼)[42]을 대광(大匡)으로 삼았다고 한다. 지금 정승대광(政丞大匡)이라는 명칭은 또한 고려의 제도를 계승하였으니 마치 청나라 사

二十四, 列傳, 第一百十二, 孫丕揚』)

尙書孫丕揚患中人請託, 乃行掣籤法, 凡大選急選, 聽選人自掣, 一時誦爲至公, 而銓政自此一變.(『續通典, 卷十九, 選擧, 三, 歷代制, 下』)

→**孫**丕揚秉**銓**, 患中**貴**請謁, 乃創爲掣籤法, **使選**人自掣**其窠**, 請寄無所容**焉**, **雖**稱**其**無私, 而銓法大**變**矣.(『松南雜識』)

40) 조헌(趙憲) : 조선 선조 때의 문신 · 의병장 · 학자(1544~1592). 자는 여식(汝式). 호는 중봉(重峯) · 도원(陶原) · 후율(後栗). 이이의 문인. 임진왜란 때 옥천, 홍성 등지에서 의병을 일으켜 활약하였으나 금산에서 7백 의병과 함께 전사하였다. 저서에 『중봉집』이 있다.

41) 凡開政. 〈**除拜**, **今稱政事**. …… **聞**中朝每月二十三日, 吏部會選, 其餘則唯大段除拜會推而已〉 …… **趙**重峯**東還封事**曰, **臣竊見**中朝**官制**, **天下庶官**, **如此其多**, **而注擬之際**, **一皆難愼**, **或有缺官則六部都察院會議擬望之人**, **僉議皆定**, **然後吏部**只擬二望, **夫以中夏人物之盛**, **豈無**三望**之可擬哉**.(『磻溪隨錄, 卷十三, 任官之制, 開政』)→開政. **除拜**, **今稱政事**. 中朝每月二十三日, 吏部會選, 其餘則唯大段除拜會推而已. 重峯曰, 中朝只擬二望, **今**三望.(『松南雜識』)

42) 유금필(庾黔弼) : 고려 태조 때의 무장(?~941). 923년 마군 장군이 되어 침입한 북번들을 물리치고, 백제군을 여러 번 패퇴시켰으며, 936년에는 태조를 도와 후백제를 멸망시켰다.

람들이 명나라의 각노(閣老)라는 명칭을 그대로 사용하는 것과 같다. 살펴보건대 한(漢)나라의 법에, 땅의 도는 오른쪽을 높이는 까닭에 높은 관직을 '우직(右職)'이라고 한다. 또 사람의 도는 오른쪽을 숭상하는 까닭에 바르지 못한 기술을 '좌도(左道)'라고 한다. 벼슬아치가 잘못을 저질러 강등되는 것을 '좌천(左遷)'이라고 한다. 지금 자신의 상관을 우위(右位)라고 하는데, 좌의정(左議政)을 우의정(右議政) 위에 두는 것을 어째서인가?

『명사(明史)』에서 말하였다.

> 태조가 호유용(胡惟庸)을 처형하고 승상(丞相)을 혁파하여 정권을 육부(六部)에 귀속시키고 대도독(大都督)을 나누어 오부(五府)로 만들고 문화(文華) 등 삼전(三殿)의 각신(閣臣)을 각노(閣老)라고 불렀다. 녹질(祿秩)은 삼품(三品)으로, 계위(階位)는 상서(尙書) 아래에 두어 승상(丞相)의 일을 행하게 하였다.[43]

비변사
備邊司

명종조(明宗朝) 을묘년(1555)에 왜구의 침입이 있었는데, 이것이 계기가 되어 처음 설치하였다. 재상으로 군무(軍務)를 아는 자를 당상관에 임명하였고 신진 문관과 무관을 선발하여 낭청(郎廳)으로 삼았으니 마치 송나라 추밀사(樞密司)의 의미와 같은데, 실제로는 의정부의 권한을 나누었으니 주사(籌司)라고도 한다. 선조 때 "황공하여 승정원의 처분을 기다

43) 胡惟庸謀反伏誅, 帝以歷代丞相多擅權, 遂罷中書省, 分其職於六部.(『明史, 卷一百三十七, 列傳, 第二十五, 安然』) → 懲胡惟罷丞相, 以政歸六部, 分大都督爲五府, 而文華等三殿閣臣謂閣老, 秩三品位在尙書下, 行丞相事.(『松南雜識』)

립니다[惶恐待罪承政院]"라고 하니 왕이 "진실로 비변사에서 처리할 일이다"라고 하교한 말이 있다.

예문관
藝文館

반계(磻溪) 유형원(柳馨遠)이 "고려 충선왕(忠宣王)이 문한서(文翰署)[44]를 예문관(藝文館)[45]과 춘추관(春秋館)[46]으로 만든 것이 시초이다"[47]라고 말하였다.

이조홍록
吏曹弘錄

『택리지(擇里志)』에서 말하였다.

우리나라의 관제(官制)가 앞 시대와 달라서 비록 삼공(三公) 육경(六卿)을 두어 여러 관사(官司)를 감독하고 통솔하게 하였으나 대각(臺閣)에 중권(重權)을 귀속시켜, 관리에 대한 소문[風聞]·혐의로운 일을 피하는 것[嫌避]·규탄과 처벌의 규정[處置之規]을 만들어서 오로지 의론(議論)으로 정치를 하였다. 모든 내직(內職)과 외직(外職)의 제수 권한

---

44) 문한서(文翰署) : 고려 시대에, 임금의 명령을 글로 기초하는 일을 맡아보던 관아. 충렬왕 1년(1275)에 한림원을 고친 것.

45) 예문관(藝文館) : 고려 시대에, 사명(辭命)을 짓는 일을 맡아보던 관아. 공민왕 11년(1362)에 한림원을 고친 것으로, 공양왕 원년(1389)에 춘추관을 합하여 예문춘추관이라고 하였다.

46) 춘추관(春秋館) : 고려 시대에 시정(時政)의 기록을 맡아보던 관아.

47) **高**麗忠宣王, 以文翰署, 爲藝文春秋館.(『磻溪隨錄, 卷十六, 職官之制, 下, 職官因革事宜』) → 麗忠宣王, 以文翰署, 爲藝文春秋舘, **始也**.(『松南雜識』)

을 삼공(三公)에게 맡기지 않고 전적으로 이조(吏曹)에 귀속시켰다. 또 이조의 권력이 막중해질 우려가 있기에 삼사(三司)의 임용은 판서(判書)에게 권한을 맡기지 않고 전적으로 낭관(郎官)에게 맡겼다. 그래서 이조 정랑(正郎)과 좌랑(佐郎)이 또 대각(臺閣)의 권한을 주도하였다. 삼공과 육경은 관작(官爵)이 비록 높고 크지만 조금도 일에 압력을 행사하지 못하였다. 전랑(銓郎)은 번번이 삼사(三司)로 하여금 논박케 하니 조정의 풍속이 염치를 중시하고 명예와 절개를 숭상하였다. 그래서 논박(論駁)을 당하면 사퇴하지 않을 수 없었다. 이는 전랑(銓郎)의 권력이 바로 상공과 비등하기 때문이다. 이것이 고위관료와 하급관료가 서로 유지해나가고 상급자와 하급자가 서로 제어하여 삼백 년 동안 크게 권력을 휘두른 간신(奸臣)이 없고 신하의 권력이 강해져 임금이 제어하기 힘든 걱정도 없었던 이유이다. 이는 조선이 고려 때 임금은 약하고 신하는 강한 폐단을 경계하여 사전에 막으려는 의도를 은연중에 내포한 것이다. 이런 까닭에 반드시 삼사(三司) 중에서 명성과 덕망(德望)이 있는 사람을 정밀하게 선발하여 이 일을 맡겼다. 또 그 후임자를 직접 추천하게 하고 관장(官長)에 소속시키지 않으니, 인사권을 중요하게 생각하여 모두 공적 의논에 부치기 때문이다. 한 번 전랑(銓郎)을 거치면 공경(公卿)의 자리에 쉽게 올라간다. 그러므로 명예와 이권이 함께 따르기에 '이조홍문록(吏曹弘文錄)'이라고 이른다. 조선 영조 경신년(1740)에 붕당(朋黨)이 전랑(銓郎)에서부터 비롯되었다 하여 그 권한을 혁파하고 강등하여 다른 관청의 낭관과 동일하게 만들었다.[48)]

---

48) 『擇里志, 卜居總論, 人心』.

옥당
玉堂

지봉 이수광이 "옥당은 전한의 궁전 이름인데 뒤에 한원(翰苑)으로 불렀다"[49]라고 하였다. 우리나라는 홍문관이라고도 한다. 살펴보건대 송나라 태종(太宗) 순화(淳化) 연간에 비백(飛白)[50]으로 '옥당지서(玉堂之署)' 네 자를 직접 써서 내렸는데 뒤에 '之署' 두 글자를 지웠다. 조선 태종 경자년(1420)에 집현전을 설립하여 문필과 학문에 뛰어난 선비 스무 명을 선발하여 충원하였고 세조 정축년(1457)에는 예문관(藝文館)에 소속시켰다. 성종 경인년(1470)에는 고쳐서 홍문관(弘文館)으로 만드니 또한 정관(貞觀)[51] 시대의 영주관(瀛洲館)을 본뜬 것이다. 고려 말기에 의원(醫員)이 '옥당인(玉堂人)'이라고 자칭하니 사람들이 그 이유를 묻자 시로 대답하였다.

장수가 지금 수국사[52]가 되었으니	戰將今爲修國史
의원이 옥당인이 된들 무슨 상관이랴	不妨醫作玉堂人

호당
湖堂

세종 병오년(1426)에 문필과 학문에 뛰어나고 나이가 어린 신하들을 선발하여 사가독서(賜暇讀書)케 하니 뒤에 호당(湖堂)이라고 칭하였다. 지

---

49) **玉堂**前漢殿名, 而後呼翰苑**爲玉堂**.(『芝峯類說, 卷十九,宮室部, 宮殿』) → 前漢殿名, 而後呼翰苑.(『松南雜識』)

50) 비백(飛白) : 서예 십체(十體)의 하나. 후한 때, 채옹(蔡邕)이 만든 서체로, 팔분(八分)과 비슷하지만 획을 나는 듯이 그어 그림처럼 쓴 글씨체이다.

51) 정관(貞觀) : 당나라 태종 때의 연호. 627~649.

52) 수국사(修國史) : 고려 시대에 사관(史館)에 둔, 감수국사 다음가는 벼슬. 2품 이상의 벼슬아치가 겸임하였다.

금 옛터가 용산호(蓉山湖)에 있다. 지봉 이수광이 "독서당(讀書堂)의 종들이 권세를 믿고 함부로 하였기 때문에 '독사당(毒蛇堂)'이라고 부른다"[53] 라고 한 말이 이것이다.

규장각
奎章閣

『국조보감(國朝寶鑑)』에서 말하였다.

정조가 "광해군 때부터 규장(奎章)이라는 명칭만 있고 각(閣)은 없었다"라고 하고 특별히 명하여 규장각(奎章閣)을 세우게 하였는데, 곧 송나라 '용도각(龍圖閣)'・원나라 '환장각(煥章閣)'과 같은 성격이니 임금의 화상(畵像)과 필적(筆蹟)을 봉안하였기 때문이다.

분향한림
焚香翰林

조선에서는 한림(翰林)의 직책을 가장 중시하였다. 그 후임을 직접 추천하고 향을 태워 하늘에 "적임이 아닌 사람을 추천하였다면 제 자손에 재앙이 미칠 것입니다"라고 고하였다. 영조가 분쟁의 단서라고 생각하고 혁파하였다. 진사시에서 합격자 중에서 지체와 명망, 문필과 학문이 가장 뛰어난 자를 장원(壯元)으로 취하는 것도 혁파하였다.

---

53) 東湖人謂讀書堂爲毒蛇堂, 漢江人謂狎鷗亭爲惡虎亭, 蓋語訛所致, 而或言讀書堂下人, 憑籍作弊, 居人苦之故云云.(『芝峯類說, 卷十六, 語言部, 謬誤』) → 以讀書堂下隷怙勢, 號爲毒蛇堂, 是也.(『松南雜識』)

문형
文衡

문형(文衡)[54]은 바로 당나라의 한림학사(翰林學士)이고 안남(安南)[55]의 청평관(淸平官)과 같은데 문벌(門閥)로 뽑지 않고 문필(文筆)로 선발하니 참으로 좋다.

겸직
兼職

반계(磻溪) 유형원(柳馨遠)이 말하였다.

옛날에는 관직을 만들고 직책을 나누어 각각 그 임무를 전담케 할 따름이었다. 양한(兩漢)과 위나라, 진(晉)나라도 겸직에 대한 규정이 없다가 당나라 때부터 비로소 겸직에 대한 법령(法領)이 생겼다. 송나라는 오대(五代)의 폐단을 그대로 따라 여러 관사(官司)가 의례 대부분 겸직을 하였다. 우리나라의 관제(官制)는 대체로 송나라를 모방하였다. 그래서 관리들이 무책임한 폐단이 이 지경에 이르렀다.[56]

---

54) 문형(文衡) : 대제학(大提學). 홍문관과 예문관의 으뜸 벼슬. 정2품으로, 태종 1년(1401)에 대학사를 고친 것이다.

55) 안남(安南) : 베트남의 다른 이름. 당나라 때, 지금의 베트남령에 안남 도호부를 둔 데서 유래한다.

56) **按**古者, 設官分職, 各專其任而已. 兩漢, **亦未聞有兼職之事**, 魏晉**之際**, **雖事多苟且**, 亦無其規, 自唐**以來**, 始有兼領, 宋因五代之弊, 諸司例多兼職, **官紀紊亂**, **莫極於此**, **至於**本國官制, **則**大抵倣宋**以後而爲之**, **以故大典職官**, **書以他官兼者**. **十居六七**, **所以今日**官無責任之弊. **至於斯也**.(『磻溪隨錄, 卷十六, 職官之制, 下, 職官因革事宜』)
→古者, 設官分職, 各專其任而已. 兩漢魏晉, 亦無其規, 自唐始有兼領, 宋因五代之弊, 諸司例多兼職, 本國官制, 大抵倣宋, **所以**官無責任之弊.(『松南雜識』)

도감

都監

반계 유형원이 말하였다.

지금 조정에서는 일단 일이 생기면 그때마다 하나의 관사(官司)를 따로 설치하니 도감(都監)이라고 하는데 일이 끝나면 다시 혁파한다. 대개 이는 고려 말기의 습속을 그대로 따라서 전례(前例)가 된 것이다.[57]

제조

提調

반계 유형원이 "당나라 말기 이후 여러 관사의 영사(領使)가 이것이다"[58]라고 하였다. 제조(提調)는 송나라 '제거(提擧)'라는 명칭에서 유래하였다. 우리나라의 '군문제조(軍門提調)'는 유성룡(柳誠龍)의 훈련제조(訓鍊提調)에서부터 시작되었는데, 대신(大臣)이 장군을 통솔하니 대개 문신이 무신의 권한을 쪼개 가진 것이다. 척리(戚里)[59]로 장군을 겸하게 한 것은 김우명(金佑明)으로부터 시작하여 척리가 병권(兵權)을 장악하니, 대개 친척으로 왕실을 보위토록 한 것이다. 그러나 대신이 모든 벼슬아치를 총괄하여 진용하고 퇴출하니, 어찌 유독 군문(軍門)만 그럴 뿐이랴? 대장을 선발하여 임명하고 그에게 대신의 녹봉(祿俸)을 더해주면 평화로

---

57) 今朝家, 一有事爲, 輒別設一司, 名**之**曰都監, **廣出堂上都廳郞廳, 吏隷以行之**, 事已還罷, **雖尋常易辨之事, 亦然, 夫設官分職, 將以應事也, 若有事, 每爲別設官司, 則平時, 何用分峙百司也**. 蓋此高麗衰季之習, **而**因循成例者.(『磻溪隨錄, 卷十六, 職官之制, 下, 職官因革事宜』의 주석) → 今朝家, 一有事爲, 輒別設一司, 名曰都監, 事已還罷, 蓋此高麗衰季之習, 因循成例者.(『松南雜識』)

58) 『磻溪隨錄, 卷十六, 職官之制, 下, 職官因革事宜』.

59) 척리(戚里) : 임금의 내척과 외척을 아울러 이르는 말.

울 때나 국가가 어려울 때나 주변의 견제를 받는 일이 없으리니 차라리 이것이 낫다. 지금 또 중요하지 않을 벼슬을 '군직(軍職)'이라고 말하는 것은 더욱 옳지 않다.

육조

六曹

『한서(漢書), 백관지(百官志)』에서 말하였다.

성제(成帝)가 처음으로 상서(尙書) 네 명을 임명하여 사조(四曹)로 나누었고 세조가 또 객조(客曹)를 나누어 남주객조(南主客曹)와 북주객조(北主客曹)로 만드니 모두 육조(六曹)이다.[60]

촉(蜀)의 두경(杜瓊)이 말하였다.

옛날에는 관직을 '조(曹)'라고 말하지 않았는데 한(漢)나라 말에는 관직을 명명할 때 모두 '조(曹)'라고 말하였다. 그래서 관리는 '속조(屬曹)'라고 말하고 병졸은 '시조(侍曹)'라고 말하였다. 이것은 조씨(曹氏)가 한(漢)나라를 대신할 조짐이었다.[61]

---

60) **尙書六人六百石. 本注曰**, 成帝初置尙書四人, 分**爲**四曹, **常侍曹尙書主公卿事**, **二千石曹尙書主郡國千石事**, **民曹尙書主凡吏上書事**, **客曹尙書主外國夷狄事**, 世祖**承遵**, **後分二千石曹**, 又分**客曹爲**南**主客曹**北**主**客曹, 凡六曹.(『後漢書, 卷三十六, 百官志, 第二十六, 百官, 三』)→成帝初置尙書四人, 分四曹, 世祖又分南北客曹, 凡六曹.(『松南雜識』)

61) 瓊**又曰**, 古**者**, **名**官職不言曹, **始自**漢**已來**, 名官盡言曹, 吏言屬曹, 卒言侍曹, 此**殆天意**也.(『三國志, 蜀志, 卷十二, 杜瓊』)→**蜀杜**瓊**言**, 古官職不言曹, 漢**末**, 名官盡言曹, 吏言屬曹, 卒言侍曹, 此**曹氏代漢之兆**也.(『松南雜識』)

우리나라의 육조(六曹)도 한(漢)나라의 관직 명칭을 따른 것이다.

분호조
分戶曹

광해군 때에 병란을 갓 겪은 뒤로 국고는 바닥나고 쓸 곳은 많기에 크고 작은 물건을 그때그때 필요할 때마다 저자 백성들에게 무단히 강탈하였다. 기유년(1609)에 웅화(熊化)·유용(劉用) 두 조사(詔使)가 왔을 때 호조판서 황신(黃愼)[62]이 분호조(分戶曹)[63]를 세워 조사의 지공(支供)[64]을 미리 준비해 두었다가 사용하니 백성들이 매우 편하게 여겼다.

시감
寺監

반계 유형원이 말하였다.

일찍이 한(漢)나라의 관제(官制)를 보니 반드시 필요한 것만 있어서 모두 업무를 처리하는 관사(官司)이고 왕실에 물품을 조달하는 관청은 겨우 광록시(光祿寺) 하나 뿐이었고, 명나라 때까지도 마찬가지였다. 우리나라는 관청을 설치할 때 시감(寺監)들이 차지하는 수가 중국의 세 배나 되는데, 그중 태반은 왕실에 물품을 조달하는 일과 관계

62) 황신(黃愼) : 조선 선조 때의 문신(1560~1617). 자는 사숙(思叔). 호는 추포(秋浦). 선조 때 통신사가 되어 명사(明使)와 함께 일본을 왕래하였고, 뒤에 계축옥사 때에 무고를 입어 옹진으로 유배된 후 죽었다.

63) 분호조(分戶曹) : 조선 시대에, 중대한 일이 있을 때 호조의 일을 나누어 맡아보던 임시 관아.

64) 지공(支供) : 음식 따위를 대접하여 받듦.

된다. 정해진 제도가 이와 같으니, 어찌 폐단이 없을 수 있겠는가?[65]

묘유사
卯酉司

지금은 형조 낭관(郎官)들이 묘시(卯時)[66]에 한 자리에 모여 앉아 송사를 처리하고 유시(酉時)[67]에 퇴근한다. 그래서 '묘유사(卯酉司)'라고 한다. 열흘마다 벼슬아치의 관청 근무태도를 기록하여 보고하는 장부를 '묘부(卯簿)'라고 하는 것이 이것이다.

'상형패(祥刑牌)'를 사용하여 입궐(入闕)하고 출직(出直)하니 바로 「여형(呂刑)」에서 "너에게 상서로운 형벌을 고하노라[告爾祥刑]"[68]라고 한 말에서 유래한 것이다.

승지입직
承旨入直

반계 유형원이 "승지(承旨)는 바로 옛날 시중상서(侍中尙書)의 직임(職任)으로 중국의 내각(內閣) 격이다. 국가의 크고 작은 문서는 승지를 경유하지 않는 것이 없다"[69]라고 하였다. 이전에는 승지 한 사람이 육선

---

65) 嘗見漢官甚省約, **蓋**皆治事之官, 而御供只**是**一司**故**也. **非獨在昔爲然**, **歷代以**至**皇**明, **皆**然, 我國設官, 諸寺監之數, 三倍中國, 而太半爲御供所係. 立制如此, 安得不弊.(『磻溪隨錄, 卷十六, 職官之制, 下, 職官因革事宜』) → 嘗見漢官甚省約, **蓋**皆治事之官, 而御供只**光祿寺**一司也. 至明**亦**然, 我國設官, 諸寺監之數, 三倍中國, 而太半爲御供所係. 立制如此, 安得不弊**乎**.(『松南雜識』)

66) 묘시(卯時) : 오전 다섯 시에서 일곱 시까지.

67) 유시(酉時) : 오후 다섯 시에서 일곱 시까지.

68) 『書經, 周書, 呂刑』.

69) **今**承旨卽古之侍中尙書之任, 而中朝之內閣也, 國之大小文書, 莫不關由**於此**.(『磻溪隨錄, 卷十六, 職官之制, 下, 職官因革事宜』) → 承旨卽古之侍中尙書之任, 而中朝

루(六仙樓)에서 입직(入直)하였다. 그런데 조선 세조 때 이호연(李皓然)이 혼자 숙직하면서 입시(入侍)하였는데 술에 취하여 임금을 제대로 응대하지 못하였다. 그 뒤로 입직(入直)은 두 사람이 하는 것이 법례(法例)가 되었다.

산림
山林

지금의 산림(山林)[70]은 옛날의 산림과 다르다. 선비가 조정에서 뜻을 펼치지 못하면 산림(山林)에 처해야 한다. 경술(經術)과 문학(文學)적 소양이 없거나 혹 벼슬하지 못할 경우 '산림(山林)'이라고 이른다. 누가 학문(學文)과 삼가는 행동이 없는데도 특별히 '학자(學者)'라고 이르겠는가? 소보(邵寶)[71]가 "진짜 사대부가 되기를 원하고 가짜 도학자가 되기를 원하지 않는다[願爲士大夫, 不願爲假道學]"라고 한 말이 이것이다. 오(吳)나라 이재강(李齋江)의 기롱도 아름다운 이야기다.

대간피혐
臺諫避嫌

반계 유형원이 "중종 때 시작되었는데 그 후 그대로 잘못된 규정이 되었다"[72]라고 하였다.

之內閣也, 國之大小文書, 莫不關由.(『松南雜識』)

70) 산림(山林) : 학식과 덕이 높으나 벼슬을 하지 아니하고 숨어 지내는 선비.

71) 소보(邵寶) : 명나라의 문신. 자는 국현(國賢). 무석(無錫) 출신.

72) **按臺諫避嫌**, **前世無有**, 始於中宗朝, **厥後**仍成謬規.(『磻溪隨錄, 卷之十三, 任官之制, 仕滿遷轉』) → 始於中宗朝, 仍成謬規.(『松南雜識』)

* 『반계수록』에서 당시 관직이 자주 바뀌는 두 가지 원인은 정병(呈炳)과 피혐(避嫌)

수의어사
繡衣御史

『전한기(前漢紀)』에서 "수 놓은 옷을 입고 도끼를 손에 들었다[繡衣持斧]"[73]라고 하였다.

『당서(唐書)』에서 육지(陸贄)가 출척사(黜陟使)에게 풍속을 살피는 다음의 다섯 가지 기술을 말하였다.

> 민간의 노래를 듣고서 백성들의 슬픔과 즐거움을 살피며, 물가를 근거로 백성들이 좋아하고 싫어하는 것을 알며, 장부와 문서를 검토하여 백성들의 분쟁을 살피며, 수레와 옷을 보고서 백성들의 검소와 사치를 차등 짓고, 일을 살펴서 백성들의 선택을 파악한다.[74]

지금 수의어사(繡衣御史)로 왕명을 받드는 자의 법으로 삼을 만하다.

이라고 하였다. 그리고 혐의를 피하기 위한 사퇴[避嫌]의 폐단을 바로잡으려면, 대간(臺諫)의 경우는 적합하지 못한 인물을 제외하고는 피혐(避嫌)으로써 체차(遞差)하지 말아야 한다라고 하였다.

73) 『前漢紀, 卷十五, 孝武, 六』.

74) 贄說使者, 請以五術省風俗, 八計聽吏治, 三科登雋乂, 四賦經財實, 六德保罷瘵, 五要簡官事, 五術曰, 聽謠誦, 審其哀樂, 納市賈, 觀其好惡, 訊簿書, 考其爭訟, 覽車服, 等其儉奢, 省作業, 察其**趣**舍.(『新唐書, 卷一百五十七, 列傳, 第八十二, 陸贄』)

陸贄補渭南尉, 德宗立遣黜陟使十一人行天下, 贄說使者, 請以五術察風俗, **廳**謠須, 審其哀樂, 納市賈, 觀其好惡, 訊簿書, 考其爭訟, 覽車服, 等其儉奢, 省作業, 察其**趣**舍.(『古今事文類聚, 外集, 卷八諸使司部, 陸贄陳五術』)

→陸贄說黜陟使五術曰, 察風俗, 聽謠誦, 審其哀樂, 納市賈, 觀其好惡, 訊簿書, 考其爭訟, 覽車服, 等其儉奢, 省作業, 察其**趍**舍.(『松南雜識』)

무신경연
武臣經筵

조선의 경연(經筵)에는 무관(武官)을 참여시키지 않는 것이 관례다. 하루는 강연(講筵)에서 왕이 정본(鄭苯)의 '苯'자에 대해서 묻자 아무도 대답하지 못하였는데, 어떤 무관이 아뢰었다.

"이것은 초목이 무성하다는 의미의 蓴苯입니다."

왕이 물었다.

"어느 책에 있는가?"

"신이 백거이(白居易)의 「양죽기(養竹記)」에서 보았사옵니다."

이 일이 있고 나서 무신이 경연에 참가하는 예도 생기게 되었다.

또 문무교체(文武交遞)[75]는 『송사(宋史)』에서 신종(神宗)이 임자(壬子)에 문관과 무관의 관직을 바꾸는 법으로부터 시작되었다.

선전관
宣傳官

반계 유형원이 말하였다.

중국은 역대로 이와 같이 관직을 설치한 것이 없다. 『고려사』에서 충렬왕(忠烈王) 때 처음으로 선전소식(宣傳消息)을 만들었다고 하니,[76] 조선도 따라서 선전관을 두었다.[77]

---

75) 문무교체(文武交遞) : 관제(官制)에 따라 문관과 무관이 서로 교대함.

76) 충렬왕 을해 원년(1275).

77) **宣傳官當罷之**, 中國歷代, 無如此設官者, **高麗末**, **始有**宣傳消息, 本朝因以有之**者**.
→中國歷代, 無如此設官者, **麗史忠烈王**, **初作**宣傳消息, 本朝因以有之.(『松南雜識』)

권관

權管[78]

『경국대전(經國大典)』[79]에는 없다. 어떤 이는 "성종 말년에 임시로 설치한 직임(職任)인데 연산군과 중종 사이에 그대로 따라서 법규가 되어 별장(別將)을 모집하였다가 임진왜란 뒤에 더 설치하였다. 여러 곳의 별장과 같은 것은 대부분 인조 이후로 설치한 것인데 근년에는 영장(營將)을 더 설치하였다"라고 하였다.

충의위

忠義衛[80]

충훈부(忠勳府)[81]에서 충신(忠臣)·의사(義士)와 국가에 공로가 있는 자

78) 권관(權管) : 조선 시대 변경지방 진관(鎭管)의 최하 단위인 진보(鎭堡)에 두었던 종9품의 수장(守將).

79) 경국대전(經國大典) : 조선 시대에, 통치의 기준이 된 최고의 법전(法典). 세조 때 최항(崔恒), 노사신(盧思愼), 강희맹(姜希孟) 등이 집필을 시작하여 성종 7년(1476)에 완성하고, 16년(1485)에 간행하였다.

80) 충의위(忠義衛) : 조선 시대 중앙군으로서 오위(五衛)의 충좌위(忠佐衛)에 소속되었던 양반 특수 병종(兵種). 세종 즉위년(1418) 개국(開國)·정사(定社)·좌명(佐命)의 3공신 자손들이 주로 소속되도록 만들어진 특수층에 대한 일종의 우대 기관이었다. 나중에는 공신 자손의 적자·적손만이 아니라 중자(衆子)·중손(衆孫)도 들 수 있게 되었다. 시간이 경과하면서 뒤에 범위가 더욱 넓어져 공신 자손으로 적자손이 없을 경우에는 첩자손이라도 여기에 포함될 수 있게 하였다. 충의위는 위의 공신 자손들이 18세가 되면 어떤 시취(試取)의 관문도 거치지 않고 입속되어 군사적 실력과는 거의 관련 없이 입직근무(入直勤務)를 하도록 되어 있었다. 자원하면 60세까지는 계속 입번(入番)하면서 왕의 측근을 호위할 수 있었다. 그러나 실제로는 일정 기간 복무한 다음 다른 관직으로 거관(去官)하는 것이 주목적이었다. 따라서, 명목은 근위(近衛)나 무예의 실력이 없어서 도리어 실제 수가(隨駕) 등에는 그 기능을 다하지 못하였다. 왕이 수렵할 때에는 몰이꾼 노릇을 하는 데 불과하고, 왕도 친히 산 위에 올라가는데 충의위는 산기슭에 머물러 있을 정도였다.

81) 충훈부(忠勳府) : 조선 시대 공신에 관한 사무를 관장하였던 관서. 맹부(盟府)·운대(雲臺)라고도 하였다. 본래 공신도감(功臣都監)·충훈사(忠勳司) 등으로 불리다가 세

에게 녹(祿)을 주어 살 수 있도록 하고 그들의 자손 중에 일이 있으면 호종시위(扈從侍衛)로 삼았기에 과거에는 청환(淸宦)이었는데, 정작 병자호란이 일어나자 어가(御駕)를 호종(扈從)하는 자가 없었다. 그래서 충의위(忠義衛)는 사대부의 반열에 끼워주지 않는다고 한다.

다음과 같은 전설이 있다.

어떤 선비 하나가 옛 책을 읽고 옛 의리를 행하여 공명(功名)으로 자부하며 남산 아래에서 가난하게 살다가 이괄(李适)[82]의 난리가 일어나자 처자를 버리고 스스로 어가 앞에 나가 옥교(屋轎) 앞에서 호종하기를 청하였다. 금강(錦江)까지 갔는데 정성과 힘을 다하여 조금도 나태하지 않았다. 왕이 성명(姓名)을 직접 묻고 호종록(扈從錄)에 일등으로 기록하고 말하였다.

"네게 이 같이 충성스러운 힘이 있는데도 일찍 등용하지 못한 것이 한스럽다. 지금 조정의 신하 중에서 너와 비견될 사람이 없도다."

어가가 왕궁으로 돌아온 뒤에 선비는 옛날 살던 집으로 가서 처자를 찾아 기거하면서 날마다 벼슬이 오기만을 기다렸지만 거의 반년이 되도록 아무런 소식이 없더니 갑자기 형조의 관리가 와서 급하게 체포하며 말하였다.

"네가 금강(錦江)에서 호종할 때 옥교(屋轎) 앞에서 가마를 받들던 자이냐?

"그렇소."

"지금 옥교 앞의 밧줄을 없어졌다. 그래서 너를 체포한다."

감옥에 가두고 밧줄에 대하여 추궁하였다. 선비는 조금 있는 살림

조 때 사(司)를 부(府)로 승격시켰다.

82) 이괄(李适) : 조선 인조 때의 무신 · 반란자(1587～1624). 자는 백규(白圭). 인조반정에 공을 세웠는데, 김류와 반목하여 평안 병사(兵使)로 좌천되자 이에 불만을 품고 인조 2년(1624)에 서울로 쳐들어와 신왕(新王)을 세웠으나, 불과 하루 만에 관군에게 패하여 도망치다가 부하에게 피살되었다.

을 팔아서 밧줄 값을 바쳤다.

병자호란 때 관리가 금강호종록(錦江扈從錄)을 보고 와서 징발(徵發)하니 선비는 그대로 달아나 피하였다. 다른 충의위(忠義衛)도 그 소문을 듣고 숨어서 어가를 호종하러 나오지 않았다. 그래서 충의위는 천반(賤班)이 되었다고 한다.

범장금고
犯贓禁錮

백제사에 고이왕(古爾王)[83]이 범장법(犯贓法)을 정하여 관료로서 뇌물을 받거나 도둑질한 자는 뇌물 받은 액수의 세배를 징수하고 죽을 때까지 금고(禁錮)에 처하였다. 대개 사람중에 재능 있는 자가 욕심을 극도로 부리는데 엄하게 금하지 않는다면 나라는 장차 어찌 되겠는가? 이것이 백제가 흥한 이유이다.

한(漢)나라 경제(景帝)가 조서(詔書)에서 "현승(縣丞)은 지위가 높은 관리인데 법을 이용하여 간악한 짓을 저지르고 도둑과 함께 도둑질을 하니 몹시 어이가 없다"[84]라고 하니 "법을 이용하여 간악한 짓을 하고 도둑을 도와 도둑질을 하는 것과 같을 따름이라는 의미이다." 지금 도둑을 다스리는 사람치고 도둑을 돕지 않는 경우가 또한 드물다. 조선 영조 때에 칠곡(漆谷)의 백성이 와서 능행(陵幸)[85]을 구경하였는데, 마침 어가가 지나가자 갑자기 대성통곡을 하였다. 왕이 놀라서 연고를 물어보자 대답하는 것이었다.

---

83) 고이왕(古爾王) : 백제 제8대 왕(?~286). 율령을 확립하고 관제를 제정하여 중앙 집권 체제를 강화하였다. 신라의 변방을 침범하여 영토를 넓혔으며, 국가의 기초를 세웠다. 재위 기간은 234~286년.

84) **夏四月**詔曰, **縣**丞長吏也, **姦**法與盜盜, 甚**無**謂也.(『資治通鑑, 卷十六, 漢紀八, 孝景皇帝下』)→**漢景帝**詔曰, **郡**丞長吏也, **奸**法與盜盜, 甚**亡**謂也.(『松南雜識』)

85) 능행(陵幸) : 임금이 능에 거둥함.

"소인은 지극한 원한이 있는 것은 아니고 실은 서울의 모든 백성을 위하여 통곡하였습니다. 소인의 읍에는 사모(紗帽)[86]를 쓴 도둑이 한 사람인데도 백성들이 제 살던 곳을 떠나 뿔뿔이 흩어지건만 지금 보니 사모를 쓴 도둑이 천 명이나 되니 서울의 모든 백성은 어떻게 살아가겠습니까? 이런 까닭으로 통곡을 하였습니다."

아! 이것이 비록 민간의 이치 없는 이야기이지만 사모를 쓴 자의 경계가 될만하다. 이런 까닭에 순욱(荀勗)[87]이 "관리 감축이 관부(官簿) 감축보다 못하다[省吏不如省官]"[88]라고 하니 관부가 많으면 백성들이 동요한다.

감사
監司

『한서(漢書)』의 전상(轉相)과 감사(監司), 『진서(晉書)』의 어사(御使), 사예(司隷), 주자사(州刺史)는 직명(職名)이 아니었는데, 지금은 방백(方伯)의 칭호가 되었다. 또 『진사(秦史)』에 진시황(秦始皇)이 군(郡)에 수(守)·위(尉)·감(監)을 두었는데 지금은 군(郡)에 수(守)를 두고 현(縣)에 감(監)을 두어 모두 위(尉)를 겸하게 하여 무관(武官)의 직책으로 만들었다. 또 진(秦)나라 관제(官制)에 어사(御史)가 여러 군(郡)을 감독하게 하고 이를 '감(監)'이라고 하였다.

---

86) 사모(紗帽) : 고려 말에서 조선 시대에 걸쳐 벼슬아치들이 관복을 입을 때에 쓰던 모자. 검은 사(紗)로 만들었다.

87) 순욱(荀勗) : 진(晉)나라의 관리. 자는 공증(公曾). 영천(潁川) 영음(潁陰) 출신.

88) 『晉書, 卷三十九, 列傳, 第九, 荀勗』.

주군
州郡

당나라 현종(玄宗) 개원(開元) 연간에 전국을 나누어 십 오 도(道)로 만들었고, 송나라 인종(仁宗)은 쪼개어 십 팔 로(路)로 만들었고, 신종(神宗)은 또 나누어 이십 삼 로(路)로 만들었다.

황제(黃帝)가 들을 구획하여 주(州)로 나누어 만 개의 구역을 얻었고 요임금은 처음으로 십이 주(州)를 만들었다. 하(夏)는 구주(九州)였고 주(周)는 이백 열 하나의 나라를 세웠는데 다섯 나라를 속(屬)으로 만들고 열 개의 나라를 연(連)으로 만들고 서른 개의 나라를 졸(卒)로 만들고 이백 십 개의 나라를 주(州)로 만들었으며 주(州)에는 팔백(八伯)을 두었다. 진(秦)은 서른 여섯 군(郡)을 설치하였고 한(漢)은 열 세 개의 부(部)로 나누었고 진(晉)은 열 아홉 주로 나누었고 당(唐)은 열 개의 도(道)로 만들었고 송은 열 다섯 로(路)로 만들었고 명(明)은 열 세 개의 성(省)으로 만들었다. 성(省)은 본래 궁금(宮禁)[89]을 칭하는데 한나라 원후(元后) 부친 이름인 '금(禁)'자를 기휘하여 성(省)으로 만들었다. 전세(前世)에는 단지 궁궐 안의 관서(官署)를 칭하였는데, 원나라 때 기내(畿內) 주부(州府)에 직예중서성(直隸中書省)을 두었고 외방의 여러 도(道)에 행중서성(行中書省)을 세웠기 때문에, 성(省)이라고 칭한다. 명나라는 그것을 고치지 않고 그대로 계승하였다. 고려는 성종이 열 개의 도(道)를 설치하고, 또 양경(兩京)[90] 십이목(十二牧)을 두었으며 조선은 사도(四都) 팔도(八道)를 두었다.

89) 궁금(宮禁) : 궁궐.
90) 양경(兩京) : 개성인 개경과 평양인 서경을 이름.

품질
品秩

주(周)나라의 관제는 구명(九命)이고 한(漢)나라는 열여섯 등급이고 후한(後漢)은 열세 등급이다. 위나라 초에는 한나라의 관제를 따라 또 구품(九品)을 설치하였는데 일품(一品)이 가장 고귀하다. 양(梁)은 십팔반(十八班)을 설치하였는데 반(班)의 수가 많을수록 고귀하기에 십팔반이 고귀하고 일품이 제일 낮다. 후위(後魏)는 구품(九品)을 설치하였는데 품(品)마다 각각 종(從)을 두었기에 모두 십팔품이고 품마다 나누어서 상하의 계급으로 만들었으니 모두 서른 여섯 등급[91]이다. 후주는 구명(九命)을 제정하고 명(命)마다 나누어 둘로 만들어 정(正)을 상등으로 하니 모두 십팔명(十八命)이다. 수나라는 구품(九品)인데 품마다 각각 종을 두고 품마다 상하를 만드니 모두 삼십육등이다. 태사(太師) 태부(太傅)로부터 시작하니 유내(流內)라고 한다. 당나라는 구품(九品)에 정(正)과 종(從)을 두고 또 문(文)과 무(武) 두 갈래로 나누어 문산관(文散官)이 스물 아홉 계급이고 무산관(武散官)이 마흔 다섯 계급이다. 또 훈관(勳官) 구품(九品)을 두어 제위(諸衛[92]) · 녹사(錄事) · 영사(令史)로부터 시작하니 '유외(流外)'라고 한다. 대개 산관(散官[93])은 수나라에서 시작되었는데 당나라에 이르러 계자(階資)로 정해졌다. 송나라는 구품이고 명나라도 구품인데 지금 정품(正品)과 종품(從品)이 이것이다.

---

91) 『松南雜識』에는 '三十等'으로 되어 있음.
92) 제위(諸衛) : 궁중의 의위대장(儀衛隊長).
93) 산관(散官) : 일정한 직무가 없는 벼슬. 또는 그런 벼슬아치.

지사반
知事班

반고(班固)의 『후한서(後漢書)』에서 "환관(宦官)은 사주가 태미원(太微垣)[94]에 있다"[95]라고 하였으니 지금 이른바 '지사반(知事班)의 내조(內朝)'이다.

『당서(唐書)』에서 환관 구사량(仇士良)이 벼슬에서 물러날 때 환관들이 왕의 총애를 견고하게 하는 계책을 물어보자 말하였다.

"왕으로 하여금 개 · 말 · 풍악 · 여색의 오락을 좋아하게 만들고 잠시도 한가하게 만들지 말 것이며 책을 읽지 못하도록 하라."[96]

『명사(明史)』에는 고제(高帝)가 내시로 하여금 책을 읽지 못하도록 하였다는 기록이 있다. 대개 책은 진실로 왕이 훌륭한 정치를 하게 만드는 근본인 반면 내시에게는 권력을 제멋대로 휘두르게 만드는 바탕이 되니 삼가지 않을 수 있겠는가?

---

94) 태미원(太微垣) : 사자자리를 중심으로 이루어진 별자리.

95) 宦者四星, 在**皇位之側**.(『後漢書, 卷一百八, 宦者列傳, 第六十八』) → 宦者四星, 在**太微垣**.(『松南雜識』)

96) 士良之老, 中人擧送還第, 謝曰諸君善事天子, 能聽老夫語乎. 衆唯唯. 士良曰, 天子不可令閑暇, 暇必觀書, 見儒臣, 則又納諫, 智深慮遠, 減玩好, 省游幸, 吾屬恩且薄而權輕矣. 爲諸君計, 莫若殖財貨, 盛鷹馬, 日以毬獵聲色蠱其心, 極侈靡, 使悅不知息, 則必斥經術, 闇外事, 萬機在我, 恩澤權力欲焉往哉.(『唐書, 卷二百七 列傳, 第一百三十二, 宦者上, 仇士良』) → 仇士良, 以左衛上將軍內侍監致仕, 其黨送歸私第, 士良敎以固權寵之術曰, 天子不可令閒, 常宜以奢靡娛其耳目, 使日新月盛, 無暇更及他事, 然後吾輩可以得志, 愼勿使之讀書親近.(『資治通鑑, 卷二百四十七, 唐紀六十三, 武宗至道昭肅孝皇帝中』) → 仇士良致仕, 諸宦問固寵之計, 則曰使上好狗馬聲色之娛, 無暫時閑暇. 勿使讀書.(『松南雜識』)

역관

譯官

『설문해자(說文解字)』에서 "사방의 말을 통역하는 사람"[97]이라고 하였다. 「왕제(王制)」에서는 "동방은 '기(寄)'라고 북방(北方)은 '역(譯)'이라고 하고 남방은 '상(象)'이라고 하고 서방은 '적제(狄鞮)'라고 한다"[98]라고 하였다. 지금은 한학(漢學)·청학(淸學)·몽학(蒙學)[99]이 있는데 왜학교수(倭學敎授)는 없다. 또 사대부가에서 익히지도 않으니, 만약 사변(事變)이 생겼는데 역관이 없다면, 지팡이 잃은 소경 꼴이 될 것이다.

고신

告身

『당서(唐書), 선거지(選擧志)』에서 "친품(親品)과 유외(流外)는 보임할 때 모두 부절(符節)을 지급하니 이를 고신(告身)[100]이라고 한다"라고 하였다. 그 안에 포폄(褒貶)과 훈계의 말이 있다. 또 공명고신(空名告身)[101]은 일이 생겼을 때 이름을 써넣는 것이다. 「현종기(玄宗紀)」에서 "즉시 황제의 칙명을 만들어 고신을 발급함[命立進畫, 給告身]"[102]이라고 하였고 "대장

---

97) 傳譯四**夷**之言者.(『說文解字, 譯』)→傳譯四**方**之言者.(『松南雜識』)

98) 東方曰寄, 南方曰象, 西方曰狄鞮, 北方曰譯.(『禮記注疏, 卷十二, 王制』)→北方曰譯, 東方曰寄, 南方曰象, 西方曰狄鞮., (『松南雜識』)

99) 한학(漢學) : 중국어를 연구하는 학문.
청학(淸學) : 만주어를 연구하는 학문.
몽학(蒙學) : 몽골어를 연구하는 학문.

100) 고신(告身) : 직첩(職牒). 조정에서 내리는 벼슬아치의 임명장.

101) 공명고신(空名告身) : 공명첩(空名帖). 성명을 적지 않은 백지 임명장. 국가의 재정이 궁핍할 때 국고(國庫)를 채우는 수단으로 사용된 것으로, 중앙의 관원이 이것을 가지고 전국을 돌면서 돈이나 곡식을 바치는 사람에게 즉석에서 그 사람의 이름을 적어 넣어 명목상의 관직을 주었다.

102)『資治通鑑, 卷二百十七, 唐紀, 三十三, 玄宗至道大聖大明孝皇帝下之下』.

군의 고신 한 통이 겨우 한번 취할 정도의 술과 바꿀 정도[103]"라고 하였다. 지금의 교지(敎旨)・차첩(差帖)이다.

사과
司果

소식(蘇軾)의 시에,

꽃가지에 장홍 하늘거린다　　花枝裊長紅[104]

라고 하였는데, 그 주석에서 "이 지방 풍속이 임기가 끝나 떠날 때 꽃가지를 비단에 매다니 '장홍(長虹)'이라고 한다"[105]라고 하였다. 지금 사과(司果)[106]는 비록 관직의 결원을 담당하는 직책의 명칭이지만, 장홍(長紅)으로 결과를 엿보는 것을 이르기도 한다.

---

103) 大將軍告身**一通**, 纔易一醉.(『資治通鑑, 卷二百十九, 唐紀三十五, 肅宗文明武德大聖大宣孝皇帝中之上』)→大將軍告身, 纔易一醉.(『松南雜識』)

104)「罷徐州往南京馬上走筆寄子由五首」.

105) **方**俗**送官**罷任, **以花枝**掛**綵謂之**長紅.(『東坡詩集註, 罷徐州往南京馬上走筆寄子由五首, 卷十』의 주석.)→**北**俗罷任, 掛**綵花枝曰**長紅.(『松南雜識』)

106) 사과(司果) : 조선 시대 오위(五衛)의 정6품 관직. 관계상(官階上)으로는 돈용교위(敦勇校尉)・진용교위(進勇校尉)라 별칭되었다. 고려 말과 조선 초기에는 낭장(郎將, 정6품)이라 불리었으나 태조 3년(1394) 2월에 부사직(副司直)이라 개칭되고, 세조 12년(1466) 1월에 사과로 개칭되어 『경국대전』에 법제화되었다. 『경국대전』 당시에는 정원이 15인이었으나 후기에 오위의 기능이 유명무실하게 되면서 21인으로 증가되었다. 이들은 직무가 없는 무장에게 녹봉을 주기 위한 원록체아(原祿遞兒)를 받았다.

동지

同知

반계(磻溪) 유형원(柳馨遠)이 말하였다.

송나라 순화(淳化)[107] 연간에 온중서(溫仲舒)[108]와 구준(寇準)[109]으로 하여금 추밀원(樞密院) 사무를 같이 맡아보도록 하니, '동지(同知)'라는 명칭은 여기에서 유래하였다. 또 치평(治平)[110]연간에 곽규(郭逵)에게 첨서원사(簽書院事)[111]를 함께 맡기니 동첨서(同簽書)라는 직명은 여기에서 유래하였다.[112]

수직

壽職[113]

『한기(漢紀)』에서 "서민(庶民)의 부로(父老)에게 작급(爵級)을 하사하였다"라고 하였다. 왕망(王莽)은 양웅(揚雄)[114]을 기로(耆老)로 나이에 의거

---

107) 순화(淳化): 송나라 태종(太宗)의 연호. 990~994년.

108) 온중서(溫仲舒): 북송 초기의 정치가. 자는 공숙(恭肅).

109) 구준(寇準): 북송 초의 정치가·시인. 거란의 침입 때 많은 공을 세워 내국공(萊國公)에 봉해져 구래공(寇萊公)이라고도 하였다. 시집으로 『구충민공시집(寇忠愍公詩集)』이 있다.

110) 치평(治平): 송나라 영종(英宗)·신종(神宗)의 연호. 1064~1067년.

111) 첨서원사(簽書院事): 첨원(僉院). 추밀부사(樞密副使)의 아래 직위.

112) 淳化中, 以溫仲舒·寇準, 同知院事, 同知**院**之名, 始此. 治平中, 以郭逵, 同簽書院事, 同簽書之名, 始此.(『磻溪隨錄, 卷之十七, 職官攷說, 上, 尙書, 中書省, 樞密院沿革附』)→**宋**淳化中, 以溫仲舒·寇準, 同知**樞密**院事, 同知之名, 始此. **又**治平中, 以郭逵, 同簽書院事, 同簽書之名, 始此.(『松南雜識』)

113) 수직(壽職): 해마다 정월에 80세 이상의 벼슬아치와 90세 이상의 백성에게 은전(恩典)으로 주던 벼슬.

114) 양웅(揚雄): 전한의 학자·문인(B.C. 53~A.D. 18). 자는 자운(子雲). 성제(成帝) 때에 궁정 문인이 되어 성제의 사치를 풍자한 문장을 남겼다. 후에 왕망(王莽) 정권을 찬미하는 글을 써 비난을 받기도 하였다. 저서에 『법언(法言)』, 『태현(太玄)』 등이 있다.

하여 대부로 삼았는데, 조선의 구례(舊例)에 사(士)·서인(庶人)도 나이가 여든이면 노직당상(老職堂上)[115]으로 삼을 수 있다. 정조 때 채제공(蔡濟恭)[116]이 "우리나라는 장수(長壽)의 땅입니다. 이와 같이 하기를 그치지 않는다면, 금관자·옥관자가 길을 덮을 것입니다"라고 상주(上奏)하였다. 그러므로 구십 세 이상을 당상관으로 임명한 것은 상공 채제공으로부터 시작되었다.

연명상소
聯名上疏

『주례(周禮)』에서 "태재(太宰)가 팔법(八法)으로 관부(官府)를 다스리니 세 번째가 '관련(官聯)'이다"[117]라고 하였는데, 그 주석에서 "큰 일은 하나의 관부(官府)에서 완료할 수 없고 여러 사람이 함께 완성한다"[118]라고 하였다. 지금 상소에 이름과 관부(官府)의 일, 서명을 연서하는 형식이 이것이다. 당나라의 '오화판사(五花判事)'[119]는 실로 여기에서 근본하였다.

---

115) 노직당상(老職堂上) : 정삼품 이상의 노인직.

116) 채제공(蔡濟恭) : 조선 영조·정조 때의 문신(1720~1799). 자는 백규(伯規). 호는 번암(樊巖)·번옹(樊翁). 영의정을 지냈다. 1781년 서명응(徐命膺)과 함께 『국조보감(國朝寶鑑)』을 편찬하였다. 저서에 『번암집』 59권이 있다.

117) 大宰**之職** …… **以**八法治官府, **一曰官屬以擧邦治**, **二曰官職以辨邦治**, 三曰官聯**以會官治**.(『周禮注疏, 卷二』) → 太宰, 八法治官府, 三曰官聯.(『韻府群玉, 卷五, 官聯』) → 大宰, 八法治官府, 三曰官聯.(『松南雜識』)

118) 大事非一官所了者, 衆共成之.(『韻府群玉, 卷五, 官聯』)

119) 오화판사(五花判事) : 당나라 때 중서성(中書省)의 관원들이 군국(軍國)의 대사(大事)에 대하여 의견이 동일하지 않을 때 문서에 의견과 서명을 함께 적던 것.

지방관의 솔가
外官挈家

신라사에 의하면, 법흥왕(法興王)[120] 때 외관설가법(外官挈家法)이 처음으로 확립되었다고 한다. 지금 감사(監司)는 바로 관찰(觀察)·순찰(巡察)의 임무를 띤다. 그렇기 때문에 타지에 임시로 머물면서 네 명의 장관이 다스리는데 한 주(州)에 석 달씩, 일 년 동안 순회한다. 한 주(州)에서만 솔가(率家)하는 것은 관찰·순찰의 의의가 아니다. 지금은 경사(京司)[121]에 직방(職房)이 있건만 내버려두고 집에 거처하면서 공무를 본다. 또 아침에는 이조판서가 되고 저녁에는 병조판서가 되니 통달한 재주가 아니라면 관찰의 직무를 수행할 수 없다. 만약 솔가하여 관사(官司)로 들어가고 오로지 업적을 평가하여 전직시키며 근무 연한을 정한다면 서리들이 정치를 하는 폐단이 거의 없을 것이다. 그러나 궐내(闕內) 주위(周衛)는 경우가 다르다.

중봉(重峯) 조헌(趙憲)이 말하였다.

> 중국의 경우 관원이 된 자는 비록 부임지가 만 리 밖이라도 사유(私有)의 말과 사유의 인부로 가솔을 옮기고, 조금도 관가의 힘을 빌려 번거롭게 하지 않는다. 그래서 읍에 폐단이 미치지 않고 백성들이 생업을 온전히 할 수 있다.[122]

---

120) 법흥왕(法興王) : 신라 제23대 왕(?~540). 성은 김(金). 이름은 원종(原宗). 이 무렵 불교가 들어왔고, '건원(建元)'이라는 연호를 썼다. 처음으로 율령을 반포하여 백관(百官)의 공복(公服)을 정하는 등 국가 체제의 확립에 힘을 기울였다. 재위 기간은 514~540년.

121) 경사(京司) : 서울에 있던 관아를 통틀어 이르는 말. ≒ 경각사(京各司).

122) 中**原**爲官**員**者, 雖**遠赴于**萬里之外**者**, **只**以私馬私人, 運其家小, **一馬一人**, 不煩官力, 所以弊不及民, **而**人全恒産也.(『重峯先生文集, 卷之三, 疏, 質正官回還後先上八條疏甲, 戊十一月』) → 中**國**爲官者, 雖萬里之外, 以私馬私人, 運其家小, 不煩官力, 所以弊不及民, 人全恒産也.(『松南雜識』)

차대
次對

왕구(王球)[123]의 『이모록(貽謨錄)』에서 "당나라 때에는 백관이 입궐하면 대제관(待制官)[124]과 차대관(次對官)[125]이 있었는데, 후당(後唐) 천성(天成)[126]연간에 폐지하고 닷새에 한 번씩 내전(內殿)의 백관이 전대(轉對)[127]하였다"라고 하였다. 지금의 차대(次對)[128]는 여기에서 유래하였다.

해유
解由

『명사(明史)』에 "가정(嘉靖) 초기에 관리 중에 승진되어 가는 자는 임기 내의 조세(租稅) 징수(徵收)가 해유(解由)[129] 할 때의 수와 맞아야 말미를 주고 교대하도록 허락하였다"[130]라고 하였다.

지금 각 고을의 해유자(解由者)는 말미를 받은 고을에서 해유한다. 말미를 받을 때 상납을 마감하지 않았다면 의망(擬望)[131]에 오를 수 없으

123) 왕구(王球) : 송나라의 관료. 자는 천옥(倩玉) 낭야(琅邪) 임기(臨沂) 출신.

124) 대제관(待制官) : 당나라 태종이 오품(五品) 이상의 경관(京官)으로 하여금 중서성(中書省)과 문하성(門下省)에 숙직하면서 방문에 대비하도록 하였다.

125) 차대관(次對官) : 대제관(大祭官) · 순대관(巡對官)에 대한 호칭.

126) 천성(天成) : 후당 명종(明宗)의 연호. 926~929년.

127) 전대(轉對) : 관료들이 수일에 한 번씩 돌아가며 정치의 득실을 왕에게 보고하는 것.

128) 차대(次對) : 매달 여섯 차례씩 의정(議政), 대간(臺諫), 옥당(玉堂) 들이 임금 앞에 나아가 정무를 보고하던 일. ≒빈대(賓對).

129) 해유(解由) : 수령이 임기가 만료되어 체직(遞職)되었을 때 관리하던 관물(官物)을 후임자에게 인계하고, 해당 상급관청에 보고하여 책임을 벗던 일.

130) 嘉靖二年, …… 於是, 戶部議令天下官吏, 考滿遷秩, 必嚴覈任內租稅徵解足數, 方許給由交代.(『明史, 卷七十八, 志第五十四, 食貨二, 賦役』) → 嘉靖初, 官吏遷秩者, 任內租稅徵解數足, 許給由交代.(『松南雜識』)

131) 의망(擬望) : 비의(秘義). 관원(官員)을 임명할 때 이조(吏曹), 병조(兵曹)에서 세 사람의 후보자(候補者)를 추천하던 일.

니 법이 묘하다.

포폄
褒貶

『춘추번로(春秋繁露)』에 "고시법(考試法)에 아홉 등급을 세 부류로 나누고 세 부류를 나열한다. 첫 번째가 최(最)가 되고, 다섯 번째가 중(中)이 되고, 아홉 번째가 전(殿)이 된다"[132]라고 하였다.

『좌전(左傳)』에서 "한 글자로 포폄(褒貶)한다"[133]라고 하였다.

지금 각 고을에서 겨울과 여름에 관리들을 공적에 따라 관직을 올리거나 벌주는 것은 바로 순(舜)임금의 고적법(考績法)[134]과 한(漢)나라의 전최법(殿最法)[135]을 계승한 것이다.

또 근태(勤怠)[136]를 기록하는 장부를 두어서, 병영(兵營)과 수영(水營)이 해당 고을을 관리감독하고 법규로 삼았다.

과만
瓜滿

『대전통편(大典通編)』[137]에서 "근무 개월 수가 찼다"라고 하였다.

---

132) 考試之法, …… **增減多少**, **有率爲第**, 九分三, 三列之, **亦有上中下**. **以爲**一最, 五爲中, 九爲殿, **有餘歸之於中**.(『春秋繁露, 卷七, 考功名, 第二十一』)→考試之法, 九分三, 三列之, 一**爲**最, 五爲中, 九爲殿.(『松南雜識』)

133) **雖以**一字爲褒貶, **然皆須數句以成言**.(『春秋左傳序』)→一字爲褒貶.(『松南雜識』)

134) 고적법(考績法) : 순임금이 3년에 한 번씩 관리들의 공적을 상고하여 3고(考)를 한 다음에 관리들의 공적에 따라 내치거나 올려주던 인사 평가 방법.

135) 전최법(殿最法) : 한(漢)나라 때 한 해를 마칠 무렵 관리들의 근무 성적의 고하(高下=最殿)를 평가하던 방법.

136) 근태(勤怠) : ①부지런함과 게으름. ≒ 근타(勤惰). ②출근과 결근을 아울러 이르는 말.

137) 대전통편(大典通編) : 김치인(金致仁)이 정조의 명에 따라 편찬한 책. 『경국대전』·『대전

『춘추좌전(春秋左傳)』에 "제(齊)나라 임금이 연칭(連稱)과 관지보(管至父)를 수자리 살게 하고, 오이가 익을 때 갔으니 오이가 익을 때 교대시켜 주겠다"[138]라고 하였다.

송(宋)[139]의 역사에서 백성을 다스리는 관리의 임기가 너무 오래이기 때문에 이에 3년을 연한으로 만들고 '소만(小滿)'[140]이라고 하니 지금의 '과만(瓜滿)'이란 말이 이것이다.

정승 채제공(蔡濟恭)이 "남쪽지방의 관직 수가 얼마 되지 않으므로, 오래도록 낭잠(郎潛)[141]으로 전전하며 외직(外職)을 얻지 못한 자들은 육십육 세까지로 제한하여야 한다"라고 건의하니 이것을 '연한(年限)'이라고 한다. 이때부터 은둔하여 있던 자들이 기뻐하고 덕망 있고 재능 있는 이들이 관직을 떠났다고 한다.

삼대추증
三代追贈

임천(臨川) 왕안석(王安石)[142]과 남풍(南豐) 증공(曾鞏)[143]의 문집들에 비

속록』·『대전후속록』·『수교집록(受敎輯錄)』·『속대전』을 한데 모은 것이다. 6권 5책.

138) **齊侯**, **使**連稱管至父, **戍葵丘**. 瓜時而往, 及瓜而代.(『春秋左傳注疏, 莊公八年) → 齊, 連稱管至父, 瓜時而往, 及瓜而代.(『松南雜識』)

139) 송나라 : 남북조 시대에, 동진의 유유(劉裕)가 자신이 옹립한 공제(恭帝)의 선양을 받아 세운 나라. 420년에 건강에 도읍하고 한때 위세를 떨쳤으나, 478년에 소도성(蕭道成)에 의하여 멸망하였다.

140) **近世以六年**過久, **又**以三**周**爲**期**, 謂**之**小滿.(『南史, 卷七十七, 列傳, 第六十七, 呂文顯』) → **以治民之官**, 過久. **乃**以三年爲**斷**, 謂小滿.(『松南雜識』)

141) 낭잠(郎潛) : 오랫동안 승진하지 못한 채 낭서(郎署)의 관원으로 늙어가는 것을 말한다. 한(漢)나라의 안사(顔駟)가 문제(文帝) 때 낭관이 된 뒤, 경제(景帝)·무제(武帝) 시대까지 그대로 낭관에 머물렀던 고사에서 유래하였다.

142) 왕안석(王安石) : 북송의 정치가·학자(1021~1086). 자는 개보(介甫). 호는 반산(半山). 임천(臨川) 출신. 부국강병을 위한 신법(新法)을 제정하여 실시하였다. 당송 팔대가의 한 사람이기도 하다. 저서에 『주관신의(周官信義)』·『임천집』이 있다.

143) 증공(曾鞏) : 북송의 문학가(1019~1083). 당송팔대가(唐宋八大家)의 한 사람. 자는

로소 추증(追贈)하는 글이 있으니, 아마도 추증(追贈)은 송나라에서 시작된 듯하다. 구양수(歐陽脩)의 「농강천표(瀧岡阡表)」[144] 말미에 삼대(三代)를 추봉(追封)하는 일에 대하여 매우 상세하게 기록하였으니[145] 지금의 '분황(焚黃)'[146]이라는 말이 이것이다.

부모가 연로하면 외직에 부임하지 않는다
親老不赴外梱

통제사(統制使) 변국한(邊國翰)이 감영에 도착한 지 여섯 달 만에 노모가 연로하다는 이유로 체직(遞職)을 청하였다. 봉안(奉安)하도록 특제(特除)하여 노모를 봉양하는데 편리하게 하게 하였다.[147] 부모의 나이가 칠십 세인 경우 지방의 곤수(梱帥)[148]를 맡지 않는 일이 변국한의 경우부터 시작되었다.

자고(子固). 호는 남풍(南豊). 어려서부터 구양수(歐陽修)에게 문장으로 인정 받았으며, 산문은 평이전중(平易典重)하다는 평을 받았다.

144) 농강천표(瀧岡阡表) : 구양수(歐陽脩)가 그의 부조(父祖)와 모친 정부인(鄭夫人)을 농강산(瀧岡山)에 장사하고 비석에 새긴 비문이다.

145) **自**王臨川・曾南豊諸集, 始有之. **意者**, **三代追贈**, 始於宋**時**耶. **但**歐陽公**瀧**岡阡表末, 記其三代追封, 甚詳.(『靑莊館全書, 卷十九, 雅亭遺稿十一, 書五, 金直齋 鍾厚』) →王臨川・曾南豊諸集, 始有**追贈**之**文**. 或始於宋耶. 歐陽公**隴**岡阡表末, 記其三代追封甚詳.(『松南雜識』)

146) 분황(焚黃) : 죽은 사람에게 관직(官職)을 추증(追贈)할 때 누런 종이에 쓴 고명(誥命)의 부본(副本)을 분묘(墳墓)에 고하고 그 부본을 태우는 것.

147) 統制使邊國翰, 以老母在京病重, 陳疏乞歸救. 下該曺, 兵曺防啓. 上聞其情理, 特遞之.(『肅宗實錄, 卷之十六, 十一年乙丑正月癸亥』)→統制使邊國翰, 到營六朔, 以親老乞遞. 特除奉安, 以便養親. 親年七十, 不赴外梱, 自國翰始.(『松南雜識』)

148) 곤수(梱帥) : 병사(兵使)와 수사(水使)의 이칭. 곤수(閫帥).

육관
鬻官

『고려사』에서 "충렬왕(忠烈王)이 벼슬 파는 법을 정하였다"149)라고 하였으니 바로 한(漢)나라 때의 '관직에 따라 값을 매긴 일[諧價]'150)이나 당나라 때의 '빚진 장수[債帥]'151)의 경우이다.

혹은 허위로 값을 정해놓고 고을에 상환을 떠넘기는 경우도 있다.

『대학(大學)』에서 이른바 "차라리 도둑질하는 신하를 기를지언정 수탈하는 신하를 기르지 말라"152)라는 말이 이것이다.

이장
里長

『한서(漢書), 관지(官志)』에서 "백성을 십·오(什伍)의 조직으로 만들고 마을에는 이괴(里魁)153)를 두었다"154)라고 하였다.

---

149) 鬻爵之制, 忠烈王元年, 以國用不足, 令人納銀拜官, 以所納多少爲差, 三年二月, 令無功及不次而求官者, 科等納銀授職.(『高麗史, 卷七十五, 志, 第二十九, 選擧三, 銓注』) → 忠烈王定鬻官之法.(『松南雜識』)

150) 관직에 값을 매김[諧價] : 한(漢)나라 영제(靈帝) 중평(中平) 2년에 남쪽 궁궐이 불타자 환관인 장양(張讓)과 조충(趙忠)이 황제에게 모든 전무(田畝)에 10전(錢) 씩의 세금을 거두고 관직에 값을 매겨 돈을 거두어 들이자고 건의하였다. 이에 관리들이 벼슬에 따라 거둘 돈을 논하여 정하였다고 한다.

151) 빚진 장수[債帥] : 당나라 말기에 정치가 부패하여 장수가 되기 위해서는 많은 뇌물을 주어야 했는데, 금군(禁軍)의 장교인 고우(高瑀)가 장수가 되기 위해 뇌물을 준비하였지만 모자라자 부호에게서 돈을 빌려 장수 자리를 사고 나중에 백성들을 착취하여 그 돈을 갚았다는 일화에서 나온 말로 많은 돈을 빌려 뇌물을 써서 높은 지위에 오르는 것을 말한다.(『舊唐書, 列傳, 高瑀』)

152) **百乘之家, 不畜聚斂之臣, 與其有**聚斂之臣, 寧**有**盜臣, **此謂國不以利爲利, 以義爲利也**.(『大學』) → 寧畜盜臣, 不畜聚斂之臣.(『松南雜識』)

153) 이괴(里魁) : 이장(里長)을 뜻함.

154) 里有里魁, 民有什伍, **善惡以告**. 〈**本注曰, 里魁掌一里百家, 什主十家, 伍主五家, 以相檢察. 民有善事惡事以告監官**.〉(『後漢書, 卷三十八, 百官志, 第二十八, 百官五』) →

『수서(隋書)』에서 "소위(蘇威)[155]가 백 집[家]을 리(里)로 만들고 처음으로 마을 마다 이장(里長) 한 명씩 두었다"[156]라고 하였다.

지금 향리의 오가통(伍家統)[157]에 이장을 둔다는 말이 이것이다. 각 면(面)은 바로 '방면(方面)'이라고 할 때의 '면(面)'이니 환조(桓祖)[158]가 동북면 병마사(東北面兵馬使)가 된 일이[159] 이것이다.

향도
香徒

지봉(芝峯) 이수광(李睟光)이 말하였다.

우리나라는 향읍(鄕邑)이나 방리(坊里)에서 모두 계(契)를 만들어 서로 규찰하거나 단속하니 '향도(香徒)'라고 한다. 살펴보건대, 김유신(金庾信)이 나이 열다섯에 화랑(花郎)이 되자, 당시 사람들이 복종하여 '용화향도(龍華香徒)'라고 불렀다.[160]

民有什伍, 里有里魁.(『松南雜識』)

155) 소위(蘇威) : 수나라 인물. 소작(蘇綽)의 아들. 수 양제(隋煬帝) 12년에 반란자 이밀(李密)에게 항복하였다. 이밀은 소위가 수나라의 대신이므로 정중하게 예우하였는데, 소위는 이밀을 보고 아주 기뻐하며 "오늘날 다시 성명(聖明)을 뵙게 될 줄은 미처 생각지 못했다"라고 하니, 당시 사람들이 그를 비루하게 여겼다.

156) 百家爲里長一人.(『隋書, 卷二, 帝紀第二, 高祖下, 九年春二月』) → **蘇威以**百家爲**里**, **始置**里長一人.(『松南雜識』)

157) 오가통(伍家統) : 다섯 집을 한 통(統)으로 정하는 호적 제도. '오가통(五家統)'이라고도 함.

158) 환조(桓祖) : 태조 이성계(李成桂)의 아버지 이자춘(李子春).

159) 이자춘(李子春)이 공민왕 5년(1356)에 함경도의 만호겸병마사(萬戶兼兵馬使)가 된 일을 가리킨다.

160) 我國**之俗**, **凡中外**鄕邑坊里, 皆作契以相糾檢, 謂**之**香徒. 按**輿地勝覽**, 金庾信年十五爲花郎, 時人服從, 號龍華香徒**云**, 今香徒之稱, 蓋本於此.(『芝峯類說, 卷二, 諸國部, 風俗』) → 我國鄕邑坊里, 皆作契以相糾檢, 謂香徒. 按金庾信年十五, 爲花郎, 時人服從, 號龍華香徒.(『松南雜識』)

지인
知印

『오대사(五代史)』에서 "옛 제도에 재상들이 격일로 도장을 맡아 관리하였다"라고 하였다.

지금은 외읍(外邑)의 '지인(知印)'[161]이 '통인(通引)'[162]으로 와전되었다. 『주례(周禮)』의 주석에 "부서(簿書)는 최범(最凡)[163]을 산출하는 것이다"라고 하였고, 소(疏)에는 "지금의 인계(印契)와 같으니, 범목(凡目)의 가장 중요한 곳에 도장을 찍는다"[164]라고 하였다.[165]

서리
書吏

『거가필용(居家必用)』에서 "서리(胥吏) 제도는 오대(五代) 때의 번진(藩鎭)에서 시작되었다"[166]라고 하였다.

지금 조정의 신하들은 오래 동안 임무를 맡지 않지만 서리는 대대로 고을의 일을 맡는다. 그런 까닭에 남명(南冥) 조식(曺植)이 "서리(胥吏)에게 명령을 들어야지 수령에게 명을 듣게 할 수는 없다"라고 한 말이 이

---

161) 지인(知印) : 고려 · 조선 시대에 각 관아에서 관인(官印)을 맡아 관리하던 이속(吏屬)을 말한다.

162) 통인(通引) : 고려 때 중서문하성(中書門下省) · 도평의사사(都評議使司)에 딸린 이속(吏屬). 혹은 관청의 심부름꾼.

163) 최범(最凡) : 최목(最目) · 범목(凡目). 문사의 내용을 총괄하는 제요(提要) · 목차(目次). 『周禮, 天官, 小宰』 "聽取予以書契." 漢鄭玄注, "凡簿書之最目 · 獄訟之要辭, 皆曰契." 孫詒讓正義, "最目, 猶凡目, 總目."

164) 書契, 謂出予受入之凡要, 凡簿書之最目 · 獄訟之要辭, 皆曰契.(『周禮注疏, 卷三, 小宰』) → 周禮註, 簿書, **挈**其最凡. 疏, 如今印契. 其凡目最要處印.(『松南雜識』)

165) **最凡**, **諸凡之最目也**, **周禮天官司會註**, **謂**簿書, **契**其最凡**也**. **小宰**疏, **凡要亦是簿書**, 如今印契, 其凡目所最處印**之**.(『康熙字典, 凡』) → 簿書, **挈**其最凡. 疏, 如今印契. 其凡目最要處印.(『松南雜識』)

166) 書吏. 〈五代時, 藩鎭始也.〉 (『居家必用』)

것이다.

지봉 이수광이 "강물은 흘러도 돌은 구르지 않는다"[167]라고 하였다. 당나라 역사에 유안(劉晏)[168]이 말하였다.

"여러 사무를 잘 처리해 내는 것은 적임자를 얻는데 달려 있다. 그래서 반드시 사리에 통달하고 민첩하며 정밀하고 굳세며 청렴하고 부지런한 선비를 가려서 썼다. 장부를 기록하고 조사하는 것이나 돈이나 곡물을 출납하는 것이 비록 미세한 일이라고는 하지만 반드시 사류(士類)에게 맡겨야 하나니 아전은 다만 부첩(符牒)이나 잘 쓸 따름이기 때문이다. 대저 선비가 뇌물을 받거나 뇌물을 요구하는 경우에는 앞으로의 벼슬 길이 끊어지니, 사류는 이익보다 명예를 중요하게 생각하기 때문이다. 그래서 선비들은 청수(淸修)한 이들이 많다. 아전들의 경우는 아무리 청렴결백하다 하더라도, 그들에게는 끝내 대단한 영광이 없기에, 이(利)를 명예보다 더 중하게 여긴다. 그래서 아전들은 탐오(貪汚)한 이들이 많다.[169]

---

167) **曹南冥云**, **朝鮮以吏胥亡國**, **可謂痛切**. …… **俗謂**江流石不轉**以此**.(『芝峯類說, 卷十六, 語言部, 雜說』)→江流石不轉.(『松南雜識』)

168) 유안(劉晏) : 당나라 현종(玄宗)·덕종(德宗) 때의 명신. 염철(鹽鐵)을 관장하는 업무를 맡아 국가 재정을 튼튼히 했다. 특히 안사(安史)의 난리 중 극도로 고갈된 재정을 유안이 모두 주선했다. 뿐만 아니라, 그는 나라를 부유하게 하는 데 치중하면서도 백성의 이익을 앞세웠으므로 백성들로부터 신임을 얻었다.

169) 晏 …… 常以爲辨集衆務, 在於得人, 故必擇通敏精悍廉勤之士而用之. 至於句檢簿書 出納錢穀, 必委之士類, 吏惟書符牒, 不得輕出一言. 常言士陷贓賄, 則淪棄於時, 名重於利, 故士多淸脩, 吏雖潔廉, 終無顯榮, 利重於名, 故吏多貪汚.(『資治通鑑, 卷二百二十六, 唐紀四十二, 德宗神武孝文皇帝一, 建中元年, 秋七月』)→劉晏**爲度支使**, 常以爲辨集衆務, 在於得人. 故必擇通敏精悍廉勤之士而用之. 至於勾檢簿書, 出納錢穀, 事雖至細, 必委之士類, 吏惟**書**符牒, **不得輕出一言**. **常言**, 士陷贓賄**則**淪棄於時, 名重於利, 故士多淸修, 吏雖廉潔, 終無顯榮, 利重於名, 故吏多貪汚.(『文獻通考, 卷三十五, 吏道』)→劉晏以爲辨集衆務, 在於得人. 故必擇通敏精悍廉勤之士而用之. 至於勾檢簿書, 出納錢穀, 事雖至細, 必委之士類, 吏惟符牒**而已**. 士陷贓賄, 淪棄於時, 名重於利, 故士多淸修, 吏雖廉潔, 終無顯榮, 利重於名, 故吏多貪汚.(『松南雜識』)

조집사
朝集使

『당서(唐書)』의 ‘조집사(朝集使)’의 주석에 “외군(外郡)에서 조정에 들어와서 조신(朝臣)의 반열에 참여하는 사람”이라고 하였다.[170] 지금 각 고을의 호장(戶長)들이 정월 초하루의 하례 반열에 참여하는 일이 이것이다.

부윤 · 유수
府尹留守

반계(磻溪) 유형원(柳馨遠)이 말하였다.

중국은 성도(成都)[171] · 하중(河中)[172] · 강릉(江陵)[173] 등 육부(六府)에는 윤(尹)만을 두었다. 그러다가 당나라 태종(太宗)이 고구려를 정벌하면서 낙양에 유수(留守)를 두었다. 그 후에 황제의 거가(車駕)가 경도(京都)에 없을 때 유수를 두었다. 개원(開元) 연간에 태원 부윤(太原府尹)에게 북도유수(北都留守)를 겸하게 하였다.[174]

---

170) 朝集使, 自外入朝與朝班者, **曰**朝集使.(『資治通鑑綱目, 卷三十七下, 十二年春正月』) →**唐史**, 朝集使. 註. 自外入朝與朝班者.(『松南雜識』)

171) 성도(成都) : 지금의 중국 사천성(四川省)의 성도(省都). 춘추전국 시대에는 촉(蜀)의 수도였으며 삼국 시대에는 촉한(蜀漢)의 중심지로서 번영하였고, 당나라 때는 현종(玄宗)이 안사의 난을 피해 이곳으로 도망하였다. 수당(隨唐) 시대 때는 장안(長安) · 양주(揚州) · 돈황(敦煌)과 함께 4대 도시였다.

172) 하중(河中) : 지금의 중국 산서성(山西省) 지역.

173) 강릉(江陵) : 지금의 중국 호북성(湖北省) 지역.

174) **京府尹 〈從三品, 有少尹, 司錄, 錄事, 參軍等官. 少尹二人, 從四品下**. ○成都 · 河中 · 江陵等六府, 只置尹, **東西北三都, 則加置牧, 從二品, 居尹上. 然多以諸王典之不親事. 初**, 太宗伐高麗, 置京城留守, 其後車駕不在京都, 則置留守, **以右金吾大將軍, 爲副留守**. 開元中, 以太原府尹, 兼爲北都留守, **少尹爲副留守, 於是, 三都皆有留守之號**.〉(『磻溪隨錄, 卷之十八, 職官攷說下, 外官』) → **中朝**成都 · 河中 · 江陵等六府, 只置尹, 唐太宗伐高麗, 置京城留守, 其後車駕不在京都, 則置留守. 開元中, 以太

지금 서울의 경우는 한성부(漢城府)라고 하고, 지방의 경우는 경주(慶州)·의주(義州)·평양(平壤)은 모두 윤(尹)이라 하고 사도호부(四都護府)[175]는 모두 유수(留守)라고 하는 호칭이 이것이다.

향소
鄉所[176]

우리나라에는 예부터 경소(京所)[177]·향소(鄉所)라는 명칭이 있었으니 "이정구(李廷龜)가 경소대신(京所大臣)이 되었다"라는 말이 이것이다.

지봉 이수광이 말하였다.

안동(安東)은 좌수(座首)의 직임을 가장 중시한다. 그래서 덕행(德行)과 문망(門望)이 있어서 추천받은 자가 아니면 좌수의 임용을 허락하지 않았다. 세상에 전하기를 예전에 어떤 정승이 연로해서 퇴직한 뒤에 좌수(座首)가 되었고 근래에는 학봉(鶴峯) 김성일(金誠一)이 사인(舍人)으로 집에 돌아가니 향리에서 공을 천거하여 좌수(座首)로 삼으려고 논의하였지만 병으로 사양하고 나가지 않았다.[178]

原府尹, 兼北都留守.(『松南雜識』)

175) 사도호부(四都護府) : 고려 때 네 곳에 설치한 지방 관청. 현종 9년(1018)에 경주의 안동도호부, 전주의 안남도호부, 해주의 안서(安西)도호부, 안주의 안북도호부로 하였다. 그 후 경주가 동경유수부로 승격하였으므로, 도호부를 안동으로 옮겼으며, 안남도호부를 전주에서 부평(富平)으로 옮겼다.

176) 향소(鄉所) : 군수를 보좌하는 좌수(座首)·별감(別監)을 지칭하는 말. 유향소(留鄉所)·향청(鄉廳).

177) 경소(京所) : 한 고을의 모든 일을 조달하고 주선하기 위해서, 그 고을 사람 중에 골라서 서울에 두는 것. 그 근원은 고려 때의 '기인(其人)'이다.

178) 安東**風俗**, 最重座首之任, 非有德行門望**爲一鄉**所推**服**者, **則切**不許焉. 世傳舊有政丞退老後爲座首, 近世金鶴峯誠一, 以舍人還家, 鄉論擧公爲座首, 辭病不出.(『芝峯類說, 卷二, 諸國部, 風俗』) → 安東, 最重座首之任, 非有德行門望所推者, 不許焉. 世傳舊有政丞退老後爲座首, 近世金鶴峯誠一, 以舍人還家, 鄉論公擧爲座首, 辭病

살펴보건대, 서애(西厓) 유성룡(柳成龍)이 조회에 들어갔을 때 즐거운 안색이 있었다.

선조(宣祖)가 물었다.

"경은 상국(相國) 벼슬을 내려도 기쁜 안색이 없더니 오늘 기뻐하는 것은 어째서인가?"

유성룡이 대답하였다.

"고향에서 '신을 공천하여 좌수(座首)로 삼는다'라는 기별이 왔기 때문입니다."

선조가 향안(鄕案)을 가져오게 하니 모두가 훌륭한 유생이요, 이름난 재상이었기에 선조가 향안에 친히 어인(御印)을 찍어 주었다. 그래서 향청(鄕廳) 문 밖에 하마비(下馬碑[179])를 세웠다. 경상도 관찰사도 안동에 들어가면 먼저 말에서 내린다고 한다.

향청(鄕廳)을 '사안당(射鴈堂)'이라고 하는 이유는 진사석(陳師錫)과 진료옹(陳了翁)의 고사[180] 때문이다.

不出.(『松南雜識』)

179) 하마비(下馬碑) : 조선 시대에 누구든지 그 앞을 지날 때는 말에서 내리라는 뜻을 새기어 궁가·종묘·문묘 따위의 앞에 세웠던 비석.

180) 진사석(陳師錫)과 진료옹(陳了翁)이 태학(太學)에서 공부하며 우의가 대단히 깊었다. 어느 날 떼지어 날아가는 기러기를 보고 장난삼아 내기하기를 "내년에 과거에서 일등 할 사람이 제일 앞의 기러기를 맞추자."라고 하고는 각자 활을 쏘았다. 진사석이 먼저 세 번째 기러기를 맞추고 진료옹은 맞추지 못했다. 얼마 뒤에 기러기 떼가 또 날아들자 진료옹이 활을 쏘았는데, 그 역시 세 번째 기러기를 맞혔다. 그 후 과거에서 진사석이 먼저 3등을 하고 3년 뒤의 과거에서 진료옹이 3등에 급제했다. 그 뒤 재상도 두 사람이 서로 번갈아 가며 하였기에 '사안당(射鴈堂)'이라고 부르게 되었다.(『梁谿漫志, 卷三, 入閣』)

망궐례
望闕禮

지봉 이수광이 말하였다.

당시(唐詩)에서 '자고새가 월왕대(越王臺)[181] 위를 날아가네[鷓鴣飛上越王臺]'[182]라고 하였다. 살펴보건대, 위타(尉佗)[183]가 대(臺)[184]를 세우고 조회하는 초하루와 보름에 올라가서 절을 하였으니, 후세의 망궐례(望闕禮)의 시초라고 한다. 위타가 일찍이 '제(帝)'라고 자칭하였기에 또 '월제대(越帝臺)'라고도 한다.[185]

막안
幕案

『주례(周禮), 천관(天官)』에서 "고경(孤卿)[186]은 나라에 일이 있으면 막안(幕案)을 설치한다"[187]라고 하였다.

---

181) 월왕대(越王臺) : 한(漢)나라 때 남월왕(南越王) 조타(趙佗)가 세운 누대로, 지금 광동성(廣東省) 월계산(越季山) 위에 있다.

182) 두공(竇鞏)의 「남유감흥(南遊感興)」.

183) 위타(尉佗) : 한(漢)나라 진정(眞定) 출신으로 원래의 성명은 조타(趙佗)였다. 그가 섬기던 남해위(南海尉) 임효(任囂)가 죽은 다음 그를 대신하여 직무를 수행하면서부터 위타(尉佗)로 불리게 되었다. 한때 세력이 커져 장사(長沙) 등지를 공격하고 남월(南越)의 무제(武帝)로 자칭하기도 하였다. 한나라의 문제(文帝) 때 한나라에 귀속하였다.

184) 대(臺) : 조대(朝臺). 위타(尉佗)가 한나라를 향해 절하기 위해 세운 대(臺).
"廣州記曰, 尉陀立臺以朝漢室. 圓基千步, 直峭百丈, 螺道登進, 頂上三畝, 朔望升拜, 號爲朝臺."(『藝文類聚, 卷六十二, 居處部二, 臺』)

185) **唐詩**, 鷓鴣飛上越王臺. 按, **南越王**尉佗立**朝**臺, 朔望升拜, 爲後世望闕禮之始云. **尉**佗**常**稱帝, 故亦曰越帝臺, **此也**.(『芝峯類說, 卷十一, 文章部四, 唐詩』) → 鷓鴣飛上越王臺. 按, 尉佗立臺, 朔望升拜, 爲後世望闕禮之始云. 佗嘗稱帝, 故亦曰越帝臺.(『松南雜識』)

186) 고경(孤卿) : 소사(少師) · 소부(少傅) · 소보(少保). 일설에는 육경(六卿) 중의 으뜸을 의미한다고도 한다.

또 당나라의 기거사인(起居舍人)[188]은 붓을 쥐고 재상을 따라 전각에 들어간다. 호위가 있을 때는 향안(香案)을 끼고 전(殿) 아래에 나누어 선다.[189]

당시(唐詩)에서 "나는 옥황상제의 향안리(香案吏)라네[我是玉皇香案吏]"[190]라고 한 말이 이것이다.

환위

環衛[191]

「천문지(天文志)」에서 "구진(句陳)[192]의 여섯 별이 자궁(紫宮)[193] 속에 있다"[194]라고 하였다.

왕은 구진성(句陳星)을 본떠서 환렬(環列)[195]을 설치한다.[196]

---

187) **掌次 掌王次之法**. …… 孤卿有邦事則**張**幕設案.(『周禮, 天官冢宰, 掌次』) → **幕案**, 孤卿有邦事則設幕**張**案. **禮天官**.(『韻府群玉, 卷十五, 幕案』) → 孤卿有邦事, 則設幕案.(『松南雜識』)

188) 기거사인(起居舍人) : 종6품(從六品). 중서성(中書省)에 소속된 관리로 황제의 기거동작을 기록하는 임무를 수행한다.

189) **其後復置**起居舍人, **分侍左右**, **秉**筆隨宰相入殿. **若仗在紫宸內閤**, **則**夾香案, 分立殿下.(『唐書, 卷四十七, 志, 第三十七, 百官志』) → **唐**起居舍人, **執**筆隋宰相入殿, 夾香案, 分立殿下.(『松南雜識』)

190) 원진(元稹)의 「이주댁과어낙천(以州宅誇於樂天)」.
*『松南雜識』에는 '本是玉皇香案吏'로 되어 있음.

191) 환위(環衛) : 대궐 호위.

192) 구진(句陳) : 성좌(星座)의 이름. 자미원(紫薇垣)에 있는 별의 하나. 작은 별 6개로 구성되어 있는데 그중의 하나가 북극성(北極星)이다. 구진은 천자의 군대를 주관한다고 하며, 금군(禁軍)을 상징한다.

193) 자궁(紫宮) : 자미성(紫微星). 천자를 상징하는 별.

194) **中宮**, **北極五星 · 鉤**陳六星, **皆**在紫宮**中**, **北極北辰**, **最尊者也**.(『晉書, 卷十一, 志, 第一, 天文上, 中宮』) → **勾**陳六星, 在紫宮.(『松南雜識』)

195) 환렬(環列) : 늘어선 병사가 고리처럼 둘러싸서 호위하는 것을 의미하는 말로 황궁의 금위군(禁衛軍)을 가리킨다.

196) 王者法勾陳, 設環列.(『白氏長慶集, 卷五十一, 中書制誥四, 李演除左衛上將軍制』)

『당서(唐書), 무후기(武侯記)』에서 "어전에서 날마다 어둑한 새벽에 재상과 양 성(省)의 관원들이 향안(香案) 앞에 다투어 자리를 잡고 문이 열릴 때를 기다리다가 통사(通事)가 인도하면 양성의 관원들이 재배한다"197)라고 하였다.

지금 어좌(御座) 앞에서 별감(別監)198)이 에워싸며 시위(侍衛)하는 것은 대개 여기에서 나온 듯하다.

어병
御屛

『서경(書經), 고명(顧命)』에 '보의(黼扆)'199)라는 말이 있는데, 그 주석에서 "대조근(大朝覲)200)과 대향사(大饗射)201)에 왕이 보의(黼扆)를 세우는데, 붉은 비단 바탕에 흰색과 검은색 도끼 문양을 수놓으니 도끼의 끊고 자른다는 의미를 취한 것이다. 그 모양새는 병풍과 흡사하다"202)라고 하

197) 御殿日昧爽, 宰相·兩省官鬪班於香案前, 俟扇開, 通事贊, **兩省官再拜**, **拜訖**, **升殿**, **侍立從之**.(『舊唐書, 卷十八上, 本紀第十八上, 武宗, 會昌二年四月』)→**武侯記曰**, 御殿日昧爽, 宰相·兩省官鬪班於香案前, 俟扇開, 通事贊拜.(『松南雜識』)

198) 별감(別監) : 액정서(掖庭署) 예속(隸屬)의 하나로 대전(大殿)에서 임금을 호위하는 대전 별감을 가리킨다. 이 외에도 근무(勤務)하는 처소나 소속되어 있는 부서(部署)에 따라 세자궁(世子宮) 별감·중궁전(中宮殿) 별감·처소(處所) 별감 등으로 구별된다.

199) 보의(黼扆) : 자루가 없는 도끼를 그린 빨간 비단 병풍. 주로 천자(天子)의 어좌(御座) 뒤에 친다. 도끼는 위엄을 상징하는데 자루가 없는 이유는 이것을 쓰지 않는다는 의미이다.

200) 대조근(大朝覲) : 제후들이 대규모로 회동하여 천자를 알현하는 것을 말한다.

201) 대향사(大饗射) : 선왕(先王)을 합사(合祀)하는 제례인 대향(大饗)과 왕이 제사를 할 때 참여할 만한 사(士)를 골라서 참여시키는 대사(大射)를 합쳐서 한 말로 모두 왕의 일이다.

202) 黼扆, 司几筵, 凡大朝覲·大饗射·凡封國·命諸侯, 王位設黼依. 注 斧謂之黼, 其繡白黑文, 以絡帛爲質, 依其制如屛風.(『書經大全, 圖說』)→疏. 正義曰, …… 周禮司几筵云, 凡大朝覲·大饗射·凡封國·命諸侯, 王位設黼扆, 扆前南向, 設莞筵, 紛純加繅席, 畫純加次席, 黼純左右王几, 彼所設者, 卽此坐也.(『尙書注疏, 周書, 顧命』)→大朝覲, 大饗射, 王設黼扆 其繡白黑文, 以絳帛爲質, 取斧割斷之義. 其制似屛風.(『松

였다.

병풍이라는 명칭이 한(漢)나라에서 나왔다. 그래서 『오록(吳錄)』에 "오기량(吳紀亮)과 아들 오즐(吳騭)이 모두 상서(尙書)가 되자, 조회 때마다 임금이 병풍으로 두 사람의 자리를 떨어지게 만들어 주었다"[203]라고 하였다.

지금 어병(御屛)에 해와 달을 그리는 이유는 해와 달처럼 밝은 천도(天道)를 형상한 것이리라. 지금은 '일월병(日月屛)'이라고 한다.

황저
皇邸[204]

『주례(周禮)』의 주석에서 "판(板)으로 병풍을 만들고 깃털을 염색해서 봉황의 날개 색을 형상하여 왕의 자리에 두는 물건으로 만들었다"[205]라고 하였다.

향안
香案

『수서(隋書)』에서 말하였다.

> 양제(煬帝)가 관문전(觀文殿)을 지었는데, 앞의 두 채 행랑을 각각 열두 칸짜리 서당(書堂)으로 만들었다. 그리고 열두 칸 안에는 열 두 개

南雜識』)

203) 吳錄**曰**, **景帝時**, 紀亮**爲尙書令**, 子隲**爲中書令**, 每朝會, 詔以御屛**風**, 隔其**座焉**.(『藝文類聚, 卷六十九, 服飾部, 屛風』)→吳錄, 紀亮**與**子騭, **俱尙書**. 每朝會, 詔以御屛, 隔其**坐**.(『松南雜識』)

204) 황저(皇邸) : 천자의 자리 뒤에 세우는 병풍.

205) 謂以板爲屛風, 染羽, 象鳳凰羽色, 以爲之王座所置也.(『康熙字典, 邸』)

의 보주(寶廚)를 두고 그 앞에 오방향상(五方香床)을 설치하였다. 이것을 금과 옥·구슬·비취를 엮어서 붙여서 꾸미고 어가(御駕)가 오면 궁중의 사람들이 향로를 높이 들고 연(輦) 앞 줄에 섰다.[206]

조빙
朝聘

『아희원람(兒戲原覽)』에서 "조빙(朝聘)은 황제(黃帝) 때부터 시작되었다"[207]라고 하였다.

살펴보건대, 고구려 장수왕(長壽王) 때, 북위(北魏)가 여러 나라 사신들의 관저를 설치하였는데, 고구려가 그중 두 번째였으니 강하기 때문이었다.[208]

지봉 이수광이 말하였다.

명나라는 외국 사신을 차례대로 줄지을 때 우리나라를 제일로 하였는데, 예(禮) 때문이었다. 안남(安南)과 유구(流球)는 모두 나란히 반열에 서지 못하였다.

중국 사신 진감(陳鑑)[209]의 부(賦)[210]에서,

---

206) 煬帝卽位, 祕閣之書, 限寫五十副本, 分爲三品. 上品紅瑠璃軸, 中品紺瑠璃軸, 下品漆軸. 於東都觀文殿東西廂, 構屋以貯之. 東屋藏甲乙, 西屋藏丙丁. 又聚魏已來古跡名畫, 於殿後起二臺, 東曰妙楷臺, 藏古跡, 西曰寶臺, 藏古畫.(『隋書, 卷三十二, 志第二十七, 經籍一』) → 隋煬帝, 觀文殿前兩廂爲堂各十二間, 堂中每間十二寶廚, 前設五方香床, 綴貼金玉珠翠, 每駕至, 則宮中擎香爐, 在輦前行.(『說郛, 卷六十六下, 南部烟花記, 五方香床』) → 隋史 煬帝觀文殿, 前兩廂 十二寶廚. 前設五方香床, 綴貼金玉珠翠, 每駕至, 則宮中擎香爐, 在輦前行.(『松南雜識』)

207) 朝聘, 始自黃帝**時**.(『兒戲原覽, 創始』) → 自黃帝始.(『松南雜識』)

208) **按**元魏**時**, 置**諸國使**邸, **齊使**第**一**, **高麗次**之, **是時高麗方盛**强**故**也.(『芝峯類說, 卷四, 官職部, 使臣』) → **高句麗長壽王時**, 元魏置邸第**二**, **以**强也.(『松南雜識』)

209) 진감(陳鑑) : 명나라의 문신. 자는 정명(貞明). 고안(高安) 출신. 세종·문종 때 우리나라에 사신 와서 서거정·이승소 등의 문장가들과 교유하였다.

조선은 동쪽 주변의 중요한 나라이며	朝鮮爲東藩重國
예의가 있는 지역이며	禮義之區
시서(詩書)의 연수(淵藪)이기에	詩書之藪
특별히 으뜸으로 삼는다	故特爲首

라고 하였다.[211)]

지금 해마다 동지사(冬至使)를 보내고 십 년에 한 번 일본에 통신사(通信使)를 보낸다.

존비례
尊卑禮

『아희원람(兒戲原覽)』에서 "존비례(尊卑禮)는 수황(遂皇)에게서 시작하였는데 황제(黃帝)에 이르러서 문장(文章)[212)]으로 삼아서 귀천을 표시하였다"[213)]라고 하였다.

조선에서는 대신(大臣)과 신하들이 세자(世子)에게 '소인(小人)'이라 칭하고 '신(臣)'이라고 칭하지 않았다. 임란왜란 때 어가(御駕)는 의주에 있고 광해군(光海君)은 내지(內地)에 있었기 때문에 조정이 둘로 나뉘었다. 그래서 대왕(大王)과 세자에게 모두 '신'이라 칭하고 대조(大朝)[214)] · 소조

210) 「희청부(喜晴賦)」.(『新增東國輿地勝覽, 卷三, 漢城府』)

211) 皇明外國班次, 本**國爲**第一, 安南 · 琉球**諸國使臣**, 皆不敢並列. 華使陳鑑賦曰, 朝鮮爲東藩重國, 禮義之區, 詩書之藪, 故特爲**之稱**首云.(『芝峯類說, 卷四, 官職部, 使臣』) → 皇明外國班次, 本**朝**第一, **以禮也**. 安南 · 流球, 皆不敢竝列. 華使陳鑑賦曰, 朝鮮爲東藩重國, 禮義之區, 詩書之藪, 故特爲首云.(『松南雜識』)

212) 문장(文章) : 예악(禮樂) · 제도(制度) 등 한나라의 문명을 형성하는 것.

213) **尊卑禮** 始遂皇, 至黃帝, 爲文章, **定**貴賤**等夷**.(『兒戲原覽, 尊卑禮』) → 始**於**遂皇, 至黃帝, 爲文章, **表**貴賤.(『松南雜識』)

214) 대조(大朝) : 왕세자(王世子)가 섭정(攝政)을 하고 있을 때의 임금을 일컫는 말.

(小朝)[215]라는 명칭이 생겼다. 또 땅에 엎드리는 예법은 정희왕비(貞熹王妃)[216]가 수렴청정을 할 때 신하들이 감히 마주 설 수 없었기 때문에 땅에 엎드린 일에서 유래한다. 지금은 비록 대왕을 대할 때라도 오히려 땅에 엎드리는 것을 예법으로 한다.

연산군 때의 심순문(沈順門)은 왕을 쳐다보았다는 이유로 죽임을 당하였다.[217] 중국의 경우는 옛날의 예법을 따라 천자를 대할 때 오로지 서 있을 뿐이라고 한다.

배읍
拜揖

『집운(集韻)』에 "두 손을 마주치며 절한다. 지금 왜인(倭人)이 두 손을 마주치며 절하니 대개 옛날부터 전해오는 법도이다"[218]라고 하였다.

『주례(周禮), 사의(司儀)』[219]에서 "서성(庶姓)은 토읍(土揖)하고, 이성(異姓)은 시읍(時揖)하고 동성(同姓)은 천읍(天揖)한다"라고 하였는데, 그 주석에서 "천읍(天揖)은 손을 내밀어 약간 드는 것이다. 시읍(時揖)은 손을 쭉 뻗는 것이다. 토읍(土揖)은 손을 내밀어 조금 내리는 것이다"[220]라고 하

215) 소조(小朝) : 섭정하는 왕세자.

216) 정희왕비(貞熹王妃) : 조선 세조의 왕비(1418~1483). 성은 윤(尹). 본관은 파평(坡平). 윤번(尹璠)의 딸로 1455년 세조가 즉위하자 왕비에 책봉되었다. 1468년 예종이 19세로 즉위하자 수렴청정(垂簾聽政)을 하게 되었다. 이는 조선 시대에 처음 있는 일이며, 성종 즉위 후에도 7년 동안 섭정하였다. 능은 남양주(南楊州)의 광릉(光陵)이다.

217) 燕山卽位, 所爲多不法, 惡人視己. 舍人沈順門以仰觀被殺.(『順菴先生文集, 卷十三, 雜著, 橡軒隨筆[下] 戶牖雜錄並附, 東國歷代史』)

218) **振動拜也**. 以兩手相擊而拜, **一曰**, 今倭人, 拜以兩手相擊, 盖古之遺法.(『集韻, 動』) →以兩手相擊而拜. 今倭人, 拜以兩手相擊, 盖古之遺法.(『松南雜識』)

219) 『松南雜識』에는 '儀禮'로 오기되어 있음. 이는 『周禮, 秋官, 司儀』의 마지막 글자인 儀에 간섭되어 발생한 오류로 보인다.

220) 土揖庶姓, 時揖異姓, 天揖**同姓**, **見揖位乃定**. **古文尙作上**. **疏** …… 土揖, 推手小下之也. 時揖, 平推手也. 天揖, 推手小擧之.(『儀禮注疏, 卷十, 覲禮, 第十』)→土揖庶

였다.

우리나라는 상관이 앉아서 하급 관리의 절을 받는데 단지 읍(揖)만 하는 것은 이광좌(李光佐)[221]에게서 시작되었다. 하급 관리가 상관을 만나면 바로 앞으로 나아가 절하고 돌아와 방석에 앉아서 고개 숙여 절하는 듯한 모양을 짓는 것을 '방석례(方席禮)'라고 하니 그 수(數)는 바로 옛날의 돈수(頓首)[222]의 수와 같다.

구배
九撵

『주례(周禮), 춘관(春官)』에 '구배(九撵)'라는 말이 있는데, 그 주석에서 말하였다.

> 계수(稽首)는 머리가 땅에 닿는다. '돈수(頓首)'는 머리를 조아려 땅에 닿게 한다. '공수(空首)'[223]는 머리가 손에 닿게 하는 것이니 이른바 '배수(拜手)'이다. '길배(吉拜)'는 절한 뒤에 이마를 조아리고, '흉배(凶拜)'는 이마를 조아린 뒤에 절한다. '기(奇)'는 기우(奇偶)라고 할 때의 '기(奇)'로 읽으니 한 번 하는 절이다. '褒'는 '보'라고 읽으니 두 번 하는 절이다. '숙배(肅拜)'는 다만 허리를 구부리고 손을 내리는 절

姓, 時揖異姓, 天揖. **註** 天揖, 推手小擧之, 時揖, 平進手, 土揖, 進手小下之.(『松南雜識』)

221) 이광좌(李光佐) : 조선 후기의 대신(1674~1740). 자는 상보(尙輔). 호는 운곡(雲谷). 소론으로, 경종 3년(1723)에 우의정, 영조 원년(1725)에 영의정에 올랐다가 노론의 등장으로 파직되었다. 영조 3년 정미환국으로 다시 영의정에 올랐다. 저서에 『운곡실기』가 있다.

222) 돈수(頓首) : 원래는 평교(平交) 간에 하던 예법으로 무릎을 꿇고 머리를 조아려 잠깐 땅에 닿게 한 뒤 일어서는 형태였다. 그렇지만 나중에는 중대한 사정이나 부탁할 일이 있을 때 행하는 예법이 되었다.

223) 『松南雜識』에는 '空手'로 오기되어 있음.

이니 지금의 '읍(揖 : 읍)'가 이것이다. '진동(振動)'은 떨며서 안색을 바꾸는 절이다.[224]

『모시고훈전(毛詩詁訓傳)』[225]에서 말하였다.

첫째는 '계수(稽首)'이니, 머리를 낮추어 땅까지 이르게 하고 머리를 조아리며 잠시 있은 뒤에 몸을 일으킨다. 둘째는 '돈수(頓首)'이니, 손을 내리고 머리를 땅에 닿게 하였다가 곧바로 일어난다. 셋째는 '공수(空首)'이니, 손은 내리되 머리는 땅에 닿게 하지 않는다. 넷째는 '진동(振動)'이니, 두려워하고 움츠리며 손을 내린다. 다섯째는 '길배(吉拜)'[226]이니, 화락한 모습을 짓고 손을 내린다. 일곱째는 '기배(奇拜)'이니, 예절이 간소하여 절을 두 번 하지 않는다. 여덟째는 '보배(褒拜)'이니, 답배(答拜)를 이른다. 아홉째는 '숙배(肅拜)'이니 몸을 곧게 하고 얼굴을 엄숙히 하며 손을 조금 내리니 요즘 부인들의 절과 같다.[227]

---

224) 辨九撵. 一曰稽首, 二曰頓首, 三曰空首, 四曰振動, 五曰吉撵, 六曰凶撵, 七曰奇撵, 八曰褒撵, 九曰肅撵, 以享右祭祀. 注, 稽首拜, 頭至地也. 頓首拜, 頭叩地也. 空首拜, 頭至手, 所謂拜手也. 吉拜, 拜而后稽顙, 謂齊衰不杖以下者. 言吉者, 此殷之凶拜, 周以其拜與頓首相近. 故謂之吉拜云. 凶拜, 稽顙而后拜, 謂三年服者. 杜子春云, 振讀爲振鐸之振, 動讀爲哀慟之慟, 奇讀爲奇偶之奇, 謂先屈一膝, 今雅拜, 是也. 或云, 奇讀曰倚, 倚拜謂持節持戟拜, 身倚之以拜. 鄭大夫云, 動讀爲董, 書亦或爲董. 振董以兩手相擊也. 奇拜, 謂一拜也. 褒讀爲報, 報拜, 再拜, 是也.(『周禮注疏, 卷二十五, 大祝』)→春官, 九撵. 註, 稽首頭至地也. 頓首, 頭叩地也. 空手, 頭至手, 所謂拜手也. 吉拜, 拜而后稽顙. 凶拜, 稽顙而后拜.(『松南雜識』)

225) 『松南雜識』에는 '詩話'로 오기되어 있음.

226) 『松南雜識』에는 '言拜'로 오기되어 있음.

227) 九拜, 周禮大祝辨, 九拜, 一稽首, 謂首至地, 稽留乃起. 二頓首, 謂下手置首於地卽起. 三空首, 謂下手首不至地. 四振動, 謂恐悚迫蹙而下手. 五**吉**拜, 謂雍容而下手. **六凶拜**. 七奇拜, 奇**不偶也**, 謂禮簡不再拜也. 八褒拜, 謂答拜也. 九肅拜, 謂直身肅容而微下手, 如今婦人拜也.(『山堂肆考, 卷二百三十一, 補遺, 九拜』)→一稽首, 謂**下**首至地, 稽留乃起. 二頓首, 謂下手置首於地卽起. 三空首, 謂下手首不至地. 四振動, 謂恐悚迫蹙而下手. 五**言**拜, 謂雍容而下手. 七奇拜, 謂禮簡不再拜也. 八褒拜, 謂答拜也. 九肅拜, 謂直身肅容而微下手, 如今婦人拜也.(『松南雜識』)

부인이 꿇어 앉지 않다

婦人不跪

『사실유원(事實類苑)』에서 말하였다.

송나라 태조(太祖)가 조보(趙普)[228]에게 물었다.

"배례(拜禮)를 할 때 어찌하여 남자는 무릎을 꿇고 부인은 꿇지 않는가?"

조보가 예관(禮官)들에게 물어 보았으나 그들 중에 아는 사람이 없었는데, 왕이손(王貽孫)[229]이 말하였다.

"'고시(古詩)에서 장궤(長跪[230])하여 전남편에게 물었다[長跪問故夫]'[231]라고 하였으니, 부인도 역시 꿇어앉은 것입니다. 그런데 당나라 천후(天后)의 조정 때부터 비로소 절하면서 꿇어앉지 않았습니다"[232]

『의례(儀禮)』에서 "부인이 절을 할 때 손이 땅에 닿는다"라고 하였는데, 그 주석에서 "남자가 머리를 조아리며 손이 땅에 닿게 하는 것과 같다"[233]라고 하였다.

---

228) 조보(趙普) : 송나라의 문신. 태조(太祖)를 도와 천하를 평정하였으며, 이후 태종(太宗) 때에는 명재상으로 이름을 떨쳤다.

229) 왕이손(王貽孫) : 자는 중현(衆賢)이며 왕부(王溥)의 아들이다.

230) 장궤(長跪) : 경의를 표하는 자세의 하나. 무릎을 꿇고 궁둥이는 들어 허리를 편다.

231) 『玉臺新詠考異, 卷一, 古詩八首』.

232) 太祖**嘗**問趙普, 拜禮何**以**男子跪, 婦人不跪. **徧問**禮官, 無**有**知者. 貽孫曰, 古詩**云**, 長跪問故夫, **卽**婦人**古**亦跪也. 唐天后朝, 始拜而不跪.(『事實類苑, 卷六十一, 廣知博識, 王貽孫』)→**宋**太祖問趙普, 拜禮何男子跪**而**婦人不跪. 禮官無知者. **王**貽孫曰, 古詩**言**, 長跪問故夫, **則**婦人亦跪也. 唐天后朝, 始拜而不跪.(『松南雜識』)

233) 婦拜扱地, **坐奠菜于几, 東席上還, 又拜如初. 注 扱地, 手至地也. 婦人扱地**, 猶男子稽首.(『儀禮注疏, 卷二, 士昏禮第二』)→婦拜扱地. **註** 猶男子稽首**拜手至地也**.(『松南雜識』)

성수칭경
聖壽稱慶

우리나라에서 성수(聖壽)[234]가 오순이 되었을 때 칭경(稱慶)하는 일은 유영경(柳永慶)[235]으로부터 시작되었다.

직전
職田

『문헌통고(文獻通考)』에서 "수나라 개황(開皇)[236] 연간에 처음으로 직전(職田)[237]을 주고 또 공해전(公廨田)[238]을 주었다"[239]라고 하였다.

당나라 정관(貞觀)[240] 연간에 도망갔다 돌아온 가난한 백성에게 직전(職田)을 주고 각 묘(畝)에 곡식 두 되[升][241] 씩을 주니 '지자(地子)'라고 한다. 정관 18년(644)에도 다시 직전을 주었다. 영태(永泰)[242] 초기에 조정

---

234) 성수(聖壽) : 임금의 나이를 가리킴.

235) 유영경(柳永慶) : 조선 중기의 문신(1550~1608). 본관은 전주(全州). 자는 선여(善餘). 호는 춘호(春湖). 임란 때 초유 어사(招諭御史)가 되어 의병을 모집하여 왜적을 무찔렀다. 소북파의 영수로 대북파의 기자헌(奇自獻)·정인홍(鄭仁弘) 등과 심한 마찰을 빚었다. 영창대군의 저위문제(儲位問題)를 둘러싸고 대북파와 정쟁을 벌여 광해군이 즉위하자 경흥에 유배되었다가 사사(賜死)되었다.

236) 개황(開皇) : 수나라 문제(文帝)의 연호. 581~600년.

237) 직전(職田) : 직분전(職分田). 나라에서 개인에게 조(租)를 받을 권리를 준 논밭. 귀족이나 관료, 공신에게 지급하였다.

238) 공해전(公廨田) : 중앙의 여러 관아와 지방의 관서에 나누어 준 논밭. 각 관서의 경비(經費)의 재원을 마련하는 데 주로 쓰임.

239) 隋文帝令自諸王以下至於部督, 皆給永業田, 各有差. 多者至百頃, 少者至三十頃. 其丁男中男, 永業露田, 皆遵後齊之制, 並課樹以桑楡及棗, 其田宅率三口, 給一畝. 京官又給職分田. 一品者給田五頃, 至五品則爲田三頃, 其下, 每品以五十畝爲差 至九品爲一頃. 外官亦各有職分田, 又給公廨田, 以供用. …… 貞觀二年 …… 其俸錢之制, 京司諸官, 初置公廨, 令行署及蕃官, 興易以充其俸.(『文獻通考, 卷六十五, 職官考十九, 祿秩』) → 隋開皇中, 始給職田, 又給公廨田.(『松南雜識』)

240) 정관(貞觀) : 당나라 태종(太宗)의 연호. 627~649년.

241) 『松南雜識』에는 '斗'로 되어 있음.

의 여러 관리들이 직전을 바치며 군량으로 충당하기를 청하였다.[243]

송나라 진종(眞宗) 때 직전을 부흥시켰다가, 경력(慶曆)[244] 연간에 공전(公田)을 균등하게 주고 다시 직전을 제한하였는데 소흥(紹興)[245] 연간에 직전을 부활시켰다.

『금원지(金元志)』에서 "관리들은 모두 직전(職田)을 소유한다"[246]의 주석에서 "직분전(職分田)이다"라고 하였다.[247]

녹패

祿牌

연암(燕巖) 박지원(朴趾源)이 말하였다.

---

242) 영태(永泰) : 당나라 대종(代宗)의 연호. 765년.

243) 〈貞觀〉十一年, 以職田侵漁百姓, 詔給逃還貧戶, 視職田多少, 每畝, 給粟二升, 謂之地子. …… 十八年, 以京兆府岐同華邠坊州, 隙地陂澤可墾者, 復給京官職田二. …… 上元元年, 復令京官職田以時輸送, 受加耗者, 以枉法贓論, 其後籍以爲軍糧矣. 永泰末, 取州縣官及折衝府官職田苗子三之一, 市輕貨以賑京官.(『唐書, 卷五十五, 食貨志, 第四十五』) → 唐貞觀, 以職田給逃還貧戶, 每畝, 給粟二斗, 謂之地子. 十八年, 復給職田, 永泰初, 百官請納職田, 充軍糧.(『松南雜識』)

244) 경력(慶曆) : 송나라 인종(仁宗)의 연호. 1041～1048년.

245) 소흥(紹興) : 송나라 고종(高宗)의 연호. 1131～1162년.

246) 官必有祿, 所以養廉也. 元初未置祿秩, 世祖卽位之初, 首命給之, 內而朝臣百司, 外而路府州縣, 微而府吏胥徒, 莫不有祿. 大德中, 以外有司有職田, 於是無職田者, 復益之以俸米, 其所以養官吏者, 不亦厚乎.(『元史, 卷九十六, 志第四十五上, 食貨四, 俸秩』) → 官皆有職田 註 職分田.(『松南雜識』)

247) **又職田**, 職分田**也**. 文獻通考, 隋開皇中, 始給職田, 又給公廨田. 唐貞觀, 以職田給逃還貧戶, 每畝給粟二斗, 謂之地子. 十八年, 復給職田. 永泰**元年**, 百官請納職田充軍糧. 宋眞宗, 興復職田, 慶曆, 均公田, 復限職田. 紹興復職田. 金元志, 官皆有職田.(『康熙字典, 田』) → 隋開皇中, 始給職田, 又給公廨田. 唐貞觀, 以職田給逃還貧戶, 每畝給粟二斗, 謂之地子. 十八年, 復給職田. 永泰**初**, 百官請納職田充軍糧. 宋眞宗, 興復職田, 慶曆, 均公田, 復限職田. 紹興復職田. 金元志, 官皆有職田. 註, 職分田.(『松南雜識』)

한(漢)나라 제도에 삼공(三公)의 월봉(月俸)은 삼백오십 곡(斛)이며, 중간 이천 석(石)부터 백 석(石)까지, 모두 십사 등급이 있다. 후한(後漢)의 대장군(大將軍)・삼공(三公)의 월봉(月俸)은 삼백 오십 곡(斛)이다. 진(晉)나라의 제 일 등급은 일천 팔백 곡(斛)이다. 후주(後周)는 삼공(三公)이 일만 석(石)이다. 당나라는 정일품(正一品)이 해마다 칠백 석(石)과 돈 삼만 일천 전을 받는다. 송나라는 재상(宰相)・추밀사(樞密使)가 매달 돈 삼백 일천 전을 받는다. 명나라는 일품(一品)이 매달 쌀 팔십칠 석(石)이며 종구품(從九品)은 오 석(石)이다. 지금 청(淸)나라가 만든 녹봉 제도는 또 명나라 제도보다 약간 간략하다.

고려 중서성(中書省) 문하시중(門下侍中)은 해마다 쌀 사백 석(石)을 받고 조교(助敎)에 이르러서는 열 석(石)이다. 고종(高宗)이 쌀이 모자라자 급전도감(給田都監)[248]을 설치하고 녹봉대신 밭을 나누어 주었다.

조선은 정일품(正一品)이 해마다 구십 팔 석(石)과 명주 여섯 필(疋), 정포(正布) 열 다섯 필(疋)[249], 저화(楮貨) 열 장(張)을 받으며 종구품(從九品)은 열 두 석(石)이다. 임란 후에는 일품(一品)이 해마다 육십여 석(石)을 받았는데 명주와 정포와 저화는 없었다고 한다.[250]

---

248) 급전도감(給田都監) : 고려 초기에 전시과의 시행에 따라 토지를 분배하기 위하여 설치한 관아. 토지 제도의 문란으로 기능을 발휘하지 못하여 한때 폐지되었다가 고종 44년(1257)에 부활되었으나, 공양왕 4년(1392)에 다시 폐지되었다. ≒절급도감.

249) 『松南雜識』에는 '疋'이 '尺'으로 오기되어 있음.

250) 漢制, 三公月俸三百五十斛, 自中二千石至百石, 凡十四等. **中二千石月俸百八十斛, 百石月俸十六斛**. 後漢大將軍三公月俸三百五十斛. **中二千石月俸七十二斛錢九千, 至百石月俸四斛八斗錢八百**. **晉制**, **品秩**第一等, 一千八百斛, 後周, **凡九命**三公, 一萬石. **至下士一命**, **一百二十五石**. 唐**制**, 正一品歲七百石錢三萬一千, **至從九品五十二石錢一千九百七十**. 宋**制**, **四十一等**, 宰相樞**密**使月錢三百千. **至保章正二千**. 皇明**正**一品月支米八十七石, 從九品五石, **大約較之春秋戰國時卿祿萬鍾**, **則漢制三公月俸已爲些略**, **攷**今淸制祿, **州縣養廉**, 又些略於**皇**明**之**制矣. 高麗中書**尙書令**門下侍中, 歲米四百石, 至助敎十石. **高宗以乏匱**, **置給田都監**, **分田代祿**. 我朝正一品歲九十八石, 紬六疋, 正布十五疋, 楮貨十張, 從九品十二石, **正布二疋**, **楮貨一張**. 壬**辰倭**亂後, 一品歲俸六十餘石, 無紬布楮貨**云**. **大約制祿**, **非儉於前代**, **官多冗員故也**.(『燕巖集, 卷十五, 別集, 熱河日記, 銅蘭涉筆』) → 漢制, 三公月俸三百五十斛, 自中二千石至百

세종 기미년(1559)에 녹봉을 반사(頒賜)하는 법을 만들어 사계절의 첫 달에 반사하다가, 숙종 병자년(1696)에 비로소 매달 녹봉을 반사하였다. 『경국대전(經國大典)』에 '녹패(祿牌)[251]를 지급하였다'라는 말이 이것이니 역시 중국의 예에 따라 매달 녹봉을 나누어 주었다.

녹과
祿科

『고려사』에 "충목왕(忠穆王)[252]이 관리들의 녹봉이 적다는 이유로 전답을 하사하였으니 '녹과(祿科)'라고 한다"[253]라는 기록이 있다. 우리 조선은 각 고을 아전들의 녹봉을 지급하지는 않지만 화성(華城)의 서원(書員)[254]만은 달마다 요미(料米)[255]를 지급한다.

어떤 사람이 "각 고을의 은결(隱結)[256]은 백성에게는 세금이 덜어지는 이익이 없고 아전에게는 도둑질을 가르치는 자료가 되어 측량하고 긁

石, 凡十四等. 後漢, 大將軍·三公月俸三百五十斛. 晉第一等, 一千八百斛. 後周, 三公一萬石. 唐, 正一品歲七百石·錢三萬一千. 宋, 宰相·樞使, 月錢三百千. 皇明, 一品月支米八十七石, 從九品五石. 今淸制祿, 又些略於明制矣. 高麗中書門下侍中, 歲米四百石, 至助教十石. **高宗以乏匱, 置給田都監, 分田代祿**. 我朝正一品歲九十八石, 紬六疋, 正布十五**尺**, 楮貨十張, 從九品十二石. 壬亂後, 一品歲俸六十餘石, 無紬布·楮貨**云**.(『松南雜識』)

251) 녹패(祿牌) : 녹봉을 받는 사람에게 주던 종이로 만든 급여표.

252) 충목왕(忠穆王) : 고려 제29대 왕(1337~1348). 이름은 흔(昕). 시호는 현효(顯孝). 충혜왕의 맏아들로, 원나라에 볼모로 가 있다가 8세 때에 즉위하였으며, 나이가 어려 어머니가 대신 나라를 다스렸다. 재위 기간은 1344~1348년이다.

253) 忠穆王元年八月, 都評議使司言, 先王設官制祿, 一二品三百六十餘石, 隨品差等, 以至伍尉隊正, 莫不准科數以給. 故衣食足給, 一切奉公. 其後再因兵亂, 田野荒廢, 貢賦欠乏,倉庫虛竭, 宰相之祿, 不過三十石. 於是, 罷畿縣兩班祖業, 田外半丁, 置祿科田, 隨科折給.(『高麗史, 卷七十八, 志三十二, 食貨一, 田制, 祿科田』)→忠穆王, 以吏祿薄, 賜田, 謂之祿科.(『松南雜識』)

254) 서원(書員) : 조선 시대에 서리(書吏)가 없는 관아에 두었던 벼슬아치.

255) 요미(料米) : 관리들이 월급으로 받는 쌀.

256) 은결(隱結) : 신고하지 않고 세금을 내지 않는 결전.

어낸다. 그러니 고려의 녹과(祿科) 제도의 예를 따르면 아전은 녹을 먹는 신하가 되고 백성은 마구잡이로 수탈 당하는 폐해가 없게 된다"라고 하였다.

왜장식읍
倭將食邑

살펴보건대, 왜사(倭史)에서 "왜(倭)의 황제는 오직 황제라는 명칭만 있고 별도의 식읍(食邑)이 있지만, 관백(關白)은 육십 팔 주(州)의 공물과 부세(賦稅) 및 관직을 모두 가진다"라고 하였다. 그래서 왜의 황제가 거느리는 백관(百官)의 식록(食祿)이 가장 적으니, 이것이 지위는 높으면서 녹봉은 적은 경우이다. 관백이 거느리는 백관은 녹봉이 가장 많으니 이것이 지위는 낮으면서 식록이 많이 경우이다.

지봉 이수광이 "왜장(倭將)은 모두 식읍(食邑)이 있다. 예를 들어 덕천가강(德川家康)이 식읍으로 삼은 것은 이백 오십만 석(石)이고 모리휘원(毛利輝元)은 일백 오십만 석(石)이다"[257]라고 하였다.

일본사에서 "공신(功臣)에게 땅을 분할해 주는 것은 봉건(封建)의 예와 같다. 농민은 영주에게서 전지를 받아 농사를 짓고 세금을 납부한다. 무릇 일천 석(石)의 땅을 식읍으로 하는 자는 정병(精兵) 오십 명을 양성하고 일만 석(石)의 땅을 식읍으로 하는 자는 정병 오백 명을 양성하니, 이것을 비율로 삼는다. 그러나 이들은 종군만하고 농사를 짓지 않기 때문에 농민들에게 거두어 들이는 세금이 매우 무겁다"[258]라고 하였다.

---

257) **日本諸**倭將, 皆有食邑. 如家康所食, 二百五十萬石, 輝元, 一百五十萬石.(『芝峯類說, 卷二, 諸國部, 外國』) → 倭將, 皆有食邑. 如家康所食, 二百五十萬石, 輝元, 一百五十萬石.(『松南雜識』)

258) 日本**其**臣**有**功, **則**割地**與之**, 如封建之例, 農民受田於守土者, 以爲稼穡而納其稅, 凡食一千石之地者, 養精卒五十人, 一萬石之地者, 養五百人, 以此爲率. 然**此**乃長從不農之兵, 故其斂甚重.(『磻溪隨錄, 卷一, 田制上, 分田定稅節目』) → 日本**史云**, 功臣

대개 일본법에 백 명의 우두머리는 백 명이 먹을 것을 모두 받아서 백 명에게 나누어 주어 양성하고, 군사 천 명의 우두머리는 천 명의 군사에게 나누어 주어 양성한다. 심지어는 수천만 석(石)을 받는 자도 있다.[259]

호적
戶籍

당나라 법에 "남녀 아이가 갓 태어나면 '황(黃)'이라 하고 네 살을 '소(小)'라 하고 열여섯 살을 '중(中)'이라 하고 스무 살을 '정(丁)'이라 하고 육십 살을 '노(老)'라고 한다. 해마다 계장(計帳)을 만들고 삼 년마다 호적(戶籍) 세 본(本)을 만들어 하나는 현(縣)에 두고 하나는 주(州)에 보내고 하나는 호부(戶部)로 보낸다"[260]라고 하였다.

지금의 식년호적(式年戶籍)[261]은 바로 당나라 법이다.

割地, 如封建之例, 農民受田於守土者, 以爲稼穡而納其稅. 凡食一千石之地者, 養精卒五十人, 一萬石之地者, 養五百人, 以此爲率. 然乃長從不農之兵, 故其斂甚重.(『松南雜識』)

259) **聞今**日本法, 百人之長, 總受百人所食, 分養百人, 千軍之長, **總受千軍所食**, 分養千軍, 故至有受數十百萬石者.(『磻溪隨錄, 卷之十九, 祿制, 京官祿磨鍊』) → **盖**日本法, 百人之長, 總受百人所食, 分養百人, 千軍之長, 分養千軍, 故至有受數十百萬石者.(『松南雜識』)

260) **凡**男女始生爲黃, 四歲爲小, 十六爲中, 二十**有一**爲丁, 六十爲老. **每一**歲**一**造計帳, 三年**一**造戶籍, 縣**以籍成于**州, **州成于省**, 戶部**總而領焉**.(『舊唐書, 卷四十三, 職官志第二十三, 職官二』) → 男女始生爲黃, 四歲爲小, 十六爲中, 二十爲丁, 六十爲老. 歲造計帳, 三年造戶籍, **凡三本**, **一留**縣, **一送**州, **一送**戶部.(『松南雜識』)

261) 식년호적(式年戶籍) : 자(子)·묘(卯)·오(午)·유(酉) 등의 간지(干支)가 들어 있는 해. 3년마다 한 번씩 돌아오는데, 이해에 호적을 조사하였다.

팔조교

八條敎[262]

기자(箕子)가 만든 교령(敎令)이니 바로 순임금의 오륜(五倫)[263]과 한(漢)나라의 삼장(三章)[264]이다. 위에서 행하기를 오행(五行)처럼 하고 아래에서 믿기를 사시(四時)처럼 한 까닭에 중국의 제도로 오랑캐를 변화시킬 수 있었다. 그런데 '조정(朝廷)의 공사(公事)가 사흘마다 바뀌는 것[朝庭公事三日]'은 어째서인가?

노비종모법

奴婢從母法

『고려사』에 의하면 정종(靖宗)[265]이 천한 자는 어미의 신분을 따르게 하는 법[奴婢從母法]을 만들었다고 한다. 아! 사람인데도 짐승이 낳은 것처럼 대하니 어찌 어진 정치가 할 바인가? 이런 까닭에 만적(萬積)의 난[266]이 일어났다. 우리 조선도 비록 이 제도를 따랐지만, 양인(良人)을

262) 팔조교(八條敎) : 기자(箕子)가 설치한 법금(法禁)으로, 살인·상해·절도·간음(姦淫) 등을 금하는 내용인데, 자세한 조목은 전하지 않는다.

263) 오륜(五倫) : 『서경(書經), 우서(虞書), 순전(舜典)』 중에 우(禹)임금이 순(舜)임금의 가르침을 회고하는 말인 "신휘오전(愼徽五典)"의 '오전(五典)'이 바로 '오상(五常)', 또는 '오륜(五倫)'이다. 부자유친(父子有親)·군신유의(君臣有義)·부부유별(夫婦有別)·장유유서(長幼有序)·붕우유신(朋友有信).

264) 삼장(三章) : 한나라 고조(高祖)가 진(秦)나라를 평정하고 진나라의 혹독하고 까다로운 법을 없애고 법제를 간단히 만든 것. 즉 '살인한 자는 죽이고, 사람을 상해(傷害)한 자와 도둑질한 자는 처벌한다'라는 내용임.

265) 정종(靖宗) : 고려 제10대왕. 재위 기간은 1034~1046년. 현종의 차남. 이름은 형(亨). 자는 신조(申照). 시호는 용혜(容惠). 1035년 서북로(西北路)에 장성을 쌓아 변방의 수비를 강화하고, 1044년에 덕종의 유업인 천리장성을 완성하였다. 1039년에 노비종모법(奴婢從母法)을 제정하는 등 국가통치에 힘썼다. 특히 그의 재임 기간 중에 거란과 다시 화친하여 나라가 태평하였다.

266) 만적(萬積)의 난 : 고려 무신정권기에 최충헌의 사노(私奴)인 만적(萬積)이 노비 해방을 부르짖으며 1198년에 공·사의 노비들을 모아 일으킨 난.

금압(禁壓)하여 천인으로 만드는 것은 사실 오월왕(吳越王) 전구(錢璆)가 시작하였다.

역비(驛婢)는 여전히 어머니의 신분을 따르는 까닭에 그 딸이 백발이 되더라도 시집을 가지 못하였다. 그런데 문곡(文谷) 김수항(金壽恒[267])이 역노(驛奴)는 아비의 신분을 따르게 하자고 상주하여 입법되었고, 홍계희(洪啓禧[268])는 사노(私奴)와 양처(良妻)의 소생은 어미의 신분을 따르게 하는 법을 수립하였다. 십 년 동안 도망 다닌 노비를 추쇄(推刷)하지 않는 법은 민기세(閔起世[269])에 의해 시작되었다.

폐안 · 안옥
狴犴[270]岸獄

『시경』에서 "안옥(岸獄)에 마땅하도다[宜岸宜獄]"[271]라고 하였는데, 그 주석에서 "안(岸)은 바로 안(犴)이니 오랑캐 지역의 개이다. 이 개가 지키기 때문에 옥(獄)을 '안(犴)'이라고 한다"[272]라고 하였다.

---

267) 김수항(金壽恒) : 조선후기의 문신(1629~1689). 본관은 안동. 자는 구지(久之). 호는 문곡(文谷). 시호는 문충(文忠). 효종 · 현종 때 여러 관직을 지내고, 제2차 예송이 일어나 남인이 주장한 기년설이 채택되자 벼슬을 내놓았다. 그 후 숙종 때 영의정이 되었으나, 1689년 기사환국으로 남인이 재집권하게 되자 진도에 유배되었다가 사사되었다. 저서에 『문곡집』이 있다.

268) 홍계희(洪啓禧) : 조선후기의 문신(1703~1771). 본관은 남양(南陽). 자는 순보(純甫). 호는 담와(淡窩). 시호는 문간(文簡). 1750년 병조판서로 균역법(均役法)의 시행에 힘썼다. 『열성지(列聖誌)』를 증보(增補)하는 한편, 왕명으로 『해동악(海東樂)』을 지었다. 저서로 『삼운성휘(三韻聲彙)』, 편서(編書)에는 『준천사실(濬川事實)』 등이 있다.

269) 민기세(閔起世) : 조선후기의 문신(1767~1810). 본관은 여흥(驪興). 자는 성야(聖野). 정조 19년(1795) 사마시에 급제하였고, 순조 3년(1803) 증광문과에 갑과로 급제하였다. 1808년 비인현감(庇仁縣監)이 되고, 이듬해 홍문록에 올랐다. 어머니에 대한 효성이 극진하여 일화를 많이 남겼고, 지방관으로 재임할 때도 풍속을 바로잡고 효도를 진작하는 것을 정사의 으뜸으로 삼았다.

270) 폐안(狴犴) : 감옥. 옛날 감옥 문에 사나운 폐안을 그려 붙인 데서 나온 말.

271) 『詩經, 小雅, 小宛』.

무목(武穆) 악비(岳飛[273])가 개 두 마리가 말하는 것을 꿈꾸었으니 '옥(獄)'의 파자(破字)이다.[274]

사사
肆赦

『서경』에 "생재(眚災[275])는 풀어 놓아주시고[眚災肆赦]"[276]라고 하고 또 "오형(五刑)의 의심스러운 것은 풀어주셨다[五刑之疑, 有赦]"[277]라고 하였다. 『주례(周禮)』에서 '죄를 사면해 주는 세 가지 경우[三赦]'[278]란 첫째는 어린 아이, 둘째는 늙은이, 셋째는 바보이다.[279]

지금은 그렇게 하지 않는 까닭에 선한 사람이 침묵하고 말하지 않는다.[280] 오한(吳漢[281])이 광무제(光武帝)에게 죄인들을 함부로 사면해 주지

---

272) **豣**, 胡犬也**者**, **謂胡地之野犬云**.(『周禮注疏, 卷三十』) → **註**, **豣**, 胡犬也.(『松南雜識』)

273) 악비(岳飛) : 남송 초기의 무장·학자·서예가(1103～1141). 자는 붕거(鵬擧). 시호는 무목(武穆). 탕음현의 가난한 농민 출신이지만 금나라 군사의 침입으로 북송이 멸망할 무렵 의용군으로 전공을 쌓았다. 남송 때 호북(湖北) 일대를 영유하는 대군벌(大軍閥)이 되었지만 무능한 고종과 재상 진회에 의해 살해되었다. 저서에 『악충무왕집(岳忠武王集)』이 있다.

274) **宋**岳**飛與金人戰勝**, **居朱仙鎭守**, **忽**夢兩犬**能**言. **次日**, **謁故人周僧**, **遂說夜夢**. **僧曰**, **兩犬言**, **是**獄字, **此行宜避之**. **果被秦檜獄屈死**.(『淵鑑類函, 卷三百二十一, 靈異部二, 寤前生一, 兩犬』) → 岳**武穆**夢兩犬**相**言, 獄**破**字.(『松南雜識』)

275) 생재(眚災) : 과오와 불행으로 지은 죄.

276) 『書經, 虞書, 舜典』.

277) 『書經, 周書, 呂刑』.

278) 죄를 사면해 주는 세 가지 경우[三赦] : 죄를 용서받을 수 있는 세 가지 조건에 해당하던 사람. 즉 8세 이하의 어린아이, 80세 이상의 노인, 셋째는 사리를 모르는 바보이다.

279) 三赦, …… **壹赦**曰幼弱, **再赦**曰老耄, 三**赦**曰惷愚.(『周禮注疏, 卷三十五, 司刺』) → 三赦, **一**曰幼弱, **二**曰老耄, 三曰惷愚.(『松南雜識』)

280) **古語曰**, **小人之幸**, **君子之不幸**, **一歲再赦**, 好人喑啞. **凡養稂莠者**, **傷禾稼**, **惠姦宄者**, **賊良人**.(『舊唐書, 卷二, 本紀第二, 太宗上』) → 好人喑啞.(『松南雜識』)

281) 오한(吳漢) : 자는 자안(子顔). 시호는 충후(忠侯). 광무제를 보좌하여 한(漢)나라를 중흥시켰다. 광무제가 즉위하자 무양후(舞陽侯)에 봉해졌고 건무(建武) 2년 봄에 광평후(廣平侯)에 봉해지고 4현(縣)을 식읍으로 받았다.

말기를 원했던 것[282]이나 맹광(孟光)이 비위(費禕)가 함부로 황제에게 사면하기를 권한 것을 문책한 일[283]과 같이 한다면 어찌 장성(張成)이 사면될 줄 알고 자제로 하여금 살인하기를 가르칠 수 있었겠는가?[284]

형조
刑措

『고려사』의 기록에 의하면, 고종 때 형부(刑部)에서 감옥이 텅 비었다고 상주한 일이 있다.[285] 살펴보건대 최우(崔瑀)[286]가 권도(權道)를 사용하여 형조(刑措)[287]의 정치를 하였단 말인가? 당나라의 현종(玄宗)이, 매일 세 사람씩을 죽이고 있는데도, 천하의 감옥이 비었다고 축하한 경우와 같으니 취할 만한 말이 못된다.

---

282) 臣竊以赦者, 害多而利少, 非國家之善政也. 虞書曰, 眚災肆赦, 怙終, 賊刑謂過誤, 有害則赦之, 恃惡自終, 則殺之, 非不擇罪之, 有無倂赦之也. 漢大司馬吳漢病篤, 光武親臨, 問所欲言, 對曰, 惟願陛下謹無赦而已.(『宋名臣奏議, 卷一百, 刑賞門, 赦宥, 上仁宗論不可數赦, 司馬光』) → 吳漢之願光武.(『松南雜識』)

283) 漢帝禪, 延熙六年, 立后大赦. 孟光責費禕曰, 夫赦者, 偏枯之物, 非明世所宜有也. 衰敝窮極, 必不得已然後, 乃可權而行之耳. 今主上仁賢, 百僚稱職, 何有旦夕之急, 而數施非常之恩, 以惠姦軌之惡, 禕謝之.(『大學衍義補, 卷一百九, 愼刑憲, 愼眚災之赦』) → 孟光責費禕.(『松南雜識』)

284) 『후한서(後漢書), 이응전(李膺傳)』에 의하면 풍각(風角)으로 점을 치는 장성이 사면될 줄 미리 점을 쳐 알고 아들에게 사람을 죽이게 하였다. 그의 짐작대로 아들은 사면받게 되었으나 이응은 그대로 처결하였다.

285) 壬申. 獄吏奏獄空.(『高麗史, 第二十二卷, 世家, 第二十二, 高宗, 甲申 十一年』)

286) 최우(崔瑀) : 고려 시대 무신 정권기의 정치가(?~1249). 시호는 광렬(匡烈). 최충헌의 아들로 전대(前代)의 부패를 없애기 위하여 노력하였으며 이름난 유학자를 등용하는 한편, 몽고의 침입에 대비하여 강화로 천도(遷都)하고 대장경판(大藏經板) 재조(再雕)를 완성하였다.

287) 형조(刑措) : 형조이불용(刑措而不用). 형법(刑法)은 갖추어 놓았으나 백성이 잘 교화되어 쓸 필요가 없게 되었다는 말이다.

속형

贖刑[288]

『설문해자(說文解字)』에서 "재물로 죄를 갚는다"[289]라고 하였으니, 「여형(呂刑)」에 이른바 "황금으로 속죄하는 형벌을 삼다"[290]라는 말이 이것이다.

죄를 갚는데 고대에는 구리를 사용했고 한(漢)나라는 황금을 사용했으며 후위(後魏)는 비단[絹]을 사용했고 지금은 돈을 사용한다. 만약 뇌물을 받은 아전이 돈으로 죄를 갚는다면 속전이 뇌물에서 나온 것이니, 뇌물을 주고받는 일이 어떻게 없어지겠는가?

부형

腐刑

"한(漢)나라 문제(文帝)가 육형(肉刑)[291]은 없애고 궁형(宮刑)은 없애지 않았다"라고 한 기록에 대하여 장비(張斐)가 주석하기를 "음란한 짓으로 인류를 문란케 하는 까닭에 궁형을 없애지 않았다"[292]라고 하였으니 대개 문제(文帝)가 문(文)이 된 이유이다. 이것이후세의 음란하고 방탕한 행

288) 속형(贖刑) : 돈이나 물품으로 죄를 갚는 것.

289) **小罰**, **以**財**自**贖也.(『說文解字, 資』) → 財贖**罪**也.(『松南雜識』)

290) 金作贖刑.(『書經, 虞書, 舜典, 呂刑』)

291) 육형(肉刑) : 죄인의 몸에 직접 가하는 형벌. 먹물을 들이는 자자(刺字), 코를 베는 의(劓), 발뒤꿈치를 베는 비(剕), 불알을 썩게 하는 궁(宮), 팔다리를 자르는 단지(斷肢), 손목을 자르는 단수(斷手) 등을 말한다. 대벽(大辟 : 斬首)도 이 범주에 넣었으며, 태(笞) · 장(杖) 등의 신체형과 구별하였다.

292) 文帝改法, 除肉刑之罪. 漢法肉刑三, 謂黥也 · 劓也 · 左右趾也. 文帝除之, 當黥者, 髡鉗城旦舂, 當劓者笞三百, 當左右趾者, 笞五百也.(『前漢書, 卷二十三, 刑法志第三』)
今法有肉刑三而姦不止.〈集解 李奇曰, 約法三章, 無肉刑. 文帝則有肉刑. 孟康曰. 黥劓二 · 左右趾合一凡三. 索隱, 韋昭云, 斷趾黥劓之屬. 崔浩漢律序云, 文帝除肉刑, 而宮不易. 張斐註云, 以淫亂人族類故, 不易之也.〉(『史記, 卷十, 孝文本紀, 第十』) → 漢文帝, 除肉刑而宮不易, 張斐註云, 以淫亂人族類故, 宮不易.(『松南雜識』)

동을 금지할 수 있는 법이다.

패기 · 장수
牌記杖數

『설부(說郛)』에서 말하였다.

고려의 국법(國法)에 보통사람이 법을 어기면 옷을 다 벗기지는 않고 도포와 띠만 벗기고 자못 가볍게 매질한다. 죄인에게 가시나무 묶음을 던져놓고 매질할 나무를 스스로 고르게 하여 매 맞은 횟수를 기록하고 팔은 교차시켜 뒤로 묶는데 죄를 따져서 그렇게 한다.[293]

지금 패기(牌記) · 장수(杖數)는 여기에서 유래하였다.

복귀어불
福歸於佛

조선 중종(中宗) 때 어떤 부자가 밭을 사서 불향(佛香)을 만들고 복을 빌었다. 나중에 부자가 가난하게 되어 중에게 밭을 되찾으려하자 중이 어가(御駕) 앞에 나와 송사하였다. 그래서 판결하기를 "밭을 사서 부처에게 복을 빌었지만 부처가 끝내 복주기를 아끼니 복은 부처에게 돌아가고 밭은 주인에게 돌아간다"라고 하였다. 훌륭한 판결이로다. 양(梁)나라

---

293) 國法 …… 凡人 …… 有犯不去**巾**衣, 但褫袍帶, 杖笞頗輕, 投束荊, 使自擇以牌記其杖數, **最苦執縛**交臂反接, 量罪爲之.(『說郛, 卷五十五, 雞林類事, 孫穆』) → **高麗**國法, 凡人有犯, 不去衣, 但褫袍帶, 杖笞頗輕, 投束荊, 使自擇以記其杖數, 交臂反接, 量罪爲之.(『松南雜識』)

무제(武帝)가 정(貞)자를 썼던 일[294]과는 다르다.

이필교송
珥筆敎訟

황정견(黃庭堅)의 「강서도원부(江西道院賦)」의 서(序)에서 말하였다.

> 강서(江西)의 사대부는 용모가 빼어나고 재주가 뛰어나며 백성들은 거칠면서도 굳세어 끝까지 송사하는 것을 능사로 여긴다. 이로 말미암아 옥석(玉石)이 함께 불타듯 현인이나 악인이 모두 화를 입나니 이것을 '이필민(珥筆民)'이라고 한다.

그 주석에서 "이필(珥筆)은 붓을 머리에 꽂고 사람으로 하여금 멀쩡한 일에도 소송 걸기 좋아하게 하는 것이다"[295]라고 하였다.

---

294) **貞字署. 有沙門訟田**, 梁武帝, **大署**貞字. **有司未辨, 劉顯曰, 貞文爲與上人. 帝忌其能出之**.(『海錄碎事, 卷二十一, 政事禮儀部, 官政門, 貞字署』) → 貞. 梁武帝時, 有僧與人爭田. 帝於狀後書一貞字. 劉顯曰, 與上人也.(「錦繡萬花谷, 前集, 卷三十八」) → 梁武帝貞字.(『松南雜識』)

* 양나라 때, 중이 어떤 사람과 밭 때문에 송사를 벌이자 무제(武帝)가 문서의 뒷면에 크게 '貞'자를 써서, 중에게 밭을 주라고 암시하였다.

295) 江西道院賦, 江西**之俗**, 士大夫, **多**秀而文, 其細民, 險而健, 以終訟爲能. 由是玉石俱焚, 名**曰**珥筆之民. **雖有辯者, 不能自解免也**.(『山谷集, 卷一, 賦十首, 江西道院賦』) → **黃魯直**江西道院賦**云**, 江西士大夫, 秀而文, 其細民, 險而健, 以終訟爲能. 由是; 玉石皆焚, 名珥筆之民. **註, 以筆爲簪, 敎人健訟**.(『松南雜識』)

산송
山訟

옛날에는 묘대부(墓大夫)[296]가 땅을 측량하여 장례를 치렀기에 산세(山稅)가 있었다. 그러나 지금은 산택(山澤)에 무덤 쓰는 일을 금하지 않고, 지방관에게 맡긴다. 다만 "나라에서 나무를 베지 못하게 금지한 곳에는 장사 지내지 못하고 작위에 따라 양척(量尺)한다"라는 조문만을 둔 까닭에 장사 지낼 땅을 넓게 점유한다. 또 멸만경(滅蠻經)[297]이 나온 뒤로 송사가 많아졌다고 한다.

『요산당기(堯山堂紀)』[298]에서 말하였다.

주자가 동안(同安)의 주부(主簿)로 있을 때였다. 백성 중에 힘으로 남의 좋은 땅을 점유하는 자가 있자 주자가 붓을 달라고 하여 '이 땅이 신령하지 않다면 이는 지리(地理)가 없는 것이고, 이 땅이 신령하다면 이는 천리(天理)가 없는 것이다'라고 썼다. 나중에 땅을 빼앗은 집안은 번창하지 못했다고 한다.[299]

---

296) 묘대부(墓大夫) : 주대(周代)의 관직의 명칭. 나라의 묘역을 관장하여 백성들이 족장(族葬)을 하도록 하면서 그 금령(禁令)과 도수(度數)를 관장하였다.

297) 멸만경(滅蠻經) : 호순신(胡舜申) 등의 풍수가들이 지은 오행서(五行書)가 만이족(蠻夷族)에게 멸망의 화를 끼칠 수 있다하여 붙인 이름.

298) 요산당기(堯山堂紀) : 요산당외기(堯山堂外紀). 100권. 명나라의 장일규(蔣一葵)가 편찬한 책으로 상고 시대부터 명대까지의 전기(傳記) 중에서 약간 기괴한 일들을 뽑아 엮었다.

299) **文公**爲同安**主簿**. **日**民以有力强得人善地者. 索筆題曰, 此地不靈, 是無地理, 此地若靈, 是無天理, 後**得地之**家, 不昌.(『堯山堂外紀, 卷六十, 宋, 朱熹』) → **朱子**爲同安, 民有以力强得人善地者. 索筆題曰, 此地不靈, 是無地理, 此地若靈, 是無天理. 後**其**家, 不昌**云**.(『松南雜識』)

초가호답
樵歌互答

고려 말에는 권세가들이 토지를 겸병하였다. 교은(郊隱) 정이오(鄭以吾)[300]가 무주(茂朱)에서 읊은 시에

송곳 세울 땅조차 모두 벼슬아치 집의 소유지만	立錐地盡入侯家
오직 청산만은 고을에 속하는 경우가 많다네	惟有青山屬縣多
어린 아이들은 군국(軍國)의 일을 알지도 못하고	童稚不知軍國事
구름 뚫고 땔나무하는 노래 부르며 화답하네	穿雲互答採樵歌[301]

라고 하였으니, 멸만경(滅蠻經)이 나온 뒤부터 고을에 속하는 청산이 많지 않고 또 나무꾼들의 노래도 서로 화답할 곳이 없다고 한다.

무원록·복수장
無寃復讐

재판이 허다하지만 살옥(殺獄)이 가장 재판하기 어렵다. 살옥이 허다하지만 오직 복수(復讐)에 관한 사건의 재판이 중요하다. 그러나 『무원록(無寃錄)』[302]이 나온 뒤에 백성들이 저절로 원한이 없어졌고 「복수장

300) 정이오(鄭以吾): 고려 말~조선 초기의 문신(1347~1434). 본관은 진주(晉州). 자는 수가(粹可). 호는 교은(郊隱)·우곡(愚谷). 시호는 문정(文定). 『서서절요(西書節要)』를 찬진하였고, 『태조실록(太祖實錄)』을 편찬하였다. 저서로 『교은집(郊隱集)』·『화약고기(火藥庫記)』가 있다.

301) 鄭以吾茂朱題詠詩**曰**, 立錐地盡入侯家, **唯**有青山屬縣多, 童稚不知軍國事, 穿雲互答採樵歌 **蓋**麗季勢家兼幷, 民無寸土故云, 其傷時之意切矣.(『芝峯類說, 卷十三, 文章部六, 東詩』)→麗末勢家兼幷. **郊隱**鄭以吾題茂朱**東軒**詩**云**, 立錐地盡入侯家, **惟**有青山屬縣多, 童稚不知軍國事, 穿雲互答採樵歌.(『松南雜識』)

302) 무원록(無寃錄): 원나라 왕여(王與)가 송나라의 형사사건 지침서들을 바탕으로 편찬한 법의학서. 우리나라는 조선 전기부터 이용하였다. 세종이 제도와 법률을 정비하는 작업의 하나로서 최치운(崔致雲)에게 이 책을 주해하도록 하여 1440년에 『신주무원록

(復讐狀)」[303]이 만들어진 후에 사람들은 모두 사람을 죽이게 되었다. 만약 도둑이 도둑질하고 나오다가 살해당하였는데, 그 자식이 불구대천(不俱戴天)의 원수라고 여기고 그 사람을 죽인다면 법관이 『무원록(無冤錄)』으로 다스리겠는가? 문리(文吏)들이 「복수장(復讐狀)」으로 그들을 다스리겠는가? 마땅히 죽은 자에게 죄가 있는지 죄가 없지 먼저 조사한 다음에 『무원록(無冤錄)』과 「복수장(復讐狀)」을 사용하여 논죄하는 것이 옳다.

(新註無冤錄)』을 간행하였다. 그러나 원서 자체가 이해하기 힘들고 조선의 실정에 맞지 않는 점이 많았기에 영조가 구택규(具宅奎)에게 예전의 주해본을 보충하게 하였지만 완성하지 못하다가 그의 아들 구윤명(具允明)에 의해 완성되었다. 정조는 형조판서 서유린(徐有麟)으로 하여금 한종호(韓宗祜) 등 당시의 법률 전문가들과 함께 내용을 보완하고 한글로 번역하여 1792년 교서관에서 3권 2책의 『증수무원록언해(增修無冤錄諺解)』를 간행하였다. 또 구윤명이 보완한 책도 정조 20년(1796)에 1책의 『증수무원록대전』이라는 제목으로 간행하였다.

303) 복수장(復讐狀) : 원래 제목은 「복수의(復讎議)」이며 한유(韓愈)의 작품이다. 이 글에서 한유가 의(義)를 위한 복수로 사람을 죽인 경우에는 다시 복수하지 말라고 하였다.

之乎當先問死者罪而無罪然後以無寃錄復讐狀論之可也
東西
後漢有南北部此黨之始也宋史元祐末明堂降赦臣僚賀訖欲往賀溫公伊川曰子哭則不歌豈可賀才訖却吊喪客有曰未聞歌則不哭東坡遂以語戱伊川遂有洛黨蜀黨朔黨之名洛以伊川爲首朱光庭等爲輔蜀以東坡爲首呂陶等爲輔朔以劉摯爲首而輔者尤衆惟呂大防秦人無黨范祖禹師司馬光無黨論者以蜀爲侵陵之兵洛爲應敵之兵朔爲自守之兵劉元城所謂惟願士大夫有此名節不願士大夫有此門戶是也擇里志曰沈義謙枳金孝元銓郎　宣廟癸未甲申間東西名號始分東人推金孝元柳成龍金宇顒李山海鄭芝衍鄭惟

只有禁養不葬爵位量尺之文故廣占且減壟經出後訟頻云
先山堂記朱子爲同安民有以力強得人善地者索筆題曰此
地不靈是無地理此地若靈是無天理後其家不昌云

、樵歌互答

麗末勢家兼并郊隱鄭以吾題茂朱東軒詩云西鄰地盡入侯
家惟有靑山屬縣多童稚不知軍國事穿雲互答採樵歌自減
壟經後靑山旣屬縣不多樵歌亦無處互答云

、無冤復讐

獄讞許多惟殺獄最難殺獄許多惟復讐最重然無冤錄出後
民自無冤復讐狀作後人皆殺人若盜者出盜爲人所殺其子
以戴天之讐殺其人法官以無冤錄治之手文吏以復讐狀治

說郛曰高麗國法凡人有犯不去衣但褫袍帯杖笞頗輕投束荆使自擇以記其杖数交臂反接量罪爲之令犀記杖数出此

福歸於佛

我中廟世有富人買田爲佛香求福及後富人貧索田于僧訟于御駕前判下曰買田求福于佛以終靳福以歸于佛田歸于主猕歟與梁武帝貞字異矣

珥筆教訟

黄魯直江西道院賦云江西士大夫秀而文其細民險而健以終訟爲能由是玉石皆焚名珥筆之民註以筆爲簪教人健訟

山訟

古有墓大夫量地入葬以有山稅也今山澤無禁屬之地方官

責費禕豈有張成教子殺人之巧乎

〻刑措

麗史高宗時刑部奏獄空按崔瑀用權有刑措之政耶與唐玄宗一日殺三子而賀天下圄空者同無足取者

〻贖刑

說文曰財贖罪也呂刑所謂金作贖刑是也古用銅漢用金後魏用絹今用錢若贓吏以贖〻錢出於贓〻何以戢

〻腐刑

漢文帝除肉刑而宮不易張斐註云以淫亂人族類故宮不易蓋曰文帝之所以爲文也此可後世禁淫瀆之法

〻牌記杖數

奴婢從母法

麗史靖宗立賤者從母法噫人而以畜産待豈仁政之所爲哉是以有萬積之亂我朝雖因之然禁壓良爲賤實吳越王錢鏐始也驛婢尙從母故其女至髮白不售金文谷壽恒立賤奴從父法洪啓禧立私賤良妻所生從母法十年遞之不雜自閔起[illegible][illegible]也

犴岸獄

詩云宜岸宜獄註岸卽犴胡犬也所以守故謂獄爲犴岳武穆夢兩犬相言獄破字也

肆赦

書曰眚災肆赦五刑之疑有赦周禮三赦一曰幼弱再曰老耄三曰惷愚今則不然故好人喑啞若如吳漢之願光武孟光之

老歲造計帳三年造戶籍凡三本一留縣一送州一送戶部令
用式年戶籍即唐法也
八條敎
箕子設条敎即虞五倫漢三章也上行之如五行下信之如四
時故能用夏變夷矣若朝廷公事三日奈何

爲誨盜之資打量括出依麗制祿科之例則吏爲食祿之臣民無橫斂之害矣

倭將食邑（按倭史曰倭皇惟有皇帝之稱而別有食邑關白則六十八州貢賦及官職皆故倭皇所享百官食祿最薄此任高而祿少者也關白所享百官食祿最厚而祿多者也）芝峯曰倭將皆有食邑如家康所食二百五十萬石輝元一百五十萬石日本史云功臣劃地如封建之例農民受田於守土者以爲祿穡而納其稅凡食一千石之地者養精卒五十人一萬石之地者養五百人以此爲享然乃長從不農之兵故其斂甚重蓋日本法百人之長總受百人所食分養百人千軍之長分養千軍故至有受數十百萬石者

戶籍

唐令凡男女始生爲黃四歲爲小十六爲中二十爲丁六十爲

周三公一萬石唐正一品歲七百石錢三萬一千宋宰相樞使月錢三百千皇明一品月支米八十七石從九品五石今淸制祿又些略於明制矣高麗中書門下侍中歲米四百石至助敎十石高宗以乏匱置給田都監分田代祿我朝正一品歲九十八石紬六疋正布十五尺楮貨十張從九品十二石壬亂後一品歲六十餘石無紬布楮貨云　世宗己未制頒祿法四孟朔頒　肅廟丙子始逐朔頒祿而經國大典云給祿牌是也亦依中朝每月分給

祿科

麗史忠穆王以吏祿薄賜田謂之祿科我朝各邑吏祿不給而惟華城書員朔下料米或曰各邑隱結在民無獨稅之利在吏

拜而不跪儀禮婦拜扱地註猶男子稽首拜手至地也

聖壽稱慶

我朝聖壽五句稱慶自柳永慶始也

職田

文獻通考曰隋開皇中始給職田又給公廨田唐貞觀以職田給逃還貧戶每畝給粟二斗謂之地子十八年復給職田永泰初百官請納職田充軍糧宋真宗興復職田慶曆均公田復限職田紹興復職田金元志官皆有職田註職分田

祿牌

燕岩曰漢制三公月俸三百五十斛自中二千石至百石凡十四等後漢大將軍三公三百五十斛晉第一等一千八百斛後

九拜

春官九拜註稽首頭至地也頓首頭叩地也空手頭至手所謂
拜手也吉拜〻而后稽顙凶拜稽顙而后拜奇讀為奇偶之奇謂
一拜也襃讀為報再拜也肅拜但俯下手今時撎是也振動戰
栗變動之拜也詩話一稽首謂下首至地稽留乃起二頓首謂
下手置首於地〻即起三空首謂下手首不至地四振動謂恐悚
迫蹙而下手五言拜謂雍容而下手七奇拜謂禮備不再拜也
八襃拜謂答拜也九肅拜謂直身肅容而微下手如今婦人拜

婦人不跪

類苑曰宋太祖問趙普拜禮何男子跪而婦人不跪禮官無知
者王貽孫曰古詩言長跪問故夫則婦人亦跪也唐天后朝始

原覽曰始於遂皇至黃帝爲文章表貴賤我朝大臣與諸臣對
世子稱小人不稱臣壬亂大駕在龍灣光海住內地故分朝於
是乎對大王與世子俱稱臣而有大小朝之稱且伏地之禮
貞熹王妃垂簾羣臣不敢立對故伏地今雖對大王尚伏地爲
禮廢朝沈順門以仰視被罪中國則依古禮對天子惟立侍云

拜揖

集韻曰以兩手相擊而拜今倭人拜以兩手相擊盖古之遺法
儀禮曰司儀土揖庶姓時揖異姓天揖註天揖推手小擧之時
揖平推手土揖推手小下之我朝上官坐受下官拜而但揖之
自李光佐始也下官見上官直前拜回坐方席俯首若拜狀謂
方席禮數即古頓首也

皇邸

周禮註謂以板為屛風染羽象鳳凰羽色以為之王座所置也

香案

隋史煬帝觀文殿前兩廂十二寶厨前設五方香床綴貼金玉珠翠每駕至則宮中擎香爐在輦前行

朝聘

原覽曰自黄帝始按高句麗長壽王時元魏爲置邸第二以強也芝峯曰皇明外國班次本朝第一以禮也安南流球皆不敢並列華使陳鑑賦曰朝鮮爲東藩重國禮義之區詩書之藪故特為首云今歲有冬至使十年一次通信使于日本

尊卑禮

—1187—

禮天官曰孤御有邦事則設幕案又唐起居舍人執筆隨宰相
入殿夾香案分立殿下唐書本是玉皇香案吏是也

環衛

天文志勾陳六星在紫宮王者法勾陳設環列唐武后紀曰御
殿日昧爽宰相兩省官闕班於香案前俟扇開通事贊拜令御
座前別監四環侍衛蓋出於此

御屛

書顧命黼扆註大朝覲大饗射王設黼扆其繡白黑文以絳帛
爲質取斧割斷之義其制似屛風而屛風之名出於漢故具錄
紀亮與子隲俱尚書每朝會詔以御屛隔其坐今畵日月其取
象天道日月之明耶今謂日月屛

我國古有京所鄉所之稱李廷龜爲京所大臣是也芝峯曰安東最重座首之任非有德門望所推者不許焉世傳舊有政丞退老後爲座首近世金鶴峯誠一以舍人還家鄉論公擧爲座首辭病不出按西厓入朝有喜色 宣祖問曰卿爵相國無喜色今喜何也對曰鄉信以臣公薦爲座首云 上命取鄉案來皆賢儒名相 上親着啣於鄉案故鄉廳門外立下馬碑道伯入安東先下馬云鄉廳謂射鴈堂者用陳師錫陳了翁事

望闕禮

芝峯曰鷓鴣飛上越王臺按尉佗立臺朝朔望升拜爲後世望闕禮之始云佗嘗稱帝故亦曰越帝臺

幕寀

磻溪曰中朝成都河中江陵等六府只置尹唐太宗伐高麗置
京城留守其後車駕不在京都則置留守開元中以太原府尹
兼北都留守今京則漢城府鄉則慶州義州平壤皆稱尹四都
皆稱留守是也

鄉所

書吏

居家必用曰五代時藩鎮始也今朝臣不久任吏世掌邑職故南冥謂聽命於胥吏不可使聞於牛耳者此也芝峯曰江流石不轉唐史劉晏以爲辦集衆務在於得人故必擇通敏精悍廉勤之士而用之至於勾檢簿書出納錢穀事雖至細必委之士類吏唯符牒而已士陷贓賄淪棄於時名重於利故士多清修吏雖廉潔終無顯榮利重於名故吏多貪汚

朝集使

唐史朝集使註自外入朝與朝班者今各邑戶長叅正朝賀班是也

府尹留守

價責償於邑傳所謂穿窬盜臣不畜聚斂之臣是也

里長

漢官志云民有什伍里有里魁隋史蘇威以百家爲里始置里長一人令鄉里伍家統有里長是也各面卽方面之面桓祖爲東北面兵馬使是也

香徒

芝峯曰我國鄉邑坊里皆作契以相糾檢謂香徒按金庾信年十五爲花郎時人服從號龍華香徒

知印

五代史曰舊制宰臣更日知印今外邑知印訛爲通引周禮註簿書契其最凡疏如今印契其凡目最要處印

宋史以治民之官過久乃以三年爲斷謂小滿今瓜滿之說是也蔡相濟恭建白以南行窠窟或有周流郎潛不得外任者年六十六爲限是謂年限自此幽滯者悅才賢者退云

三代追贈

王臨川曾南豐諸集始有追贈之文或始於宋耶歐陽公瀧岡阡表末記其三代追封甚詳今焚黄是也

親老不赴外梱

統制使邊國翰到營六朔以親老乞遞特除奉安以便養親丶年七十不赴外梱自國翰始

鬻官

麗史忠烈王定鬻官之法即漢之諧價唐之債帥也或虐定其

五日一次內殿百官轉對今次對始此

解由

明史嘉靖初官吏遷秩者任內租稅徵解數足許給由交代今各邑解由者解所由之官也所由上納未磨勘則不得照望法則妙矣

褒貶

春秋繁露曰考試之法九分三、列之一爲最五爲中九爲殿左傳云一字爲褒貶今各邑冬夏黜陟即舜考績漢殿最之法也又有勤慢之簿爲兵水營督察該邑之覘也

瓜滿

大典通編曰滿箇左傳齊連稱管至父瓜時而往及瓜而代劉

周禮太宰八法治官府三曰官聯註大事非一官所了者衆共
成之令上疏聯名府事着啣是也唐五花判事實本於此

外官挈家

羅史法興王時始立外官挈家之法令監司即觀察巡察之任
故寄治四長官一州三月巡一年矣挈家一州非觀巡之意也
今京司有職房棄而居家行公又朝為吏判暮為兵曹非通才
不能察職若挈家入司惟考功遷職定年限則庶無胥吏為政
之弊然閫內周衛則否重峯曰中國為官者雖萬里之外以私
馬私人運其家小不煩官力所以弊不及邑而人全恒產也

次對

王球貽謨錄云唐百官入閤有待制次對官後唐天成中廢之

坡詩云花枝裊長紅註北俗罷任掛綵花枝曰長紅今司果雖以司窠闕之名亦長紅以伺結果之謂也

同知

磻溪曰宋淳化中以溫仲舒寇準同知樞密院事同知之名始此又治平中以郭逵同簽書院事同簽書之名始此亦今僉知之名也

壽職

漢紀賜庶民父老爵級揚雄以耆老久次爲大夫而我朝舊例士庶人年八十爲老職堂上矣 正廟朝蔡濟恭奏東方壽域若此不已將金玉載路故今九十以上堂上者自蔡相始也

縣名上疏

無暫時閒暇勿使讀書明史高帝不令北寺讀書盖書固人君致治之本宦侍專權之資可不慎旃

譯官

說文曰傳譯四方之言者王制曰北方曰譯東方曰寄南方曰象西方曰狄鞮今有漢學清學蒙學而無倭學教授且士夫家不習之若有事而無譯其失相之暫矣乎

告身

唐選擧志曰親品及流外判補皆給以符謂之告身其中有襃貶訓戒之辭又空名告身者即臨事注名者玄宗紀五進畫給告身及大將軍告身絲易一辭今教旨差帖也

司果

周官九命漢十六等後漢十三等魏初因漢制更置九品而一品爲貴梁置十八班以班多爲貴十八班爲貴一品爲下後魏置九品、各置從凡十八品每品分爲上下階凡三十等後周制九命每命分爲二以正爲上凡十八命隋九品、各有從每品爲上下凡三十等自太師太傅始焉謂之流內唐九品有正從又分文武兩岐文散官二十九階武散官四十五階又置勳品九品自諸衛錄事令史始焉謂之流外蓋散官始於隋至唐定爲階資宋九品明亦九品而今正從品是也

知事班

范史曰宦者四星在太微垣今所謂知事班之內朝也唐宦官者仇士良致仕諸宦問固寵之計則曰使上好狗馬聲色之娛

伯之稱也又秦史始皇郡置守尉監而今郡置守縣置監皆兼尉爲武職矣又秦制以御史監諸郡謂之監

州郡 唐玄宗開元中分爲十五道宋仁宗析爲十八路神宗又析爲二十三路

黃帝畫野分州得萬區唐虞肇有十有二州夏九州周建邦國二百一十國而五國爲屬十國爲連三十國爲卒二百十國爲州、有八伯秦置三十六郡漢分十三部晉分十有九州唐爲十道宋爲十五路、大明爲十三省、本宮禁之稱漢避元后父禁爲省前世只稱禁內官署元時以畿內州府有成宗置十道直隷中書省外諸道各立行中書省故稱省明因未革麗朝兩京十二牧我朝四都八道

品秩

犯贓禁錮

百濟史古尒王立犯贓法凡官人受財及盜者三倍徵贓禁錮終身盖人有才能者遑懲非禁之厲國將何爲此百濟所以興也漢景帝詔曰郡丞長吏也姧法與盜盜甚亡謂也謂因法作姦如佐盜爲盜尒今治盜者不徙盜亦鮮矣我 英廟世漆谷民來觀陵幸適 駕過忽大哭上驚問故對曰小人非有至寃實爲京城萬民慟小人邑有紗帽盜一人而百姓離散今見紗帽盜以千數京城萬民何以聊生是以哭噫此言雖俚無道可爲著紗帽者戒矣是以荀勗曰省吏不如省官々多則民擾也

監司

漢史轉相監司晉史謂御史司隷及州刺史未爲職名今爲方

忠義衛

忠勳府祿養忠臣義士及勳勞於國家者子孫或有事爲扈從侍衛故舊爲清宦矣及丙亂無扈駕者故遂不盡錄士夫班云諺傳有一士讀古書行古義以功名自許窮居南山下及适亂棄妻子自詣 駕前請扈從輿屋轎前行至錦江甚誠力不小情王親問姓名記扈從錄第一曰汝有如此忠力恨不早用之今朝臣無汝儔也駕還往訪古廬索妻子而居日望爵至幾半年寂然忽刑曹吏來急捕曰汝是錦江扈行時屋轎前奉駕者耶曰然今屋轎無前緯故捕汝也因獄徵緯生乃斥賣如干家産備納矣丙亂官吏以錦江扈從錄來徵則生乃走避他忠義衛聞其風匿不出扈駕故忠義衛爲賤班云

權管

大典無之或云 成宗末年權設之任而燕山 中宗間因循成規名募別將乃壬亂後添設若諸處別將則多 仁祖以後所設者近年添設營將

漢紀繡衣持斧而唐史陸贄說黜陟使五術曰察風俗聽謠頌審其哀樂納市價觀其美惡訊簿書考其爭訟覽車服等其奢儉省作業察其趍舍可爲今繡衣奉命者法矣

武臣經筵

我朝經筵武例不叅一日講筵上問鄭苯之苯字莫有對者一武弁奏曰此草木茂密之謂蓴苯也問何書在臣於香山養竹記見之故自此武臣有叅經筵之例 又文武交遞自宋史神宗壬子文武換官法始矣

宣傳官

磻溪曰中國歷代無如此設官者麗史忠烈王時初作宣傳消息本朝因以有之

承旨入直

磻溪曰承旨即古之侍中尚書之任而中朝之內閣也國之大小文書莫不関由先是承旨一人入直六仙樓我　世祖朝李皓然獨直入侍醉不能對自後二人入直爲例

山林

今之山林與古之山林異矣士不得於朝廷則山林近也無經術文學或不仕則謂山林又誰不學文餙行而別謂學者邵賓曰顧爲真士夫不願爲假道學是也兵李齋江之譏亦美談也

臺諫避嫌

磻溪曰始於中宗朝厥後仍成謬規

繡衣御史

分戶曹

光海時新經兵亂財竭費廣大小需用臨時白奪於市民已酉因熊劉兩詔使來戶判黃愼建設分戶曹詔使支供預備以用民甚便之

寺監

磻溪曰嘗見漢官甚省約皆治事之官而御供只光祿寺一司也至明亦然我國設官諸寺監之數三倍中國而太半爲御供所係立制如此安得不弊乎

卯酉司

今刑曹郎卯時合座聽訟酉時退歸故謂卯酉司旬呈坐衙勤慢之簿曰卯簿是也以祥刑牌入闕出直即呂刑吿爾祥刑也

此高麗衰季之習因循成例者

提調

磻溪曰唐季以来諸司領使是也本宋提擧之名我國軍門提調自柳成龍訓鍊提調始而以大臣統大將蓋以文分武權也以戚里兼大將自金佑明始而以戚里握兵柄蓋以親衛王宮也然大臣揔百僚進退之何獨軍門也不如加大臣祿俸擇任大將則緩急可無掣肘之事今又以冗官謂軍職者甚不可

六曹

漢百官志云成帝初置尚書四人分四曹世祖又分南北客曹凡六曹蜀杜瓊言古官職不言曹漢末名官盡言曹吏言屬曹卒言侍曹此曹氏代漢之兆也我國六曹亦襲漢官名也

梵香翰林

我朝最重翰林之職自薦其代梵香告天曰薦非其人殃及子孫 英廟以爭端罷之進士壯元取榜中地望文學第一亦罷

文衡

即唐之翰林學士安南國之淸平官也不以閥惟以文固好矣

兼職

磻溪曰古者設官分職各專其任而已兩漢魏晉亦無其規自唐始有兼領宋因五代之弊諸司例多兼職本國官制大抵倣宋所以官無責任之弊

都監

磻溪曰今朝家一有事爲輒別設一司名曰都監事已還罷蓋

芝峯曰前漢殿名而後呼翰苑我東以弘文館亦云按宋太宗淳化中親書飛白玉堂之署四字以賜後去之署二字我 太宗庚子設集賢殿選文學士二十員充之 世祖丁丑屬藝文館成宗庚寅改爲弘文館亦效貞觀之瀛洲館也麗末醫者自稱玉堂人〻問其故以詩荅曰戰將今爲修國史不妨醫作玉堂人

湖堂

世宗丙午選文學年少臣賜暇讀書後稱湖堂今遺基在蓉山湖芝峯曰以讀書堂下隷枯勢號爲毒蛇堂是也

奎章閣

國朝寶鑑曰 正廟言自 光廟有奎章之名而無閣焉特命立之即宋龍圖閣元煥章閣之類也以奉安御容御筆焉

重臺閣設風聞嫌避處置之規專以論議為政凡內外除拜不
於三公而專屬吏曹又慮吏曹權重至於三司不歸之判書而
專任郎官故吏曹正郎佐郎又主臺閣之權三公六卿官雖高
大少不厭事銓郎輒使三司論之朝廷風俗重廉耻崇名節故
遭駁去職是以銓郎之權直與三公埒此所以大小相維上下
相制三百年無大權奸而無尾大難掉之患此祖宗朝懲麗朝
君弱臣強之弊默寓防禁之微幾也是故必以三司中有名德
者極選為之又令自薦其代不屬長官所以重事權亦附公議
也一經銓郎平步上公卿故名與利俱附謂吏曹弘錄哉　英
廟庚申以朋黨肇自銓郎罷其權下同該曹郎官
玉堂

在己上則曰右位而置議政左在右上何哉明史太祖懲胡惟庸罷丞相以政歸六部分大都督爲五府而文華等三殿閣臣謂閣老秩三品位在尚書下行丞相事

備邊司

明宗朝乙卯因倭警始設以宰相知軍務者差堂上選文武新進爲郎廳猶宋樞密司之意實分議政之權也亦曰籌司 宣廟世有惶恐待罪承政院上教允當備邊司之語云

藝文館

磻溪曰麗忠宣王以文翰署爲藝文春秋館始也

吏曹弘錄

擇里志曰我國官方異於上世雖置三公六卿臺宰諸司然歸

芝峯曰麗時須政有定或十二月為大政六月為權務政崔忠獻專國變舊制有政房之稱本朝則一年兩都目惟用崔亮停年格裴光庭循資格矣按明史孫丕揚秉銓患中貴請謁乃創掣籤法使選人自掣其窠請寄無所容焉雖稱其無私而銓法大變矣磻溪曰開政即除拜今稱政事也中朝每月二十三日吏部會選其餘則唯大段除拜會推而已重峯曰中朝只擬二望今三望

政丞大臣

麗史羅王金傅降為政丞又以庾黔弼為大匡今政丞大匡之名亦襲麗制猶清人襲皇明閣老之稱也按漢法地道尊右故高職曰右職又人道尚右故非正之術曰左道謫官曰左遷今

黑冊政事

麗史忠肅王時元使完者來金之鏡掌銓官完者族申時用至政房罵曰今日除授爲使臣也顧諸喪職者曰若等無錢又誰怨也用事者爭相塗抹竄定朱墨至不可辨時謂黑冊政事

烟戶隱批

麗恭愍王時李仁任池大奫植黨市井工匠皆得除拜時謂烟戶政又權臣隱批屢日謂隱批蓋忠烈王際惟安戩銓注有識饑之稱而元傅問方于宣曰濫叨首鈞物論何如于宣曰人謂公爲政如其姓言無方稜也傅笑曰吾法吾姓輪至於比汝法汝姓將至何地耶

都目

觚柄渠觚又奴國官曰兕馬觚

龍齒湯

羅史憲德王時上大等忠恭坐政事堂注擬請托坌至感疾而退醫言宜服龍齒湯侍郎祿真以榟人作室爲比何必區區服餌忠恭朝王曰臣聞祿真之言宣止飮龍齒而已噫蘇崔輕重固匠賢愚之分鵷鳳威德殊匹揀選之任句題鵷尾何論龍齒

政案

麗史崔瑀置政房於私第擬百官銓注號曰必闍赤論其才否具載于書謂之政案以其黨爲丞宣謂之政色丞宣僚佐任此者謂之政色尚書四品以上謂之政色少卿持筆批者謂之政色書題今大臣所居札謂書題所出此

當選者名函封置岩上須史着名有印迹者爲相故名焉或稱政事岩即後唐箸挾盧文紀名于琉璃瓶之意然尚不如夢傅岩卜渭濱之得人也

莫離支

高句麗史泉蓋蘇文自爲左右莫離支註今吏兵判也魏志東夷傳夫餘國以六畜名官一曰豬加

勃極烈

金史曰其官長皆稱勃極烈次曰國論忽魯勃極烈國論言貴也忽魯猶總帥遼史有南北左右皮室及黃皮室皆掌精兵唐書南詔乞託主馬祿託主牛巨託主倉廩契丹執政官謂移離畢刁約詩押燕移離畢魏志倭人伊都國官曰爾支副曰泄謨

朝市類

官數

磻溪曰夏一百二十人殷二百四十人周三千一百九十人漢自丞相至佐史凡十三萬二百八十五人後漢七千五百六十七人晉六千八百三十六人劉宋六千一百七十二人後魏七千七百六十四人後周二千九百八十九人隋一萬二千五百七十六人唐一萬八千八百五人宋官數極繁明二萬四百餘人今京官職共五百四十人錄事四十五人書吏四百八十人皂隷二千九百五十五人小史一千人

天政臺

輿覽曰扶餘江北絶巘有岩臨水諺傳百濟時欲拜宰相則書

赤岳許先生即避不見只留書曰老嬰婢 上問先生去處
婢曰往太白尋友矣人謂高過嚴陵非但榮淺淺者可比

秋江梅月生六臣中最清瑩芳香矣秋江南孝温梅月金時習
河西金麟厚有人為之詩曰每年七月七痛哭萬山中
魯西尹宣擧丁卯講和以進士上疏斬虜使跡及丙亂後屢徵
不至
三淵金昌翕自文谷禍後頭着凉笠自稱居士我 正廟教曰
高蹈山林

庵建浮屠藏蛇骨今尚在云退溪曰能蟬蛻於濁穢之中鴻
冥於萬物之表余以爲唐武攸緒之倫也
東山處士郭輿即尚之子也常居禁中稱爲先生以烏巾鶴氅
侍王左右時人謂金門羽客按廬山記云唐保大中道士韓
紫霄賜號金門羽客其輿之金門同韓之金門乎蓋譏之也
錄事韓惟漢當麗神宗之世崔忠獻擅政歎曰難將作矣遂挈
妻子隱於智異山曺南冥頭流山記曰若三君子於高山大
川更於千層峯頭冠一玉也萬頃水面生一月也鄭一蠹及
我先祖知足堂與韓錄事也
耘谷元天錫麗末隱赤岳教授我 太祖潛邸時 定廟以總角往
學焉學成登科及威化回軍時作書諫之及 定廟御極幸

南師古號格菴嘗曰明年東封泰山果有泰陵之曰山及終有人輓云門人垂淚收遺卷玉洞桃花萬樹春以嘗得仙術云姜緒其侄弘立之生也見而大慽以為有反骨

、高人

麻衣王子新羅敬順王子也王之降麗也諫曰豈以千年社稷一朝輕以與人哭辭入皆骨山傍岩為屋麻衣草食終身吳澐曰與廣北地王諶爭光日月蓋麻衣即今喪服之謂也

清平處士李資玄即子淵之孫資謙從弟隱清平山遍遊名山嗜禪悅道麗睿宗詔徵上表曰以鳥養鳥庶無鍾鼓之憂觀魚知魚俾遂江湖之性王曰道德之老嚮風久矣問養性之要對曰莫善於寡慾遂進心要一篇擇里志曰清平山鵲卿

以慶業在義州故也

崔鳴吉擇里志曰丙亂以兵判持牛酒往問興師之由以其間

大駕入南漢世子妃嬪入江華

異人

鄭磏號北窓少時入中國會海外列國使座各以其國語丶之

列國使不知何國人或以桒投之座皆並本衣食之獨磏去

而唉乃知朝鮮人盖天下獨鮮人去本衣故也安南國使縁

曰今来卜見異人果然

臨終有詩云顏回三十

□稱□□先生之壽何其久

李之菡號土亭嘗有碁字人皆洶丶獨曰瑞星

還多用貨善用間必到龜城適清兵圍之夜半一胡踰城入㷁寢所附耳語而去明朝㷁令人持牛酒往犒又以牛肉為長串炙須於兵軍不贏不縮恰當其數胡將大驚旌以為神即講和解去又謗傳㷁有好箭掛在寢壁上一日朝視不在名問一裨將則曰已知矣其明朝清汗欲着抹額而覓箭不在盖裨將已得來納于㷁、即發使告曰送爾兜旋還我好箭汗大驚終㷁之身不敢窺平壤云。裨將即李匡萬也㷁死投滿洲為閣老云（淮南子曰齊伐楚市偷請為君行薄技乃夜解齊君之幃而獻之）

林慶業野史曰丙亂汗之圍南漢也時為義州府尹往見兵使柳琳請急入寧固塔則漢圍自解此孫臏直走魏都計也琳不聽至今為英淚滿襟之恨矣擇里志曰清兵避義州由昌城

柳成龍星湖曰倭以隆景為謀臣我以成龍云
李舜臣創龜船之制奏殲倭之捷天將陳璘表奏天朝曰李舜臣以經天緯地之才有補天浴日之功云
郭再祐號忘憂堂即紅衣將軍其求去疏云城池舟師不可偏廢今欲專舟師而廢城池臣實憂之憂之無補可去一也覊縻敵國莫過於和紓忿緩禍莫過於和息敵誤寇莫過於和休兵息民莫過於和兵交而使在其間今拘囚倭使挑寇速禍臣實痛之痛之無補可去二也國亂思良相〻苟良矣則可以轉禍為治既以李元翼為領相未幾遷遞不得安於朝廷臣實憫之憫之無補可去三也遂棄官歸
朴燁擇里志曰燁有才諝為平安監司光海倚以為重十年不

孤城弱卒捍天下桀驁之衝屹然如山岳吾東方善守城者安市以後又龜州朴犀金慶孫功不細矣

金方慶擊倭日歧島也謂忽敦曰千里懸軍卽孟明之焚舟淮陰之背水

鄭世雲破紅頭賊收京城恭愍王時也世謂金得培李芳實及世雲爲三元帥也牧隱曰世雲非常人也慨然請行旬月之間宗社復安豈偶然哉

李齊賢號益齋忠宣王在燕邸迎姚燧趙孟頫虞集及齊賢以書史自娛爲龍樓集恭愍王之卽位于元也命攝政丞權斷征東省事

李恒福號白沙事在壬辰錄

也有異臨大事決大策屹然爲柱石居城南墅著樂道郊居求善集柳下洪世泰詩云山河氣盡姜邯贊日月明懸鄭夢周輿覽曰有一使過始興郡夜見大星隕入人家其家婦生男使取養之即邯贊也後宋使見之不覺下拜曰文曲星不見於中國久矣今在此也

趙冲金就礪引兵會蒙真平丹賊史氏曰趙文正文武全才出將入相當遼孽入寇蒙兵壓境之日與金威烈同心禦侮從容盃酒卻敵如神國家賴安徐熙姜邯贊不得專美於前矣豈非所謂英雄豪傑間世之人物乎

朴犀金慶孫蒙之攻龜州也朴犀以大牙浦伏却之蒙老將環視城壘曰吾行天下未見被攻如此而終不降者史氏曰以

物耳那知白羽落玄花

乙支文德隋煬帝之来也詐降大敗隋軍於薩水今清川江

申崇謙公山之戰麗祖幾爲甄萱所執崇謙時年二十四以貌類麗祖易位死之猶齊頃公之逢丑父漢高帝之紀信乎

崔承老當麗成宗時上時務二十八條崔錦南溥曰賈山之至言劉蕡之對策不若承老論

智蔡文顯宗之避丹寇也保護三宮旋軫京師汎掃陵寢不失舊物史氏謂疾風知勁草亂世識忠臣

姜邯贊丹寇之来也伏奇兵於山谷繩貫牛皮塞川待敵以至決塞伏發敗之又龜州風雨南来旌旗北指奮擊蕭遜破之凱還王親結彩棚揷金花八枝於邯贊頭按麗史曰其生

人物類

人物

金庾信佐新羅太宗統合麗濟其子元述平壤之役為裨將及羅軍敗元述欲戰死太監阿珍含年七十突陣而死元述佐淡凌鞍馬固止之隨大將還庾信曰元述不惟辱王命亦負家訓可斬王曰裨將不可獨施乃赦之元述慚不敢見父遁於野及父卒求見母、曰爾既不得為子於先君吾焉得為爾母乎元述痛哭入太白山後唐兵之攻買蘇城欲雪前恥力戰有功然以不容於父母終身不仕

楊萬春當高勾麗寶藏王時守安市城唐太宗六旬不拔至有集矢於目乃班師萬春登城拜天子牧隱詩曰謂是囊中一

邑多紓力之道云爾

、孔巖書院

孤青徐起徒步入中國奉朱子畫像來朝夕瞻敬春秋饗祀故

孤青死後因獨配朱子今公州孔巖書院是也

人也

食堂序齒

野史云食堂舊例以榜次雖宿德老儒在後學小生之下慕堂洪履祥以齒毛之義始序齒即唐玄宗紀所云齒胄入學也

書院

芝峯曰東方書院自周世鵬為豊基郡守於順興白雲洞安裕舊基創為賜額紹修是亦賜額之始也按中國宋白鹿洞為書院之始也至皇明末東林而盛焉我朝聖治文明羣賢輩出山明水麗之鄉野沃人聚之地各以道德爭高遂建院宇相望土靡玉稅民不公役論者以為雷封有定牲叢無限不如京城設廟神版後享春秋降香館儒獻酌則在國家有崇賢之禮於郡

崇節祠

英廟乙巳祀晉董養唐何蕃宋陳東歐陽澈以東儒尹志述配焉丁未命撤配位

闕入齋

顯廟辛丑毀仁壽慈壽兩尼院以其材建丕闡堂闕入齋

養賢庫

麗史睿宗時置養賢庫於太學又立國學七齋

崔薛配享

麗史曰麗祖潛邸時崔致遠貽書有鷄林黃葉鵠嶺青松之語文宗以密賛祖業不可忘特命焉薛聰以方言解經義也元儒許魯齋衡則尤庵以春秋義黜之我朝玄石朴世采以蕩平主

家語云魯沙不崩註等壇時以齊沙則崩惟魯沙不崩云命琴操註孔子登古杏壇顧弟子曰此臧文仲盟壇也事類以為紅杏故姜希孟詩壇上杏花紅半落平窩尹倬入中國闕里得銀杏二本則未知孰是然今倫堂前尚在不花矣一番花實其臭甚不宜作文祭之不復花云

明倫堂

我憲廟問大成殿何以在明倫堂之前李公翼對曰設聖廟時入中國摹中國聖庙建置而中國〻學地狹故前聖廟後倫堂云倫堂題額內則朱子書外則朱之蕃筆云

啓聖祠

肅廟辛巳建之祀叔梁紇配以顏無繇曾點孔鯉孟激公宜

故不于泮而于華可謂吾道東矣

學校成均

舜始建學養老三代設太學元魏四門小學今四學是也國學取禮記樂成均之名謂成均館韻會均樂器名長七尺繫絃以均樂音我東自安文成公裕始也文成公以家奴婢百口爲館人至今自相婚嫁其言語尚不改松都鄉音謂泮村人

上丁釋菜

學記曰上丁之日釋奠于學唐書曰用陰火丁文明之象也月令仲春上丁習舞釋菜註舞者皆持芬香之菜、蘋蘩之屬釋陳設也禮大胥曰舍菜合舞註舍與釋同義

杏壇

唐貞觀一年房玄齡言周公仲尼皆聖人然釋奠於學以夫子
也隋大業以前皆以孔子爲先聖顏淵爲先師別祀周公於是
罷周公升孔子以顏淵配四年詔州縣皆作孔子廟今鄉校
塑像位版
羅史聖德王時太監守忠自唐還上文宣王及七十子畫像命
置國學麗史忠肅王從蠻人王三錫請塑文宣王像芝峯曰中
國塑像本國則位版惟開城平壤塑像亦元時來云按塑像本
佛法恐不合於大聖矣我 正廟朝李文源入中國逢孔子宗
孫其言夫子生時有傳神三本而一則奉安闕里一則奉安皇
京太學矣爾國素稱禮義尊崇聖道今一本奉還爾國可也奏
天子而蒙許 正廟曰我國地名闕里者可奉安矣華城有之

曰皇王帝伯日月星辰鬱其滿腹中自輪囷無地可布上騰穹旻惜乎其終於匹士也

文宣王

魯哀公誄曰尼父漢平帝時謚曰褒成聖宣尼公後魏文帝曰文聖尼父後周宣帝曰鄒國公隋文帝曰先師尼父唐高宗曰太師武后曰隆道公玄宗曰文宣王宋真宗曰至聖文宣王元武宗曰大成至聖文宣王按明史張孚敬即璁也改定聖廟祀典易塑為木主而以至聖先師代王號雖有異論識者亦是之云太學士吳沈亦有孔子封王辯言之詳矣清史世宗雍正癸卯追封孔子五代為王

文廟字典曰金月彦明首建孔子廟即私設之塾也[illegible]

我先祖拙修齋嘗作規模書上止菴金亮行上疏以爲其治國之
要在於尙質而救文以寬大敦朴爲體靜審嚴重爲用此實識
時務之言也於今日之治道不爲無助云金三淵歷選海東諸
儒以及退溪花潭問先生先生曰花潭專退溪密有見乎數一
邊而闇乎理之全體此花潭不及退溪處然則以退溪造詣獻
與先生可復受乎先生笑曰我與我周旋久矣 英廟朝西塘
李德壽上疏曰其窮天地萬物之理達皇王制作之源議括宇
宙通貫古今措之日用而發諸事業者卽其一生標準而信口
流出形於紙墨者又滔滔莽莽瞬息千萬言歷數我朝三百年
來碩學宏儒恐無其比不意鴨綠之東乃生如許人物也 弘
齋全書曰拙修齋自是奇傑士宏譚博辯壓倒當世其誌文有

其胤佔畢齋佔畢傳金寒暄宏弼寒暄傳趙靜菴光祖靜菴傳成聽
松琛聽松傳其胤牛溪渾牛溪傳金沙溪長生此相承之序也至
於李晦齋彥李退溪滉李栗谷珥私淑而興起者也余非敢僭
自論定實遵先輩之言耳愚以為孔子之道如河海之水無時
不有無處不在或統接數三傳而衰則莊周出或道喪千餘載
而行則洛閩作竊謂讀孔子書法孔子道雖不傳統而統傳矣
又旬五志曰寒暄靜菴栗谷以小學為入德之門退溪以心經
為初學之宗此則先輩所取之不同也退溪栗谷每卜居必以
山水之趣為重陶山石潭是也牛溪則曰青山白石雖照爛於
門前何益於吾身心道德之上此亦君子好尚之異也
拙修規模

圃隱論理

麗史鄭夢周爲儒士講說發越超出人意聞者頗疑及得胡雲峯炳文四書無不脗合李穡稱之曰橫竪皆得無不當理推爲東方理學之祖

、師門淵源

我朝道學必曰靜退牛栗而南冥之敬義如日月其銘曰內明者敬外斷者義然其學猶祖師不立文字直指人心是佛也文花潭帖壁苦思栗谷曰其自得之妙有似乎康節橫渠云退溪集使人讀之花潭集則燕岩曰有詩文若干入乾隆四庫全書

、傳道統

旬五誌曰自鄭圃隱夢周傳吉冶隱再冶隱傳金江湖叔滋江湖傳

舍人易學

麗史舍人禹倬深於易學號易東程傳初来東方無能知者倬閉門月餘參究乃解教授生徒理學復行退溪曰先生之忠義大節既足以動天下撼山岳而經學之明有務龍門之餘韻矣今丹陽舍人巖即易東讀易處云

學徒坌集

麗史文宗時崔冲教誨不倦學徒坌集遂分九齋曰樂聖大中誠明敬業造道率性進德大和待聘謂侍中崔公徒今基在紫霞洞每暑月借僧房爲夏課令負笈山寺是也東方學校之興自冲始謂海東孔子文儒臣立徒者十一鄭倍傑稱弘文徒盧朝匡憲徒金尙南山徒抵猶湖學之類而無以文立黨吁盛矣

盖其口不能出飛今瓶已破雀飛而去偈曰雀来入瓶中羅縠掩瓶口縠穿雀飛去識神隨業走與佛經牧牛語一回入草去便把鼻孔拽来太玄經所謂不其鼻于尾勞牽之語較得三昧可謂范淳夫女不識孟子却識心矣

方言解經

羅史神文王時薛聰字聰智沙門元曉之子生而明銳博學能文以方言解九經義訓導後生按慶州薛氏譜曰元曉還俗名思禮

景慕晦庵

麗史安裕議置國學掛晦菴先生真以致景慕遂號晦軒周世鵬曰可謂東方道學之祖

譬出此而見性莫如佛畢竟寂滅無修齊治平之功故竊不取

醫情佛根

醫云喜怒憂思悲驚恐爲七情佛云眼耳鼻舌身意爲六根一作六塵李栻作室堂銘以室比心以腎比堂輕薄者笑謂腎學然橫渠說有人之精神盡棲於目死歸於腎孟子曰觀其眸子眸固屬心、亦屬腎故余獨曰畏庵識腎却識心矣

守心縛虎

山谷曰守心如縛虎說郛曰一念之善景星慶雲一念之惡烈風疾雨余謂守之者是心縛之者是心尚不如念之善惡如何

識神捲雀

善惠錄曰國王機惟尼第二女須耽摩遊瓶間言雀在瓶中復

言性亦自此始也

佛性法性 陸機云煙出夫火非火之和情生于性非性之適故火壯則煙微性充則情約

傳燈錄曰智禪師云性即佛〻即性故見性成佛又曰佛有覺性而無情北齊史魏帝問杜弼曰說者妄言法性寬佛性狹何如弼曰在寬成寬在狹成狹若論性體非寬非狹噫弼也非理學名者能知性之體後之名為性理學者能知弼之言耶

濁水摩尼

圓覺經曰清淨摩尼寶珠映於五色隨方各現註性照圓明也杜詩怟有摩尼珠可照濁水源山谷詩濁水得摩尼是也今言性濁水明珠之說出此又佛書曰如何見性師曰譬如屋有六窓內有獼猴東邊呼山〻應六窓俱呼俱應朱子心如屋子之

孟子曰性善荀卿曰性惡揚子雲曰善惡渾

氣質之性

張橫渠始說焉上中下三品韓退之又說焉無善無不善本告子之語蘇東坡胡五峯之說依焉今洛之說曰人物之性同湖之說曰人物之性異又天命之謂性與天所命之謂性異

尊德致知

陸象山九淵曰尊德性王陽明守仁曰致良知又曰無善無惡乃心之體有善有惡乃心之用

道學

禹謨曰道心惟微乃道之始也說命曰惟學遜志乃學之始也爲後世道學之淵源又湯誥若有恒性註新安陳氏曰聖學之

理氣說

理發氣發

子貢曰夫子之性與天道不可得而聞也子思曰天命之謂性孟子曰仁義禮智謂四端喜怒哀懼愛惡慾謂七情朱子曰四端理之發七情氣之發我朝退溪曰理氣互發花潭認氣為性栗谷曰發者氣也所以發者理也我先祖拙修齋曰本然命物又兼氣流行又渾融合一又分開各主張栗谷見處偏於流行渾融耳

性善惡渾

說文曰人之陽氣性善者也從心從生通論人因五方之風山川之氣以生故曰性者生也既生有稟曰性故於文心生為性

芝峯曰中朝人所爲文章輒即刊布盖出於好事而至於增刪古書竄入己名以爲生活尤可笑前朝李詹報本朝徐居正姜希孟集及其生時亦印行于世云

漫謾錄李應男之侯鯖瑣語許筠之海東野言李廷馨之東閣雜記黃兔記事車天輅之五山說林李睟光之芝峯類說金德諴之醒翁識小錄許穆之眉叟記言李瀷之星湖僿說南夏正之桐巢謾錄朴趾源之燕岩日記徐命膺之攷事新書皆文學君子經綸賢士欲垂名於簡策故托蹟於書籍耳

呵木毁茶

王弼註易刻木爲鄭玄像見其所誤輒呵叱之鬻茶者陶陸羽形置煬突間祀爲茶神因李季卿不禮羽更著毁茶論云喜易也後生師事而或見弼呵嗜茶也鬻者祀奉而或遭李禮則吾恐著述者有呵木毁茶之譏也

文集刊行

李喜祚之青野謾輯　之朝野會通李肯翊之燃藜述山川志則盧思愼之輿地勝覽李重煥之擇里志兵略則金宗瑞之東國兵鑑李舜臣之忠武全書禮說則許稠之五禮儀朴世采之南溪禮說李德懋之士小節經濟則申叔舟之經國大典鄭道傳之經濟六典柳馨遠之磻溪隨錄詩話則權文海之大東韻玉南龍翼之箕雅許筠之國朝詩刪趙明觀之樗湖詩話記聞則崔致遠之桂苑筆耕徐居正之筆苑雜記李淨之青坡劇談金時習之金鰲錄南孝溫之秋江冷話柳夢寅之於于野譚曺偉之謏聞瑣錄成俔之慵齋叢話金正國之思齋摭言姜沆之看羊錄趙完璧之安南日記申光漢之企齋記異魚叔權之稗官雜說李耔之陰崖日記沈守慶之遣閑錄權應仁之松

文曆譜五行著龜雜占形法方技畧即醫經、方房中神仙

小說

藝文志曰小說家盖出於稗官街談巷說王者欲知閭巷風俗故立稗官唐裴硎著小說傳奇今小說之始

、寓物著書

陸羽茶經王績酒經師曠禽經桑欽水經王積薪碁經范蠡魚經、寗戚相牛經伯樂相馬經浮丘伯相鶴經賈耽百花譜范石湖梅譜菊譜歐陽修牧丹譜劉貢父芍藥譜

垂名托蹟

我東史家則金富軾之三國史鄭可臣之海東綱目鄭麟趾之麗史俞棨之麗史提綱徐居正之東國通鑑柳成龍之懲毖錄

墨家者流蓋出於清廟之守茅屋采椽貴儉兼愛及蔽者為之
見儉之利因以非禮推兼愛之意不知别親踈
縱横家流蓋出於行人之官權事制宜受命而不受辭及邪人
為之上詐諼棄其信
雜家者流蓋出於議官兼儒墨合名法及盪者為之漫羨而無
所歸心
農家者流蓋出於農稷之官勸耕桑足衣食及鄙者為之欲使
君臣並耕誖上下之序即孟子所謂許行饔飧而治是也

七畧劉歆所奏

輯畧即羣書總要六藝畧即六經諸子畧即九流詩賦畧即屈
原荀卿揚雄作兵書畧即權謀技巧形勢陰陽書術數畧即天

九流、輩也叙諸子分為九

儒家者流蓋出於司徒之官祖述堯舜憲章文武宗師仲尼於道最高然惑者失精微僻者離道本苟以譁衆取寵

道家者流蓋出於史官歷記成敗古今之道秉要執本清虛自守及放者為之欲去禮樂棄仁義

陰陽家流蓋出於羲和之官曆象日月敬授人時及拘者為之牽於禁忌泥於小數舍人事而任鬼神

法家者流蓋出於理官任賞必罰以輔禮制及刻者為之殘害至親傷恩薄厚

名家者流蓋出於禮官古者名位不同禮亦異數及謷音工鈎切許也者為之苟鈎鈲破也析亂而已

字音

芝峯曰瀧水之瀧音雙句讀之讀音豆月氏之氏音支先零之零音連献尊之献音荷寧馨之寧音寗選懦之懦音軟盟津之盟音孟矰繳之繳音勺枹鼓之枹音孚綸巾之綸音關犧尊之犧音莎率更之率音律落魄之魄音扑椎結之結音髻戲下之戲音麾受釐之釐音僖虎魄之魄音薄猗旎之旎音儺玄端之端音冕臯比之比音皮渚漢之漢音灘井幹之幹音韓隆準之準音拙袒免之免音問伍員之員音還按宛委餘篇員為去聲韻玉作平聲又干支中丑字本上聲而俗作入聲壬字乃平聲而俗作上聲謬矣辰音辛而俗作真音以與申同音故也

音賤寒蚓也亦誤以蠶繭之蠶為蚕蚓之蚕也

好姦

字典曰高麗用中國書獨以姦為好字好為姦字似姦半字用奸即好字之訛

丘卬群羣

我正廟諱孔子名丘而加阜傍即大卬平卬是也君旁羊字非禮也體邉骨字非生也今奏御文字羣不群體用軆云

字不載經

真偽之真出於道書之葆真蓮荷之蓮出於佛經之青蓮也字不載尚書旡字皆用周易釋迦之釋在之書釋茲在茲是也佛法之佛詠於詩佛時仔肩是也

學生都不来

雷覽

芝峯曰皇華集中多用雷覽二字雷是電之訛華人簡帖有之盖瞥着之義也按魚魯豕亥帝虎芋羊漬清陶陰杕杖獐璋臘獵根銀蒐蒐鱸鑪挏桐苐芋雎睢盡盡綿線萬萬温媪門閏之類甚多不可殫記

亚聲

字典曰兩足相距不行也上下會意集韻曰聲古詩字馬史愍學者不達其意而師詩註惑又乚音烏懸也乚說文幻本字

虫蟲

韻書曰虫音虺鱗介總名今誤以蛇虫之虫通蟲豸之蟲也蚕

詩話曰渾句中多用水字諺曰許渾千首濕以羅隱詩語不離一身故對以羅隱一生身不若杜甫一生愁也鄭谷喜用僧字魏野之鶴字車天輅之釰字溫庭筠之艶體王建之樂府李白之遊俠詩亦若韓碑柳記蘇論之長技也歷史曰荊公云李白才高而識卑言酒色盖十八九（又淵明閑情賦盖女色移人情謠雖反故防閑之旨語近猥褻故昭明曰白玉微瑕）

刻燭賦詩

齊史竟陵王夜集蕭文琰丘令楷江拱約四韻刻燭一寸梁王泰亦刻燭文不加點今火繩作與燭刻場中是也

都、平丈我

曹元寵題村學堂圖云此老方捫虱衆雛爭附火想當訓誨間都、平丈我盖杭諺云都、平丈我學生滿堂坐郁、乎文哉

有餓俘無子者其伴祭曰大豈飢兮須非恙安得盲嗣兮守死停亦妙矣

白鷗紅塵

思庵柳淑碧瀾渡詩云久負江湖約紅塵二十年白鷗如欲笑故、近樓前竟未免白鷗之笑秋江南孝温和云未識紅塵路江湖四十年思庵終賤手余在白鷗前亦未免紅塵之厄

斜陽清陰

詩話曰洪柱世為金清陰尚憲詠竹曰澤畔有孤竹雲梢秀衆林斜陽雖萬變終不改清陰此詩流入中國、、人問我人爾國有金斜陽乎盖誤以尚憲為斜陽也

許渾千首濕

夢中若見周公聖須問當年吐握勞其父不省明朝又投刺朴相見其詩問爾所題否驚惧觀其字畫乃孝孫筆因吐實朴相納孝孫爲婿云按堯山記曰韓魏公帥北都時李清臣以大祝方寢不通刺乃題詩於刺而獻云公子乘閑卧彩廚白衣老吏慢寒儒不知夢見周公否曾說當年吐哺無又李玉峯詩妾身非織女郎豈是牽牛開卷一笑曰一婦以夫盜牛事犯上縣尹詩云洗面盆爲鏡梳頭水當油妾身非織女夫倒會牽牛又若使夢魂行有迹門前石逕已成沙即尹鉉贈西原妓詩若使夢魂行有迹西原城北揔成蹊

用古文劉貢父作今語

東坡嘲病風人曰大風起兮眉飛揚安得猛士兮守曼樑逝貉

復生須共潘十厮炒若今雜炒一鍋不可分别之謂也

俗語詩句

金公喜詩鳥聲聞大學魚躍見中庸戲語成句如黑猫踞門蹌白鼠下椽走怒虎誠難犯飢狗走隣家井中魚井〻楼上鳥播〻又爲寒廣太祖不來陶淵明欲䑓秦太子又無楚霸王我見京之表都是衣冠裳之類亦多金鐘秀鄉行將罪越路樵者樵請詩牘而但知諺文乃曰人手執丁也蟲朱曼蔗〇穿曼木也四着也間公都是爲口欲知亡點䊸須避己方䊸云

今詩古語

東人詩話曰尹孝孫父爲錄事晨往朴相元亨之門日晚未通剌還孝孫兒時書剌尾云相國酣眠日正高門前剌尾已生毛

河鼓月掛扶桑宇宙燈可見詩出性情不拚氣像也如此

正統

資治通鑑曰合萬國而君之謂王、德既衰强大之國帥諸侯尊天子者謂霸自漢儒推五德生勝以秦爲閏位在木火之間霸而不王於是正閏之論興矣朱子以帝曹魏冠蜀漢帝朱梁冠河東繫武后之年出中宗之紀故作綱目也愚以爲得天下以正曰正合萬國一統曰統蜀固正而未統者秦亦統而未正者三代後正統者惟漢爭胡元宜屬秦之閏而六朝後正統者其明乎唐經亂周紀亦不知天王居鄭之義也

廝炒

王直方詩話曰潘邠老多犯杜詩使老杜亦難爲存活使老杜

即采蓮曲之始也蓀谷詩蓮葉參差蓮子多蓮花相間女娘歌
來時約伴橫塘口辛苦移舟逆上波當合並着采蓮舟之句矣
而立者稀

侯鯖錄曰東坡與老人六十九歲爲隣其妻三十歲生子坡贈
詩曰聖善方當而立歲頑尊已及者稀年

讀宋史

國朝詩删曰挑燈披讀便長呼天地間無一丈夫三百年來中
國土如何付與老單于可謂講和前有春秋宗周之意也

詩觀氣像

宋太祖初日詩未離海底千山暗纔到天中萬國明唐宣宗朴
淵詩溪澗豈能留得住終歸大海作波濤清汗詩風驅大漠山

人中景

備要曰坡戲杭妓琴操云我作長老爾試叅禪琴問湖中景坡云落霞與孤鶩齊飛秋水共長天一色何謂景中人坡云裙拖六幅瀟湘水鬢挿巫山一段雲何謂人中景答曰隨他楊學士鱉殺鮑叅軍如此究竟何如坡云門前冷落鞍馬稀老大嫁作商人婦琴即悟為尼云今人中景為商婦為僧尼者多矣

瓜田納履

顔延年詩云瓜田不納履李下不整冠所以為君子善處嫌疑聞可恒誦而不忘也

采蓮歌

淮南子曰唱采菱發陽阿謝靈運詩采菱歌易急江頭歌不緩

唱得陽關意外聲舊時惟有米嘉榮註元和樂人

丈夫淚

陸龜蒙詩丈夫非無淚不灑離別間元牛繼志贈別牧隱詩我有丈夫淚泣之不落三十年今日離亭畔爲君一灑春風前

一詩酒花

梁史蕭琛言少壯三好音律書酒年長二事都廢惟書不衰近有人詩云書畫琴碁詩酒花少時件件不離他今來此事都更變薪米油塩醤醋茶

花影詩

杜荀鶴詩風暖鳥聲碎日高花影重又唐詩重重疊疊上高臺幾誤家童掃不開盖重疊爲影善形容矣

遮莫

杜詩遮莫隣鷄下五更註猶言儘教也猶努力謂侔莫厚薄謂遮莫勉強謂文莫之類蓋當時方言也

雨別

獨孤及詩雜華成雨別芝峯曰陳琳檄雨絕于天王粲詩一別如雨言雨之降而不還也

紕

廣韻曰絹帛紕起如刺急就篇云錦繡縵紕離雲爵是也紕即毛也

陽關

王維送別云西出陽關無故人因此有陽關三疊曲劉禹錫詩

柳文永州有步蓋鍛鑄者居其人去爐毀冒號而存坡詩蕭然三家步橫此萬斛舟註舟之可泊處曰步韓文步有新船是也

、漢諺識諷

其曰蘭生自然香生於大道傍腰鐮八九月俱在束薪中喻賢愚雜也采葵莫傷根傷根葵不生結交莫羞貧羞貧交不成喻交道也直如絲死道邊曲如鉤反封侯以李杜暴尸胡廣趙戒封侯也何以孝悌為財多而光榮何以禮義為史書而仕宦何以謹慎為勇猛而臨官舉秀才不知書察孝廉父別居寒素清白濁如泥高第良將怯如雞蓋切中時病也

、耐可

李詩耐可乘明月看花上酒船芝峯曰耐可猶如何可也

芝峯曰唐詩可憐無定河邊骨猶是春閨夢裡人一句言簡而意

掠削

元稹宮詞春嬌滿眼睡紅綃掠削雲鬟旋粧束似戍削爲掠削

戍削

上林賦揚袘戍削註揚袘擧皃也戍鮮也削衣刻除貌言鄭女之衣美也又耿闇易以恤削註恤戍同又李白詩巉巖容伐戍削風骨註清癯貌盖掠削戍削恤削同意而風骨戍削則異矣

蒿目

莊子曰蒿目而憂世之憂註目欲閉不閉也荊公詩憂時自悔目空蒿是也

鐵爐步

談錄裴度曰見我龍種相戲角註老病也廣韻曰竹名也年老者如竹枝葉搖不自禁持唐詩淚袖龍鍾淚未乾則淚痕也杜衡檄文龍鍾稱子註不翹舉如鬛鬖拉搭之類荀子隴種而退註遺失貌如隴之種物正字通曰龍種即隴種之聲轉也又儱偅盧仝詩作躘踵

隔并

漢郎顗疏曰歲無隔并註隔并水旱之謂也

堯柳

宋文帝受命頌曰南過舜梧北平堯柳按小説堯舜之地東極扶桑西通細柳云盖用此也是時南北未混一故曰北平堯柳

古戰場文

唐詩云含悲向白龍

抱犢山

福地記曰山在上黨後魏葛榮亂時冬極寒百姓抱犢於山免凍死因爲山名焉王維詩入雲中兮養鷄上山頭兮抱犢是也

燕支

漢匈奴歌云失我燕支山使我婦女無顔色註以其山出臙脂故也唐詩塞上臙脂凝夜紫是也古人多用代作燕支字正字通云燕國所出習鑿齒與燕王書曰山下有紅藍北方人採取其花染緋黄挼取其上英鮮者作臙脂婦人採將用爲顔色因名妻作閼氏

龍鍾

還士卒等臺云公主望鄉之臺晉永嘉亂安陽平城两公主奔
入河界為民妻村民共築舘以居之云

避債臺

漢諸侯王表周有逃責之臺註赧王負責乃逃此臺洛陽南宮
謻臺是也有人詩云俛送瑟縮焚香室周赧彷徨避債臺又放
翁醉登避俗臺

平胡到天

岑參詩平胡此到天ヽ指天山也杜詩陽關已近天呂温序西
窮于天盖胡謂天為祈連即祈連山

白龍堆

匈奴傳踰白龍堆而寇西域註堆在西域如上龍身無頭有尾

絜折吁吸不通寒冽、之語

琵音弼

芝峯曰唐宣宗挽樂天詩綴玉聯珠六十年誰教冥路作詩仙童子解吟長恨曲胡兒能唱琵琶篇按琵音弼云香山枇杷詩深山老去惜年華況對東溪野枇杷枇音弼是也

東風莫殺吹

白香山半開花詩西日憑輕照東風莫殺吹註殺去聲疾也正字通今樂府有元殺旁殺之別元人傳奇白鶴子一殺二殺即其遺聲也非生殺之殺

出塞望鄉

芝峯曰將軍出塞之臺註漢成帝時王潰與王莽有隙戍邊不

落參橫始而但冬子黃昏時參已見至丁丁夜則西沒安得將朝
而橫乎坡詩耿耿獨與參橫昏句精當

落霞孤鶩
韻玉曰落霞鳥名也滕王閣序落霞與孤鶩齊飛小說云乃飛
蛾也鶩逐蛾虫而欲食也

著明侍伴
西清詩話曰王君玉云雪未消者俗曰待伴詩云待伴不禁鴛
瓦冷著明常怯玉鈎斜

折綿氷酒
潘之有詩或能折綿風力欲冰酒庾肩吾詩勁氣方凝酒清
咸王折綿本出阮籍大人先生歌陽和微陰氣竭海凍不流綿

白馬公孫

函谷關歌白馬公孫何處去青牛老人更不還註馬秦嬰

犬月羊年

周伯陽父曰羊被鬼吞馬逢犬逐為午未年宋冬青行云犬之年羊之月霹靂一聲天地裂本以戊未為言今誤謂胡年若紅羊白馬之紀

兩鳥

韓詩不停兩鳥鳴大法失九疇註兩鳥言釋老也坡贊李白像云化為兩鳥鳴相酬一鳴一止三千秋是也

月落參橫

容齋隨筆曰梅花詩多用月落參橫字自趙師雄翠羽剌嘈月

吳歌曰翩 白鳩懷我君德来集我庭註吳人患孫皓思歸晉也可憐白符鳩枉殺檀江州者疑讓人以道濟背宋誦此證之

時誤拂絃

吳語曰曲有誤周郎顧註瑜精於音律有誤必顧問也

玉筯

燕歌行玉筯應啼別離後城南聯句寶唾吐未盡玉啼墮酒鎗註婦人咳唾如珠璣啼泣如玉筯宋蕭嶷明母病祈禱時寒淚氷如筯則蓋以淚為筯不獨婦人也

習家池

晉山簡遊習氏池輒醉兒童歌曰日夕倒載歸倒着白接羅擧手問葛強何如并州兒註襄陽習郁池為奇勝愛將強并州人

按詩云裁成白紵揚註紵吳地所出而白紵舞本吳舞也唐詩
爲君起唱白紵歌是也又云躡珠履步瑤筵起身輕舞紅燭前

團扇不辭勞

班姬歌云常恐秋節至涼飈奪炎熱棄捐篋笥中恩情中道絶故
唐詩云秋風能再熱團扇不辭勞也王珉婢謝芳歌云團扇復
向誰持詩自障面顚頓無復理羞與郎相見亦崔鶯鶯詩爲郎
顚頓却羞郎

打鴨驚鴛鴦

魏泰詩話曰呂士隆知宣州好笞妓適杭州一妓到喜之一日
欲笞郡妓 曰恐驚杭妓梅聖俞詩莫打鴨〻〻驚鴛鴦

白符鳩

是也亦人心之不同如人面之不同也

刺促

晉語曰王濟鞅裴楷輶和嶠刺促不得休註刺促言受役於世也

唐詩刺促復刺促借此名篇

畢逋

漢謠云城上烏尾畢逋註烏貪殘之鳥也畢皆也逋無也謂爲政貪也坡詩歸時禱鴉西畢逋

數錢

城上烏謠云河間姹女工數錢註姹女董后也唐詩對客挑燈誇數錢是也

白紵詞

化爲石唐詩望夫處江悠悠化爲石不回頭是也明史靖難時黃觀死觀妻翁氏投水時嘔血石上成小影沃之愈明名曰翁夫人血影石林悰愁城志言別離而欲避之於天上遇牽牛織女亦返

長干

唐詩註江東謂山隴間曰干建康地有大長干小長干中有長干寺李白長干行言幼年成婚崔顥詩同是長干人生少不相識

勞勞亭

李白詩天下傷心處勞勞送客亭註江寧縣古送別之所若長安之銷魂橋

偪仄

潘安仁西征賦華夷士女駢闐偪側孕不同杜詩偪仄何偪仄

白鷺送酒

古詩白鷺銜烟送酒来按此魏時諸曹之使爲急賜伺察官爲白鷺蓋用此也

孤鴈雙燕

說郛曰鴈屬陽燕屬陰 數偶陽數奇故詩語不曰隻鴈而曰孤鴈不曰孤燕而曰雙燕

忠泉孝筍

庾信文忠泉出井孝筍生冬蓋用耿恭拜井孟宗泣竹之哀江南賦寒霜夜零懸泉欲滯蓋用鄒陽李廣利事

望夫石 井邑縣人爲商久不至妻登山石而望之恐其夫夜行犯害托泥水之污作歌名其曲曰井邑也 傳登岾望夫石足跡猶在

神異記曰武昌山北一貞婦送其夫從役至此山立望其夫死

楊方云我情與子合亦如影追身寢共織成被絮用同功綿

青玉案

張衡詩何以報之青玉案呂少衛云桉乃古椀字故孟光擧桉齊眉之桉考工記案有十有二寸註食器有十有二列也

火伴

通典兵制五人為烈二烈為火五火為隊司馬法人、正、辭火、註一火與一火猶人、殊之即謂火伴木蘭詩出門看火伴是也

陽關三疊

陸務觀云陽關三疊者每句再疊而前一句不疊若每句再疊則通篇是四疊矣古詩曰聽唱陽關第四聲即勸君更進一杯酒

叔玄宮女賞軍卽懊惱之始也齊史王敬則子仲雄彈烏尾琴云常歎負情儂郞今果何許郞文苑之負情儂名篇也是薄情郞之謂也杜牧詩贏得青樓薄倖名是也

沁水園

漢史竇憲奪沁水公主園故唐人詩類用之

囉嗊曲

通雅曰囉嗊猶来羅也唐詩集云金陵有囉嗊樓元佑贈娼女劉采春所製囉嗊曲云更有惱心腸斷處還詞能唱望夫歌令望夫詞爲囉嗊曲出此嚴灌夫妻愼氏被黜詩云便是孤帆從此去不堪重過望夫山 謝郞中女送夫王元甫詩云此去惟匠早丶還休教重起望夫山君看湘水祠前竹豈是昂見淚斑斑

合歡詩

相從死亦從

廣陵散

嵇康傳曰康宿華陽亭彈琴夜有客詣之共談音律索琴彈爲廣陵散以授康誓不傳人及康臨刑曰袁孝尼從吾學斯之今絶矣後韓皐聞琴歎曰嵇康之爲是曲其當魏晉之際乎康以揚州廣陵地王凌毋丘儉爲牧謀興復而死然魏亡自廣陵始

望江南

朱崖李太尉鎭閔西日爲亡姬謝秋娘所作後入敎坊

負情儂

晉史安帝時有懊惱歌云草生可攬結女兒可攬擷註誅桓玄

笑別廬山遠

遠乃遠法師也約居廬山出不過虎溪而與陸脩靜陶淵明話別不覺過虎溪仍相視而笑故為三笑圖

不及石尤風

無將故人酒不及石尤風語錄石家女別尤家郎死為西風

河滿子

白樂天云滄州人姓何名滿開元中犯罪繫獄中撰此曲贖獄愍之為奏明皇不許竟坐唐詩一聲河滿子雙淚落君前註唐武宗疾篤有孟才人者以歌獲寵請歌一曲河滿子氣亟立殞醫候之曰脉尚溫而腸已斷按剪燈新話金定贈翠翠詩樂處豈知愁處苦別時雖易見時難翠答云腸雖已斷情難斷生不

着花滿眼淚

或曰花是息國所生女名故爲不共楚王言之淚云

古東門行

朱子語錄云柳子厚劉夢得以王叔文黨爲武元衡所擠故古東門行似憐之實快之玄都觀桃似嘲之實侮之

遺恨失吞吳

東坡別集夢有人言盖欲吞吳爲失策非不吞吳爲遺恨也

木蘭辭

詩註木蘭朱氏女名也

江楓漁火對愁眠

註愁眠山名也夜半鍾聲到客船乃寒山寺故事夜半擊鍾也

含情出戶脚無力拾得楊花淚沾臆秋去春還雙燕子願含楊花入窠裏柳子厚詩楊白花風吹渡江水是也長信麗人金明枝詞亦似託此而爲詩也

君家阿那邊

義山詩金屋粧成貯阿嬌韻書阿孰也音屋又阿誰扶上馬

歡

蕭齊楊叛兒曲暫出白門前楊柳可藏烏歡作沉水香儂作博山爐蓋歡即詩之子美云此之美即郎也

綠蒲堪把

唐詩清淺白石灘綠蒲向堪把家住水東西浣紗明月下註綠蒲堪把二村名也東西乃東施氏西施氏也

山谷詩欸乃棹船相應聲註音襖靄劉蜕有湖中靄迺歌劉言史詩閑歌曖迺深峽裏元次山欸乃歌柳子厚詩欸乃一聲山水綠皆字異而音同

子夜歌

漢武帝時有女名子夜作歌云宿昔不梳頭絲髮披兩肩婉伸郎膝上何處不可憐

莫愁歌

樂譜石城女名莫愁善歌故艇子打兩槳催送莫愁來是也

楊白花

後魏胡后通楊白華 懼誅降梁胡后作歌使宮人連臂歌云陽春二三月楊柳齊作花春風一夜入閨闥楊花飄蕩落南家

柳之興又相如賦翺翔容與註閒適貌

洞庭月落孤雲歸

唐琵琶行云曲終調絶忽飛去洞庭月落孤雲歸雖言無名氏所作而孤雲作黃巢檄歸故國時耶考於桂苑筆耕可知也又唐張喬送新羅賓貢進士金夷魚詩渡海登仙籍還家備漢儀孤舟無定泊萬里有風隨今東史無可攷

闌干

薛令之詩苜蓿長闌干韻書闌板閒也曹植詩月落參横北斗闌干註横斜貌王元景曰別後闌干註淚不斷韻會謂眼匡又西南夷傳闌干細布註獠言苧也盖一闌干有四意各不同

欸乃

昭君怨何須薄命去之句實借此用之

大山小山

淮南招隱詩序八公之徒分造詩賦稱大小山如大小雅

綠陰芳草

王介甫初夏詩云晴日煖風生麥氣綠陰幽草勝花時芝峯曰我國人改幽草爲芳草韻意倍淸勝云

白雲明月

晉謝安携妓遊東山故唐詩不向東山久薔薇幾度花白雲還自散明月落誰家註雲月二妓名安爲築二樓薔薇洞府花

謾與

坡詩袖手焚筆硯淸篇眞謾與杜詩有謾與九篇大章言對花

、烏夜啼

宋臨川王義慶坐廢妓妾夜聞烏啼云應有赦遂製琴曲曰籠囱〃不開烏夜啼夜〃憶郎來

鼓嚨胡

漢小麥謠云請爲諸君鼓嚨胡註鼓動也嚨胡喉吭也私詞語

、臨高臺

漢軍樂鐃歌之一也君臣登臺臨眺羣臣頌之巫山高亦鐃歌也漢高入蜀淮上之人未得用而思歸豈淮陰侯道亡而作耶有所思亦鐃歌也淫女念所私者疑有他志作此以絶之

妾薄命

漢史許皇后云奈何妾薄命曹子建樂府因以妾薄命名篇而

青萍結綠

芝峯曰李白書云青萍結綠長價於薛下之門 按下當作卞青萍劒號結綠玉名薛、燭越之知劒者卞楚之卞和也

金錯

漢食貨志莽造大錢以黄金錯其文曰一刀直五千 杜詩金錯囊垂罄韓詩何須悟錯刀皆錢也東觀記賜鄧遵金錯刀孟浩然詩美人贈金錯纖手鱠紅鱗此刀也

叢霄

元播芳賀表叢霄瑞色西域徽纛張九齡詩瑞雲叢捧日 蓋叢簇聚之意

東家王

梁武帝歌云恨不早嫁東家王、盖王昌不知何代人

古樂府曰客從遠方來遺我雙鯉魚義山詩曰雙鯉迢、一紙書註古人尺素結爲鯉魚形卽緘也唐制魚符亦象鯉形

村墅

增韻聚落也經史無村字陶詩曖、遠人村桃源記村中咸來問訊始也墅註田廬晉史謝安碁賭山陰墅始也

鄕里

南史張彪傳我不忍令鄕里落它處沈約詩還家問鄕里詎堪持作夫註古人夫稱妻曰鄕里

梅根冶

庾信枯樹賦云南陵以梅根作冶孟浩然詩火熾梅根冶按此晉時冶官所居楊愼謂冶卽野字非

郢書燕說也採紅詞似出於此也

薄、酒

趙明叔云薄、酒勝茶湯醜、婦勝空房東坡賡之云麁、布勝無裳

返照復照

王維鹿柴詩云空山不見人但聞人語響返照入深林復照莓苔上或曰鹿子一歲謂返照三歲謂復照聞人響而驚走非日光之返照也且上字自下而上則韻叶上聲云爾雅註麛子麛音助關中謂小兒為麛子取此義又唐詩山中無別味藥草兼魚果、、非魚與果乃草名是以無別味也

書札曰雙鯉

介甫詩臥占寬閒五百弓註西域度地以肘以四肘為一弓唐尺許之五百弓為二里

、垂楊生肘

莊子曰支離叔與滑介觀於冥伯之丘俄而柳生其左肘坡詩宴坐柳生肘長篇今日垂楊生左肘則亦坡詩水底笙簧蛙兩部山中奴婢橘千頭之變用鼓吹謂笙簧木奴謂奴婢之為也

、燭摇紅

後林詩話云嘉定中寧相好士不能用客曰外間盛唱燭影摇紅詞云幾回相見〻了還休爭如不見蓋譏唐杜悰不薦謂秃角犀之意也韓子云郢人遺燕相書方夜謂持燭者曰舉燭而書者誤書之燕相受書曰舉燭者高明〻〻者舉賢而用之故

杜詩燈前細雨簷花落按徐稱與陳蕃書簷花細雨豈不願來一夕敎云

採支

坡六言詩採支六月涼風註須借爲採支似分支爲方語

噫嘻吁 筆記曰蜀人見物驚異輒曰噫嘻吁李白蜀道難用之乃知噫嘻吁三字爲

撲漉

冷齋夜話曰龍女詞云數點雪花亂委撲漉沙鷗驚起亦鴈陣驚寒之意而撲漉或龍宮之方語耶

澆書攤飯

放翁詩澆書滿飲浮蛆甕攤飯橫眠夢蝶床註東坡以晨飲爲澆書太白以午睡爲攤飯

四肘一弓

次用韻也今應製體出此

明堂歌

祭黃帝辭五言土數靑帝辭三言木數赤帝辭七言火數白帝
辭九言金數黑帝辭六言水數

詩有六對

詩苑曰上官儀云正名對同類對連珠對雙聲對疊韻對雙擬
對又云有八對而今遺對色對數對卦對宿對六甲對四方對

遊體

僉載曰徐彦伯為文以多狗為幷犬竹馬為篠驂月兔為魄兔
風牛為飛犢後進效之謂遊體宋劉攽賦天地乹萬物茁亦遊也

細雨簷花

者單出單入兩句換韻爲單轆轤雙出雙入四句換韻爲雙轆
轤也前韻少後韻多爲謝蘆韻也倒抽韻如韓愈詩碧流滴瓏
玲光景何鮮新杏花兩株能白紅及慨慷恭鹵之類甚多又寬
韻則泛入旁韻窄韻則因難見巧愈出愈奇唐人賡和有次韻
用韻依韻次韻是效其次第韻依韻同在此一韻中用韻用
彼之韻不必次之如昌黎陸渾山火詩之類也詞疊用韻如山
山阮郎歸詞疊用四山之類也雙聲疊韻如互護爲雙聲磯碻
爲疊韻也詩病大韻如聲鳴爲韻上九字不得用驚傾平榮字
少韻除本韻一字外九字中不得兩字同韻如遙條同句也詩
用重韻如八仙歌船眠天前韻韓退之庭楸押三間字阮籍秋
懷押兩歸字之類也宋太宗三年始詔進士律賦并以平仄依

要明洪武中宋濂修正韻此韻書之大略也唐楊收傳夫旋宮
以七聲爲均〻言韻也古無韻字猶言一韻聲也韻字古文均
音員爲韻
呂靜韻集曰單出爲聲成文爲音〻員爲韻沈約作文用宮商
将平上去入四聲製韻有平頭上尾蜂腰鶴膝之名又讀轄韻

一體筆家書法得其體之譬也

正紐旁紐

詩苑類曰詩病有正紐旁紐謂十字內兩字雙聲爲正紐如流六是也若不共一紐而有雙聲爲旁紐如流柳是也今謂犯紐

韻均

晉律曆志曰凡音聲之體務在和韻陸機賦收百世之闕文采千載之遺韻字典曰文人言韻始此漢魏以上之書皆言音不言韻自晉以後音降而爲韻矣韻書之最古者莫如魏李登聲類晉呂靜韻集齊周顒四聲切韻梁沈約四聲一卷隋秦王俊韻纂陸法言切韻至唐孫愐唐韻出而諸書皆廢宋陳彭年修廣韻丁度有集韻金韓道昭有五音集韻元黃公紹有韻會舉

剪燈新話 稗史曰剪燈新話乃楊廉夫所著非秋香亭記是瞿宗吉所作

世傳元末瞿宗吉與曾先之善約十年別各著一書垂名後世及期宗吉載剪燈新話屢百卷于船將訪先之誇先之獨懷史略八卷而往宗吉先索見之歎曰子書將天下萬世人讀之我書乃稗官小說不過村兒燈下弄談盡投之江先之急攬只二卷云百體具備利於吏文故吏胥家多讀之

生老病死苦 絜齋芝峯曰今之千字文與周興嗣所編也武帝每字作紙雜碎令韻之反矣之梁貞潔執霧同盈章恩成日負謂之謂着作絜彥紀因女孕誠以景其行百二字隨所命郭綴所書千字文作貞烈未知何詩也

普門品經曰生老病死苦以漸悉令滅宋熙寧中一書言介甫生曾公亮老彥國病唐介死趙抃苦之語出此而韓絳爲傳法師門呂惠卿爲護法善神之說亦出佛書達磨將滅曰道副得吾皮揔持得吾肉道育得吾骨慧可得吾髓亦爲禪門弟子得

文苑查橘中會真記待月西廂下一句巧演而成爲山棚之戲故鶯鶯上是也金瓶梅紅樓夢等小說不可使新學少年律己君子讀也

南征記

世傳金北軒著九雲夢南征記等小說使宮女朝夕諷誦欲感悟　聖聰期返　閔殿也　肅廟聽南征記而悟曰無麟兒之謝氏將焉用哉又說月安氣濟母所著欲流入宮禁廣聲譽也

創善感義錄

我先祖拙修公行狀曰太夫人於古今史籍傳奇無不博聞慣識晩又好卧聽小說以爲止睡遣悶之資公自依演古說搆出數冊以進世傳創善感義錄張丞相傳等冊是也

辭不爲莊語種　皆假丹訣而立言也

水滸志

莊嶽委譚云世傳水滸志元人武林耐菴施某嘗入市肆細閱古書於敝楮中得張叔夜擒賊招語一通備悉其一百八人所由起因潤飾此編其中用意非倉卒可窺古人謂有丘明太史之長亦近之矣許筠四部藁以爲水滸傳著於一人之手宜羅氏三世之啞也則筠之愽古有此謬認也

三國志

劉勰所著欲攻曺扶漢形容孔明妙計而便粧出一神妖人則此不知立言之道也

西廂記

人各以旋經唐音樂名為令曰羔羊之皮經歲又經年陳皮白石膏、江南雨初歇滑石習、谷風日暮掩柴扉防風又文句人名曰顧左右而言他顏回挾泰山以超北海馬超近水樓臺先得月淵明月生於東山之上左丘明東晉司馬遷殺沛公豈無沛公劉更生之(李[illegible]上官[illegible]呂望)類皆文人酒令、、者魏文侯觴政始也

西遊記

句五志曰沙門宗藩即玄藏也取經記行之而特加修鍊之旨古人以為如猴王坐禪即煉氣也老祖宮偷丹即吞霖珠也大鬧天宮即煉念也侍師西行即般運河車也火炎紅孩即火候也黑水通天河即退符候也至西而東還即西虎交東龍也一日而回西天十萬路即攢簇周天數於一時也雖支離漫延其

女委鬼魏又以來力勑正整識趙整也此則聯屬作字也岳正公夏公埧飲曰傘字有五人下列衆小人上侍一大人所謂有福之人、服事無福之人服事人夏云爽字有五人停列衆小人中藏一大人所謂人前莫說人長短始信人中更有人此則釋字為句也鉏麑觸槐甘作木邊之鬼豫讓吞炭終為山下之灰人從門內閃公向水邊沿半夜生孩亥子二時難定兩家作配己酉一日最吉人曾作僧人弗能作佛女卑為婢又可為奴此則分合為字也又奉常奉事奉一誠奉慈殿奉審去是一人兼五奉字羅州羅將羅萬甲羅市浦羅叭吹亦一人兼五羅字又兵使褒仁範有卒甘真壞者兵使曰負柿猶慕宮對以戴梨虎此則以方音釋也又麥根、、對桐實、、亦方音釋也三

吳孟子寺人孟子一男一女一似男似女對以周宣王齊宣王
司馬宣王一君一臣一不君不臣義經六字艮巽坎兌震离對
以周禮一書天地春夏秋冬觀音大士妙音梵音海潮音對以
諸相如來人相我相衆生相初月如弓殘月如弓上弦弓下弦
弓對以朝霞似錦晩霞似錦東川錦西川錦新竹如村姑遇節
畧施薄粉對以落梅似老妓下梢猶帶餘香又高騈一字令曰
口有似沒斗量薛濤曰川有似三條椽方千里戲張更生曰古
人是劉更生今人是張更生手執一卷金剛經問爾是胎生卵
生濕生化生張答曰古人是馬千里今人是方千里手執一卷
刑法志問爾是五千里三千里一千里黃魯直孫莘老聚飲一
人曰戊丁成血盛或曰王白珀石碧或曰里子野土墅黃云沫

成銀屋焉能平又有人詩九月山中春草綠有對以五更樓下夕陽紅暎山紅暎斜陽裡對以生地黄生細雨中有人塲屋製表頭先書黄帝乾坤衣裳垂即對青春復隨冠冕入近有平壤妓作杜鵑花笑杜鵑啼句言能對者為之妻有酒客以鳳凰臺上鳳凰遊為對則曰否　洪于海曰古之人談說之間多有對語盖原於聯句也王荆公曰三代夏商周劉貢父曰四詩風雅頌遼使以三光日月星索對東坡以四德元亨利荅或言貞字若何坡曰聖諱更妙其他如五行金木水火土對以四位公侯伯子男紀信韓信假帝假王對以仲尼牟尼大聖大覺李陽指李樹為姓生而知之對以馬援以馬革裹屍死而後已蟫以翼鳴不啻若自其口出對以龍將角聽謂其不足於耳欵鄒孟子

酒宣城李愈云君州四出謂漆栗筆蜜是以一句同韻也 明
永樂帝詩曰萬邦玉帛風雲會太孫對曰一統山河日月明又
上元日曰燈明月明大明一統有臣對曰君樂臣樂永樂萬年
墨莊漫錄曰明宣德年帝夢神語雨打無聲皷子花帝口占風
吹不響鈴兒草又金水河玉闌干有勝槩處子祺命對曰金水
河邊金線柳金線柳穿金魚口解大紳應曰玉闌干外玉簪花
玉簪花插玉人頭 我成廟詩曰金銀不寶良臣寶嶺南士人
偶入宮內對以日月非明聖主明 正廟出對曰牛口下百里
有對曰魚腹中三閭 金錫冑洪于海韓肯世會飲金曰豆入
村中還作樹洪答曰鳥来江畔便成鴻洪又曰鹿非無角還為
馬金應曰鷄不成章誤認鳳金又曰雪作瑶臺湯不伐韓曰水

中國也唐使顧天峻書烟鎖池塘柳一句送李五峯好閑對時從事官權石洲謝而還送天使歎東國知詩未可輕也是以不能對見重於中國而後人對以情纏廣陌姝則彼珠先採矣此貂不足也天使姜曰廣出對云一張琴上七條絃彈出五音六律接使金瑬難之時翁鄭弘溟謝而還之取天使之小視後洪于海儐之私對以百花叢裡三春色粧得萬紫千紅云又唐皐得白岳山青谷霽異之句未得其對李容齋荐曰黃河水碧見聞殊天使稱之金慕齋使日本其僧口號氷消一點還成水慕齋對曰木立殘株便作林僧驚服四佳護錄曰華使登蓮亭曰亭、、出對四佳未能云余私對宜以淵、、此以一句同字也遯齋閑覽曰鳳州妓與柳酒皆美故世言鳳州三出謂手柳許由鼂錯爭一瓢由曰注葫蘆錯曰醋葫蘆又天使唐皐舍館伴出對伴曰琴瑟琵琶八大王一般頭面天使曰魑魅魍魎四小鬼各自肚腸又天使曰女子比肩合作人間之好有對曰日月齊體麗爲天上之明又天使曰東方朔西門豹南宮适北宮黝東西南北之人有對曰左青龍右白虎前朱雀後玄武前後左右之山天使稱善李牧隱登第於中國學士歐陽玄以偏邦人見而輕之語曰獸蹄鳥跡之道交於中國牧隱曰鷄鳴狗吠之聲達于四境歐又吟一句曰持盃入海知多海牧隱曰坐井觀天曰小天歐驚竪降旛又有一人與牧隱同姓名者侵之曰藺相如司馬相如名相如實不相如牧隱曰魏無忌長孫無忌古無忌今亦無忌其人拜曰東方信多文士是以能對見重於

揮鉏擲金蓋取諸寅戴冠小心橫目瘦丁一直一平開口呑午先撤爲飄後鉤成乙虁首烏股當胷藏甲震来得兩人徃呰亥五跟骨艮飮酪避酉左從諧韻右乃用戊以六甲觧宜寧南九萬雲路識也近世尹致麟云觀瀾取水摽梅落木冨者専坪不階尺土瞻後玉筝何須問竹堅密爲緻剪去棼絲友尹麋庭不曰磷石叟及鄉愿厥心乃華弭是橐弓鋥亦斷金受爭半臼伸己大匏以八音觧海平尹致麟原聖印也蓋本出於黃絹幼婦外孫杵臼爲絶妙好辭也體則識緯句則謎謎亦唐詮鷄未肥酒未熟爲己酉一人難曜爲大明之語同此類甚多

華語宊對

麗朝天使語曰張良項羽爭一傘良曰涼傘羽曰雨傘館伴曰

於于野譚曰我國京兆吏周挾善強記戶數其時周挾披考者爲信迹不改今京鄕戶籍相準末以吉挾無改仍墨打爲標而周字外圍長包五字似爲輪郭故誤爲吉挾云

不土無言

芝峯曰東坡秋陽賦曰有賢公子宅於不土之里而詠無言之詩註公子指趙時宋宗室也名畤破字若金姜二字云一點玉人去雙鬢公主來愽異志崔慶成抵皇華驛女鬼擲書曰川中狗百姓眼馬撲兒御厨飯丁謂解以獨眠孤館唐蘇頲傳丑則有尾甲不全身見君無口知伊小人以釋尹一字又題鳳呂門嵇康譏呂安凡鳥書乎鄭家李安義責牛不出頭也

藥泉圖書

批反如官司批狀詔書批答之類故紙尾爲作敬空字自謂不敢抗敵但空紙尾以待批反耳又書契甚簡亦少聯幅者後世虛文浸繁無昔人款〻之情云

所志左寸

論語曰各言爾志又心之所之曰志故今民狀謂所志今東俗文券庶民畫手寸婦女摹指掌謂手掌皆有所本丹鉛錄曰周禮司市以質劑法信而止訟鄭康成云長曰質短曰劑若今下手書賈公彥云漢時下手書若今畫指券山谷云豈今細民棄妻手摹者乎今婢券不能書者畫指節及江南田宅契亦用手摹是也

吉挾無改印

莊子徐無鬼篇云仁義之士貴際註以禮相接曰際今官長以
土物相餽列書各種左方必書一際字盖古矣

封物打印

釋名曰印信也所以封物以爲驗也亦言因也封物相因付也
今封物踏印是也

批荅

禪宗有簿批明月細抹淸風之語且李藩制敕不便者黄紙後
批之則批評不獨人君之答也惟御批鄭虔三絶是己雅亭曰
今不識書空敬空謹空之義黄魯直云太祝辨九拜三曰空手
拜頭至手所謂拜手也唐人書末云謹末謂空手也沈存中云
前世風俗卑者致於所尊ゝ者但批紙尾荅之曰反故本謂之

風俗通曰恙毒虫能噬人古人草居露宿故相勞問云無恙爾雅說文俱云憂也神異經曰北方有獸曰㺊黃帝殺之由是無憂蓋恙字從虫則虫從犬則獸也他說文云蛇也上古為患相問得無蛇乎坡詩歲晚喜無它是也今文券首稱無他亦勞問

視篆

職方分紀曰篆印也節度使視事三日洗印視兵訖鈌又曰滌篆今問訊作寧謂視篆是也

書題所

麗史崔瑀置政房于私第持筆批者謂政色書題故今大臣所居謂書題所猶言執事將命者也

餽物書際

王羲之尺牘首云死罪盖時有禁也

蕭晨凌兢

文選曰梧匠感蕭晨言蕭〻秋晨即士悲秋也甘泉賦馳閶闔
而入凌兢言寒涼戰慄之處今恒用書札問候而不知也坡詩
凍合玉樓寒起粟光搖銀海眩生花亦凌兢也

寒事

杜詩云問俗營寒事今冬節問訊常言之

勝常

芝峯曰王涯詩新睡起来思舊夢見人忘却道勝常放翁云勝
平聲今婦人言萬福如簡牘尊候勝常盖俗語也
無恙無他

晋殷浩父羨字洪喬授知舊所付家書於江曰沉者沉浮者浮
殷洪喬不爲付書郵今洪喬浮沉之說出此

手畢

仙谷集別紙多云伏奉手畢南人謂畢爲筆與佔畢視簡異

刀筆

考工記築氏爲削註即今書刀古用竹簡筆誤則以刀削之因
名其刀曰削今刀筆是也

別紙

韻玉曰盧光啓每致書一事別爲一紙朝士效之重疊別紙自
光啓始也

書首 死罪

能為養故其序如此風俗通曰婦死臨悲言主饋無人也

陰陽

芝峯曰陽先於陰而必曰陰陽者如雌雄牝牡盖往來交合之義

遠志小草

玉篇曰苶草遠志也本草遠志苗名小草世說謝安處則為遠志出則為小草是也

晨光趣塗

芝峯曰恨晨光之熹微註晨日園日涉而成趣爾雅趣堂外塗

老饕

古語曰壽毫不如耳毛丶丶不如老饕故坡有老饕賦

書信浮沉

將鳴芳故先百草爲之不芳鶗鴂一名子規常以立夏鳴、則衆芳皆歇而農事興

達者七十二人

山中一夕話曰北齊時石動筩嘗於國學看博士孔子弟子達者七十二人動筩因問曰達者七十二人幾人已着冠幾人未著冠博士曰經傳無文動筩曰先生讀書豈合不解孔子弟子已着冠有三十人未著冠有四十二人博士曰據何文以辨之曰論語云冠者五六人五六三十人也童子六七人六七四十二也豈非七十二人

鰥寡孤獨

芝峯曰四者鰥居其首者無夫無父無子亦有當養焉惟無妻者不

離騷經曰荃不揆余之中情兮註荃與蓀同香草時人彼此相謂之通稱此借以寓意於君也或云荃於藥性為君故比君也

梅花怨騷

離騷經曰后辛之葅醢兮殷宗用之不長註殺比干醢梅伯而不用梅秪用葅醢恰似西川杜工部海棠雖好不留詩也事類曰杜甫母名海棠

楚些

集韻些音娑挽歌聲楚辭招魂何為四方些註沈存中筆談夔峽湖湘人凡禁呪語末云娑婆訶三合而為些也

鶗鴂之將鳴

騷曰恐鵜鴂之先鳴兮使夫百草為之不芳又騷曰恐鶗鴂之

松南雜識